Rosen

Rosen

Alte & botanische Rosen

Fotografien Paul Starosta
Text Eléonore Cruse

evergreen

Die Blüte des Rosenstrauchs

Äpfel, Birne, Johannis- oder Erdbeere – nach diesen Früchten sind die sie erzeugenden Bäume und Sträucher benannt. Die Rose, die dem Rosenstrauch seinen Namen gab, ist dagegen eine *Blüte* und für das Auge und wegen ihres Duftes auch für die Nase ein Genuß. Rosen werden allerdings nicht nur von Ästheten geschätzt: Schon immer haben sie im pharmazeutischen Bereich, aber auch bei der Herstellung von Kosmetika eine wichtige Rolle gespielt. Darüber hinaus haben Rosen auch längst in die Küchen ihren Einzug gehalten – man verwendet sie gerade in letzter Zeit gerne zur Zubereitung besonderer Delikatessen wie etwa dem Rosenblattgelee. Wer kennt nicht die an Böschungen und Feldrändern wild wuchernde Heckenrose, die man bei Spaziergängen auf dem Land noch bewundern kann? Für viele, die nicht genau hinsehen, ist sie allerdings nur ein Gestrüpp, in dem die Kinder im Winter mit den roten Hagebutten und ihren auf der Haut kratzenden Samen spielen. Auf Bahnhofsvorplätzen, in städtischen Fußgängerzonen und Grünanlagen gedeihen in Hülle und Fülle die verschiedensten Kulturrosen; man findet sie auch in Gemüsegärten zwischen den Nutzpflanzen, in jedem noch so winzigen Schrebergarten und auf Friedhöfen. Sie ranken an Gebäuden und zieren jede Parkanlage. Wie kommt es, daß Rosen trotzdem nicht als Allerweltspflanzen gelten? Schon zu uralten Zeiten erlag der Mensch dem Zauber der Rose, und mit der Zeit erhielt sie ihren besonderen Stellenwert und ihre eigene Symbolik: Die rote Rose gilt fast weltweit als romantisches Zeichen der Liebe. Wer eine Rose genauer betrachtet, muß sie bewundern, diese mit spitzen Stacheln bewehrten Stiele, an denen die faszinierendsten, betörend duftenden Blüten sprießen. Die Rose trägt den Ehrentitel „Königin der Blumen" – und wie alle Königinnen hat auch sie eine Ahnentafel, eine eigene Geschichte...

Die Rose gehört zur Familie der Rosaceen oder Rosengewächse, die auch andere Kulturpflanzen wie Äpfel, Birnen, Kirschen und Pflaumen, Erdbeeren und auch andere Zierpflanzen umfaßt. Die Vertreter der Gattung Rosa sind sommergrüne, meist bestachelte Holzgewächse mit gefiederten Blättern und fünfzähligen Blüten.

Aus den einfach blühenden Wildrosen hat sich durch Bastardisierung – durch Kreuzung von „Eltern" mit verschiedenen Merkmalen – und dem züchterischen Eingreifen des Menschen eine Vielzahl unterschiedlicher Formen und Sorten entwickelt.

Dabei gelten allgemein alle vor 1867 eingeführten Sorten als „alte Rosen". In diesem Buch wird auch auf einige später gezüchtete Sorten eingegangen, die direkt von den historischen Rosen abstammen und üblicherweise nicht zu den modernen Rosen gezählt werden.

Rosensammler bemühen sich, die ältesten, schon von unseren Vorfahren gezogenen Rosensorten zu datieren, zu identifizieren und vor dem Aussterben zu bewahren. Anhand einiger unauffälliger Merkmale lassen sich die alten Sorten von denjenigen unterscheiden, die der moderne Gartenbau hervorgebracht hat. Moderne Rosen haben große, glänzende, aus fünf Fiederblättchen zusammengesetzte Blätter, die in einigem Abstand voneinander an den Trieben angeordnet sind. Ihr Aussehen unterscheidet sich von einer Sorte zur anderen nur wenig. Bei den alten Rosen hingegen kann die Beschaffenheit der Blätter je nach Sorte verschieden sein; sie bestehen aus zahlreichen kleinen Fiederblättchen. Die Stiele der heutigen Rosen mit ihren kräftigen Stacheln sind gerader und fester als die der historischen Rosensträucher. Deren biegsame Triebe hängen oft über und sind von einer Vielzahl kleiner Stacheln bedeckt.

Der ungeordnete Wuchs und das dichtere Blätterkleid verleihen den alten Rosensorten ein an die Wildarten erinnerndes Aussehen. Diese Ähnlichkeit wird unterstrichen, wenn man sie nur wenig zurückschneidet. Bei den Teehybriden und den Remontanten ist es besonders schwierig, historische und moderne Rosen auseinanderzuhalten.

Die Datierung und Identifizierung einer Sorte kann jahrelange Nachforschungen erfordern – ähnlich der Arbeit von Kunstsachverständigen. Die dabei gewonnenen Erkenntnisse lassen sich anhand von Archiven und der Bestände der seit dem 19. Jahrhundert existierenden botanischen Gärten bestätigen.

Oben

Floribundarose 'Gruß an Aachen' (0,85fache Größe)

Die Klassifizierung alter Rosen

Die beste Möglichkeit, sich mit den verschiedenen Kategorien von Rosen vertraut zu machen, bieten die botanischen Gärten, wo die Pflanzen namentlich gekennzeichnet sind. Folgende Arten sind dort ausgestellt.

Wildrosen

Dabei handelt es sich um Sträucher aus der Familie der Rosengewächse, wie sie in der freien Natur vorkommen. Meist wird ihr geographischer Ursprung angegeben, woraus sich eine interessante Feststellung ableiten läßt: Zwar finden sich südlich von Äthiopien noch aus dem Polarkreis stammende Wildarten *(Rosa acicularis),* aber es gibt keine Rosenart, die ursprünglich auf der südlichen Halbkugel beheimatet ist.

Wie alle Pflanzen haben auch die verschiedenen Rosen einen lateinischen botanischen Namen. Manchmal wird auf den Schildchen ihr Entdecker oder Züchter genannt, in einigen Fällen wird sein Name in lateinischer Form sogar zum Namen der Art. Ein Beispiel: *Rosa hugonis* heißt der Rosenstrauch, den Pater Hugo, ein Missionar, 1899 in China entdeckte. Die botanischen Rosen gelten als Vorfahren der alten Rosen. Als Stammart werden sie den Sorten zugeordnet, die aus ihnen hervorgegangen sind und bezeichnen die Sektion, der diese alten Rosen angehören. Einige Rosen stammen von einer Art ab, die selbst das Ergebnis einer Kreuzung zweiter Arten ist – eine Hybridenart also. In einem solchen Fall steht auf dem Etikett etwa: *Rosa x alba* 'Celestial'. Die Sorte 'Celestial' ist aus der Gruppe der *Rosa x alba* hervorgegangen, die selbst schon Hybriden sind. Dafür steht das x.

Das Rätsel der ersten Rosensorten

Bei solchen Rosen, die nur durch den Namen der Sorte ohne Angabe des Einführungsjahres oder des Züchters gekennzeichnet werden und bei denen höchstens noch angegeben ist, welcher Sektion sie zugerechnet werden, handelt es sich um die allerältesten Rosen. Sie gehören gewissermaßen zu unserem botanischen Kulturschatz. Ihre genaue Abstammung ist unbekannt, und sollten sie aussterben, wäre es unmöglich, sie wieder heranzuzüchten. Wichtig ist deshalb, für ihre Vermehrung zu sorgen.

Die ältesten Sorten erkennt man nicht nur an ihren reizvollen altmodischen und literarischen Namen, sondern auch an den charakteristischen Merkmalen ihrer Sektion, die Beschaffenheit, Form und Farbe der Blätter, die Dichte der Belaubung, die Ausformung der Knospen und Blüten, die Stiele und Stacheln und schließlich der gesamte Wuchs der Pflanze.

Ihre Namen werden in diversen alten Büchern erwähnt. Durch Vergleiche der verschiedenen Beschreibungen läßt sich überprüfen, ob eine Pflanze richtig bestimmt wurde. Die Klärung dieser Frage mag zwar reizvoll sein, Fehler sind dabei jedoch nicht ausgeschlossen: Wie sollten sich lebendige Pflanzen über mehrere Generationen hinweg völlig unverändert erhalten haben? Das Beschildern kam erst im 19. Jahrhundert auf und wurde auch dann zunächst nur von einigen wenigen passionierten Rosenliebhabern praktiziert. Bei der Bestimmung der ganz alten Sorten können nur die griechische und die römische Literatur etwas weiterhelfen, vor allem die Werke von Herodot, Theophrast und Plinius dem Älteren. Auch auf Fresken sind einige Darstellungen von Rosen erhalten geblieben, zum Beispiel im Palast von Knossos auf Kreta, eine eindeutige Bestimmung der Sorte ermöglichen diese allerdings nicht.

Einige Rosen, wie beispielsweise die 'Belle de Crécy', geben uns noch weitere Rätsel auf. Hat sie der Mensch durch Kreuzung oder Auslese der Samen hervorgebracht? Oder waren es ganz einfach der Wind oder die Bienen? Hat vielleicht die Verbesserung der Anbaubedingungen spontane Genveränderungen ausgelöst? Diese Fragen ziehen weitere nach sich: Seit wann gibt es überhaupt einen Gartenbau, und in welchem Land nahm er seinen Ursprung? Man vermutet ihn in Kleinasien, im Herzen des alten persischen Königreichs – dort, wo sich auch die hängenden Gärten der Semiramis befunden haben sollen.

Die identifizierten Sorten

Bei diesen Rosensorten sind das Jahr ihrer Einführung sowie die Namen des Züchters und der Elternpflanzen überliefert – vorausgesetzt, der Züchter hat sie nicht geheimgehalten. So ist nachvollziehbar, welche Sorten ihnen ihre Merkmale, ihre Eigenschaften und ihren Duft vererbt haben. Seit dem 19. Jahrhundert werden diese Rosen in verschiedenen Schriften oder den Katalogen von Baumschulen beschrieben.

Häufig werden dem Namen einer Sorte ein oder mehrere Synonyme hinzugefügt. Da die Bezeichnung der Sorten von einer Gegend zur anderen variieren kann, sollten alle Synonyme aufgeführt werden, um eine korrekte Bestimmung zu ermöglichen. So wird zum Beispiel die Sorte 'Cuisse de Nymphe' (in Frankreich der gebräuchlichste Name für diese Rose) auch 'La Virginale', 'La Royale', 'La Séduisante', 'Rosier Blanc Royal', 'Maiden's Blush' (in England am gebräuchlichsten) oder *Rosa carnea* und *Rosa rubicans* genannt.

Die verschiedenen Sektionen der Arten und ihrer Hybriden

Obwohl Hunderte von verschiedenen Wildrosen bekannt sind, ist nie eine offizielle Bestandsaufnahme durchgeführt worden. Wildrosen tragen meist einfache, das heißt ungefüllte Blüten und später dekorative Früchte. Diese Pflanzen sind nie krank und zu jeder Jahreszeit eine harmonische Erscheinung. Zu Zwecken der Klassifizierung wird die Gattung Rosa in Sektionen unterteilt, in denen offensichtlich verwandte Arten, die ähnliche Merkmale aufweisen, mit ihren Hybriden zusammengefaßt werden. Die Hybriden haben oft gefüllte Blüten.

Die Sektion der Caninae

Zu den verbreitetsten Arten dieser Sektion gehören: *Rosa canina,* die Hundrose, unsere gewöhnliche Hekkenrose; *Rosa rubiginosa,* die Weinrose oder schottische Zaunrose, deren Blätter nach grünen Äpfeln riechen, wenn man sie zwischen den Fingern zerreibt; im Gebirge wächst in Europa *Rosa rubrifolia,* die Hechtrose, mit purpurrotem Laub und in Asien *Rosa pomifera,* die Apfelrose. Alle diese Arten sind noch sehr ursprünglich. Zur Sektion der Caninae gehört auch eine Hybridenart unbekannter Abstammung, die *Rosa x alba,* die Weiße Rose, mit blaßgetönten Blüten.

Die Sektion der Pimpinellifoliae

Auch die Pimpinellifoliae sind in Europa und Asien ziemlich verbreitet. Ihre kleinen rundlichen Fiederblättchen sind so fein gesägt wie die der Bibernelle. Zu ihnen gehören *Rosa pimpinellifolia,* die Bibernell- oder Dünenrose, mit vielen zarten und kurzen Trieben; die drei gelbblühenden Sorten *Rosa foetida,* die Fuchsrose, *Rosa hugonis,* die Chinesische Goldrose oder Dukatenrose, und *Rosa xanthina; Rosa farreri* und schließlich *Rosa omeiensis,* die Stacheldrahtrose, deren Blütenkelch aus vier statt fünf Blütenblättern besteht und deren junge Stacheln leuchtend rot durchscheinen.

Die Sektion der Carolinae

Die Sektion der Carolinae umfaßt aus dem Osten Nordamerikas stammende Rosen: *Rosa palustris* (was Sumpfrose bedeutet), *Rosa virginiana* (die Sandrose oder Virginische Rose), *Rosa carolina* (die Wiesenrose oder Carolina-Rose), *Rosa foliolosa* und *Rosa nitida* (die glanzblättrige Rose). Sie bilden viele Ausläufer, tragen einfache Blüten in einem kräftigen Rosa und später prächtiges Herbstlaub.

Oben

Rosa rubrifolia (1,4fache Größe)

Die Sektion der Cinnamomeae

Zu den Cinnamomeae (Zimtrosen) zählen viele Arten: die aus China, Japan oder Korea stammende *Rosa rugosa* (die Kartoffelrose) mit ihrem runzeligen Laub; *Rosa blanda* (die Eschenrose oder Labradorrose); *Rosa pendulina* (die Alpenheckenrose), die sehr häufig in den Alpen vorkommt, wo sie nur wenige Ausläufer erzeugt, und ebenso in den Pyrenäen, wo sie allerdings entlang der Felsen zahlreiche Ausläufer entwickelt; die fast stachellose *Rosa setipoda,* deren Blätter intensiv nach Weihrauch duften; *Rosa moyesii* mit blutroten Blüten und länglichen, flaschenförmigen Hagebutten; *Rosa fedtschenkoana* aus Turkistan, die vom Frühling bis zum ersten Frost blüht, was bei Wildrosen sehr selten vorkommt; *Rosa multibracteata,* ein wunderschöner Strauch, dessen Blüten viele Deckblätter aufweisen; und schließlich *Rosa willmottiae,* (Mrs. Willmotts Rose), die schon durch ihren Wuchs, ihre Größe und die Laubfärbung äußerst dekorativ wirkt.

Die Sektion der Gallicanae

Aus der Sektion der Gallicanae sind viele alte Sorten hervorgegangen, die zu „Klassikern" wurden. Neben *Rosa gallica* (der Essigrose) gehören hierher nämlich ihre Hybriden wie *Rosa x centifolia* (die Zentifolie oder Hundertblättrige Rose, auch Provencerose); *Rosa x centifolia muscosa,* die berühmte, romantische Moosrose, mit ihren moosartigen Drüsen; *Rosa x damascena* (die Damaszenerrose) und *Rosa x portlandica* (die Portlandrose). Das Erbgut dieser Sorten bildete die Grundlage für die Zucht unserer berühmten Kulturrosen. Ihre Blüten sind besonders stark gefüllt (über vierzig Blütenblätter), gelbe Sorten kommen nicht vor. Bei einigen, wie 'Jacques Cartier' oder 'Assemblage des Beautés', sind die inneren Blütenblätter stark eingerollt. Darunter sitzen auf engstem Raum die Staubgefäße, während die apfelgrünen Griffel mit dem nuancenreichen Rosa oder Purpurrot der Blütenblätter konstrastieren. Die verschiedenen Sorten der *Rosa gallica* duften alle stark. *Rosa x centifolia* biegt sich unter dem Gewicht ihrer tiefen, kugelförmigen Blüten.

Die Sektion der Synstylae

Der Name Synstylae ist darauf zurückzuführen, daß die Griffel bei diesen Rosen zu einer Säule verwachsen sind. Charakteristisch für die Synstylae ist ihr sehr kleiner und üppiger Wuchs. Vertreter dieser Sektion sind *Rosa multiflora, Rosa helenae, Rosa brunonii, Rosa wichuraiana, Rosa luciae,* die immergrüne *Rosa sempervirens* und *Rosa arvensis* (die Feldrose oder kriechende Rose). Sie gehören zu den am stärksten wuchernden Kletterrosen. Die kleinen Blüten der *Rosa multiflora* bilden dicke Büschel oder Trauben und verströmen einen frischen Duft. 'Veilchenblau' duftet nach Schneeglöckchen und besticht durch ihre ins Violett spielende Färbung, während die Hybriden von *Rosa luciae* einen solch intensiven Duft verbreiten, daß er dem Besucher schon beim Betreten des Gartens auffällt. Geradezu legendär ist die Schönheit der Blüten von 'Albertine'. Da keine dieser Rosen mehrmals in derselben Vegetationsperiode blüht, läßt ihre Wuchskraft auch niemals nach.

Anders sieht es bei den Moschushybriden aus, die um die Jahrhundertwende von dem englischen Pfarrer Pemberton entdeckt und von seinen Verwandten weitergezüchtet wurden. Sie sind sehr remontierend, das heißt, sie blühen mehrmals pro Jahr. Diese Rosen sind Abkömmlinge von *Rosa multiflora, Rosa x noisettiana* und *Rosa chinensis.* Die Einkreuzung der namensgebenden *Rosa moschata* (der Moschusrose) liegt bereits sehr lange zurück. Auf einem tiefen und nährstoffreichen Boden weisen diese Hybriden die besten Eigenschaften auf

Zur Sektion der Synstylae zählt auch eine Gruppe von Rosen, die Ende des 19. Jahrhunderts entstand: die Polyantharosen und ihre Hybriden, die Floribundarosen. Mit ihrer reichen und wiederholten Blüte kommen sie den Bedürfnissen des modernen Gartenbaus entgegen. Die Polyantharosen sind das Ergebnis einer Kreuzung von *Rosa multiflora* mit *Rosa chinensis.* Die niedrigen Büsche tragen in Büscheln angeordnete Blüten, die sich den ganzen Sommer über immer wieder erneuern. Eine der allerersten Polyanthas hieß 'Mignonnette' und wurde 1880 von Guillot Fils gezüchtet. Zahlreiche Hybriden folgten, so die immer noch sehr gerne angepflanzte 'The Fairy'. Im 20. Jahrhundert entstanden durch Kreuzung der Polyanthas mit Teehybriden die Floribunda. Diese Rosenbüsche, die den Polyantharosen ähneln, tragen größere Blüten. In modernen Parkanlagen setzen sie großflächige Farbakzente.

Die Sektion der Chinenses

Dieser auch Indicae genannten Sektion verdanken wir ganz außergewöhnliche Rosen. Sanfte, changierende Farben, von Blaßgelb bis hin zu rosigen Kupfertönen überziehen die seidigen, nach Tee duftenden Blütenblätter. Die jungen Blätter sind rötlich und glatt. Viele Sorten blühen fast ununterbrochen.

Anfang des 19. Jahrhunderts brachten botanikbegeisterte Reisende die ersten Exemplare aus China mit: *Rosa x odorata,* später die gelbe *Rosa x odorata ochroleuca* und *Rosa gigantea.* Aus diesen Sorten, die lange, dünne Triebe bilden, gingen die Teerosen hervor. Unter der Bezeichnung *Rosa chinensis* werden sowohl ursprüngliche als auch eine große Zahl von Zuchtsorten zusammengefaßt.

Viele dieser Rosen blühen wiederholt, so auch die Ende des 18. Jahrhunderts entdeckte 'Parson Pink China' oder die 'Old Blush'. Sie wurde zuerst nach England, später nach Nordamerika und Frankreich exportiert, wo sie noch heute auf dem Land weit verbreitet ist. In den USA wurde sie mit *Rosa moschata* (der Moschusrose) gekreuzt, deren Herkunft übrigens bis heute ungeklärt ist und Anlaß zu vielen Spekulationen gibt, wodurch die reich blühende und bezaubernde Gruppe der *Rosa x noisettiana* entstand. Indem sie *Rosa x noisettiana* mit den ursprünglichen chinesischen Kletterrosen hybridisierten, erhielten die Züchter dann die mehrmals blühende Noisette-Kletterrose mit ihren prächtigen Farbnuancen in rosa oder gelb wie 'Rêve d'or'. Sie benötigen lediglich einen sonnigen Standort, denn sie sind etwas kälteempfindlich. Auch die Bourbonrosen, in den Hecken der Insel Réunion (früher: Ile Bourbon) aus der Zufallskreuzung von 'Old Blush' mit dem Herbstdamaszener 'Rose des Quatre Saisons' entstanden, gehören in diese Sektion. Nach ihrer Entdeckung im Jahr 1817 wurden sie in Frankreich eingeführt. Die Bourbonrosen haben kelchförmige, halb bis stark gefüllte Blüten, die sich immer wieder erneuern und intensiv duften, glattes, spärliches Laub und wenig bis gar keine Stacheln ('Zéphirine Drouhin', 'Kathleen Harrop').

Zu den Chinenses zählen auch die Remontanten. Diese zwischen 1830 und 1900 herangezüchteten Rosenbüsche haben große, gefüllte und, wie schon ihr Name sagt, remontierende, das heißt, in einer Saison wiederholt durchtreibende Blüten. Sie blühen rot oder rosa, selten weiß und niemals gelb. Meist verströmen die Blüten einen starken, fruchtigen Duft. Die Remontantrosen sind das Ergebnis so vielfältiger und komplexer Kreuzungen, daß sich kaum noch feststellen läßt, welche Merkmale der verschiedenen Sektionen sie in sich tragen. Den Duft haben sie womöglich von *Rosa gallica* (den Essigrosen) – oder auch von *Rosa damascena* (den Damaszenern); von *Rosa x centifolia* (den Zentifolien) die Form der Blüten mit den breiten Petalen; von *Rosa x borboniana* (von den Bourbonrosen) und den Teerosen die Fähigkeit, immer wieder zu blühen. Sie wurden zudem auch untereinander hybridisiert. Mitte des 19. Jahrhunderts gab es mit dreißig bis vierzig Neuzüchtungen pro Jahr ein richtiggehendes Remontantenfieber. Viele dieser Sorten sind heute ausgestorben, was sich einerseits auf die Mode, andererseits vermutlich auf ihre Anfälligkeit für Pilzerkrankungen zurückführen läßt.

Die Teehybriden sind aus einer Kombination aller Sektionen hervorgegangen und haben daher einen äußerst komplizierten Stammbaum. Hinzu kommt, daß sie wiederholt untereinander gekreuzt wurden. Mit der klassischen Blütenform präsentieren sie die Edelrosen schlechthin: die inneren Blütenblätter laufen umeinander spitz zu, die äußeren rollen sich an den Rändern nach außen; ihr Duft ist fruchtig. 'Etoile de Hollande' ist eine ausgezeichnete, intensiv duftende Sorte. Sie ist nicht so steif wie viele Teehybriden, die seit der Mitte dieses Jahrhunderts die große Mehrzahl der als Schnittblumen gezogenen Treibhausrosen ausmachen. Die Abfolge der Sorten zeigt, daß die Züchter leider der Form und Größe der Blüte den Vorrang vor ihrer harmonischen Gesamtheit und ihrem Duft gaben. So wurde die Rose zu einer genormten Handelsware.

Einige chinesische Sektionen

Die Sektion der Banksiae

Diese Sektion umfaßt *Rosa banksiae* (die Banks-Rose) und deren Hybriden, überaus stark und üppig wachsende Kletterrosen, die milde Temperaturen lieben. Mit den ersten schönen Apriltagen überzieht die völlig stachellose *Rosa banksiae lutea* Fassaden und Lauben in der Provence und entlang der Côte d'Azur gleichsam mit einem Lichtermeer aus kleinen Blüten in einem sanften Gelb. Der Durchmesser des Stammes, dessen Rinde sich in Streifen abschält, kann zuweilen den eines Baumes erreichen.

Die Sektion der Laevigatae

Rosa laevigata und ihre Hybriden haben hochglänzende Blätter mit nur drei Fiederblättchen und sind halbimmergrün. Mit ihren großen Blüten entfalten sie im Mai eine beeindruckende Pracht. Die mit kleinen Borsten bedeckten Hagebutten sind äußerst dekorativ. Diese Rosen werden nur selten angepflanzt, obwohl sie sich in windgeschützter Lage wohl fühlen.

Linke und rechte Seite

Rosa chinensis 'Général Shablikine' (2,3 und 1,5fache Größe)

Die Sektion der Bracteatae

Die 1795 in China entdeckte *Rosa bracteata* ist mit ihren rundlichen Fiederblättchen und den weißen Blüten, die sich vom Sommer bis in den Herbst hinein immer wieder erneuern, eine prächtige Rose. Sie hat zwei Hybriden, von denen die eine, 'Mermaid', mit ihren großen gelben Blüten viel natürlicher wirkt als die Stammform und deshalb sehr beliebt ist.

Die Untergattung Rosa roxburghii

Rosa roxburghii (die kastanienfruchtige Rose) und ihre Hybriden bilden eine eigene Untergattung, Platyrhodon, die nur aus dieser einzigen Art besteht. An diesen Rosen ist aber auch alles außergewöhnlich: Sie haben farnartiges Laub, Blüten mit zerknitterten Blütenblättern, grüne, stachelige Hagebutten sowie ein Holz, das sich abschält und dadurch glatt und weiß wird. Die 1824 entdeckte *Rosa roxburghii* 'Roxburghii' hat stark gefüllte Blüten in einem kräftigen Rosa; die 1908 gefundene *Rosa roxburghii* f. *normalis* hingegen ist eine einfachblühende, ziemlich blasse und nicht remontierende Rose.

Weit reichen die genetischen Ursprünge der Rosen zurück. Und ähnlich verhält es sich mit den morphologischen Wurzeln, die tief in felsigen Boden eindringen und weit unten Nährstoffe aufnehmen können. Ist eine Rose an einem Standort einmal heimisch geworden, kann sie über hundert Jahre alt werden. Der 'Tausendjährige Rosenstock von Hildesheim' soll der Legende nach auf den Sohn Karls des Großen zurückgehen, doch nur selten leben alte Rosen so lange. Im Rosarium L'Haÿ-les-Roses bei Paris gibt es einige wunderschöne hundertjährige botanische Rosenstöcke. Wer sie nicht selbst gesehen hat, kann sich nicht vorstellen, welche Lebenskraft sie ausstrahlen. Ihre Ursprünglichkeit, Robustheit und Anpassungsfähigkeit sind überwältigend.

Geschichte der Kulturrosen

Im Mittleren Osten wurden um 600 v. Chr. in der Wüste um den Persischen Golf herum die ersten Gärten angelegt. Durch regelmäßige Bewässerung wurden sie zu Oasen paradiesischer Fruchtbarkeit.

Im Abendland kultivierten die Römer Rosenfelder. Mit Rosenblättern bedeckten sie die Liegesofas, auf denen sie die Mahlzeiten einnahmen, ihre Betten sowie ihre Totenbahren. Über Gäste oder siegreiche Krieger ließ man einen Regen aus Rosenblättern niedergehen.

Die ersten Christen sahen in der Rose als Lieblingsblume der Venus, der Göttin der Liebe und der Schönheit, zunächst ein heidnisches Symbol. Doch auch sie konnten sich ihrem Zauber nicht entziehen und weihten sie der Jungfrau Maria. Karl der Große veranlaßte, daß neben religiösen Bauten Rosensträucher angepflanzt wurden. Mönche übernahmen ihre Pflege. Trotz dieser Bemühungen, die Rose einzuführen, gab es jedoch erst seit der Renaissance echte Ziergärten.

Die Rose blieb jedoch zunächst einer wohlhabenden Elite vorbehalten. Die Geistlichen hegten sie auf ihren Ländereien, und bei Hofe war ihr Parfum hoch geschätzt. In der Gegend um Provins nahe der französischen Hauptstadt gab es damals intensive 'Officinalis'-Kulturen, aus denen Rosenwasser gewonnen wurde. Dies erklärt, warum die Rose im Zuge der französischen Revolution zum Inbegriff der Dekadenz wurde.

Die Geschichte der Chevette-Rose nach Abel Belmont (*Dictionnaire historique et artistique de la rose*) zeigt das sehr eindrucksvoll. Unter Ludwig XVI. lebte im Dorf Bagnolet der für seine Rosenkreationen bekannte Züchter Chevet, nach dem eine seiner Rosen benannt wurde. Seine Karriere als Züchter wurde jedoch jäh beendet, als er beschuldigt wurde, an einer Verschwörung zur Befreiung von Königin Marie-Antoinette teilgenommen zu haben: Durch die Gitterstäbe hatte er ihr eine in einem Rosenstrauß verborgene Nachricht zugeworfen. Chevet wurde zum Tode verurteilt. Als er noch einen letzten Wunsch äußern durfte, bat er die Geschworenen, für seine siebzehn Kinder zu sorgen, die durch seinen Tod ihres Ernährers beraubt würden. Nachdem die Geschworenen sich

beraten hatten, schenkten sie schließlich dem Oberhaupt einer so kinderreichen Familie das Leben, doch befahlen sie ihm, alle seine Rosenstöcke auszureißen und nur noch Kartoffeln anzupflanzen, um zur Ernährung des Volkes beizutragen. So ging die Chevette-Rose wieder verloren.

Nachdem sich die Revolutionswirren gelegt hatten, begründete die aus Martinique stammende Kaiserin Joséphine, die von Napoleon verstoßen wurde, in der Zeit des Ersten Kaiserreiches die erste private Rosensammlung, für die sie in Holland und England nach Rosen forschen ließ. Mit Hilfe des Rosenzüchters André Du Pont gelang es ihr, zweihundertfünfzig Sorten zusammenzutragen, was in Fachkreisen für gewaltige Aufregung sorgte. 1805 nahm sie den Maler Pierre-Joseph Redouté in ihre Dienste, der sieben Jahre an seinem drei Bände umfassenden Meisterwerk „Les Roses" arbeitete.

Im Laufe des 19. Jahrhunderts wurden Rosenpflanzungen zum wesentlichen Bestandteil des Gartenbaus, und die Parkanlagen im französischen oder englischen Stil beherbergten zu dieser Zeit bereits schöne Rosarien. Experimentierfreude und Modeströmungen führten zu zahlreichen neuen Züchtungen. Mit dem ausgehenden 19. und dem beginnenden 20. Jahrhundert überwand die Rose die gesellschaftlichen Schranken. Sie hielt Einzug in Gemüsegärten und schmückte mehr Bauernhöfe als Paläste. Heute gibt es kaum einen noch so kleinen Garten, der keine Rose hätte.

Die Reisen

Unsere Gärten wären arm, hätten Reisende nicht aus fernen Ländern allerlei Sämereien und Stecklinge mitgebracht – dabei galt: je exotischer, desto attraktiver. Im 13. Jahrhundert gelangten die 'Officinalis' im Pferdetroß des Kreuzfahrers Thibault IV. von Syrien nach Frankreich. Die chinesische *Rosa x odorata ochroleuca* ('Parks Yellow Teascented China') begleitete Anfang des 19. Jahrhunderts Mr. Parks und Mr. Fortune in der Sänfte und auf dem Schiff bis nach England. Rosen aus China überquerten nach einem Umweg über Indien den Ozean und machten auf der Insel Réunion Zwischenstation, wo sie von Siedlern zu Rosenhecken angepflanzt wurden. Es kam zu spontanen Einkreuzungen mit der ganzjährig blühenden *Rosa damaszena.* Damit entstanden aus den chinesischen Rosen die ersten Bourbonrosen. Ein gewisser Monsieur Bréon schickte sie vermutlich auf dem Postweg nach Paris, wo der Gärtner Louis Philippes daraus Nachfahren zog. Die Gebrüder Noisette, der eine in Paris, der andere in den Vereinigten Staaten, experimentierten mit Sämereien und tauschten sie aus, bis schließlich die neue Sorte 'Blush Noisette' von den Vereinigten Staaten nach Europa exportiert werden konnte.

Damals gelangten Rosen aus dem gesamten asiatischen Raum nach Europa. *Rosa multiflora* und *Rosa rugosa* wurden in Japan gerade zu der Zeit entdeckt, als berühmte Rosenzüchter wie Cochet und Gravereaux an ihren Hybridisierungsreihen arbeiteten. Von Frankreich aus verbreiteten sich die asiatischen Rosen in ganz Europa und bis in die USA. Die Namen der heutigen Rosen spiegeln landestypische Zuchtmerkmale oder die Namen ihrer Entdecker wider. Moderne Transportmöglichkeiten begünstigten die Anpflanzung vieler tausend Sorten auch in Ländern der südlichen Halbkugel. Das größte Rosarium der Welt befindet sich heute in Kapstadt.

Menschenfamilien und Rosenfamilien

Die Schönheit und Vielfalt der Wildrosen haben den Menschen zwar stets erfreut, dabei aber immer das Bedürfnis geweckt ihre Form durch künstliche Hybridisierung zu verändern. Die Pollen werden dabei von den Staubfäden einer Sorte auf die glänzenden Narben einer anderen Sorte übertragen. Es kommt hier vor allem darauf an, eine glückliche Hand bei der Wahl der Elternpflanzen zu

Oben

Rosa x *centifolia muscosa* 'Mme Louis Lévêque'
(Originalgröße)

haben. Die sich bildenden Samen werden eingepflanzt, anschließend trifft der Züchter unter den Sämlingen nach von ihm festgelegten Kriterien eine Auslese. Dieser Prozeß nimmt mehrere Jahre in Anspruch. So ist die Kreation einer neuen Hybridform oft die Arbeit mehrerer Generationen leidenschaftlicher Rosenzüchter.

1845 fand in Lyon die erste große Rosenausstellung statt. Sie entwickelte sich zum Forum, auf dem die Rosenzüchter bis heute alljährlich ihre lohnendsten Neuschöpfungen im Rosengarten „Parc de la Tête d'Or" vorstellen. Von diesen Pionieren der botanischen Genetik hatte jeder wie ein Künstler seinen eigenen Stil und sein Spezialgebiet: In Frankreich arbeiteten die Guillots an den Teerosen und schufen die erste Polyantha. Die Pernet-Ducher konzentrierten sich, von *Rosa foetida* ausgehend, auf die Schaffung dauerblühender gelber Rosen. Sie erhielten 1908 'Rayon d'Or', die heute aus den Kulturen verschwunden ist. Die Nabonnands aus Golfe-Juan schenkten uns wunderschöne Rosen in Kupfertönen, die von den Chinenses abstammen. Zu nennen sind außerdem die Moreau-Roberts, die Viberts, die Chedannes, die Verdiers... und natürlich die Gravereaux, denen wir die einmalige Rosensammlung von L'Haÿ-les-Roses bei Paris verdanken. In England revolutionierten Henry Bennet und Anfang des 20. Jahrhunderts der Pfarrer Pemberton und seine Angehörigen die Welt der Rosen mit der Kultivierung der Moschushybriden. Für Luxemburg sollten die Gebrüder Ketten genannt werden; für Irland Dickson und McGredy; für die USA die Firma Jackson & Perkins; für Dänemark die Rosen von Petersen und Poulsen. In Deutschland prägte die Familie Kordes die moderne Rosenzucht so stark, daß man sogar von *Rosa kordesii* spricht.

Die Rose als Begleiterin des Menschen

Die Rose steht für Formvollendung. Die Rosette ist ein architektonisches Ornamentmotiv, und die Glasfenster unserer schönsten gotischen Kathedralen wurden in Form einer voll erblühten Rose gestaltet. Sie inspirierte zahlreiche naturalistische Maler, wie den Holländer Jan Van Huysum (1682–1749), den Flamen Pierre-Joseph Redouté (1759–1840), der den Beinamen „Blumen-Raffael" erhielt und in Frankreich nacheinander im Dienste von Königin Marie-Antoinette, Kaiserin Joséphine und Kaiserin Marie-Louise stand, und schließlich Henri Fantin-Latour (1836–1904), nach dem eine der schönsten Centifolien benannt wurde. Die Herkunft dieser *Rosa x centifolia* 'Fantin Latour' ist unbekannt.

Als Schnittblumen werden Rosen heute unter Glas gezogen. Bei der Sortenwahl sind rein kommerzielle Gesichtspunkte ausschlaggebend, weshalb der Stadtmensch äußerst schwierig bei einem Blumenhändler eine alte Rose bekommen kann. Kaum jemand weiß noch, wie eine echte Moosrose aussieht. Doch die Symbolik der Rose ist erhalten geblieben. Die Rose überrascht durch ihre Sortenvielfalt immer wieder und entzückt durch ihre raffinierte Schönheit. Sie ist eine Verwandlungskünstlerin und die Königin der Blumen.

Symbolik und Poesie

Wie sollte man neben dem Rosenstrauch stehen
und die Rosen nicht pflücken dürfen?
Pflücke sie, mein Geliebter, pflücke sie,
Denn für dich ist sie erblüht.

Anonym, 17. Jahrhundert

Schon die griechische Mythologie kannte die Symbolik der Rose. Mit Rosen bedeckte Amor das Liebeslager von Mars und Venus. Bei Vergil hat Venus einen Rosenhals, Achilles eine Rosenhand. Während der Festmahle trug man Rosenkränze, und mit Rosen bekränzt betrat die Braut das Haus ihres Mannes. Den Römern, die der Rose eine reinigende Wirkung zuschrieben, diente sie an Feiertagen zu kultischen Zwecken. Die Geschichte des Luzius erzählt, wie dieser sich mit Hilfe von Rosen von einem bösen Zauberbann befreite. In einen Esel verwandelt fand er während einer Straßentheateraufführung zu seiner ursprünglichen Gestalt zurück: „In diesem Augenblick kam ein Mann vorbei, der Blumen trug. Unter diesen Blumen erblickte ich die Blütenblätter ganz frisch gepflückter Rosen. Ohne auch nur einen Augenblick zu zögern, springe ich aus dem Bett und stürze hinaus. Die Passanten denken, ich sei aufgestanden, um zu tanzen. Ich aber suche alle Blumenstiele nach Rosen ab und schlinge diese hinunter. Während die Umstehenden mir noch staunend zuschauen, fällt die Tiergestalt von mir ab und löst sich auf, der Esel, der ich eben noch war, ist verschwunden. An seiner Stelle steht plötzlich Loukios da, der in der Haut des Esels gefangen war." (Luzius von Samosate, „Loukios oder der Esel", 2. Jahrhundert).

Die Rose wurde ein zentraler Begriff der persischen Mystik und auch der europäischen „Rosenromane", in denen Mitte des 13. Jahrhunderts die Rose als Symbol der Liebe gefeiert wurde. Auch Pierre Ronsard, der französische Dichter des 16. Jahrhunderts, widmete eines seiner schönsten Gedichte der Rose:

Baiser, fils de deux lèvres closes,
Filles de deux boutons de roses,
Qui serrent et ouvrent le ris

Qui déride les plus marris.
(Ein Kuß ist der Sohn der Lippen Schluß.
Die Lippe, Kind von Rosenknospen,
das frohe Lachen schließt und weitet,
das den Mürrischsten erheitert.)
Pierre de Ronsard, *Oden,* drittes Buch

Schon zur Zeit der Pharaonen wurden im alten Ägypten Gräber mit Rosen geschmückt. Dieser Brauch hat sich wohl von dort ausgebreitet, denn bis heute findet man in ganz Europa auf Friedhöfen alte Rosensträucher. Die Rose wurde zum Symbol der Überwindung des Todes, das man dem Andenken der Verstorbenen widmete:

Pour obsèques reçois mes larmes et mes pleurs,
Ce vase plein de lait, ce panier plein de fleurs,
Afin que vif et mort ton corps ne soit que roses.

(Als letzte Gaben bring ich Tränen dir,
Voll Milch die Schale, Blumen im Korbe hier,
Denn noch im Tode sei du nichts als Rosen.)
Ronsard, *Sur la mort de Marie*

Auch heute noch huldigen Sänger und Dichter dem Sinnbild der Rose, aber auch die reale Rose im Garten kann zum Träumen verleiten. Wer für einen anderen Menschen einen Rosenstock gepflanzt hat, der sich prächtig entwickelt, kann der Zuneigung des Beschenkten sicher sein. Auch mag ein Rosenstrauch in Duft und Aussehen an längst vergangene Zeiten erinnern.

Rosen im Alltag

Sträuße

Ein Blumenstrauß ist wie die Quintessenz eines Gartens. Er soll den Zauber des Gartens einfangen und ihn anderen mitteilen als das Ergebnis der eigenen Liebe und Mühe. Alle möglichen alten Rosen eignen sich dafür, sie halten sich in der Vase gut, einfache Rosen ebenso wie die gefüllten oder in Trauben wachsenden Rosen. An den Stielen sollte man allerdings genügend Laub belassen. Alte Rosen harmonieren miteinander und die schönsten Sträuße entstehen, wenn die Blumen genau so, wie sie sich beim Pflücken nach und nach in der Hand zu einem Strauß zusammengefügt haben, in eine Vase gestellt werden. Aufgelockert mit einigen bunten Blumen oder Gräsern kommen die Farben besser zur Geltung.

Am Morgen gepflückte Rosenknospen öffnen sich später im Haus und halten sich länger als bereits aufgeblühte Rosen, doch duften sie nicht so stark. Einen Rosenstrauß sollte man in ein kühles Zimmer stellen, wo die Sonnenstrahlen ihn nur ein bis zwei Stunden am Tag streifen. Etwa eine Woche lang wird dieser Zeitraum zu einem außergewöhnlich sinnlichen Erlebnis: durch die Wärme verflüchtigen sich die ätherischen Öle und erfüllen das geschlossene Zimmer für mehrere Stunden mit ihrem Duft.

Eine schöne Dekoration bilden stiellose Rosen in mit Wasser gefüllten Glasschalen oder auch locker auf ein Regal gestreute Rosenknospen.

Potpourris

Ein Glasgefäß wird abwechselnd mit einer Lage getrockneter Rosen (eventuell mit anderen Blumen oder Rinden gemischt) und einer Lage grobkörnigem Salz gefüllt. Wichtig ist, es zwischendurch gut zu verschliessen. Ein bis zwei Monate reifen lassen. Mit einigen Tropfen Rosenöl lassen sich die Aromen auffrischen.

Verwendung von Rosen in der Küche

Besitzt die Rose auch keine anerkannten medizinischen Eigenschaften, so enthalten die Hagebutten doch eine beträchtliche Menge an Vitamin C.

TEES

Zur Vorbeugung gegen Infekte empfiehlt sich im Winter ein Aufguss aus Hagebutten, den Früchten der Hundsrose *(Rosa canina).* Er hat einen angenehmen, leicht säuerlichen Geschmack. Sieben bis acht zerstoßene Früchte reichen für zwei Tassen aus.

GELEE AUS ROSENBLÄTTERN

Hervorragend eignen sich hierfür die 'Rose de Resht' oder *Rosa x centifolia major.* 500 g Rosenblätter, ein halber Liter Wasser, 750 g Würfelzucker, 10 cl Wasser, Saft von 2 Zitronen, 2 bis 3 Löffel Rosenwasser (kann auch weggelassen werden). Den weißen Ansatz der Blütenblätter entfernen, diese waschen und abtropfen lassen. Zwölf Stunden in 50 cl kaltem Wasser einweichen lassen. In einem Metalltopf 10 cl Wasser mit dem Zucker aufkochen. Sobald sich an der Oberfläche große Blasen bilden, das Wasser mit den eingeweichten Rosenblättern sowie den Zitronensaft hineingeben. 30 Minuten kochen lassen. Wenn die Masse nicht geliert, kann etwas Pektin zugegeben werden. In Gläser abfüllen.

KANDIERTE ROSENBLÄTTER

Eine schöne und effektvolle Dekoration.

In einer Schüssel ein Eiweiß mit zwei Löffeln Wasser und einigen Tropfen Rosenwasser steif schlagen. Mit einem Pinsel die ganzen, frischen Rosenblätter damit einstreichen. Über einem Teller mit Zucker bestreuen und vorsichtig auf einen Rost legen. Wenn sie schön trocken, knackig und steif sind, lagenweise in eine Dose zwischen Butterbrotpapier schichten.

ROSENSIRUP

Für 1 Liter: 300 g frische Rosenblätter (z.B. *'Rose de Resht', Rosa x centifolia, Rosa damascena*), 4 dl Quellwasser, 2 kg Zucker, 4 dl destilliertes Rosenwasser. Die Blütenblätter im Quellwasser einweichen, einen ganzen Tag zugedeckt ziehen lassen. Abfiltern und langsam erwärmen. Den Zucker und das destillierte Rosenwasser hinzugeben, ohne umzurühren. Zum Kochen bringen, dabei ständig überwachen. Vom Feuer nehmen, sobald die Mischung das erste Mal aufwallt, denn Sirup kocht leicht über. In Flaschen abfüllen und luftdicht verschließen. Für eine kräftigere Farbe gibt man einige Tropfen Rote-Bete-Saft zu.

Verwendung der Rose in der Parfümerie

Destilliertes Rosenwasser wirkt adstringierend. Es wird als sehr wohltuend für die Haut empfunden, wenn es morgens nach dem Aufwachen aufs Gesicht getupft wird. Das Rosenöl ist ein Konzentrat, das beim Destillieren der Blüten der *Rosa damascena* 'Kazanlik' gewonnen wird. Das dabei angewandte Verfahren soll schon im 14. Jahrhundert in Persien entdeckt und von den Arabern verbreitet worden sein. Für nur eine winzige Menge dieses Öls benötigt man eine sehr große Menge Blütenblätter. Im Tal von Dades in Marokko, wo der Anbau von Rosen noch auf althergebrachte Art erfolgt und Anlaß zu traditionellen Festen gibt, leben viele Familien vom Verkauf der Rosenblätter. In Bulgarien und der Türkei hingegen wurde daraus eine echte Industrie, die zahlreiche Arbeitskräfte beschäftigt, die in harter Handarbeit die Felder abernten. Rosenöl ist ein rares Erzeugnis – teuer, begehrt und dem Export vorbehalten für die Herstellung von Luxusparfums. Doch machen ihm synthetische Essenzen Konkurrenz, die die intensiven Rosenkulturen bedrohen.

Im französischen Grasse verwenden einige wenige Parfumhersteller noch die 'Rose de Mai', eine aus der Kreuzung von *Rosa x centifolia* und *Rosa gallica* hervorgegangene Hybride.

Geschichte der Rosenrepublik

„Glücklich ist der Mensch, der keinen Ehrgeiz kennt, hat einmal ein Weiser gesagt. Genauso glücklich, meine ich, ist der bescheidene und kunstfertige Rosenliebhaber, der wie Sie nur einen Ehrgeiz hat: seinen Namen in ein nützliches und reizvolles Kapitel der Geschichte der Rosenrepublik einzutragen." Diese Worte richtete 1900 der damalige französische Landwirtschaftsminister Vigier an Jules Gravereaux, den ersten großen Rosensammler in L'Haÿ-les Roses. Mit „Rosenrepublik" meinte er alle existierenden Sorten der Gattung Rosa. Er fügte hinzu, daß jede Rose, die sich bis zu jenem Tage erhalten hatte, von nun an der Allgemeinheit gehörte.

Seit kurzem wird die genetische Abstammung der alten Sorten wissenschaftlich erforscht. Für passionierte Rosenliebhaber wird es jedoch nicht unbedingt notwendig sein, daß alle Fragen um die Herkunft dieser bezaubernden Blumen restlos geklärt werden: Wer die Rosen aufmerksam betrachtet und ihren betörenden Duft tief einatmet, entdeckt sie in intuitivem Begreifen selbst eine nach der anderen.

Oben

Rosa multibracteata (1,25fache Größe)

Links

Rosa rubiginosa (Originalgröße)

Synonyme: 'Rosier Rouillé', in England: 'Sweet Briar': eine der bei uns am häufigsten zu findenden Heckenrosen neben *Rosa canina.* Sie unterscheidet sich durch das kräftigere Rosa ihrer Blüten und den unverkennbaren Duft nach grünen Äpfeln beim Zerreiben ihrer Blätter. Sie bevorzugt kalkige Böden. Strauch: 2,50 x 1,50 m. Sonne. Durchmesser der Blüten: 3 cm, 5 Blütenblätter. Hagebutten. Duft***. Einmalblühend.

Rechts

Rosa rubrifolia

'Sir Cedric Morris' (0,27fache Größe)

Sir Cedric Morris entdeckte 1979 diese von Peter Beales kultivierte Rose. Es handelt sich wohl um eine Naturhybride von *Rosa rubrifolia* und *Rosa mulligani.* Sie ist eine der am schnellsten wachsenden lianenartigen Kletterrosen, die sich von Baum zu Baum ranken kann. Die orangeroten Hagebutten ihrer zu grossen Büscheln geordneten Blüten harmonieren mit dem matten, bläulichen Laub. Stark und üppig wachsende Kletterrose: 10 m und höher. Halbschatten. Durchmesser der Blüten: 3 cm, 5 Blütenblätter. Hagebutten. Duft*. Einmalblühend.

Rechte Seite

Rosa x *alba*

'Cuisse de Nymphe' (1,25fache Größe)

Der englische Name 'Maiden's Blush' vergleicht ihre Farbe mit einer schamhaft errötenden Jungfrau. Dafür, daß sie in Frankreich wegen ihres Namens „Nymphenschenkel" sowie ihrer Schönheit die wohl bekannteste alte Rose darstellt, ist sie dort wenig verbreitet. Ihre Kultur ist bis ins Jahr 1550 zu verfolgen. Strauch: 2 m x 1,50 m. Sonne oder Halbschatten. Durchmesser der Blüten: 8 cm, über 40 Blütenblätter. Duft***. Einmalblühend.

Unten

Rosa x *alba*

'Königin von Dänemark' (1,14fache Größe)

Synonyme: 'New Maiden's Blush', 'Naissance de Vénus'. Gezüchtet von Booth, eingeführt 1816. Womöglich aus einem Samen von 'Cuisse de Nymphe' hervorgegangen oder aber das Ergebnis einer Hybridisierung von *Rosa alba* mit *Rosa damascena.* Rosa Blüten mit etwas dunklerem Herzen und makelloser Kontur erscheinen im Juni in ihrem blaugrauen Laub. Die inneren Blütenblätter sind eingerollt, die übrigen bilden eine feingeformte Rosette. Herrlicher Duft. Strauch: 1,80 m x 1,30 m. Sonne oder Halbschatten. Durchmesser der Blüten: 8 cm, über 40 Blütenblätter. Duft***. Einmalblühend.

Linke Seite

Rosa x *alba*

'Félicité Parmentier' (8fache Größe)

Gezüchtet von Parmentier, eingeführt 1835. Cremefarbene, runde Knospen öffnen sich zu blaßrosa Blüten mit aufrechten Blütenblättern. Intensiver Duft. Strauch: 1,50 m x 1,20 m. Sonne oder Halbschatten. Durchmesser der Blüten: 6 cm, über 40 Blütenblätter. Duft***. Einmalblühend.

Unten und rechte Seite

Rosa omeiensis chrysocarpa

(1,6- und 2,6fache Größe)

Dieser im chinesischen Sichuan beheimatete, äußerst kräftige Strauch kommt mit seinen breiten, blutrot durchscheinenden Stacheln im Gegenlicht optisch voll zur Geltung. Die zarten, weißen und duftenden Blüten mit ihren vier Blütenblättern sind über die ganze Länge der Triebe verteilt.
Strauch: 3 m x 3 m. Durchmesser der Blüten: 3 cm, 4 Blütenblätter. Gelbe Hagebuttenfrüchte. Duft**. Einmalblühend.

Rechts

Rosa xanthina

(0,7fache Größe)

Wildwachsend in China, der Mongolei und in Turkistan mit zartem Laubwerk, rotem Holz sowie kanariengelben Blüten und sollte nicht mit der ihr sehr ähnlichen 'Canary Bird' verwechselt werden. Die Blüte setzt früh ein und hält lange an, manchmal von Anfang April bis in den Juni hinein. Ihr ausladender Wuchs macht diesen Strauch sehr dekorativ.
Strauch: 2,50 m x 2 m. Sonne oder Halbschatten. Durchmesser der Blüten: 5 cm, 5 Blütenblätter. Einmalblühend.

Oben

Rosa pernelliana

'Rhodophile Gravereaux' (1,05fache Größe)

Rechts

Rosa pimpinellifolia

'Single Cherry' (Originalgröße)

1900 erhielt Pernet-Ducher ausgehend von der gelbblühenden, in Asien verbreiteten *Rosa foetida* diesen Strauch. Heute ist diese Anfang Mai blühende Rose praktisch aus unseren Kulturen verschwunden. Ihre Blüten weisen eine seltene Färbung auf: hell orangerot und gelb mit etwas Rosa. Diese außergewöhnlich schöne Strauchrose ist allerdings anfällig für Sternrußtau.
Strauch: 1,50 m x 1,30 m. Sonne oder Halbschatten, entwässerter Boden. Durchmesser der Blüten: 8 cm, 5 bis 10 Blütenblätter. Einmalblühend.

Unten

Rosa pimpinellifolia

'Single Cherry' (5,4fache Größe)

Dieser Strauch wurde von Kordes kultiviert. Seine kirschroten Blüten sind auf der Rückseite grau getönt. Der Wuchs ist harmonisch, kompakt und üppig. Das dunkle und kleine Blattwerk steht im Herbst kupferfarben in reizvollem Kontrast zu den schwarzen, runden Hagebutten.
Strauch: 1,50 m x 1,50 m. Sonne. Durchmesser der Blüten: 5 cm, 5 Blütenblätter. Hagebutten. Einmalblühend.

Oben

Rosa nitida

'Dart's Defender' (1,5fache Größe)

Diese besonders gelungene Kreuzung von *Rosa nitida* und *Rosa rugosa* 'Hansa' gelang dem Züchter Dart's Huis 1971, wobei die Merkmale beider Eltern erhalten geblieben sind. Die duftenden Rosen blühen lange. Im Herbst geht die Farbe des Laubes von dunklem Grün in ein orange getöntes Purpur über, das sich in Sträußen wunderschön ausnimmt. Bildet Ausläufer.

Strauch: 1,50 m x 1,50 m. Sonne oder Halbschatten. Durchmesser der Blüten: 7 cm, 20 bis 40 Blütenblätter. Hagebutten. Duft**. Einmalblühend.

Oben

Rosa farreri 'Persetosa' (1,65fache Gr.)

Aus Samen, die ein gewisser Mr. Farrer 1915 aus China mitbrachte, keimten junge Pflanzen, unter denen der Züchter E. A. Bowles diese auswählte. Der englische Name 'The Threepenny Bit Rose' spielt auf die wie Miniaturen wirkenden Fiederblättchen an. Knospen und Blüten sind erstaunlich klein – was umso mehr überrascht, als sie an einem imposanten Strauch sitzen. Das Holz ist fein mit Stacheln besetzt, der Wuchs ist elegant. Insgesamt vermittelt dieser Rosenstrauch einen Eindruck von Schwerelosigkeit. Strauch: 2 m x 3 m. Halbschatten. Durchmesser der Blüten: 1,5 cm, 5 Blütenblätter. Einmalblühend.

Oben und rechte Seite

Rosa moyesii (1- und 2,19fache Größe)

Diese wunderschöne botanische Hekkenrose wurde 1890 in Westchina entdeckt. Sie trägt karminrote Blüten, in denen goldbronzene Staubgefäße leuchten. Der Wuchs ist gerade und schlank, das feine Laub besteht aus einer Vielzahl kleiner Fiederblättchen. Längliche, flaschenförmige Hagebutten erfreuen die Vögel. Eine sehr frostbeständige Sorte. Großer Strauch oder Kletterrose: 3,50 m x 3 m oder mehr. Sonne oder Halbschatten. Durchmesser der Blüten: 6 cm, 5 Blütenblätter. Hagebutten. Einmalblühend.

Rechts

Rosa fedtschenkoana (1,9fache Größe)

Sie wurde etwa 1871 vom Ehepaar Fedtschenko in den Bergen Asiens entdeckt und hielt Einzug in die Gärten von Sankt Petersburg. Dies ist eine der wenigen botanischen Rosen, die von Juni bis zum ersten Frost mehrmals, wenn auch nicht durchgehend blüht. Die kleinen, hellen Blätter sind ausgefranst. Bildet Ausläufer.
Strauch: 2,50 m x 2 m. Sonniger Standort. Durchmesser der Blüten: 4 cm, 5 Blütenblätter.

Unter

Rosa x *micrugosa*

'Walter Butt' (2fache Größe)

Diese Hybride von *Rosa rugosa* und *Rosa roxburghii* erzielte Butt 1954. Porzellanartig aussehende weiße Blüten sind überzogen mit einem Hauch von Rosa. Die hell orange getönten Hagebutten haben bei *Rosa roxburghii* Stacheln. Strauch: 2,50 m x 2 m. Sonne oder Halbschatten. Durchmesser der Blüten: 9 cm, 5 Blütenblätter. Einmalblühend.

Unten

Rosa rugosa

'Roseraie de L'Haÿ' (Originalgröße)

Von Cochet-Cochet gezüchtet und 1901 eingeführt. Die halbgefüllten, wenig strukturierten Blüten dieser herrlichen Sorte erinnern an Klatschmohn, haben einen sehr intensiven, würzigen Duft und sind dunkel karmesinrot. Der Strauch blüht ausdauernd bis zum Ende des Sommers und hat einen schirmartigen, nach oben ausladenden Wuchs, Diese Rose verträgt Kalk gut, eignet sich für Hecken und Massive wie als Solitär.
Strauch: 2 m x 1,60 m. Sonne oder Halbschatten. Durchmesser der Blüten: 9 cm, 20 bis 40 Blütenblätter. Duft***.

Linke Seite

Rosa rugosa

'Frau Dagmar Hastrup' (1,9fache Größe)

Von Hastrup gezüchtet und 1914 eingeführt. Dieser Busch ist anspruchslos und kompakt. Seine ungefüllten Blüten erneuern sich bis zum ersten Frost immer wieder. Die kugeligen Hagebutten haben die Form von kleinen Tomaten. Das Laub ist runzelig und verfärbt sich im Herbst senfgelb. Ideal für Gebirgsklima.
Busch: 1,30 m x 1,20 m. Sonniger Standort. Durchmesser der Blüten: 7 cm, 5 Blütenblätter. Hagebutten. Duft*.

Oben

Rosa rugosa

'Villa des Tybilles' (0,7fache Größe)

Eine Züchtung von Jules Gravereaux, die 1899 im Rosarium von L'Haÿ-les-Roses entstand. Diese Rose ist in unseren Gärten kaum zu finden, vielleicht weil sie nur einmal blüht. Die tiefroten Blüten, in denen golden die Staubfäden schimmern, das ausgefallene Laub und nicht zuletzt ihr Name wirken sehr attraktiv.
Strauch: 2 m x 1,50 m. Sonniger Standort. Durchmesser der Blüten: 7 cm, 5 Blütenblätter. Duft**.

Links und linke Seite

Rosa rugosa

'Scabrosa' (1,28fache Größe)

Dieser Strauch, dessen Eltern nicht bekannt sind, vermittelt einen Eindruck von reichem Überfluß. Seine kräftigen Triebe tragen dichtes, breites Laubwerk. Die großen, intensiv rosa gefärbten Blüten duften stark und treiben während der ganzen schönen Jahreszeit immer wieder durch. Es folgen Dolden voll üppiger Hagebutten. Bildet Ausläufer.
Strauch: 2 m x 1,80 m. Sonniger Standort. Durchmesser der Blüten: 12 cm, 5 Blütenblätter. Duft**.

SEKTION DER GALLICANAE

Rechte Seite

Rosa x *centifolia*

'Cristata' (1,29fache Größe)

Auch 'Chapeau de Napoléon' genannt. Von Vibert gezüchtet, 1827 eingeführt. Bei warmem Wetter verströmt diese Rose einen starken, berauschenden Duft. Durch ihre breiten, stark ausgefransten Kelchblätter unterscheidet sie sich von *Rosa centifolia major.* Der Wuchs ist nach oben ausladend.
Kräftiger Strauch: 1,50 m x 1,50 m. Sonniger Standort. Durchmesser der Blüten: 8 cm, über 40 Blütenblätter. Duft**. Einmalblühend.

Oben

Rosa gallica (Originalgröße)

Diese Wildrose wächst in den Hochalpen und ist unter Naturschutz gestellt. Wird sie auf einem meliorierten Boden kultiviert, kommt es vor, daß ihr leuchtender Blütenkelch sich um einen zweiten Kranz Blütenblätter erweitert.
Ausläufer bildender Busch: 1 m x 1 m. Sonniger Standort. Durchmesser der Blüten: 6 cm, 5 Blütenblätter. Duft**. Einmalblühend.

Rechte Seite

Rosa x *centifolia*

'Fantin-Latour' (1,54fache Größe)

Über die Herkunft dieser Rose ist nicht viel mehr bekannt, als daß sie nach dem französischen Blumenmaler benannt wurde und das Prädikat „Best Garden Rose" erhielt. Das Laub ist das einer chinesischen Rose. Die fleischfarbene, im Zentrum intensiver gefärbte Blüte wirkt ähnlich sinnlich wie Klatschmohn. Diese äußerst wuchsfreudige und robuste Rose blüht sehr lange.
Dichter Strauch: 1,50 m x 1,50 m. Sonne oder Halbschatten. Durchmesser der Blüten: 9 cm, über 40 Blütenblätter. Duft**. Einmalblühend.

Rechts

Rosa x *centifolia*

'Juno' (0,7fache Größe)

Dieser von Laffay 1847 eingeführte Rosenstrauch biegt sich unter der Last seiner kugeligen und später sehr breiten Blüten. Ihre an Perlmutt erinnernde blaßrosa Färbung, die zu den Rändern hin etwas dunkler ausläuft, kontrastiert mit dem matten, dunklen Grün des Laubes. 'Juno' wird nur selten angepflanzt, obwohl sie sehr eindrucksvoll aussieht.
Nach oben ausladender Busch: 1,40 m x 1,20 m. Sonniger Standort. Durchmesser der Blüten: 10 cm, über 40 Blütenblätter. Duft***. Einmalblühend.

Rechte Seite, oben

Rosa x *centifolia*

'Petite Lisette' (0,63fache Größe)

Dieses kleine Rosenwunder wurde 1817 von Vibert herausgebracht. Die kleinen, zartgeformten Blütenblätter in einem frischen Rosa sind im Blüteninnern gleichmäßig eingerollt. Übersät mit flachen, kreisrunden Blütenkelchen, wirkt diese Pflanze sehr elegant.
Busch: 1,40 m x 1,20 m. Sonne oder Halbschatten. Durchmesser der Blüten: 6 cm, über 40 Blütenblätter. Duft***. Einmalblühend.

Links

Rosa x *centifolia major*

(1,25fache Größe)

Synonym: 'Rose des Peintres'. Diese berühmte Rose unbekannter Abstammung wächst besonders häufig in Gärten, die um die Jahrhundertwende angelegt wurden. Auch dort, wo man sie verwildern ließ, hat sie sich erhalten. Sie trägt die tiefen, kugeligen „Kohlköpfchen", wie sie die holländischen Maler des 18. Jahrhunderts liebten. Ihr intensiver Duft bleibt unvergeßlich.
Strauch mit nach oben ausladendem Wuchs: 2 m x 1,80 m. Sonniger Standort. Durchmesser der Blüten: 9 cm, über 40 Blütenblätter. Duft***. Einmalblühend.

Unten

Rosa x *centifolia muscosa alba*

(0,62fache Größe)

Synonyme: 'Mousseuse Blanche', 'Shailer's White Moss'. Diese Mutation von *Rosa x centifolia muscosa* kam 1788 in England auf. Aus den bemoosten Kelchblättern, an denen ein harzähnlicher Saft perlt, sprießen die allerzartesten, intensiv duftenden Rosen.
Sehr wüchsiger Strauch: 1,80 m x 1,20 m. Sonniger Standort (wegen des Duftes). Durchmesser der Blüten: 8 cm, über 40 Blütenblätter. Duft***. Einmalblühend.

Rechts und oben

Rosa x *centifolia muscosa*

'Béranger' (1,16 und 1,14fache Größe)

Diese von Vibert gezüchtete und 1849 eingeführte Rose sucht man in unseren Gärten vergebens. Ihre mit feinen Stacheln besetzten Triebe enden in anmutigen rosa Blüten mit in der Mitte eingerollten Petalen. Gute Wuchskraft. Strauch: 1,50 m x 1 m. Sonne. Durchmesser der Blüten: 6 cm, 20 bis 40 Blütenblätter. Duft**. Einmalblühend.

Linke Seite

Rosa x *centifolia muscosa*

'Alfred de Delmas' (2,51fache Größe)

Synonym: 'Mousseline'. Der von Portemer gezüchtete und 1855 eingeführte Strauch trägt perlmuttfarbene, raffinierte, kelchförmige Blüten mit in der Mitte sichtbaren Staubfäden. Die spärlich bemoosten Triebe tragen nur wenig Stacheln. Nachblühend mit Ausläufern. Busch: 0,90 m x 0,80 m. Sonniger Standort. Durchmesser der Blüten: 7 cm, 20 bis 40 Blütenblätter. Duft*.

Unten

Rosa x *centifolia muscosa*

'Henri Martin' (0,62fache Größe)

Diese 1863 von Laffay gezüchtete Sorte findet man auch unter dem Namen 'Red Moss'. Die Triebe, Knospen und Hagebutten dieser Rose sind eher mit geraden Stacheln als mit Moos bedeckt. Die Blüten in einem erlesenen leuchtenden Rot vertragen Regenwetter gut. Unkomplizierte Sorte.

Busch: 1,50 m x 1 m. Sonne oder Halbschatten. Durchmesser der Blüten: 8 cm, 10 bis 20 Blütenblätter. Hagebutten. Duft***. Einmalblühend.

Rechts

Rosa x *centifolia muscosa*

'Eugénie Guinoisseau' (0,62fache Größe)

Von Guinoisseau gezüchtet, 1864 eingeführt. Der aufrechte Strauch trägt große, leuchtend kirschrote Blüten. Die mit Moos überzogenen Blätter und Knospen haben eine dunkle, fast metallische Färbung. Nach der reichen Juniblüte erscheint während des Sommers bis in den Herbst hinein immer wieder vereinzelter Nachflor.

Busch: 1,50 m x 1 m. Sonniger Standort. Durchmesser der Blüten: 8 cm, 20 bis 40 Blütenblätter.

Rechte Seite

Rosa x *centifolia muscosa*

'Nuits de Young' (2,3fache Größe)

Synonym: 'Blackmoss'. Der Züchter Laffay erhielt 1845 diese äußerst originelle Rose. Goldene Staubgefäße zieren die Blüten in einem tiefen, samtigen Purpurrot. Triebe und Knospen sind stark bemoost und verströmen einen köstlichen Harzgeruch. Alles an diesem Rosenstock wirkt dunkel.

Busch: 1,20 m x 0,90 m. Sonniger Standort. Durchmesser der Blüten: 5 cm, 20 bis 40 Blütenblätter. Duft***. Einmalblühend.

Oben

Rosa x *centifolia muscosa*

'Salet' (0,85fache Größe)

Rechte Seite

Rosa x *centifolia muscosa*

'William Lobb' (0,92fache Größe)

Diese Sorte wurde 1845 von Lacharme gezüchtet und eingeführt. Der anspruchslose Rosenstrauch bringt unablässig bis in den Herbst hinein leicht bemooste Rosen hervor. Die mittelgroßen, dicht gefüllten Blüten haben zur Mitte hin eingerollte Blütenblätter. Sie sind hellrosa und fein geformt. Regen kann das Aufblühen verhindern.

Dichter Busch: 1,50 m x 1,20 m. Sonniger Standort. Durchmesser der Blüten: 7 cm, über 40 Blütenblätter. Duft***.

Synonyme: 'Duchesse d'Istrie' und 'Old Velvet Moss'. Von Laffay gezüchtet, 1855 eingeführt. Kennzeichen des stark bemoosten Rosenstrauchs sind seine Grösse und die purpurviolette Blütenfarbe, die in ein Lilagrau übergeht. Wegen des nach oben ausladenden Wuchses eignen sich Dauergewächse am Fuß seines Stammes. Sehr dekorativer Strauch.

Strauch: 1,80 m x 1,80 m. Sonne. Durchmesser der Blüten: 8 cm, 10 bis 20 Blütenblätter. Duft***. Einmalblühend.

Rechts

Rosa x *damascena*

'Blush Damask' (1,32fache Größe)

Eine wunderschöne alte Sorte, von der man nicht weiß, wann sie entstanden ist. An leicht überhängenden Zweigen sprießen rosa, zu den Rändern hin heller werdende Blüten, die sich lange halten. Solche alten Rosen wie diese haben einen ganz eigenartigen Reiz.
Busch: 1,20 m x 1 m. Sonne oder Halbschatten. Durchmesser der Blüten: 8 cm, 20 bis 40 Blütenblätter. Duft***. Einmalblühend.

Rechte Seite

Rosa x *damascena*

'Duchesse de Rohan' (1,36fache Größe)

Diese vor 1880 gezogene Sorte läßt sich nicht eindeutig klassifizieren. Sie bringt einen leichten Nachflor. Eine außergewöhnlich schöne, jedoch wenig verbreitete Sorte von biegsamem Wuchs, deren kelchförmige Blüten kräftig rosa gefärbt sind.
Busch: 1,20 m x 1 m. Sonniger Standort. Durchmesser der Blüten: 8 cm, 20 bis 40 Blütenblätter. Duft***.

Oben

Rosa x damascena

'Ispahan' (1,16fache Größe)

Die Kultivierung dieser Rose wird bereits vor 1832 erwähnt. Sie blüht zwar nur einmal, dafür aber lange, mit lieblichen, hellrosa Blüten, deren Form sich während der Blütezeit verändert. Das Laub ist klein und glänzend.
Busch: 1,50 m x 1 m. Sonniger Standort. Durchmesser der Blüten: 7 cm, 10 bis 20 Blütenblätter. Duft**. Einmalblühend.

Rechte Seite

Rosa x damascena

'La Ville de Bruxelles' (1,35fache Größe)

1849 von Vibert gezüchtet. Der Strauch hat durchgebogene Zweige mit breiten Blüten, unten flach und oben gewölbt, rosa gefärbt in vollendeter Form. Kurze Blütenblätter sind zur Mitte hin eingerollt und außen kunstvoll angeordnet.
Nach oben ausladender Busch: 1,30 m x 1,20 m. Sonniger Standort. Durchmesser der Blüten: 9 cm, über 40 Blütenblätter. Duft***. Einmalblühend.

Linke Seite

Rosa x *damascena*

'Omar Khayyam' (1,30fache Größe)

Diese 1893 eingeführte Rose wurde auf dem Grab von Edward Fitzgerald im englischen Suffolk angepflanzt. Sie soll aus Samen der Rosen stammen, die das Grab des persischen Dichters Omar Khayyam in Nishapur im Nordiran schmücken, dessen Gedichte Fitzgerald übersetzt hat. Die herrlichen Blüten verströmen bei heißem Wetter einen intensiven Duft.
Busch: 1,20 m x 0,90 m. Sonniger Standort. Durchmesser der Blüten: 8 cm, über 40 Blütenblätter. Duft***. Einmalblühend.

Links

Rosa x *damascena*

'Quatre Saisons Blanc Mousseux'

(1,27fache Größe)

Diese Sorte ist auch unter dem Namen 'Rosier de Thionville' und 'Perpétuelle Mousseuse' bekannt. Ihre Seltenheit kann nur der Grund dafür sein, diese 1835 von Laffay herangezüchtete Rose anzupflanzen, denn obwohl sie nachblüht, trägt sie nur spärlichen Flor mit gestaltlosen Blüten. Betörend ist hingegen der Duft des gelblichgrauen Laubes, wunderschön sind auch die Knospen.
Busch: 1,70 m x 1,20 m. Sonniger Standort. Durchmesser der Blüten: 7 cm, 20 bis 40 Blütenblätter. Duft*** (Laub).

Linke Seite

Rosa x *damascena*

'Rose de Resht' (2,28fache Größe)

Diese Rose findet man auch unter dem Namen *Rosa damascena perpetual.* Eine Miss Lindsay brachte sie aus dem Iran mit. Wegen ihrer vielen positiven Eigenschaften ist sie als Gartenware weit verbreitet. Diese attraktive Sorte blüht mehrmals, ist unkompliziert in der Kultur und gedeiht auch als Topfpflanze bestens. Ihre Blüten werden zur Herstellung von Konfekt und Potpourris verwendet.
Kompakter Busch: 1,30 m x 1 m. Sonniger Standort. Durchmesser der Blüten: 6 cm, über 40 Blütenblätter. Duft***.

Oben

Rosa x *damascena*

'Rose des Quatre Saisons' (0,72fache Größe)

Synonym: 'The Four Season Rose of Paestum' (Paestum Rose). Vor langer Zeit gelangte diese stark duftende und bis zum ersten Frost nachblühende Rose aus dem Orient nach Europa, wo sie von den Römern in großen Mengen kultiviert worden sein soll. Das schlichte Aussehen ihrer rosa Blüten mit den langen Kelchblättern verleiht diesem Strauch einen natürlich wirkenden Charme.
Unkomplizierter Strauch: 1,50 m x 1,20 m. Sonniger Standort. Durchmesser der Blüten: 7 cm, 20 bis 40 Blütenblätter. Duft***.

Linke Seite

Rosa gallica

'Alain Blanchard' (2,42fache Größe)

Diese Sorte wurde 1839 von Vibert gezüchtet. In den halbgefüllten, purpurfarbenen Blüten mit rosa und braunen Sprenkeln leuchten golden die Staubgefäße. Trotz der beeindruckenden Schönheit ihrer Blüten wird die nur mäßig wachsende Rose selten angebaut.
Busch: 1,20 m x 1 m. Sonne oder Halbschatten. Durchmesser der Blüten: 8 cm, 10 bis 20 Blütenblätter. Duft***. Einmalblühend.

Rechts

Rosa gallica

'Assemblage des Beautés' (1,6fache Größe)

Synonym: 'Rouge Eblouissante'. Diese Sorte stammt aus dem ausgehenden 18. Jahrhundert und trägt besonders leuchtende, kirschrote Rosetten, die sich vom dunklen Laub abheben.
Busch: 1,20 m x 1 m. Sonne oder Halbschatten. Durchmesser der Blüten: 7 cm, über 40 Blütenblätter. Duft**. Einmalblühend.

Linke Seite

Rosa gallica

'Belle de Crécy' (2,23fache Größe)

Diese vor 1848 gezüchtete Sorte wird Roeser zugeschrieben. In ihrem reichen Farbenspiel vereint sie die prächtigen Schattierungen der Essigrosen von Kirschrot bis Violettrosa. Gegen Ende der Blütezeit geht ihre Färbung ins Lila über. Die inneren Blütenblätter sind eingerollt und geben den Blick auf grünliche Narben frei. Diese Sorte ist sehr leicht zu ziehen. Die nur mit wenigen Stacheln bedeckten Triebe biegen sich unter der reichen Blütenlast.
Busch: 1,20 m x 1 m. Sonniger Standort. Durchmesser der Blüten: 7 cm, über 40 Blütenblätter. Duft***. Einmalblühend.

Rechts

Rosa gallica

'Belle Isis' (Originalgröße)

In Belgien von Parmentier gezüchtet, 1845 eingeführt. Die Blüten sind mittelgroß, flach und zart blaßrosa, mit eingerollten Blütenblättern. Der Wuchs ist aufrecht. Im Duft unterscheidet sich diese Sorte von den anderen Gallicae.
Busch: 1,20 m x 0,90 m. Sonniger Standort. Durchmesser der Blüten: 6 cm, über 40 Blütenblätter. Duft*. Einmalblühend.

Unten

Rosa gallica

'Camaïeux' (1,90fache Größe)

1830 von Vibert eingeführt. Die faszinierende, Ton in Ton verlaufende Farbskala reicht von Blaßrosa über Magenta bis hin zu Grauviolett. Die Blütenblätter sind gewellt, das Laub etwas runzelig – es ist eine ganz unverwechselbare Rose. Busch: mäßig wuchsfreudig, 1 m x 0,70 m. Sonniger Standort. Durchmesser der Blüten: 8 cm, über 40 Blütenblätter. Duft***. Einmalblühend.

Unten

Rosa gallica

'Cardinal de Richelieu' (1,11fache Größe)

Diese Sorte wurde 1840 von Laffay eingeführt. Sie hat dünne und fast stachellose Triebe. Die vollkommen runden Knospen öffnen sich Blatt um Blatt

zu einer dunkelvioletten Blüte mit weißem Herzen. Ihre Kultur ist etwas heikel.
Busch: 1,20 m x 0,90 m. Sonne oder Halbschatten. Durchmesser der Blüten: 7 cm, über 40 Blütenblätter. Duft*. Einmalblühend.

Oben

Rosa gallica

'Charles de Mills'

(1,8; 1,8; 0,5; 0,5fache Größe)

Synonym: 'Bizarre Triomphant'. Die Abstammung dieser vielleicht schönsten *Rosa gallica* ist unbekannt. Sie war schon in der Rosensammlung von Malmaison vertreten. Ihr flacher, makelloser Blütenkelch ist dicht gefüllt mit aufrecht angeordneten Blütenblättern in einem dunklen Scharlachrot. In der freiliegenden Blütenmitte ist das Grün der Narben zu erkennen. Diese Sorte zeichnet sich durch sehr gute Wuchskraft aus. Pflegeleichter Strauch: 1,70 m x 1,50 m. Sonniger Standort. Durchmesser der Blüten: 9 cm, über 40 Blütenblätter. Duft***. Einmalblühend.

Oben und links

Rosa gallica

'Charles de Mills'

(1,25; 0,65fache Größe)

Linke Seite

Rosa gallica

'Complicata' (2fache Größe)

Angeblich eine Hybride von *Rosa gallica* und *Rosa macrantha*. Mehr ist über diese Rose nicht bekannt. Sie weist überhaupt keine Ähnlichkeit mit den anderen Gallicae auf. Ihren Namen 'Complicata' trägt sie zu Unrecht, denn sie paßt sich an alle Böden an, wird nie krank, läßt sich beliebig einsetzen und trägt große rosa Hagebutten: Unkomplizierter geht es nicht!
Strauch oder Kletterrose: 2,50 m x 2,50 m. Sonne oder Halbschatten, Hecken. Durchmesser der Blüten: 10 cm, 5 Blütenblätter. Hagebutten. Duft**. Einmalblühend.

Oben

Rosa gallica

'Hippolyte' (Originalgröße)

Dieser Rosenbusch unbekannten Ursprungs hat fast keine Stacheln. Die flachen Blüten werden entgegen der klassischen Anordnung zur Mitte hin heller. Der an feinen Nuancen reiche Blütenkelch ist im Aufblühen besonders sehenswert.
Busch: 1,50 m x 1 m. Sonniger Standort. Durchmesser der Blüten: 6 cm, 20 bis 40 Blütenblätter. Hagebutten. Duft**. Einmalblühend.

Oben

Rosa gallica

'Jenny Duval' (0,81fache Größe)

Eine Rose unbekannter Abstammung aus dem 18. Jahrhundert. Der Farbwechsel ihrer Blütenblätter von Rosa zu Grau ist typisch für eine Gallicae. Langanhaltende Blüte und reicher Duft.
Busch: 1,30 m x 1 m. Sonniger Standpunkt. Durchmesser der Blüten: 8 cm, 20 bis 40 Blütenblätter. Hagebutten. Duft***. Einmalblühend.

Rechte Seite

Rosa gallica

'Louis van Till' (2,13fache Größe)

Diese stark gefüllte Rose, deren Eltern nicht bekannt sind, hat die klassische, im Blüteninneren intensivere Färbung der alten Rosen. In volle Sonne gepflanzt, verströmt sie einen betörenden Duft. Busch: 1,20 m x 0,90 m. Sonne. Durchmesser der Blüten: 7 cm, über 40 Blütenblätter. Duft***. Einmalblühend.

Rechts

Rosa gallica

'Duchesse de Montebello' (0,4fache Größe)

Eine herrliche Rose aus dem Jahr 1829, deren Eltern nicht bekannt sind. Während die Knospen noch leicht rötlich sind, verblassen die Blüten bis hin zu weiß, einer bei Gallicae seltenen Farbe. Busch: dicht, 1,20 m x 0,90 m. Sonne oder Halbschatten. Durchmesser der Blüten: 7 cm, über 40 Blütenblätter. Duft***. Einmalblühend.

Oben

Rosa gallica

'Orpheline de Juillet' (1,54fache Größe)

Diese prächtige dunkelrote Rose trägt einen rätselhaften Namen. Ist die „Juli-Waise“ eine Überlebende der Französischen Revolution? Weder die Blume noch ihr Name werden ihren Betrachter gleichgültig lassen. Zudem ist sie äußerst wohlriechend.
Busch: 1,20 m x 0,90 m. Sonniger Standort. Durchmesser der Blüten: 8 cm, über 40 Blütenblätter. Duft***. Einmalblühend.

Unten

Rosa gallica

'Tuscany' (1,3fache Größe)

Synonym: 'The Old Velvet Rose'. Diese samtige Rose ist uralt. Die goldfarbenen Staubgefäße kontrastieren effektvoll mit den prächtigen dunkelroten bis violetten Blütenblättern. Ein sehr leicht zu ziehender, stark duftender Rosenbusch. Busch: 1 m x 1 m. Sonniger Standort. Durchmesser der Blüten: 6 cm, 10 bis 20 Blütenblätter. Duft***. Einmalblühend.

Rechts

Rosa gallica versicolor

(0,87fache Größe)

Synonym: *Rosa Mundi.* Diese Rose wird seit dem 16. Jahrhundert erwähnt, ist wahrscheinlich aber noch älter. Durch die panaschierten Blütenblätter und die goldgelben Staubgefäße wirkt sie jedoch sehr modern und dekorativ.
Busch: 1 m x 1 m. Sonniger Standort. Durchmesser der Blüten: 8 cm, 10 bis 20 Blütenblätter. Hagebutten. Duft***. Einmalblühend.

Sieh dir die zweifarbige Blume an,
sie gleicht einer Perle unter Karneol
oder zwei Liebenden in ihrer
Abgeschiedenheit
Gesicht an Gesicht.

Mondjick,
persischer Dichter, 500 v. Chr.

Oben

Rosa gallica

'Ville de Londres' (0,65fache Größe)

Von Robert gezüchtet und 1850 eingeführt. Ihre strahlend roten Blüten lassen eine dunkle Mauer heller erscheinen. Lange Blüte, völlig anspruchslos.
Busch: 1,20 m x 1 m. Sonniger Standort. Durchmesser der Blüten: 8 cm, über 40 Blütenblätter. Hagebutten. Duft***. Einmalblühend.

Rechte Seite

Rosa gallica

'Violacea' (1,2fache Größe)

Diese Rose ist auch unter den Sortennamen 'La Belle Sultane' und *Rosa gallica* 'Maheka' bekannt. Schon um 1800 wurde der Strauch in Holland kultiviert und gehörte zur Rosensammlung von Malmaison. Er ist das ganze Jahr über ein schöner Anblick und kommt mit jedem Boden zurecht. Das Rotviolett der halbgefüllten Blüten wird von zahlreichen Staubgefäßen aufgehellt. Ein herrlicher, anspruchsloser Rosenstrauch.
Strauch: 2 m x 1,50 m. Sonniger Standort oder Halbschatten. Durchmesser der Blüten: 8 cm, 5 bis 10 Blütenblätter. Hagebutten. Duft***. Einmalblühend.

Linke Seite

Rosa x *portlandica*

'Jacques Cartier' (2,51fache Größe)

Gezüchtet von Moreau-Robert, eingeführt 1868. Dieser Rosenbusch mit dem aufrechten Wuchs trägt vollendet geformte, hellrosa Blüten mit eingerollten Blütenblättern. Die runden Knospen sind wie im Klatschmohn in längliches Laub gehüllt. Die Blüten erscheinen von Juni bis zum Frost und duften herrlich. Sehr leicht zu kultivieren und ganz unempfindlich gegen Hitze.
Busch: 1 m x 0,80 m, manchmal größer. Sonniger Standort. Durchmesser der Blüten: 8 cm, über 40 Blütenblätter. Duft***.

Links

Rosa macrantha

'Waitziana' (0,55fache Größe)

1823 in Frankreich entdeckt, vielleicht ein Hybride von *Rosa gallica* und *Rosa macrantha*. Die Hagebutten aus blaßrosa Blüten bleiben den Winter über am Holz. Tief überhängender Busch: 1 m x 1,50 m. Sonniger Standort. Durchmesser der Blüten: 8 cm, 5 Blütenblätter. Hagebutten. Duft*. Einmalblühend.

Unten

Rosa x *portlandica*

'Comte de Chambord' (1,34fache Größe)

Von Moreau-Robert gezüchtet und 1860 eingeführt. Anmutig entfalten sich die ins Lila übergehenden rosa Blütenblätter. Gute Nachblüte und hervorragender Duft. Busch: 1 m x 0,70 m. Sonne oder Halbschatten. Durchmesser der Blüten: 8 cm, über 40 Blütenblätter. Duft***.

Rechte Seite

Rosa x *portlandica*

'Marbrée' (4fache Größe)

Diese von Robert und Moreau 1858 eingeführte Portlandrose wird selten angepflanzt. Ihre halbgefüllten, himbeerroten Blüten sind hellrosa gesprenkelt. Sie ist von kräftigem Wuchs und blüht zuweilen bis zum Ende des Sommers nach.
Busch: 1,20 m x 0,90 m. Sonniger Standort. Durchmesser der Blüten: 8 cm, 10 bis 20 Blütenblätter. Duft**.

Links

Rosa x *portlandica*

'Yolande d'Aragon' (1,1fache Größe)

Von Vibert gezüchtet, 1843 eingeführt. Der große Rosenbusch mit dem lockeren Wuchs trägt große, schwere, kugelige Blüten. Das ziemlich dünne hellgrüne Laub fächert sich in lange Fiederblättchen auf. Der etwas kahle Stamm sollte mit darunter angepflanzten Dauergewächsen kaschiert werden. Gibt schöne Schnittblumen und blüht nach.
Busch: 1,50 m x 1 m. Sonne oder Halbschatten. Durchmesser der Blüten: 9 cm, über 40 Blütenblätter. Duft***.

Oben

Rosa sp.

'Betty Sherriff' (0,52fache Größe)

Diese Rose wurde von Mrs. Sherriff in Bhutan nahe der tibetischen Grenze entdeckt. Sie wächst so üppig wie die aus China stammende *Rosa mulliganii* und hat deren hochglänzendes Laub. Allerdings ist diese Abstammung nicht nachgewiesen. Ihre Blütenblätter sind rosig weiß und herzförmig. Sehr schöne Belaubung.
Lianenartige Kletterrose, bis zu 10 m. Sonne oder Halbschatten. Durchmesser der Blüten: 3 cm, 5 Blütenblätter. Hagebutten. Duft*. Einmalblühend.

Rechts

Rosa helenae

(0,63fache Größe)

Diese ursprünglich in China beheimatete Rose bietet mit ihren ersten Blättern einen herrlichen Anblick. Die jungen Triebe sind purpurrot, die Blätter mit karminroten, durchscheinenden Nebenblättern versehen. Aus Blüten in großen, duftenden Büscheln entwickeln sich ovale Hagebutten. Sehr wuchsfreudig und kräftig, unkompliziert und schlicht.
Lianenartige Kletterrose über 6 m. Sonniger Standort. Durchmesser der Blüten: 3 cm, 5 Blütenblätter. Hagebutten. Duft**. Einmalblühend.

Links

Moschushybride

'Cornelia' (0,60fache Größe)

Von Pemberton gezüchtet, 1925 eingeführt. Eine ausgezeichnete Sorte, die unablässig Blütentrauben in fröhlichen, wechselnden Farben hervorbringt – korallenfarben, gelb und rosa. Diese Rose wird niemals krank. Die langen, bogenförmigen Triebe geben unter der reichen Blütenlast nach.
Strauch: 1,50 m x 2 m. Sonniger Standort. Durchmesser der Blüten: 4 cm, 20 bis 40 Blütenblätter. Duft**.

Oben

Moschushybride

'Nur Mahal' (1,30fache Größe)

1923 von Pemberton gezüchtet und eingeführt. Sie verträgt gut Hitze, blüht willig nach und bringt den Sommer über immer neue Büschel karminroter Blüten mit gewellten Blütenblättern hervor. Busch: 1,30 m x 1 m. Sonniger Standort. Durchmesser der Blüten: 8 cm, 10 bis 20 Blütenblätter. Duft*.

Oben

Moschushybride

'Queen of the Musks' (1,30fache Größe)

Diese Rose wurde von Paul gezüchtet und 1913 eingeführt. Ihr kompakter und ausgewogener Wuchs macht sie zu einer sehr originellen Moschushybride. Aus den Büscheln von roten Knospen entwickeln sich kleine, erst rosige, dann weiße Blüten, die sich immer wieder erneuern.

Busch mit variierender Größe: 1 m bis 1,50 m x 1,20 m. Sonniger Standort. Durchmesser der Blüten: 4 cm, 10 bis 20 Blütenblätter. Duft**.

Oben

Rosa luciae

'Alexandre Girault' (0,33fache Größe)

Gezüchtet und eingeführt 1909 von Barbier. Bei keiner anderen Kletterrose findet man ein derartig nuancenreiches Erdbeerrot und solch zusammengerollte Blütenblätter, aus deren Mitte ein grünes „Knopfauge" (der Stempel) hervorleuchtet. Die langen, biegsamen Triebe eignen sich für vielfältige Gestaltungsmöglichkeiten (bemerkenswert in L'Haÿ-les-Roses).
Lianenartige Kletterrose: 6 bis 10 m. Sonniger, freier Standort oder Halbschatten. Durchmesser der Blüten: 6 cm, über 40 Blütenblätter. Duft*. Einmalblühend.

Unten

Rosa luciae

'François Juranville' (0,87fache Größe)

1906 erhielt Barbier diese Rose aus der Kreuzung von *Rosa luciae* mit *Rosa chinensis* 'Mme Laurette Messimy'. Von außerordentlich kräftigem, üppigem Wuchs, trägt sie große, köstlich duftende blaßrosa Blüten mit in der Mitte eingerollten Blütenblättern. Die jungen Triebe sind purpurrot. Rasches Wachstum. Sehr gesund.
Lianenartige Kletterrose: 8 bis 13 m. Sonniger Standort. Durchmesser der Blüten: 9 cm, über 40 Blütenblätter. Duft***. Einmalblühend.

Linke Seite, oben

Rosa luciae

'Paul Transon' (0,74fache Größe)

Von Barbier gezüchtet und 1900 eingeführt. Sie blüht wiederholt und bringt von Mai bis zum Spätsommer eine richtige Flut mittelgroßer, lachsfarbener Blüten mit ineinandergefalteten Blütenblättern hervor, die die Luft mit ihrem Duft erfüllen. Kleines Laub.
Lange, dünne Triebe bildend, 5 m oder mehr. Sonniger Standort oder Halbschatten. Durchmesser der Blüten: 7 cm, über 40 Blütenblätter. Duft nach grünen Äpfeln***.

Links

Rosa luciae

'Léontine Gervais' (1,87fache Größe)

Auch diese im Jahr 1903 eingeführte Sorte stammt aus der Zucht von Barbier. Kaum weniger wuchsfreudig als 'François Juranville', kann diese Sorte in kürzester Zeit eine Pergola beranken. Die halbgefüllten Blüten sind orangerosa gefärbt und duften sehr stark. Glänzendes, gesundes Laub.
Lianenartige Kletterrose: 6 bis 8 m. Sonne oder Halbschatten. Durchmesser der Blüten: 9 cm, 20 bis 40 Blütenblätter. Hagebutten. Duft***. Einmalblühend.

Linke Seite

Rosa multiflora inermis

(1,25fache Größe)

Diese erstaunlich starkwüchsige, kräftige und vielfältige Heckenrose stammt aus Japan und Korea, wurde 1862 bei uns eingeführt. Zur Auslese der besten Knospenmutationen, die als Unterlage in sauren Böden dienen sollten, gehörte diese stachellose Sorte.. Züchtern gelang es, durch ihre Entdeckung zahlreiche Kletterrosen mit Dolden kleiner, fruchtig duftender Blüten zu kreieren.
Strauch: 3 m oder als Kletterrose 7 m. Sonne oder Halbschatten. Durchmesser der Blüten: 2 cm, 5 Blütenblätter. Hagebutten. Duft*. Einmalblühend.

Oben

Rosa multiflora

'Crimson Rambler' (0,87fache Größe)

Bei dieser aus Japan importierten Rose soll es sich um eine Hybride von *Rosa wichuraiana* und *Rosa multiflora* handeln, was aber nicht die prächtige, dunkel purpurrote Farbe ihrer Blüten erklärt. Zu Unrecht fand und findet sie wenig Beachtung. Sie ist fast stachellos, sehr wüchsig und nur in Hitzeperioden etwas anfällig für echten Mehltau.
Langtriebige Rose, bis 10 m. Sonne oder Halbschatten. Durchmesser der Blüten: 3 cm, 20 bis 40 Blütenblätter. Einmalblühend.

Rechte Seite

Rosa multiflora

'Éléonore Berkeley' (0,35fache Größe)

Diese Rose ungeklärter Abstammung gelangte um 1900 aus England in die Gärten auf dem Festland. Sie blüht als eine der ersten, mit üppigen Büscheln ganz kleiner, lilarosa Blüten. Sehr wuchsfreudig und kräftig, schlicht und wenig verbreitet.
Kletterrose: 4 m x 3 m. Sonniger Standort. Durchmesser der Blüten: 3 cm, 20 bis 40 Blütenblätter. Duft**. Einmalblühend.

Rechts

Rosa multiflora

'Ghislaine de Féligonde' (1,29fache Größe)

Von Turbat gezüchtet, 1916 eingeführt. Die zunächst zart aprikosenfarbenen Blüten gehen in ein ganz leichtes Rosa über und verblassen dann. Sie verströmen einen milden Duft und treiben vor allem im Herbst ab und zu neu durch. Diese ausgezeichnete, fast stachellose Sorte läßt sich vielfältig einsetzen: als Strauch oder als Kletterrose. Ihre Kultur ist immer unkompliziert.
Freistehender Strauch: 2,50 m x 2,50 m, oder Kletterrose: 3 bis 4 m. Sonne oder Halbschatten. Durchmesser der Blüten: 4 cm, 20 bis 40 Blütenblätter. Duft**.

Links

Rosa multiflora

'Veilchenblau' (0,75fache Größe)

'Veilchenblau' wurde von Schmidt gezüchtet und 1909 eingeführt. Bei keiner anderen Sorte findet man diese Farbe, die im Halbschatten besonders gut zur Geltung kommt: ein sanftes Blauviolett, das durch den weißen Ansatz der Blütenblätter und die gelben Staubgefäße aufgehellt wird. Die kleinen Knospen sind rot. Im Anschluß an die nach Maiglöckchen duftende Blüte sprießen junge, kräftige Triebe
Kletterrose: 4 bis 6 m. Halbschatten. Durchmesser der Blüten: 4 cm, 10 bis 20 Blütenblätter. Hagebutten. Duft***. Einmalblühend.

Linke Seite

Rosa multiflora

'Laure Davoust' (1,20fache Größe)

Eine von Laffay gezüchtete, 1846 eingeführte Sorte. An diesem Rosenstock ist einfach alles schön: Er bringt eine Überfülle von rosafarbenen Blüten mit einem Stich Lila hervor, die in dichten Pompons zusammensitzen und wunderbar duften. Das längliche Laub ist bläulich, die Wuchskraft außergewöhnlich. Zuweilen nachblühend.
Rose mit langen, dünnen Trieben oder lianenartige Kletterrose: 4 bis 6 m. Sonne oder Halbschatten. Durchmesser der Blüten: 4 cm, über 40 Blütenblätter. Duft***.

Oben

Rosa multiflora

'Violette' (1,47fache Größe)

Von Turbat gezüchtet, 1921 eingeführt. Ihr Flor ist dichter als bei 'Veilchenblau', und die purpurvioletten Blüten sind deutlich dunkler. Zahlreiche goldene Staubgefäße setzen Glanzlichter, so daß die Blüten schon von weitem auffallen. Gute Wuchskraft. Kletterrose: 2,50 m bis 4 m. Sonne oder Halbschatten. Durchmesser der Blüten: 4 cm, 5 bis 10 Blütenblätter. Duft**. Einmalblühend.

Rechts

Rosier Polyantha

'Mignonnette' (0,7fache Größe)

Von Guillot Fils 1880 aus der Kreuzung von *Rosa multiflora* mit *Rosa chinensis* hervorgebracht, ist 'Mignonnette' zusammen mit der heute verschollenen 'Paquerette' eine der beiden ersten Polyanthas und somit eine historische Rose. Sie trägt in üppigen Büscheln Zwergrosen, die mit ihrem rosigen Weiß lieblich aussehen und bis zum ersten Frost immer wieder austreiben.
Busch: 0,40 m x 0,30 m. Sonniger Standort. Durchmesser der Blüten: 2,5 cm, 20 bis 40 Blütenblätter. Duft**.

Unten

Rosa sempervirens

'Adélaïde d'Orléans' (1,08fache Größe)

1826 von Jacques, dem Gärtner des Herzogs von Orléans gezüchtet. Im Juni öffnen sich büschelweise angeordnete blaßrosa bis weiße, halbgefüllte Rosen, die an die Blüte von Obstbäumen erinnern. Eine halbimmergrüne, üppige Pflanze mit vereinzeltem Nachflor.
Lange, dünne Triebe bildend: 3 bis 5 m. Sonne oder Halbschatten. Durchmesser der Blüten: 6 cm, 10 bis 20 Blütenblätter. Duft**. Einmalblühend.

Rechts

Rosa sempervirens

'Princesse Louise' (1,32fache Größe)

Die Züchtung von Jacques wurde 1829 eingeführt. Kaskaden elfenbeinfarbener, dicht gefüllter Rosen in dicken Pompons heben sich gegen das smaragdgrüne, stark geäderte Laub ab. Ein gesunder, sehr wuchsfreudiger Strauch.
Lange, dünne Triebe bildend, bis 5 m. Sonne oder Halbschatten. Durchmesser der Blüten: 5 cm, über 40 Blütenblätter. Duft*. Einmalblühend.

Rechte Seite

Rosa x wichuraiana

'Évangéline' (0,84fache Größe)

1916 erhielt Walsh dieses prächtige Zuchtergebnis – eine Hybride von *Rosa wichuraiana* und 'Crimson Rambler'. Ihre Dolden karminrot gesprenkelter weißer Blüten, die sich nicht vor Ende Juni öffnen und nach Geißblatt duften, und ihre erstaunliche Wuchskraft machen sie zu einer erstklassigen Kletterrose.
Lianenartige Kletterrose: 5 bis 8 m. Sonne oder Halbschatten. Durchmesser der Blüten: 4 cm, 5 Blütenblätter. Hagebutten. Duft***. Einmalblühend.

Rechts

Rosa x *wichuriana*

'New Dawn' (1,2fache Größe)

Von Dreer gezüchtet, 1930 eingeführt. Eine der ersten Rosen jüngeren Jahrgangs, die zu einem von allen Rosenfreunden anerkannten Klassiker wurde. Der blaßrosa Flor erneuert sich gut und duftet lieblich. Die Blüte ist von reiner, schöner Form. Diese wuchsfreudige, ziemlich stachelige Rose ist widerstandsfähig gegen Krankheiten und gedeiht überall prächtig.
Kletterrose: 3 bis 5 m. Sonne oder Halbschatten. Durchmesser der Blüten: 8 cm, 20 bis 40 Blütenblätter, Duft***.

Links

Rosa chinensis

'Devoniensis climbing' (0,9fache Größe)

Synonym: 'Magnolia Rose'. Von Foster in Großbritannien gezüchtet, 1838 eingeführt. An den Enden der jungen, mahagonifarbenen Triebe sprießen unablässig breite, cremefarbene Blüten mit einem Hauch von Gelb und Rosa. Diese Rose wird oft mit der Kletterform von 'Souvenir de la Malmaison' verwechselt, ist aber noch raffinierter. Nur für sehr geschützte Lagen. Erfordert Winterschutz.
Kletterrose: 2 bis 3 m. Sonniger Standort. Durchmesser der Blüten: 9 cm, 20 bis 40 Blütenblätter. Teeduft**.

Linke Seite

Rosa chinensis

'Bloomfield Abundance' (1,90fache Größe)

Von G. C. Thomas in den USA gezüchtet und 1920 eingeführt. An kräftigen langen Trieben entwickelt sie wunderschöne, kleine, blaßrosa Blüten, deren umeinandergedrehte Blütenblätter spitz auslaufen, umhüllt von langen Kelchblättern. Blüht von Juni bis zum Frost. Strauch: 1,50 m x 1,20 m oder mehr. Sonne. Durchmesser der Blüten: 4 cm, 20 bis 40 Blütenblätter. Duft**.

Oben

Rosa chinensis

'Cécile Brunner climbing' (0,9fache Größe)

Hosp kreierte 1894 diese Sorte der 'Cécile Brunner', die ihr von der Wuchskraft her weit überlegen und viel leichter zu ziehen ist. Sie trägt von Juni bis zum ersten Frost ununterbrochen blaßrosa Flor. Für eine Kletterrose sehr gute Nachblüte.
Kletterrose: 4 m oder mehr. Sonne oder Halbschatten. Durchmesser der Blüten: 4 cm, 20 bis 40 Blütenblätter. Duft**.

Links

Rosa chinensis

'Francis Dubreuil' (0,78fache Größe)

Von Dubreuil gezüchtet und 1894 eingeführt. Ein Rosenbusch, dessen dunkel purpurrote Blüten – eine für eine Teerose ganz ungewöhnliche Farbe – außerordentlich stark duften. Von mäßiger Wuchskraft, braucht sie einen fruchtbaren, warmen Standort.
Busch: 0,90 m x 0,60 m. Sonniger, windgeschützter Standort. Durchmesser der Blüten: 7 cm, 10 bis 20 Blütenblätter. Duft***.

Rechts

Rosa chinensis

'Marie van Houtte' (1,74fache Größe)

Aus einer Kreuzung von 'Mme de Tartas' und 'Mme Falcot' erhielt Ducher 1871 diese Rose. Sie blüht ununterbrochen, und je nach Temperatur haben ihre Blüten nie genau dieselbe Farbe noch dieselbe Form. Sie sind jedoch immer äußerst raffiniert und meist elfenbeinfarben bis hellgelb und hellrosa.
Luftiger Busch: 1,30 m x 1 m. Sonniger, windgeschützter Standort. Durchmesser der Blüten: 7 cm, 10 bis 20 Blütenblätter. Teeduft*.

Oben

Rosa chinensis

'Mme Laurette Messimy' (1,03fache Größe)

Guillot erhielt 1887 diese Rose aus einer Kreuzung von 'Rival de Paestum' und 'Mme Falcot'. Der herrliche Flor in einem lichten, ins Orange spielenden Rosa erneuert sich ständig. Die jungen Triebe sind mahagonifarben. Wie alle Chinarosen liebt auch diese Sorte milde Temperaturen. Sehr gut nachblühend.
Busch, in Südlagen Strauch: 1,20 m x 1m. Sonniger, windgeschützter Standort. Durchmesser der Blüten: 8 cm, 10 bis 20 Blütenblätter. Teeduft*.

Linke Seite

Rosa chinensis

'Perle d'Or' (2,06fache Größe)

Gezüchtet von Dubreuil, eingeführt 1883. Die Wuchskraft dieses Busches ist von Garten zu Garten verschieden. Büschel kleiner bernsteinfarbener Blüten mit orangenen Herzen treiben immer wieder neu durch. Die unterschiedlich langen Blütenblätter sind stark nach außen eingerollt. Sehr reich blühend. Busch: 0,80 m x 0,60 m, manchmal mehr. Sonniger Standort. Durchmesser der Blüten: 4 cm, 20 bis 40 Blütenblätter. Teeduft*.

Oben

Rosa chinensis

'Viridiflora' (0,92fache Größe)

Diese um 1833 in China entdeckte Rose ist auch unter dem Namen 'La Rose Verte' bekannt. Sie ist von allen Rosen die am häufigsten remontierende. Dabei bestehen ihre Blüten aus braunen und grünen, völlig zerzausten Deckblättern! Eine Kuriosität, mit der sich ein exotischer Flecken im Garten oder Sträuße interessant gestalten lassen.
Busch: 1 m x 0,70 m. Sonniger Standort. Durchmesser der Blüten: 4 cm, 10 bis 20 Blütenblätter.

Rechte Seite

Rosa x *noisettiana*

'Alister Stella Gray' (1,62fache Größe)

1894 erhielt Gray diese unermüdlich blühende, duftende Noisette-Kletterrose. Spitze Knospen öffnen sich zu gerollten, dottergelben bis weißen Blütenblättern. Kleine Kletterrose: 2,50 m x 1,50 m. Sonniger Standort. Durchmesser der Blüten: 6 cm, 20 bis 40 Blütenblätter. Duft*.

Links

Rosa chinensis sanguinea

(0,98fache Größe)

Synonym: 'Bengal Crimson'. Von *Rosa chinensis* 'Semperflorens', 1887 in China entdeckt, liebt mildes Klima. Unermüdlicher Flor mit blutroten Blüten.
Strauch: 1,50 m x 1,20 m. Sonniger Standort. Durchmesser der Blüten: 6 cm, 5 Blütenblätter. Duft*.

Rechts

Rosa chinensis

'Mutabilis' (0,54fache Größe)

Synonym: *Rosa turkistanica.* Unbekannter Abstammung, doch seit 1896 in Kultur, ist sie eine der blütenreichsten Rosen überhaupt. Große Hitze in Südlagen macht ihr nichts aus. Ihr lockerer aufrechter Wuchs ist wunderschön. Die Farbe der ungefüllten Blüten geht von einem hellen Orangegelb über Rosa in ein dunkles Karminrot über. Sie blüht vom Frühling bis zum Frost.
Strauch: 1,50 m bis 2 m x 1,50 m. Sonniger Standort. Durchmesser der Blüten: 6 cm, 5 Blütenblätter. Hagebutten. Teeduft*.

Unten

Rosa x *noisettiana*

'William Allen Richardson' (1fache Größe)

1878 züchtete Mme. Ducher diese Noisette-Kletterrose, eine Sorte von 'Rêve d'Or'. An einer warmen Mauer an Spalieren hochgezogen, trägt sie vom Frühjahr bis zum Frost unablässig hellorange Blüten. Das Laub hat einen Kupferton. Kletterrose: 3 m. Sonniger Standort. Durchmesser der Blüten: 7 cm, 20 bis 40 Blütenblätter. Duft**.

Rechts

Rosa x *noisettiana*

'Mme Alfred Carrière' (0,53fache Größe)

Diese von J. Swartz gezüchtete Noisette-Kletterrose, die 1879 eingeführt wurde, ist in England die vielleicht beliebteste Kletterrose. Sehr reich blühend, lieblich duftend und rosig weiß, ist sie eine ausgesprochen romantische Rose. Diese ausgezeichnete klassische Rosensorte, die anspruchslos und in der Kultur unkompliziert ist, verdient einen besonders schönen Platz im Garten – weder zugig noch zu kalt.
Kletterrose: 4 m und mehr. Sonne oder Halbschatten. Durchmesser der Blüten: 8 cm, 20 bis 40 Blütenblätter. Duft*** (eher für seine Qualität als für seine Intensität).

Links

Rosa x *noisettiana*

'Rêve d'Or' (0,86fache Größe)

1869 erhielt Mme. Ducher diese Noisette-Kletterrose. Von allen gelbblühenden Noisettesorten ist sie am leichtesten zu ziehen. Die jungen Triebe sind purpurrot, das Laub glatt und hellgrün. Das warme Farbenspiel der Blüten reicht je nach Temperatur von Gelb bis hin zu rosigem Ocker. Vereinzeltem Nachflor im Sommer folgt im Herbst nochmals eine schöne Blüte.

Kletterrose: 4 m. Sonniger Standort. Durchmesser der Blüten: 8 cm, über 40 Blütenblätter. Teeduft**.

Links

Rosa x *borboniana*

'Variegata di Bologna' (0,78fache Größe)

Von Bonfiglioli gezüchtet, 1909 eingeführt. Ihre kelchförmigen, gefüllten und sehr wohlriechenden Blüten weisen von allen Rosen mit gestreiften Blütenblättern die kontrastreichsten Panaschierungen auf. Die Pflanze ist leider anfällig für Sternrußtau (Schwarzfleckigkeit). Busch: 1,40 m x 1 m. Sonne oder Halbschatten. Durchmesser der Blüten: 8 cm, über 40 Blütenblätter. Duft***.

Linke Seite

Rosa x *borboniana*

'Souvenir de la Malmaison' (2,82fache Gr.)

Synonym: 'Queen of the Beauty'. Diese von Beluze 1843 eingeführte Rose ist eine der schönsten und berühmtesten historischen Rosen mit großen, nur zart rosa Blütenkelchen, deren Farbe ins Elfenbein übergeht, und mit in vier Segmente angeordneten Blütenblättern. Blüht bis weit in den Herbst hinein. Von nur mäßiger Wuchskraft, bevorzugt sie einen gut wasserdurchlässigen Boden.
Hoher Busch: 0,60 m bis 1 m. Sonne oder Halbschatten. Durchmesser der Blüten: 9 cm, über 40 Blütenblätter. Duft*.

Rechts

Rosa x *borboniana*

'Mme Isaac Pereire' (0,25fache Größe)

Diese 1881 von Garçon eingeführte kleine Kletterrose hat kräftige Triebe, mit riesigen, stark duftenden karmesinrosa Blüten, die sich bis zum Herbst erneuen. Zum Beranken einer kleinen Fläche wie die einer Mauer oder eines architektonischen Elements wie geschaffen.
Kleine Kletterrose: 2,50 m x 1,50 m. Sonne oder Halbschatten. Durchmesser der Blüten: 10 cm, über 40 Blütenblätter. Duft***.

Oben

Rosa x *borboniana*

'Baron J. B. Gonella' (0,81fache Größe)

Gezüchtet und 1859 eingeführt von Guillot. Diese Rose ist wahrscheinlich ein Abkömmling der sehr schönen Sorte 'Louise Odier' und wächst ebenfalls sehr üppig. Die großen, kelchförmigen Blüten sind himbeerrot, und auch ihr Duft erinnert an diese Frucht. Blüht mehrmals. Für Blumensträuße ideal.
Strauch: 1,60 m x 1,20 m. Sonniger Standort. Durchmesser der Blüten: 8 cm, über 40 Blütenblätter. Duft***.

Oben

Rosa x *borboniana*

'Louise Odier' (1,04fache Größe)

Von Margottin gezüchtet, 1851 eingeführt. Ihre gute Wuchskraft macht sie zu einer der besten Bourbonrosen. Die kelchförmigen Blüten sind regelmäßig und wie kleine Kohlköpfe ausgeformt und von einem kräftigen, manchmal leicht ins Lila spielenden Rosa. Sie erscheinen immer wieder in kleinen Büscheln vom Frühjahr bis zum Frost und duften herrlich.
Strauch mit vom Boden abhängigem, sehr unterschiedlich ausgeprägtem Wuchs: von 1,50 m bis 3 m. Sonniger Standort. Durchmesser der Blüten: 6 cm, über 40 Blütenblätter. Duft***.

Rechts

Remontante

'Baron Girod de l'Ain' (0,48fache Größe)

Von Reverchon gezüchtet. Bei ihrer Einführung im Jahre 1897 waren ihre roten, sehr wohlriechenden Blüten mit weißem Saum sicher eine Sensation. Wie bei vielen Remontanten kann die Wüchsigkeit schwanken.
Busch: 1,20 m x 0,90 m. Sonniger Standort. Durchmesser der Blüten: 8 cm, 20 bis 40 Blütenblätter. Duft***.

Links

Remontante

'Georg Arends' (0,35fache Größe)

Hinner erhielt 1910 diese Rose, die unter den Remontanten zu einer der kräftigsten zählt. Ihre zartrosa Blüten haben die schlichte, reine Form einer Muschel. Sie trägt wenig Stacheln und blüht gut nach.
Busch: 1,20 m x 0,90 m. Sonniger Standort. Durchmesser der Blüten: 9 cm, 20 bis 40 Blütenblätter. Duft**.

Unten

Remontante

'Louise Crette' (0,89fache Größe)

Von Chambard gezüchtet, 1915 eingeführt. Makelloses Weiß und vollendete Form machen diese Rose zu etwas Besonderem – umso mehr, als sie in unseren Gärten gänzlich fehlt. Gut nachblühend und gesund.
Busch: 1 m x 0,80 m. Sonniger Standort. Durchmesser der Blüten: 9 cm, 20 bis 40 Blütenblätter. Duft*.

Rechts

Kletternde Teehybride

'Guinée' (0,6fache Größe)

Im Bestreben, die samtigsten Rottöne hervorzubringen, gelang Mallerin 1938 diese Rosenzüchtung. Hinzu kommt ein köstlicher Duft. Die Wuchskraft hingegen ist nicht sehr ausgeprägt. Für heißes Klima nicht zu empfehlen.
Kletterrose: 3 m. Sonne oder Halbschatten. Durchmesser der Blüten: 9 cm, 20 bis 40 Blütenblätter. Duft***.

Unten

Kletternde Teehybride

'Sénégal' (0,9fache Größe)

Mallerin erhielt 1944 diese prächtige Rose in tiefem Weinrot mit fließenden Formen und herrlichem fruchtigem Duft. Sie blüht gut nach.
Kletterrose: 3 m. Sonniger Standort. Durchmesser der Blüten: 8 cm, 20 bis 40 Blütenblätter. Duft***.

Rechte Seite

Kletternde Teehybride

'Souvenir de Georges Pernet'
(1,7fache Größe)

Von Pernet-Duchet gezüchtet, 1927 eingeführt. Außergewöhnlich sind die Größe der dichtgefüllten rosa Blüten und der gute Wuchs. Das Holz ist kräftig und trägt viele Stacheln. Vereinzelter Nachflor.
Kletterrose: 3 m. Sonniger Standort. Durchmesser der Blüten: 10 bis 12 cm, über 40 Blütenblätter. Duft*.

Oben

Rosa x *fortuniana* (0,65fache Größe)

Diese Rose, wahrscheinlich eine Hybride von *Rosa banksiae* und *Rosa laevigata,* wurde von Robert Fortune aus China mitgebracht. Ihre großen Blüten mit den eingerollten Blütenblättern duften nach Veilchen, und ihr Laub gleicht dem von *Rosa banksiae,* doch das Holz ist mit starken Stacheln bewehrt. Bei uns oft nicht winterhart. Mit Frostschutz versehen, läßt sich diese Rose nur im Weinbauklima einigermaßen kultivieren.
Lianenartige Kletterrose (Rambler) bis 10 m. Halbschatten. Durchmesser der Blüten: 7 cm, über 40 Blütenblätter. Duft**. Einmalblühend.

Rechts

Rosa banksiae lutescens

(0,95fache Größe)

Diese 1870 in China entdeckte Sorte ist viel seltener als *Rosa banksiae lutea,* mit der sie vom Laub und vom Wuchs her identisch ist. Von April bis Mai trägt sie Blüten im selben Chamoisgelb, sie sind jedoch ungefüllt und lassen sehr schöne orange getönte Staubgefäße sehen. Diese Sorte ist fast stachellos und eignet sich für Weinbauklima, wobei Winterschutz erforderlich ist.
Lianenartige Kletterrose bis 10 m. Sonne oder Halbschatten. Durchmesser der Blüten. 3 cm, 5 Blütenblätter. Duft*. Einmalblühend.

Oben

Rosa laevigata (1,45fache Größe)

Diese in China beheimatete Rose wird auch 'Cherokee Rose' genannt. Ihre breiten Blüten mit wunderschönen Staubgefäßen erscheinen im Mai bis Juni. Der Strauch behält das glänzende, aus drei Fiederblättchen zusammengesetzte Laub während eines guten Teils des Winters. Nur für Weinbauklima; Winterschutz erforderlich.

Lianenartige Kletterrose bis 10 m. Sonniger Standort Durchmesser der Blüten: 9 cm, 5 Blütenblätter. Stachelige Hagebutten. Duft**. Einmalblühend.

Links

Rosa bracteata (0,85fache Größe)

Ende des 18. Jahrhunderts brachte Lord Macartney die 'Macartney-Rose' aus China mit. Für Wildrosen ungewöhnliche ununterbrochene Blüte von Juni bis zum ersten Frost. Knospen, Fiederblättchen, graues Holz und Hagebutten sind einzigartig und unverkennbar. Für Weinbauklima; Winterschutz ist erforderlich. Kletterrose: 4 m und mehr. Sonne oder Halbschatten. Durchmesser der Blüten: 7 cm, 5 Blütenblätter. Hagebutten. Duft*.

Rechts

Rosa bracteata

'Mermaid' (0,65fache Größe)

Die von Paul gezüchtete und 1917 eingeführte Rose ist eine Kreuzung von *Rosa bracteata* mit einer Teehybride. Sie besitzt gute Wuchskraft sowie die von der Elternpflanze geerbte unablässige Blüte. Der sanftgelbe Sommerflor hält bis zum Frost. Vor den Stacheln dieser Rose sollte man sich vorsehen.
Üppig wachsende Kletterrose bis zu 8 m. Sonniger Standort, an der Basis besser Schatten. Durchmesser der Blüten: 10 cm, 5 Blütenblätter. Leichter, aber köstlicher Duft**.

Oben

Rosa roxburghii

'Roxburghii' (Originalgröße)

Diese gefüllte Form von *Rosa roxburghii* wurde in China entdeckt und gelangte 1824 nach Europa. Sie blüht unermüdlich. In dem vielfach gefiederten Laub an einem mit zahlreichen kleinen Stacheln bewehrten Holz, das sich abschält, haben die dicht gefüllten, dunkelrosa Blütenkelche eine überraschende Wirkung. Selten und sehr exotisch. Strauch: 1,50 m x 1 m. Sonniger Standort. Durchmesser der Blüten: 9 cm, über 40 Blütenblätter. Duft*.

Rosenstöcke für ein ganzes Leben

Zuweilen gibt ein schmiedeeisernes Tor den Blick auf ein leerstehendes Haus frei, das von Rosen umrankt ist. In dem völlig verwahrlosten Garten haben sie den Auszug der Bewohner lange überlebt. Dazu müssen sie während ihrer ersten Lebensjahre liebevoll gepflegt worden sein. Wenn sie jetzt Teil des Gemäuers sind, dann liegt das daran, daß bei ihrer Auswahl nichts dem Zufall überlassen wurde. Wer an seinen Rosen Freude haben möchte, muß zuvor die gesamte Gestaltung seines Gartens planen und überlegen, mit welcher Pflanze er an welcher Stelle eine bestimmte Wirkung erzielen will. Anschließend wird er dem Wachstum seiner Rose die größte Aufmerksamkeit widmen, denn der Gärtner kann zwar nicht alles kontrollieren, aber es liegt an ihm, ob diese kleine Pflanze mit vier Zweigen und fünf Wurzeln sich in ein außergewöhnliches Exemplar verwandelt. Rosen sind erstaunlich anpassungsfähig, können aber auch durch ihre Eigenwilligkeit überraschen. Zwei Rosen derselben Sorte sehen nicht unbedingt identisch aus, auch wenn sie am selben Ort gepflanzt werden. Gerade das macht den Reiz der Diskussionen unter Hobby- und Profigärtnern aus.

Kulturbedingungen

Mit Erfahrung und Intuition läßt sich der beste Standort für die Pflanzung einer Rose bestimmen. Das Einpflanzen kann aber auch dem gelingen, der keine Vorkenntnisse mitbringt, wenn er die Eigenheiten der jeweiligen Sorte berücksichtigt. Rosen brauchen grundsätzlich zweierlei: Luft und Licht. Im Wohnbereich gehen sie mit Sicherheit schnell wieder ein. Und wenn sie im Garten von der sie umgebenden Vegetation erstickt werden, gedeihen sie selbst in einer ausgezeichneten Erde nicht.

Das Klima

Rosen schätzen Ausgewogenheit. Bei hohen Temperaturen brauchen sie genügend Wasser, manche auch ein wenig Schatten; bei niedrigen Temperaturen hingegen benötigen sie Schutz gegen Kälte und Frost. Regnet es viel, sollten Drainagen angelegt werden. Extreme sind nichts für sie, und doch sind sie klimatisch anpassungsfähig.

Wer nun aber meint, eine milde, temperierte Gegend müsse für Rosen ideal sein, wird durch die wunderbaren skandinavischen und alpinen Gärten eines Besseren belehrt. Das botanische Konservatorium von Gap in den französischen Hautes-Alpes birgt eine prächtige Rosensammlung auf 1000 Meter Höhe.

Kälte

Einige Sorten kommen für kaltes Klima nicht in Betracht, so etwa *Rosa laevigata, Rosa bracteata* und *Rosa banksiae,* aber die meisten sehr kräftig wachsenden Rosen, die sogenannten „lianenartigen Rosen“ (Rambler) vertragen auch Temperaturen unter –10 °C. Ungeeignet sind dagegen die Züchtungen der Nabonnand ('Sénateur Lafollette', 'Général Shablikine'), denn diese Rosen stammen von der Côte d'Azur.

In Höhenlagen sollten Sie auf die Anpflanzung bestimmter Rosen besser verzichten, so zum Beispiel auf *Rosa chinensis,* deren jungen Triebe leicht erfrieren, auf die Hybriden von *Rosa noisettiana* sowie auf die Teehybriden, die nicht sehr wüchsig sind und sich wahrscheinlich nicht zu voller Größe entfalten würden. Am unempfindlichsten gegen Kälte sind die Büsche und Sträucher der Caninae, der Gallicanae und der Cinnamomeae. Die Arten, die natürlich im Gebirge oder in den nordischen Ländern vorkommen, wie etwa *Rosa pimpinellifolia, Rosa rugosa, Rosa moyesii, Rosa pendulina* und ihre Hybriden halten auch entsprechend rauhe Bedingungen aus. Andere brauchen lediglich das Kleinklima im Schutze eines Baumes, einer Mauer oder einer Hecke. Als Winterschutz empfiehlt sich das Abdecken der Veredelungsstelle mit Deckreisig, Stroh, Holzwolle oder Moos, wozu Stammrosen „niedergelegt“ werden müssen. Haben die Rosen ihre ersten Lebensjahre überstanden, werden sie nur sehr selten erfrieren.

Hitze

Wahrscheinlich leiden mehr Rosensorten, wie zum Beispiel die Remontanten, unter hochsommerlicher Hitze als unter Kälte. In Hitzeperioden kann bei öfterblühenden Rosen der zweite Flor ausbleiben. Hier hat sich das Abdecken mit Stroh als hilfreich erwiesen. Es dämmt außerdem die Verbreitung von Unkraut ein.

Die Reaktion von Rosen, die Hitze nicht vertragen, wird manchmal falsch interpretiert. Beunruhigen Sie sich nicht, wenn Ihre Rosen die Blätter fallen lassen: Dies ist eine reine Schutzfunktion. Ernster ist es, wenn die Stiele von der Spitze aus anfangen zu vergilben und schließlich bis zum Ansatz schwarz werden; dann wurden sie von der Sonne verbrannt. Die befallenen Stellen sollten abgeschnitten werden.

Allgemein vertragen die aus China stammenden Rosen (die Sektionen der Banksiae, der Laevigatae und der Bracteatae) sowie die Sektion der Chinenses Hitze am besten.

Man findet jedoch überall auf der Welt Sorten und Exemplare, die hinsichtlich der klimatischen Bedingungen Ausnahmen darstellen.

Der Boden

Rosen sind Freilandpflanzen. Man sollte also die zukünftige Ausbreitung ihrer Wurzeln und deren Platzbedarf nicht unterschätzen. 100 Liter Erde sind ein absolutes Minimum.

Wie häufig gegossen wird, hängt vom Wasserhaltevermögen des Bodens ab. In einer guten, tiefgründigen und lehmhaltigen Erde, wie sie für den Weizenanbau verwendet wird, halten Rosen einer Trockenperiode gut stand. Ein leichter Sandboden sollte mit einer Bewässerungsanlage versehen werden. Den besten Dünger liefert ein strohiger Stallmist, der mindestens sechs Monate kompostiert wurde (ein Jahr bei Schaf- oder Pferdemist). Er wird etwa 30 cm tief eingegraben, nicht tiefer. Kompost aus Blättern hat sich bei kalkhaltigen Böden gut bewährt. Bei Kunstdüngern hingegen besteht die Gefahr einer zu hohen Stickstoffzufuhr. Ganz allgemein gibt es aber nur wenige Böden, mit denen sich Rosen nicht anfreunden könnten. Auf jeden Fall mögen sie es, wenn die Erde vor dem Einsetzen tief umgegraben wird. Steine schaden nicht, sie speichern die Wärme und lassen überschüssiges Wasser abfließen. Die Rosen werden dadurch außerdem gezwungen, lange Wurzeln zu bilden und werden so widerstandsfähiger gegen Trockenheit.

Auf einem sehr armen Boden wie zum Beispiel Kalkmergel braucht eine Rose länger, um sich einzugewöhnen, doch wird der Gärtner für seine Geduld oft belohnt. Besonders die botanischen Arten geben unter schwierigen Bedingungen gute Ergebnisse. Bedenken Sie, daß Anleitungen lediglich durchschnittliche Erfahrungswerte wiedergeben, die Eigenschaften einer Rosensorte sich aber von einer Umgebung zur anderen unterscheiden können.

Standort und Sonne

Dieses Thema läßt sich kaum kurz und knapp abhandeln. Die Sonne ist für Rosen am wichtigsten und sie sollten zur Zeit der Sommersonnenwende mindestens vier Stunden am Tag bestrahlt werden, andernfalls sollten Sie lieber auf Rosen verzichten. Nur die Sorte 'Albéric Barbier' kommt mit einer Stunde täglich aus. Neuanpflanzungen an Stellen, an denen jahrelang bereits Rosen wuchsen, sind problematisch: sie entwikkeln sich dort nur spärlich oder überhaupt nicht. Gegen diese „Rosenmüdigkeit" hilft nur ein ausreichend tiefer, vollständiger Austausch des Bodens. Rosen sollten auch nicht unmittelbar neben Abflüssen von Regenrinnen o.ä. gepflanzt werden. Andere Pflanzen, die durch ihren Wuchs den der Rosen behindern könnten, scheiden als Nachbarn aus.

Es ist immer wieder faszinierend zu beobachten, wie stark der Breitengrad, die Bodenbeschaffenheit und die Sonneneinstrahlung Farbe und Größe von Rosen beeinflussen können. Auch die Jahreszeit spielt eine Rolle: Der Frühlingsflor weist andere Nuancen auf als der oft kräftiger gefärbte Herbstflor (z.B. bei 'Ghislaine de Féligonde'). Zudem haben Rosen aus Nordeuropa mehr Blütenblätter als die aus den Mittelmeerländern.

Stützen

Rosen mit langen, dünnen Trieben benötigen schon beim Anpflanzen eine Stützvorrichtung, die sich bei ausgewachsenen Pflanzen nachträglich kaum anbringen läßt. Für Pergolen mittlerer Größe sind Holzgerüste geeignet, deren warmes und natürliches Material die Farben zur Geltung bringen wie das widerstandsfähige Holz von Kastanie oder Akazie.

Aus Eisengeflechten lassen sich anmutige Bögen gestalten. Sie werden ziemlich schnell von der Vegetation überdeckt und wirken so im Gesamteindruck leicht. Außerdem ist dieses Material sehr beständig.

Eine Steinmauer gibt eine ideale Stütze für eine an ihrem Fuß angepflanzte Kletterrose ab. Alle 40 cm werden horizontale Drahtstreben in mindestens 5 cm Abstand von der Mauer angebracht, so daß die Luft hinter dem Laub zirkulieren kann. Über einer von oben erreichbaren Mauer, in einem terrassenartigen Garten zum Beispiel, kann jede Rose mit langen, dünnen Trieben angepflanzt werden, wie 'Paul Transon' oder 'Adélaïde d'Orléans', deren biegsame Zweige kaskadenförmig herunterhängen.

Für lianenartige Rosen ist das eindrucksvollste Klettergerüst nach wie vor ein Baum. Vorsichtshalber sollten Sie jedoch bei Bäumen, die den Boden auslaugen, wie bei Lorbeer-, Maulbeer- oder Nußbäumen, auf Kletterrosen verzichten. Pflanzen Sie die Rose in mindestens 60 cm Abstand vom ausgewachsenen Stamm und füllen Sie das Loch mit Gartenerde, die Sie an anderer Stelle entnommen haben. Es genügt, die Kletterrose während der ersten Jahre mit einer Stütze zum Baumstamm hin zu führen, danach läßt man sie einfach wachsen. Ohne Behandlung oder Rückschnitt gibt eine solche Rose im Frühjahr ein wunderschönes Schauspiel ab, und im Herbst sind ihre Hagebutten ebenfalls die reinste Augenweide.

Harmonien

Alte Rosen lassen sich gut miteinander kombinieren. Alle sanften Farben harmonieren miteinander, Pastell- oder Cremetöne, Gelb, Rosa und Weiß. Rottöne sollte man sparsam verwenden, damit sie sich nicht gegenseitig der Wirkung berauben. Am schwierigsten ist der Umgang mit lebhaftem Orange, einer bei Rosen seltenen Farbe. Wird ihm Weiß zugesellt, verliert es seine Aggressivität. Granatrot hingegen bringt es stark zur Geltung, 'Sénégal' und 'Guinée' in diesem Farbton passen zum Beispiel gut zur orangegelben 'Lady Hillington'. Mit hellen Farben lassen sich Übergänge schaffen. Neben der Farbe spielt aber auch die Dichte der Belaubung eine wichtige Rolle. In einer Hecke sollte die buschige *Rosa rugosa* nicht neben einer Chinarose mit ihrem leichten Wuchs und den kleinen Blättern gepflanzt werden. Auf einer Pergola müssen die verschiedenen Sorten unbedingt von gleicher Wuchskraft sein, damit keine von ihnen zum Schluß ihre Nachbarn überwuchert.

Klassifizierung der Rosen nach Wuchshöhe

Welche Rose sich an einem bestimmten Platz am schönsten ausnehmen wird, hängt auch von ihrer Wuchsform ab.

Rosenbüsche

Selten bleiben alte Rosenbüsche in ihrem Wuchs unter 60 cm. Die kleinsten findet man bei den R*osa chinensis* und den Polyantha mit 'Mignonnette' oder 'Petite Françoise', die alle sehr gut nachblühen. Der Begriff der kleinwüchsigen Rosen wurde von den Züchtern der 40er bis 60er Jahre unseres Jahrhunderts geprägt. Sie brachten damals Sorten auf den Markt, die eigens dazu geschaffen wurden, sich in Beete im französischen Stil einzufügen. Die „Zwergrosen" oder „Miniaturrosen" erfreuten sich zur Zeit unserer Großmütter allgemeiner Beliebtheit. Sie sind speziell als Topfpflanzen gezüchtet.

Die ganz alten Rosen sind in der Mehrzahl Büsche mit einer Höhe zwischen 1 m und 1,50 m, so etwa *Rosa gallica* und viele Hybriden wie *Rosa x damascena, Rosa x centifolia, Rosa x centifolia muscosa, Rosa x portlandica* und *Rosa x borboniana.* Sie eignen sich gut für Beete, die Auswahl ist riesig und ihre Kultur unkompliziert. Ihre Blüten sind allesamt kleine Kunstwerke.

Die Remontantrosen bilden Büsche, die durch ihre großen, duftenden Blüten und den wiederholten Flor bestechen. Weniger attraktiv sind das spärliche Laub, der etwas steife Wuchs und ihre Anfälligkeit für Krankheiten. Durch Kombination mit Dauerpflanzen, Gräsern und anderen dicht wachsenden Pflanzen lassen sich diese Nachteile kompensieren.

Rosensträucher

Von Rosensträuchern spricht man bei Sorten, die ohne Stütze über 1,50 m hoch wachsen. Zu dieser Kategorie gehören viele botanische Rosen, die Hybriden von *Rosa alba* sowie alle Sorten, die mit den zuvor erwähnten Rosenbüschen verwandt sind und deren Höhe 1,50 m übersteigt.

Zwischen Büschen und Sträuchern, mit einer Höhe, die je nach Boden zwischen 1,30 m und 2 m schwanken kann, sind die Moschushybriden angesiedelt, die auf den englischen Pfarrer Pemberton und seine Verwandten zurückgehen. 'Buff Beauty', 'Félicia' und 'Cornelia' gehören zu diesen robusten, reichblühenden und gegen Krankheiten sehr widerstandsfähigen Rosen, die Sie ganz unbesorgt anpflanzen können. Sie blühen wiederholt und duften lieblich. Ihre ganze Schönheit enfalten sie auf schwerem, fruchtbarem Boden, wo sie sich zu imposanten Sträuchern entwickeln.

Einige Rosensträucher können die Größe eines kleinen Baumes erreichen. Es sind botanische Rosen wie *Rosa roxburghii, Rosa henryi, Rosa californica plena, Rosa willmottiae, Rosa moyesii.* Ähnlich entwickeln sich auch einige allgemein als Kletterrosen gehandelte Sorten, wenn sie freistehend gezogen werden. 'Ghislaine de Féligonde' zum Beispiel eignet sich hierfür vortrefflich. Als Solitär kann sie eine Höhe von über 3 m erreichen, ihr Wuchs ist hervorragend und ihre bogig überhängenden Zweige sind mit Blüten übersät.

Kletterrosen

Kletterrosen brauchen ein mit Streben versehenes Rankgerüst oder müssen sich zumindest anlehnen können. Der Wind kann ihnen gefährlich werden, wenn sie nicht richtig befestigt sind.

Die Hybriden von *Rosa multiflora, Rosa wichuraiana* und *Rosa luciae* entwickeln sich zu wunderschönen Kletterrosen, die an Lauben oder Pergolen im Garten Schatten spenden und für eine romantische Atmosphäre sorgen. Sie duften alle intensiv, sind wuchsstark und sehr leicht zu ziehen. Im allgemeinen blühen sie nur einmal. Die Teehybriden dagegen haben zwar bestechend schöne Blüten, aber ihr dünneres Blätterkleid ist anfällig für Krankheiten und ihre Wuchskraft nur mäßig ausgeprägt. Ihr oft hartes und stacheliges Holz ist bei weitem nicht so biegsam wie das der zuvor genannten, nicht remontierenden Rosen. Der wunderschöne Herbstflor läßt jedoch die Schwächen dieser zuweilen etwas empfindlichen Sorten vergessen. Sie eignen sich bestens dazu, ein architektonisches Element wie etwa einen Torbogen wirkungsvoll zu gestalten. Die Teehybriden zeichnen sich eher durch ihre Farben und den raffinierten Duft als durch Laub und Wuchs aus.

Die Hybriden von *Rosa noisettiana* weisen alle Farbschattierungen in Weiß und sanftem Gelb auf. Ihre mittelgroßen Rosen haben zahlreiche, oft leicht gewellte Petalen ('Rêve d'Or'), die zur Mitte der Blüte hin nach innen eingerollt sein können ('Alister Stella Gray'). Sie blühen öfter, sind wohlriechend und wuchsstark, und die unterschiedliche Färbung der voll erblühten Rose und der Knospen verleiht ihnen einen edlen Charme. Sie lieben Wärme, sogar die Sorte 'Mme Alfred Carrière', die allgemein als für Nordlagen geeignet gilt.

Sehr kräftig wachsende Kletterrosen oder lianenartige Rosen

Zu dieser Gruppe zählen vor allem *Rosa helenae, Rosa sempervirens, Rosa arvensis, Rosa filipes, Rosa bracteata, Rosa banksiae, Rosa wichuraiana, Rosa setigera, Rosa multiflora* und ihre zahlreichen Hybriden. Diese, im englischen Sprachgebrauch „Rambler" genannten, Rosen sind von unbändiger Wuchskraft. Sie kennen keine Krankheiten und sind daher zu jeder Jahreszeit eine Zierde.

In kurzer Zeit beranken diese Rosen das Geäst eines Baumes oder eine bereits mit Kletterpflanzen bewachsene Fassade. Sie bringen große Blütenbüschel hervor, aus denen sich später kleine Hagebutten entwickeln und passen wunderbar in große Gärten mit vielen Bäumen.

Das Pflanzen mit bloßen Wurzeln

Freilandrosen von November bis März

Wenn es nicht möglich ist, eine Rose mit nackten Wurzeln gleich nach dem Kauf einzupflanzen, wird sie in eine kleinen Grube gelegt, mit Erde abgedeckt und gewässert, damit sie vor dem Austrocknen geschützt ist. Das Einpflanzen kann auf einen späteren Zeitpunkt verschoben werden, sollte aber nicht nach dem 20. März erfolgen.

Vor dem Einpflanzen wird die Erde umgegraben und dadurch aufgelockert; dann wird ein Pflanzloch von etwa 80 Zentimetern Durchmesser ausgehoben.

Vor dem Einsetzen der Pflanze werden die Wurzeln so weit zurückgeschnitten, daß nur noch frisches Wurzelwerk übrigbleibt. Die Schnitte brauchen nicht schräg geführt zu werden. Ein eventuell vorhandenes Namensetikett sollten Sie auf keinen Fall entfernen. Es verschwindet sowieso bald unter dem Laub, und bei Problemen kann ein professioneller Gärtner Sie nur schwer beraten, wenn er nicht weiß, um welche Sorte es sich handelt. Auf der Sohle des Pflanzlochs mischen Sie nun Erde und gut kompostierten Stallmist. Mit einer Hand halten Sie die Pflanze so, daß der Wurzelhals sich genau auf Höhe der Erdoberfläche befindet und füllen das Loch mit feiner, auseinandergebröselter Erde auf. Die Wurzeln sollen dabei nicht geknickt oder gebogen, sondern senkrecht eingepflanzt werden. Dann die Erde mit der flachen Hand etwas andrücken und auch bei feuchtem Boden gießen, um die Luft aus dem Erdreich entweichen zu lassen. In kalten Ländern ist ein Anhäufeln empfehlenswert, aber nur für den Winter.

Rosen als Topfpflanzen

Als Topfpflanzen eignen sich vor allem kleinwüchsige Sorten wie 'Rose de Resht'. Verwenden Sie dafür Gartenerde, keinen Humus. Je großzügiger der Topf bemessen ist (ein Volumen von 50 Litern ist noch nicht ausreichend), desto besser wird sich Ihre Rose entwickeln. Rosen, speziell Kletterrosen, die im Topf gedeihen sollen, benötigen ein ausreichend großes Pflanzgefäß mit entsprechend viel Erde.

Rosen sind allgemein wenig anspruchsvoll, doch ein Minimum an Pflege brauchen auch sie. Sie leiden darunter, wenn sie von Unkraut überwuchert werden, der Wurzelhals freisteht, sie im Pflanzloch keinen Halt haben, ihre Triebe oder Wurzeln verletzt werden oder wenn sie den ganzen Sommer über nicht gegossen werden.

Sie sind ihrem Gärtner dankbar, wenn er sie beim Einpflanzen düngt, die Erde regelmäßig auflockert, sie im Sommer gießt und mit Stroh abdeckt, und wenn er sie vollständig von geschwächtem oder totem Holz und von krankem Laub befreit.

Die ausgeprägte Regenerationsfähigkeit der Rosen sollte genutzt werden, indem man sie möglichst nur auf gesundem und jungem Holz leben läßt. Es kommt vor, daß sich aus dem Wurzelwerk der Unterlage kräftige Wildtriebe entwickeln, die man an dem andersartigen Laubwerk erkennt und sofort entfernen sollte. Dazu stellt man den Fuß auf den Wurzelstock, um ihm Halt zu geben und reißt den Trieb am Ansatz ab.

Pilzerkrankungen

An den ersten heißen Tagen kann bei manchen empfindlichen Sorten echter Mehltau auftreten. Zunächst bildet sich an Knospen und Zweigen ein weißer Belag, dann rollen sich die Blätter ein. Es ist ratsam, die betroffenen Sorten jedes Jahr vorbeugend zu behandeln. Dazu müssen der Stock und das Laub schon Ende April mit Schwefel bestäubt werden. Es empfiehlt sich, diese Prozedur Anfang Juli zu wiederholen. Manchmal werden auch Rosen von Mehltau befallen, die vor einer starke Wärme abstrahlenden Wand stehen. In diesem Fall setzt man die Rosen in Halbschatten um oder erhöht den Abstand zwischen Klettergerüst und Wand, damit die Luft besser zirkulieren kann.

Sternrußtau oder Schwarzfleckigkeit (Marssonina rosae) macht sich durch gelbe Flecken auf den Blättern bemerkbar, die später schwarz werden. Es kommt zu frühzeitigem Blattabwurf. Manche Rosen, wie die Remontanten, sind davon besonders betroffen. Nach umfangreichen Versuchen mit synthetischen Fungiziden empfehlen die Experten des Rosariums von Berty zur Vorbeugung im Winter eine Behandlung mit Kupferkalkbrühe (Bordelaiser Brühe). Alle befallenen Pflanzenteile müssen abgeschnitten werden. Man sollte sie auf keinen Fall auf der Erde liegen lassen, sondern sie entsorgen. Die Rose treibt dann mit jungem, gesundem Holz neu aus. Bei wiederholten Fehlschlägen lohnt sich der Versuch, die Pflanze im nächsten Winter erst großzügig zurückzuschneiden und sie dann an einen Standort mit anderer Sonneneinstrahlung und wasserdurchlässigerem Boden umzusetzen.

Parasiten

Das Auftauchen von Marienkäfern an Rosenpflanzen deutet darauf hin, daß ihre Beute, die Blattläuse, am Werk sind. Durch den verfrühten Einsatz eines Insektizides würde diese natürliche Schädlingsbekämpfung unnötig beendet werden. Die Blattläuse befallen Rosen erst, wenn sie in vollem Saft stehen. Der wichtigste Rat ist daher, ihnen keine Nahrung zu geben, das heißt, die Pflanzen jetzt nicht zu düngen. Im übrigen kann man beobachten, daß mit dem Aufblühen der Knospen die Blattlauskolonien von selbst wieder verschwinden, denn der Saft hat jetzt nicht mehr dieselbe Qualität.

Bei starkem Befall kann die Pflanze gegen Abend mit einem Insektizid auf Rotenonbasis behandelt werden.

Der Rückschnitt

Bei Frost oder Regen darf nicht zurückgeschnitten werden. Verwenden Sie eine saubere und scharfe Gartenschere und vermindern Sie mit der Zeit den Umfang des Rückschnitts. Um harmonische Proportionen zu erhalten, sollten Sie sich die Zeit nehmen, jede Pflanze erst von weitem und dann aus der Nähe zu betrachten.

– **Rückschnitt der öfterblühenden Rosen:** ***am Ende des Winters***

Büsche

Bestimmen Sie, welche Triebe es sich zu erhalten lohnt – nämlich die jüngsten und schönsten –, und entfernen Sie alle anderen an der Basis. Die verbleibenden Triebe werden um ein Drittel gekürzt. Dazu setzen Sie über einem nach außen weisenden Auge einen Schnitt, der vom Auge weg schräg nach unten verläuft.

Sträucher und Kletterrosen

Gehen Sie hierbei genauso vor, bei stärkeren Trieben nehmen Sie unter Umständen eine Säge zur Hilfe.

– **Rückschnitt der einmalblühenden Rosen:** ***nach der Blüte, bei hagebuttentragenden Sorten am Ende des Winters***

Büsche, Sträucher, Kletterrosen

Nach der Blüte erzeugen diese Rosen eine große Menge Jungtriebe, an denen in der nächsten Saison die schönsten Blüten sprießen werden. Sie sollten also keinesfalls entfernt werden. An der Basis abgeschnitten werden aber während des Sommers die alten und krummen, schwächlicheren und dunklen Triebe. Oft ist im Frühjahr ein Nachschneiden erforderlich, um die Silhouette der Pflanze harmonischer zu gestalten und das junge Holz etwas zurückzunehmen. Die Hagebutten erscheinen am alten Holz. Sind sie schön, wird dieses Holz erst am Ende des Winters entfernt. Oft ist ein Rückschnitt auch entbehrlich, und Sie können sich auf kleinere Korrekturen beschränken.

– **Säuberungsschnitt:** ***das ganze Jahr über***

Bevor Sie die Pflanze von kranken Teilen säubern, müssen Sie die Werkzeuge unbedingt mit Alkohol desinfizieren. Das Abknipsen verwelkter Rosen zwischen den verschiedenen Blütephasen kräftigt die Pflanze, und der Garten bietet einen gefälligeren Anblick.

Die Vermehrung

Die Vermehrung durch Sämlinge, Stecklinge, Absenker, Ausläufer und durch Veredelung verfolgt verschiedene Zwecke.

Vermehrung durch Samen

Mit dieser Methode läßt sich eine Sorte nicht identisch reproduzieren. Sie dient der Erzeugung von Unterlagen (Wildrosen) und neuen Sorten. Im eigenen Garten tauchen zuweilen interessante natürliche Sämlinge auf.

Stecklinge

Für die Erhaltung einer Sorte können Sie zu jeder Jahreszeit versuchen, Stecklinge zu setzen. Dazu stecken Sie einfach ein 15 cm langes Stück eines Triebes im Halbschatten in die Erde und begießen es. Hat der Steckling Wurzeln gebildet, kann er erst im darauffolgenden Jahr umgesetzt werden. Je nach Rosensorte ist diese Methode mehr oder weniger erfolgversprechend. Mancher Hobbygärtner ist darin ein Experte, einem anderen hingegen gelingt sie nie.

Absenker

Bei dieser Methode wird ein tiefsitzender Zweig dazu gebracht, Wurzeln zu erzeugen, indem er zum Boden hinabgedrückt, dort befestigt und mit Erde bedeckt wird. Erst nach mehreren Monaten, wenn er aus seinen eigenen Wurzeln heraus leben kann, wird der Zweig von der Mutterpflanze abgetrennt.

Ausläufer

Damit läßt sich eine Sorte vegetativ vermehren. Bei einigen wurzelecht vermehrten Wildrosen (z.B. *Rosa canina, Rosa gallica, Rosa nitida*) und alten Rosen, die leicht Ausläufer bilden, können diese von der Mutterpflanze abgetrennt werden. Man pflanzt sie flach und deckt sie nur leicht mit Erde ab. Die Vermehrung durch Wurzelausläufer war früher eine sehr gängige Methode bei den alten, nur einmalblühenden Rosen – für moderne Beetrosen eignet sie sich jedoch nicht.

Handveredelung

Diese auch unter der Bezeichnung „Okulieren" bekannte Veredelungsmethode wird von professionellen Gärtnern praktiziert. Sie wird im Sommer an eigens dafür vorbereiteten Unterlagen durchgeführt. Auf Höhe des Wurzelhalses wird ein Schnitt gesetzt, in den rasch ein Auge der Sorte, die veredelt werden soll, unter die Rinde gesteckt wird. Anschließend wird der Schnitt sorgfältig verbunden. Erst im nächsten Jahr fängt das Auge an auszutreiben, nachdem die darüber ansetzenden Triebe entfernt wurden. Das Ergebnis ist eine Pflanze, die die Wurzeln einer ursprünglichen Wildrose und die oberirdischen Triebe einer Edelsorte aufweist. Mit dieser allgemein verbreiteten Technik werden gute Ergebnisse erzielt, doch gibt es auch immer eine gewisse Verlustquote. Die Natur läßt sich niemals vollständig manipulieren.

Die Erhaltung bedrohter Rosen

Es ist zu beobachten, daß in Hausgärten fast immer die gleichen Rosen blühen. Das liegt einerseits daran, daß die am meisten verbreiteten Sorten diejenigen sind, die sich bereits bewährt haben und deswegen in den Gärtnereien immer wieder verlangt werden. Zum anderen pflanzen viele Hobbygärtner solche Sorten, die sie bei ihrem Nachbarn sehen. Dabei wäre es ungeheuer reizvoll, solche Rosensorten zu pflanzen, die vom Aussterben bedroht sind. So bleiben viele „alte" Sorten unbekannt: Sie fehlen zwar weder bei Sammlern noch in den „konservatorischen" Rosarien, aber sie sind dort nur in geringer Zahl vertreten, und ihr Überleben bleibt daher fraglich. Beim Betrachten dieser Sammlungen fällt es darüber hinaus schwer, sich vorzustellen, wie dieselbe Rose sich voll entfaltet in einer Gartenlandschaft ausnehmen würden.

Für den Hobbygärtner ist es ein Abenteuer, verwahrloste Rosen zu retten, die zwischen alten Steinen Wurzeln gefaßt haben, inmitten von Ruinen oder in Brachland, oder die durch das Zubetonieren der Landschaft mit Straßen und Gebäuden bedroht sind. Haben Sie ein Haus mit Grundstück erworben, werden sie dort vielleicht kümmerlich wirkende alte Rosenpflanzen entdecken. Sie sollten ihnen nach einem kräftigen Rückschnitt eine Beobachtungsperiode von ein bis zwei Jahren gönnen, bevor Sie sie endgültig aufgeben.

Anders ist es beim Profigärtner, bei dem sich botanisches Interesse mit der professionellen Aufgabe verbindet, bestimmte Rosensorten zu erhalten. Er pflanzt seltene Sorten, um ihr Verhalten oder ihre dekorative Funktion zu erproben, und kann so dazu beitragen, alten Sorten zu neuen Leben zu verhelfen.

Glossar

Art: Lebewesen (hier: Pflanzen) mit vielen übereinstimmenden erblichen Merkmalen. Angehörige einer Art sind im allgemeinen miteinander fruchtbar.

Auge: Blattachselknospen am beblätterten Trieb, aus denen Seitensprosse entstehen. Bei den „schlafenden Augen" handelt es sich um unentwickelte Reserveknospen, die erst bei Rückschnitt oder Zerstörung der oberen, „treibenden Augen" ausschlagen. Auch die in der Blütenmitte manchmal anders gefärbten, oft eingerollten Blütenblätter werden als „Auge" bezeichnet.

Augenveredelung: Bei der Augenveredelung (Okulation) setzt man in die Unterlage (Sämling, Abriß, Ableger eines Wildlings) ein Auge (hier: Edelreis) in einen T-Schnitt ein. Veredelt wird, wenn die Nachkommen bei geschlechtlicher Vermehrung aufgespalten würden und andere ungeschlechtliche Methoden nicht zum Erfolg führen.

Ausläufer/Wurzelausläufer: Vegetative, d.h. ungeschlechtliche Vermehrungsform der Wildrosen und vieler alter, nur einmal blühender Rosen. Blattfiedern: Ein gefiedertes Blatt besteht aus mehreren Fiederpaaren. Die meisten Rosen sind fünfzählig unpaarig gefiedert, d.h., sie besitzen ein Endblättchen.

Haarwurzeln: Feinwurzeln, die der Aufnahme von Wasser und Nährstoffen dienen. Jede Bearbeitung ist mit größter Sorgfalt auszuführen, um Verletzungen des empfindlichen Wurzelbereiches zu vermeiden.

Hochblatt: Hochblätter befinden sich in der Blütenzone und sind abweichend gebaut, z.B. als ausgefärbte Brakteen (Deckblätter).

Hybride: Kreuzung zwischen zwei Elternarten mit unterschiedlichen Merkmalen. Auch als Bastarde oder Blendlinge bezeichnet. Neben Art- sind auch Sorten- und Gattungsbastarde bekannt (z.B. *R. x alba*).

Kletterrosen: Kletterrosen und Rambler (selbstklimmende Rosen mit meist kleineren, in Büscheln stehenden Blüten und sehr elastischen Trieben) sind eine verhältnismäßig junge Entwicklung. Es gibt aber bereits unter den Wildrosen kriechende und kletternde Formen wie die heimische Feldrose (*R. arvensis*), vor allem aber die asiatischen *R. wichuraiana* und *R. multiflora*, von denen der Großteil der Rambler abstammt.

Narbe: Zusammen mit Fruchtknoten und Griffel Bestandteil der weiblichen Blüte (Stempel). Die Narbe scheidet bei Insektenblütern eine klebrige Flüssigkeit aus, um den Pollen festzuhalten. Bei manchen Rosen bilden Narbe bzw. Stempel ein auffälliges gelblichgrünes „Knopfauge".

Nebenblätter: Entwickeln sich paarweise am Blattgrund und sind manchmal abweichend gefärbt.

Petale: Kron- oder Blütenblätter. Rosen haben in ihrer Grundform fünf, im Ausnahmefall vier Blütenblätter, können aber auch zwanzig bis fünfzig und mehr („hundertblättrige" Zentifolien) aufweisen.

Remontierend: Wiederholt blühend. Remontant-Rosen sind ein wichtiges Bindeglied zwischen den alten und den modernen Rosen.

Sektion: Gruppe aus verschiedenen Arten und ihrer Hybriden mit bestimmten gemeinsamen Merkmalen.

Sorte: Vom Menschen gezielt gekreuzte bzw. selektionierte Form mit neuen Merkmalen.

Sport: Knospenmutation von Polyantha-, Floribunda- und Edelrosen. Sports können bei der vegetativen Vermehrung auftreten, wenn bei der Teilung von Zellen plötzlich eine Änderung in der genetischen Zusammensetzung auftritt. Sie spielen bei der Züchtung eine große Rolle.

Stammform: Art bzw. Hybride, auf die eine Züchtung zurückzuführen ist. So ist die Essigrose (*Rosa gallica*) die Stammform (auch Stamm-Mutter) zahlreicher bekannter Sorten wie z.B. der karmin/weiß-panaschierten „Versicolor".

Staubblatt: Staubblätter stellen den männlichen Teil der Blüte dar und erzeugen Blütenstaub oder Pollen. Ein Staubblatt besteht in der Regel aus dem Staubfaden und den Staubbeuteln. Bei gefüllten Rosen sind Staubblätter in Blütenblätter verwandelt.

Unterlage: Ein Sämling, Abriß oder Ableger, auf die ein Edelreis (Auge der zu vermehrenden Rosensorte) okuliert, also aufgepropft wird. Als Unterlagen werden meistens Wildrosen oder deren Abkömmlinge (z.B. *Rosa canina* 'Inermis') verwendet.

Wildling: Meist ist damit die Wildrose gemeint, die als Unterlage zur Veredelung dient. Auch die aus der Unterlage manchmal durchtreibenden „Wildtriebe" werden so genannt.

Wurzelhals: Abschnitt zwischen Wurzel und Sproßverzweigung, der okuliert (veredelt) wird. Bei den zur Veredelung verwendeten Unterlagen ist es deshalb wichtig, daß sie einen ausreichend langen Wurzelhals besitzen.

Bibliographie

Zeitgenössische Werke

ANNY JACOB, HEIDI UND WERNER GRIMM, BRUNO MULLER, JACQUELINE HUMERY, *Alte Rosen und Wildrosen*, Ulmer, 1992.

BERNARD BOULLARD, *Dictionnaire de botanique*, Ellipses, 1988.

CHARLOTTE TESTU, *Les Roses anciennes*, La Maison Rustique, 1984.

JACK HARKNESS, *The Makers of Heavenly Roses*, Souvenir Press, 1985.

JOHN MURRAY, *The Graham Stuart Thomas Rose Book*, Sagapress, 1994.

MARIE-THÉRÈSE HAUDEBOURG, *Roses et jardins*, Hachette, 1995.

PATRICIA BEUCHER, *Roses anciennes*, Nathan, 1993.

PETER BEALES, *Roses*, Chêne, 1990.

ROBERT FORTUNE, *La Route du thé et des fleurs*, Hoëbeke,1992.

ROGER PHILLIPS, MARTYN RIX, *Histoire des roses*, La Maison Rustique, 1993.

D. WOESSNER, *Gartenrosen*, Ulmer, 1983.

H. SCHULTHEISS, *Rosen. Die besten Arten und Sorten für den Garten*, Ulmer, 1996.

Alte Werke

ABEL BELMONT, *Dictionnaire de la rose*, E. Drosne, 1896.

COCHET-COCHET UND S. MOTTET, *Les Rosiers*, Octave Doin et Librairie Agricole, 1897.

JULES GRAVEREAUX, *Les Roses cultivées à L'Haÿ en 1902*, 1902.

R. P. JOSEPH, H. PEMBERTON, *Roses*, Longmans, Green and Co, 1908.

Register

Kursive Zahlen verweisen auf Abbildungen.

Öffentliche Rosarien und für Publikum zugängliche Gärten mit alten Rosen

Insel Mainau, Italienischer Rosengarten.

Forst/Lausitz, Ostdeutscher Rosengarten.

Baden bei Wien, Österreichisches Rosarium.

Roseraie du Val-de-Marne, 8 rue Albert Watel, 94240 L'Haÿ-les-Roses.
Die schönste Sammlung alter Rosen Frankreichs (staatliche Referenzsammlung).
Geöffnet von Mitte Mai bis Mitte September ab 10 h.

Conservatoire botanique de Charance, 05000 Gap, Zutritt für Gruppen nach Vereinbarung, Tel. 04 92 53 56 82.
Roseraie de Saverne, 66704 Saverne. Freier Zutritt.

Roseraie municipale de Quévert, Courtil des Senteurs, 22100 Dinan. Freier Zutritt.

Roseraie Saint-Nicolas, 71170 Châlon-sur-Saône. Freier Zutritt.

Jardin botanique du Parc de la Tête d'Or, place Leclerc, 69006 Lyon.
1. April bis 30. September 7.30 – 11.30 h und 13 – 17 h.

La Bonne Maison, 99 chemin des Fontanières, 69350 La Mulatière. Zutritt nach Vereinbarung, Tel. 04 78 42 42 82.

Jardin de l'Aqueduc, 71170 Mussy-sous-Dun. Zutritt nach Vereinbarung, Tel. 04 85 26 06 47.

Jardin d'Anne-Marie, 2 rue du 8 mai 1945, 95510 Lardy. Zutritt nach Vereinbarung, Tel. 01 60 82 30 63.

Hôtel Baudy, rue Claude Monet, 27620 Giverny. Mai bis September 10 – 18 h außer montags.

Roseraie du Châtelet, route de Bourg-sous-Châtelet, 90170 Anjoutey. Auskünfte unter Tel. 03 84 27 64 98.

Auf Rosenzucht spezialisierte Baumschulen mit Rosengarten

DEUTSCHLAND
Rosarium Sangershausen, Streinberger Weg 3, 4700 Sangershausen. Sehr umfangreiche staatliche Sammlung alter Rosen.

FRANKREICH
Roseraie de Berty, 07110 Largentière, Éléonore Cruse, Christian Biette.
In dieser Baumschule und ihrem Garten mit alten Rosen wurden alle Fotos für diesen Bildband aufgenommen.
Zutritt nach Vereinbarung vom 25. Mai bis zum 25. Juni, Tel. 04 75 88 30 56.

ENGLAND
Mottisfont Abbey Rose Garden, Hampshire. Staatliche Sammlung alter Rosen.

DÄNEMARK
Rosenplantenskolen I Love, Plantevej 3, 4270 Hong. Große Baumschule mit alten Rosen und Garten.

ITALIEN
Große Privatsammlung des Professors Fineschi, Cavriglia, San Giovanni Valdarno, Toscana.

Vereine

Verein Deutscher Rosenfreunde (VDR), Waldseestraße 14, 7570 Baden-Baden, Deutschland.

Les Piqués de la Rose, Centre Culturel de Quévert, 22100 Quévert. Mitteilungsblatt.

Les Amis de la Roseraie du Val-de-Marne, rue Albert Watel, 94240 L'Haÿ-les-Roses.
In diesem Verein haben sich Amateure, Sammler und Professionnelle rund um die staatliche Sammlung von L'Haÿ zusammengeschlossen. Mitteilungsblatt.

The Royal National Rose Society, Chiswell Green Lane, St Albans Herts. AK 23 NR, Großbritannien.

Inhaltsverzeichnis

EVERGREEN is an imprint of Benedikt Taschen Verlag Gmbh

Hohenzollernring 53, D–50672 Köln

Herausgeber: Paul Starosta
Text: Eléonore Cruse
Fotografien: Paul Starosta
Redaktion: Philippe Pierrelée
Übersetzung: Aglaia Citron für
Dr. Jörg Meidenbauer Verlagsbüro, München
Redaktion und Realisation der deutschen Ausgabe: Andrea Heinzinger für
Dr. Jörg Meidenbauer Verlagsbüro, München
Koordination: Petra Hugenschmidt, Köln
Umschlag: Angelika Taschen, Köln

Printed in Italy
ISBN 3–8228–7851–0

Herausgeberin: Iris Tully
Iris Tully, Daniel Clemens, Boris Plehn, Dr. Stefan Schweizer

Deutsch/Kommunikation Körperpflege

Ein Arbeitsbuch für berufliche Schulen

1. Auflage, 1. korrigierter Nachdruck 2016

Bestellnummer 40142

Bildungsverlag EINS

Dieses Werk folgt der reformierten Rechtschreibung und Zeichensetzung. Ausnahmen bilden Texte, bei denen künstlerische, philologische oder lizenzrechtliche Gründe einer Änderung entgegenstehen.

service@bv-1.de
www.bildungsverlag1.de

Bildungsverlag EINS GmbH
Ettore-Bugatti-Straße 6–14, 51149 Köln

ISBN 978-3-427-**40142**-1

Vorwort

Das vorliegende Schulbuch „Deutsch/Kommunikation – Körperpflege“ richtet sich an Schülerinnen und Schüler, die den Friseur- oder Kosmetikerberuf erlernen wollen. Das Buch soll ihnen in allen drei Lehrjahren ein hilfreicher Begleiter sein, optimal auf die Lehrabschlussprüfungen vorbereiten und die erforderlichen Kompetenzen für erfolgreiche Kommunikation im Berufsleben vermitteln.

Bei der Konzipierung des Buchs sind die zentralen Erkenntnisse der Lernfeldkonzeption berücksichtigt worden. Durch berufsbezogene Beispiele und Aufgaben sowie lebensnahe Figuren, Szenarien und Impulse wird den Schülerinnen und Schülern ein leichterer Zugang zu den Inhalten des Faches Deutsch ermöglicht. Deutsch als Unterrichtsfach steht dabei durchgängig in engem Zusammenhang mit dem beruflichen und privaten Werdegang der Protagonisten Georg und Lisa, die Friseur und Kosmetikerin werden wollen. Insofern wird das allgemeinbildende Fach Deutsch in den beruflichen Fächerkanon integriert und die Bedeutsamkeit für den Beruf und das Privatleben der jungen Menschen herausgestellt.

Das Buch orientiert sich außerdem an den Beschlüssen der Kultusministerkonferenz in Form der „Bildungsstandards im Fach Deutsch für den Mittleren Schulabschluss“. Dabei wurde versucht, den bundesdeutschen Bildungsföderalismus zu überwinden und ein in ganz Deutschland gut einsetzbares Schulbuch zu entwickeln, das die föderalen Besonderheiten aller Bundesländer berücksichtigt.

Damit bietet „Deutsch/Kommunikation – Körperpflege“ die Möglichkeit eines differenzierten Unterrichts. Sowohl leistungsstarke als auch leistungsschwache Klassen können erfolgreich mit dem Buch arbeiten und davon profitieren.

Das Deutschbuch hat eine einheitliche, durchgehende Struktur. An geeigneten Stellen finden sich sogenannte Impulse, die schülergerecht und zielgerichtet in die Problematik der einzelnen Kapitel einführen. Die Thematik wird durch Texte, Zitate, Definitionen, Zusammenfassungen u. Ä. erschlossen. Um den Lernfortschritt der Schüler zu sichern, enthält jedes Kapitel mündliche und schriftliche Aufgaben unterschiedlichen Schwierigkeitsgrades.

Das Autorenteam *Stuttgart, 24. Oktober 2011*

Inhaltsverzeichnis

„Deutsch im Beruf“: Menschen wie du und ich

Georg

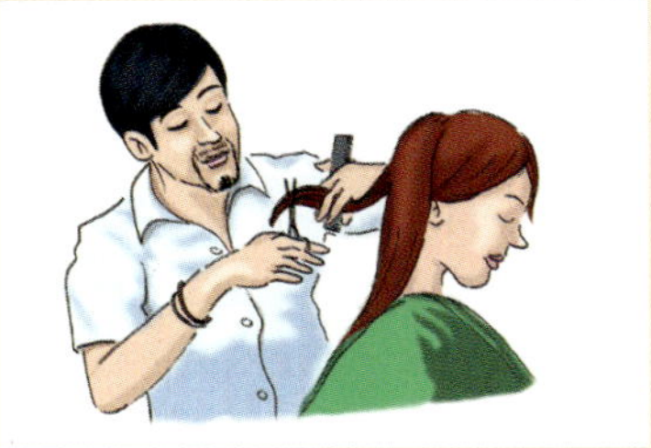

Georg bei der Arbeit

Georg Papadopoulos ist 24 Jahre alt. Sein Vater kommt aus Kreta in Griechenland und arbeitet seit 20 Jahren als Fernfahrer bei einer großen deutschen Spedition. Georgs Mutter ist Deutsche und arbeitet als Verkäuferin im Einzelhandel bei einem großen deutschen Kaufhaus. Georgs älterer Bruder Iannis hat eine Mechatroniker-Lehre absolviert und sich mit einem Freund in der Nähe von Athen mit einer KFZ-Werkstatt selbstständig gemacht. Georg hat seine mittlere Reife gut bestanden und macht eine Lehre zum Friseur. Er liebt den Umgang mit Menschen, möchte kreativ sein und gestalten. Mittlerweile ist er im dritten Lehrjahr. Da er auf sein geringes Lehrlingsgehalt angewiesen ist, wohnt er noch bei seinen Eltern. Nach der Lehre möchte Georg sofort mit seiner Freundin Lisa zusammenziehen. Georg ist sehr ehrgeizig und möchte es einmal weit in seinem Beruf bringen. Sein nächstes Ziel nach der Lehre ist es, den Meistertitel zu erwerben. Anschließend möchte er sich selbstständig machen, am liebsten zusammen mit Lisa, die dann im Friseursalon die Kosmetik übernehmen könnte.

Lisa

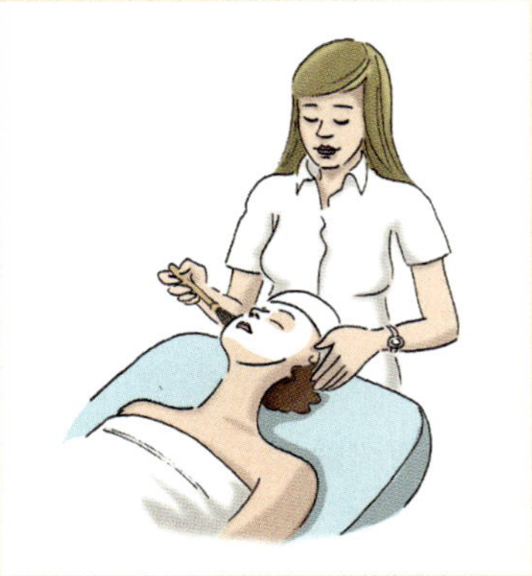

Lisa bei der Arbeit

Lisa Schmid ist Georgs Freundin und 21 Jahre alt. Sie wohnt mit ihrer Mutter in einer kleinen Zweizimmerwohnung. Ihre beiden älteren Schwestern Marta und Luise sind längst verheiratet. Lisa ist mehrfache Tante. Ihr Vater ist nach Norwegen ausgewandert. Lisas Mutter kann wegen eines Hüftleidens nicht mehr arbeiten und bezieht ALG II. Lisa ist im zweiten Lehrjahr Kosmetik und geht auf dieselbe Berufsschule wie Georg. Es fällt Lisa und ihrer Mutter schwer, finanziell über die Runden zu kommen. Lisa jobbt am Wochenende in einer Disco, kann also nicht viel Zeit mit Georg verbringen, was sie sehr bedauert. Lisa zählt nicht zu den besten Schülern, da sie so wenig Zeit zum Lernen hat. Georg unterstützt sie aber auch in schulischen Dingen bestmöglich.

Sarah

Sarah studiert Gewerbelehrerin.

Sarah Kirsch ist die beste Freundin von Georg und Lisa. Sie hat zusammen mit Georg die Realschule besucht. Danach hat Sarah sehr zügig das Abitur nachgemacht. Sarah ist jetzt 22 Jahre alt und befindet sich im 6. Semester ihres Studiums. Sarah studiert Gewerbelehrerin an der Universität Stuttgart. Ihr zweites Fach ist Deutsch. Sarah hilft Georg und Lisa des Öfteren, wenn sie für Klassenarbeiten oder Prüfungen lernen müssen. Georg und Lisa revanchieren sich, indem sie die schüchterne Sarah für die Disco stylen bzw. in Sachen Frisur und Kosmetik beraten.

Das Lernen lernen

Das erste Kapitel von „Deutsch/Kommunikation – Körperpflege“ beschäftigt sich mit Lerntechniken und Kompetenzerwerb. Wie kann man das Lernen lernen? Was für ein Lerntyp bin ich? Welche Schlüsselqualifikationen benötige ich im Friseurberuf? Hier werden Ihnen Fähigkeiten vermittelt, die es Ihnen in der Schule und im Beruf ermöglichen, erfolgreich und nachhaltig zu lernen.

Kompetenzen

In diesem Kapitel lernen Sie

- selbstständig zu arbeiten und sich Informationen leichter anzueignen,
- unterschiedliche Lerntypen kennen und Sie können herauszufinden, welcher Lern-Typ Sie sind,
- welche Schlüsselqualifikationen in Berufen der Körperpflege notwendig sind,
- offene, schüler- und handlungsorientierte Methoden kennen.

1 Lebenslanges Lernen

Impuls

Sarah erklärt Lisa, dass es wichtig ist, das Lernen zu lernen.

Sarah und Lisa sitzen in Sarahs Küche im Studentenwohnheim bei einer Tasse Kaffee zusammen.
Lisa: „Oh, Mann. Heute hat meine Klassenlehrerin gesagt, dass wir wieder alles neu lernen müssen. Im ersten Lehrjahr haben die uns das noch anders beigebracht ..."
Sarah: „Um was ging es denn da?"
Lisa: „Eine bestimmte Schminktechnik. Irgendjemand hat beschlossen, dass das jetzt anders gemacht werden muss ... Ich find das total doof. Immer müssen wir was anderes und Neues lernen."
Sarah: „Lernen muss man ein Leben lang. Wichtig ist nur, dass man weiß, wie man lernen muss ..."

Heute besteht in der Erziehungswissenschaft Einigkeit darüber, dass Menschen ihr Leben lang lernen. Deshalb spricht man auch oft vom lebenslangen Lernen. Dabei ist es wichtig, dass man weiß, wie man lernt.

1 ***Erklären Sie Ihren Mitschülern, wie Sie am besten lernen. Unterscheiden Sie dabei, ob Sie für den theoretischen oder den praktischen Unterricht lernen müssen.***

2 ***Finden Sie im Gespräch Bereiche aus dem Friseur- und Kosmetikberuf, in denen das Wissen schnell veraltet und man ständig neu hinzulernen muss.***

2 Lerntypen

Impuls

Georg weiß nicht, wie er den ganzen Stoff so schnell lernen soll.

Georg ist genervt. Übermorgen schreibt er eine Arbeit in BT. Sein BT-Lehrer Herr Wolter hat die Schüler vier Stunden am Stück Power-Point-Präsentationen abschreiben lassen. Georg entschließt sich, Sarah anzurufen.
Georg: „Hi Sarah. Der Wolter hat uns heute stundenlang seine Power-Point-Präsentationen in BT abschreiben lassen ... Und das war nur Text! Und übermorgen schreiben wir die Arbeit. Ich weiß nicht, wie ich das alles lernen soll ..."
Sarah: „Nur Text? Das kann der doch nicht bringen. Du könntest dir vielleicht überlegen, wie du aus dem Text z. B. ein Schaubild machst ..."

Definition

Es gibt drei Arten von Lerntypen. Der visuelle Lerntyp lernt am besten durch Sehen, der auditive Lerntyp durch Hören und der motorische Lerntyp durch Handeln. Die Lernforschung hat herausgefunden, dass prinzipiell am meisten beim Handeln gelernt wird. Dem folgen das Hören und dann das Sehen. Wichtig ist allerdings, dass bei gutem Lernen alle drei Lernstrategien einbezogen werden. Außerdem sollte jeder Mensch für sich herausfinden, welcher Lerntyp er ist. Dies kann man am besten durch den Lerntypen-Test feststellen.

1 *Begründen Sie kurz schriftlich, warum es Georg im Ausgangsbeispiel so schwerfällt, viele Seiten reinen Text zu lernen.*

2 *Klären Sie, welcher Lerntyp Sie sind, indem Sie die folgenden Fragen beantworten.*

	Aussage	Lerntyp	Trifft zu
1	Ich markiere Texte, um sie besser zu verstehen.	visuell	
2	Mit Freunden rede ich lieber, als ihnen zu schreiben.	auditiv	
3	Ich merke mir Zusammenhänge durch Bilder.	visuell	
4	Texte erfasse ich durch Herausschreiben von Stichwörtern.	handelnd	
5	Ich telefoniere gern.	auditiv	
6	Ich mag es, in einer Gruppe zu arbeiten.	handelnd	
7	Ich verhalte mich in einer Gruppe meist ruhig und höre gerne zu.	auditiv	
8	Ich gestalte Mitschriften und Arbeitsmaterialien übersichtlich.	visuell	
9	Erklärungen des Ausbilders oder des Lehrers kann ich gut behalten.	auditiv	
10	Lieber gestalte ich Plakate oder Flyer als Texte zu schreiben.	handelnd	
11	An Gesichter erinnere ich mich lange, während ich Namen schnell vergesse.	visuell	
12	Ich kann nicht lange ruhig sitzen, will schnell aktiv werden.	handelnd	
13	Ich erkenne an der Stimme, was Menschen bewegt.	auditiv	
14	Texte merke ich mir gut durch mehrmaliges Wiederholen.	visuell	
15	Zusammenhänge verstehe ich besser durch beispielhafte Erklärungen.	handelnd	

Aus: Irys Feurig, Manfred Jahn: Deutsch/Kommunikation – Hotel und Gastronomie, Köln, Bildungsverlag EINS 2009, S. 9

Wichtiger Hinweis

Beachten Sie bei der Auswertung, dass die meisten Menschen Mischtypen sind und nicht eindeutig einem betimmten Lerntyp zugeordnet werden können.

3 *Inwiefern finden die Lerntypen bei verschiedenen Bereichen in Ihrem Beruf unterschiedliche Berücksichtigung?*

3 Schlüsselqualifikationen

Impuls

Frau Kiesel ist Lisas Ausbilderin. Sie besitzt einen Kosmetik-Salon in der Stadt. Sie bittet Lisa, bei einer Kundin eine neuartige Maske aufzutragen. Lisa weigert sich. Das habe sie noch nie gemacht, sie wisse auch nicht, wie das gehe und wie sie das hinkriegen solle. Außerdem fehle ihr dazu das fachliche Wissen, schließlich sei sie ja erst im zweiten Lehrjahr. Frau Kiesel ist ärgerlich. Da gibt man jungen Menschen die Chance, einen Beruf zu erlernen, und dann das! Die Kundin Frau Schimmel folgt dem Ganzen empört. Das ist nicht das, was sie unter Professionalität versteht.

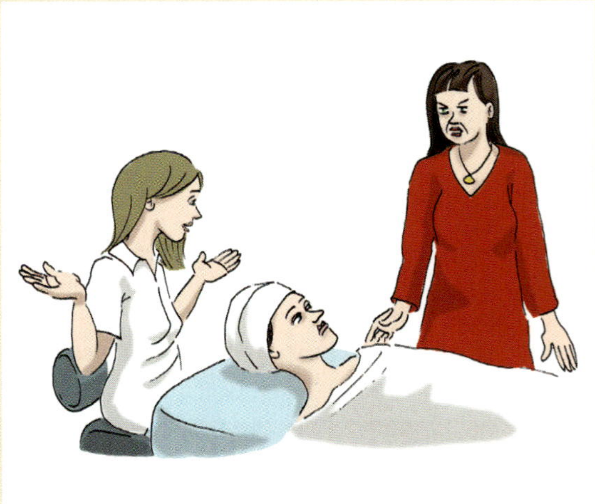

Lisa weigert sich, Frau Kiesels Anweisungen zu folgen.

Frau Kiesel: „Sag mal, Lisa, was stellst du dich denn so an?"
Lisa: „Das hab ich doch gesagt ..."
Frau Kiesel: „Eigentlich bin ich ja mit deinem Wissen und Können zufrieden. Was dir aber total abgeht, sind die sogenannten Schlüsselqualifikationen."
Lisa schüttelt den Kopf. Schlüsselqualifikationen? Was soll denn das schon wieder sein?

Definition

Schlüsselqualifikationen sind alle Fähigkeiten, die jemand braucht, um auf neuartige Anforderungen im Beruf angemessen reagieren zu können.

Schlüsselqualifikationen führen zu einer umfassenden Handlungskompetenz

Sozialkompetenz	Methodenkompetenz	Fachkompetenz	Lernkompetenz
▶ Verantwortung ▶ Fairness ▶ Teamfähigkeit ▶ Aufgeschlossenheit	▶ systematisches Vorgehen ▶ logisches Denken ▶ problemlösendes Denken	▶ Entscheidungsfähigkeit ▶ fachbezogene Kreativität	▶ selbstständiges Lernen ▶ Erschließen von Informationen

1 Beziehen Sie die vier Schlüsselqualifikationen des Schaubilds auf den Friseur- oder Kosmetikberuf. Schreiben Sie einen Text, in dem alle Schlüsselqualifikationen auf Ihren Beruf angewendet werden. Wo sind welche Schlüsselqualifikationen wichtig? Versuchen Sie, noch weitere berufsbezogene Beispiele zu den einzelnen Schlüsselqualifikationen zu finden.

4 Gruppen- und Teamarbeit

Impuls

Dr. Schwarz ist Georgs Klassenlehrer. Er unterrichtet die allgemeinbildenden Fächer Deutsch, Ethik, Gemeinschaftskunde und Wirtschaftskunde. Dr. Schwarz lächelt selbstzufrieden in die Klasse K3FR4.

Dr. Schwarz erklärt die Vorzüge von Gruppenarbeit.

Dr. Schwarz: „So, jetzt wollen wir zum Abschluss der Unterrichtseinheit ‚Umgang mit Literatur' noch eine Gruppenarbeit zu den Gattungen machen."
In der Klasse wird gemurrt und gestöhnt. Georg meldet sich.
Dr. Schwarz: „Ja, Georg?"
Georg: „Muss das schon wieder sein: Gruppenarbeit? Können wir denn nicht alleine arbeiten? Immer Gruppenarbeit, dabei sind wir doch schon im 3. Lehrjahr ... Da kommt man sich manchmal vor wie im Kindergarten."
Dr. Schwarz: „Gruppenarbeit hat nichts mit dem Alter oder der Bildung zu tun. Teamarbeit ist in unserer heutigen Gesellschaft ein wesentlicher Bestandteil der Arbeitswelt. Denken Sie daran, wie Ihr Berufsalltag im Salon ohne Gruppenarbeit aussehen würde."

1 *Beschreiben Sie Alltags- und Arbeitssituationen, in denen es nötig ist, dass Sie Gruppen- bzw. Teamarbeit ausüben.*

2 *Für wie wichtig halten Sie Teamarbeit im Friseurberuf? Begründen Sie Ihre Meinung.*

3 *Unterstreichen Sie die Schlüsselwörter (= die wichtigsten Wörter) im folgenden Text und schreiben Sie dann in eigenen Worten, was Sie unter Gruppenunterricht und Gruppenarbeit verstehen.*

Gruppenunterricht ist eine Sozialform des Unterrichts, bei der durch die zeitlich begrenzte Teilung des Klassenverbandes in mehrere Abteilungen arbeitsfähige Kleingruppen entstehen, die gemeinsam an der vom Lehrer gestellten oder selbst erarbeiteten Themenstellung arbeiten und deren Arbeitsergebnisse in späteren Unterrichtsphasen für den Klassenverband nutzbar gemacht werden können. Gruppenarbeit ist die in dieser Sozialform von den Schülerinnen und der Lehrerin geleistete Arbeit, soziale Interaktion und sprachliche Verständigung.

Aus: Hilbert Meyer: Unterrichtsmethoden II: Praxisband. Berlin,Cornelsen 2005, S. 242

Gruppenarbeit dient vor allem dazu, dass die Schüler sich den Unterrichtsstoff selbstständig aneignen können. Sie wird angewendet, um ein Lerngebiet zu vertiefen und neue Lerninhalte zu erarbeiten. Die Lernziele der Gruppenarbeit sind vielfältig. Die Schüler sollen aktiv an der Erarbeitung eines Inhalts beteiligt werden und eigene Erfahrungen und Fragen in den Unterricht einbringen. Die vorhandene Sachkompetenz der Schüler soll als solche wahrgenommen, Informationen sollen selbstständig erarbeitet und Probleme gelöst werden. Außerdem werden durch Gruppenarbeit Kooperationsformen eingeübt. Der Einzelne übernimmt Verantwortung für sich und die Gruppe. Die Durchführung sieht so aus: Den Gruppen wird die Aufgabe oder Problemstellung erklärt. Die Gruppen werden eingeteilt und die Zeitvorgaben gegeben. Sie arbeiten selbstständig, wobei die Gruppenmitglieder einander helfen. Schließlich findet die Präsentation der Gruppenergebnisse vor der Klasse statt. Die Ergebnisse werden in der Klasse ausgewertet und diskutiert.

4 *Warum ist Gruppenarbeit nicht bei allen Schülerinnen und Schülern beliebt?*

5 *Welche Vorteile besitzt Gruppenarbeit gegenüber anderen im Unterricht verwendeten Methoden?*

6 *Wieso ist es im heutigen Berufsleben wichtig, in Gruppen und Teams zusammenzuarbeiten?*

7 *Vervollständigen Sie die unten stehende Tabelle. Dabei tragen Sie auf der linken Seite zwei Beispiele ein, wo Sie im Friseur- oder Kosmetikberuf Gruppenarbeit für sinnvoll halten. Auf der rechten Seite überlegen Sie sich zwei Beispiele, wo Gruppenarbeit im Deutschunterricht sinnvoll sein kann.*

Gruppen- und Teamarbeit im Beruf und in der Schule	
Beispiele für Gruppen- und Teamarbeit im Beruf	Beispiele für Gruppen- und Teamarbeit in der Schule im Fach Deutsch

Bei der Gruppenarbeit setzen sich Gruppen bewusst oder durch das Zufallsprinzip zusammen. Die Gruppengröße beträgt in der Regel zwischen vier und sechs Personen. Gruppenarbeit ermöglicht Schülerinnen und Schülern ein hohes Maß an Selbstständigkeit und Verantwortung. Das Thema einer Gruppenarbeit sollte schwierig sein, d.h. dass es der Kompetenz und des Wissens mehrerer Schüler bedarf, um die Aufgabe angemessen lösen zu können. Die Schüler sollen also durch gemeinsame Anstrengungen zum Ziel kommen. Neben den fachlichen Aspekten üben die Schüler soziale und kommunikative Kompetenzen.

Häufig ist Gruppenarbeit mit anspruchsvollen weiteren Aufgaben für die Schüler verbunden, wie die Gestaltung von Plakaten, Wandzeitungen oder Präsentationen. Voraussetzungen einer gelungenen Gruppenarbeit sind genügend fachliches Wissen – und dass sich alle Schüler in den Arbeitsprozess einbringen.

8 *Erstellen Sie in einer Gruppe von vier Schülern ein Plakat zum Thema „Knigge für Friseure – Umgangsformen im Salon". Präsentieren Sie Ihr Ergebnis vor der Klasse und lassen Sie Ihr Plakat einige Wochen im Klassenzimmer hängen.*

5 Projektunterricht

Impuls

Dr. Schwarz geht nervös vor der Klasse auf und ab.
Dr. Schwarz: „Wenn wir uns anstrengen, dann können wir ein Comenius-Projekt mit unserer tschechischen Partnerschule an Land ziehen. Das würde bedeuten, dass wir von der Europäischen Union gefördert werden und viel Geld erhalten."
Die meisten Schüler der Klasse verstehen nur Bahnhof.
Dr. Schwarz: „Dann fahren wir mit ca. 15 Schülerinnen und Schülern für zwei Wochen nach Brünn in Tschechien."
In der Klasse wird gejohlt und gepfiffen.
Dr. Schwarz (laut): „Ruhe, bitte! Mir fällt aber im Moment kein vielversprechendes Projekt ein. Vielleicht kommen wir ja zusammen auf etwas."

1 Unterstreichen Sie die Schlüsselwörter im Text.

Projekte sind heute ein wichtiger Bestandteil der Schularbeit und des Schullebens. Normalerweise steht am Anfang des Projektunterrichts eine von den Schülerinnen und Schülern selbstständig gefundene Frage. Am Ende des Projekts steht ein gemeinsam erstelltes Produkt. Das Projekt ist der Weg zu einem Ziel, welches in dem Projektprodukt besteht. Projektförmiger Unterricht ist immer handlungsorientiert. Die Schülerinnen und Schüler sollen sich also selbstständig Sachverhalte erarbeiten und Produkte erstellen. Große Projekte haben folgende Phasen:

- Themenfindung
- Arbeitsplanung
- Recherche, Auswertung und Deutung
- Produktion
- Präsentation

Um Projekte zu einem guten Abschluss bringen zu können, müssen die Schülerinnen und Schüler viele methodische Fähigkeiten beherrschen.

2 Finden Sie zwei Projekte im Deutschunterricht, welche einen Bezug zu Ihrem Friseur- oder Kosmetikberuf haben. Beschreiben Sie diese kurz.

Unten finden Sie einen Auszug aus dem Comenius-Projekt „Die wilden 60er – Als meine Großmutter noch jung war". Das Projekt war zwischen einer deutschen und tschechischen Schule vorgesehen. Lesen Sie sich den Auszug aus dem Projekt gut durch.

Beschreibung der vorgeschlagenen Partnerschaft

Zusammenfassung

Mode, Frisuren, Zubehör und Musik der 60er-Jahre dienen als Inspiration für die heutigen jungen Leute – was kann man davon in der heutigen Zeit entdecken, was ist z. B. in der heutigen Mode vorhanden? Die gesellschaftlichen Ereignisse in den 60ern wirkten auch auf die Mode und die Musik. So betrachtet gab es damals eine kleine „Revolte". Vierzig Jahre später hört man wieder die alten Songs und auch die Modedesigner inspirieren sich anhand von Omas Kleiderschrank

Die Partnerschaft sollte dazu beitragen, die damalige Mode, Frisuren und Kosmetik im Osten und Westen zu vergleichen, nicht zuletzt anhand der historischen Ereignisse. Das Vorhaben der Partnerschaft und des Projekts wäre es, die sowohl sprachlichen als auch handwerklichen Fertigkeiten der Schüler zu verbessern und ihre kulturellen Horizonte zu erweitern. Dabei würde auch der gegenseitige Besuch der Fachlehrer in der Partnerschule helfen, damit auch die pädagogischen Kräfte ihre Kenntnisse und gegenseitigen Erfahrungen austauschen und von der anderen Seite lernen können.

Es wird auch der historische und soziokulturelle Aspekt behandelt: die Fragen und Probleme der multikulturellen Gesellschaft (mit den Wurzeln in den 60er-Jahren – die Welle der Arbeitsimmigranten in Deutschland bis hin zur heutigen Zeit), außerdem, wie die Integration der Immigranten in die Gesellschaft gelöst wurde/ wird und in welchem Maße diese Problematik die Ausbildung betrifft.

Zwischen der deutschen Schule und der tschechischen Partnerschule wird ein Vorvertrag geschlossen, welcher finanzielle, personelle und inhaltliche Bereiche des Projekts festlegt und beschreibt. Beide Schulen sind verpflichtet, sich an die Abmachungen des Vorvertrags zu halten.

3 *Welche Probleme sehen Sie bei der Umsetzung von Projekten?*

4 *Welche Chancen bieten Projekte für Schülerinnen und Schüler, die normaler Unterricht nicht besitzt?*

5 *Überlegen und beschreiben Sie, welche weiteren Teilprojekte aus dem obigen Projekt entstehen könnten.*

6 Exkursionen

Impuls

Die Klasse K3FR4 ist wieder einmal genervt. Freitagnachmittag – und dann noch vier Stunden BT-Unterricht bei Herrn Wolter. Herr Wolter fordert die Schüler immer wieder zur Ruhe auf.
Wolter: „Dann werden wir bald noch eine Exkursion machen. Wir fahren zu Wella nach Darmstadt."
Die Klasse wird ruhiger.
Aylin, die neben Georg sitzt, klopft ihm auf die Schulter.
Aylin: „Hey, das finde ich korrekt. Endlich mal etwas Sinnvolles."
Georg: „Voll korrekt. Das ist doch Unterricht, wie wir ihn lieben ... Einen Ausflug machen und nicht lernen müssen."

1 *Wie erklären Sie sich die positiven Reaktionen der Schülerinnen und Schüler auf die Exkursion?*

2 *Welche Exkursionen haben Sie schon während ihrer Schulkarriere gemacht?*

3 *Welche Vorteile bieten Exkursionen gegenüber normalem Unterricht?*

Definition

Eine Exkursion ist ein Lehr-Lernkonzept, das nicht in der Schule stattfindet. Exkursionen finden an für den Unterricht und das Thema wichtigen Orten statt.

Exkursionen im Deutschunterricht erschließen Orte, die einen Bezug zum Fach Deutsch haben. Schön ist ebenso ein Bezug zum Beruf, also zum Friseurwesen oder der Kosmetik. Exkursionen dauern meistens einen Tag, manchmal auch mehrere. Einen Besuch bei der Firma Wella in Darmstadt könnte man z. B. thematisch mit historischen Themen und Deutschthemen verbinden. So wäre es möglich, zu untersuchen, wie die Frisurenmode zur Zeit des berühmten deutschen Dichters Goethe (18. und 19. Jahrhundert) aussah. Die Planung einer Exkursion ist sehr aufwendig und verlangt von der Lehrkraft und den Schülern eine Menge Vorbereitung. Eine Planung der o.g. Exkursion nach Darmstadt könnte so aussehen:

1. Annäherung an das Reiseziel – Erstellen einer Zeitleiste – Themenschwerpunkte
2. Methodentraining (fächerübergreifend in BT und Deutsch: Lesen von Texten in Deutsch, Gestalten von Stilblättern und Abgleichen von Wandel und Gemeinsamkeiten im BT-Unterricht)
3. Längsschnitt zur Frisurenentwicklung von der Goethe-Zeit bis zum heutigen Tag unter Berücksichtigung der eingesetzten Haarpflegemittel und der technischen Mittel etc.
4. Schülerpräsentationen zu den genannten Themengebieten
5. Exkursion nach Darmstadt (ggf. mit Abstecher nach Frankfurt, da diese Stadt Geburtsort Goethes ist und nicht allzu weit von Darmstadt entfernt liegt)
6. Auswertung der Exkursion

Impuls

Nachdem Georg und die K3FR4 im Unterricht durchgenommen haben, wie eine Exkursion auszusehen hat, überträgt Herr Wolter die Aufgabe, die Exkursion nach Darmstadt (mit einer Übernachtung) konkret zu planen, den beiden Klassensprechern Georg und Joana.

4 Entwerfen Sie eine Exkursion nach Darmstadt und achten Sie dabei darauf, dass sie einen starken Bezug zu den Fächern Deutsch und BT hat.

Miteinander sprechen – andere verstehen

Die Fähigkeit zur Kommunikation mit anderen Menschen wird heute mehr denn je als eine der Schlüsselkompetenzen im Bereich der beruflichen, aber auch der allgemeinen sozialen Kompetenzen angesehen. Wenn man in der Lage ist zu kommunizieren, kann man mit seiner Umwelt angemessen umgehen und auf die Bedürfnisse, Wünsche oder Nöte der Mitmenschen eingehen. Nur wenn man sich angemessen ausdrücken kann, können soziale Beziehungen gelebt und mitgestaltet werden. Kommunikationsfähigkeit hilft auch dabei, Differenzen und Konflikte anzusprechen und zu lösen.

Sowohl Friseure als auch Kosmetikerinnen kommunizieren den ganzen Tag hauptsächlich mündlich. Ob Terminabsprachen am Telefon, Gespräche mit Kolleginnen, Beratungsgespräche oder Small Talk mit Kundinnen und Kunden – alles erfolgt mündlich.

Das folgende Kapitel gibt einen Überblick über alle möglichen Kommunikationssituationen, mit denen man als angehende/r Friseur/-in oder Kosmetiker/-in umgehen können muss.

Kompetenzen

In diesem Kapitel lernen Sie,

- welche Funktionen Kommunikation hat,
- wie man Kommunikationsmodelle als Basis für verbale und nonverbale Kommunikation anwendet,
- wie man Kommunikationsstörungen erkennt und sie beseitigt,
- in unterschiedlichen Kommunikationssituationen angemessen und sachgerecht zu agieren.

1 Verbale und nonverbale Kommunikation

Impuls

Georg wartet abends vor dem Kosmetikstudio, in dem Lisa ihre Ausbildung macht. Sie steht an der Rezeption und telefoniert. Als sie Georg bemerkt, versucht sie, ihm durch Handzeichen etwas zu erklären. Georg hat jedoch keine Ahnung, was Lisa möchte.

Menschen benutzen Sprache, um anderen etwas mitzuteilen. Die Verwendung von Sprache unterscheidet den Menschen von Tieren.

Durch Sprache können wir

- lernen und uns weiterbilden, indem wir Informationen verstehen oder selbst Informationen geben,
- uns mit anderen Menschen im Privatleben, in der Schule und bei der Arbeit auseinandersetzen und mit ihnen zusammenarbeiten,
- unsere Meinung kundtun, andere von unserer Meinung überzeugen, Konflikte schaffen, aber auch Konflikte lösen.

Im Gespräch mit anderen Menschen erfolgen jedoch nur etwa 7 % der Kommunikation sprachlich (verbal); 93 % der Inhalte werden über andere Ausdrucksmöglichkeiten mitgeteilt.

1 Was könnte in der leeren Sprechblase stehen?

55 % aller Inhalte werden über körpersprachliche Mitteilungen, sogenannte nonverbale Signale, übermittelt, 38 % über die Stimme und nur 7 % über den Inhalt eines Gesprächs (55-38-7-Regel nach: Albert Mehrabian: „Inference of Attitude from Nonverbal Communication in Two Channels", in: Journal of Consulting Psychology 31 (1967) S. 248–252).

Diese Zahlen belegen, dass die Körpersprache eine wichtige Rolle im Umgang mit Menschen spielt. Bevor man mit jemandem spricht, sieht man ihn und macht sich automatisch ein Bild von seinem Gegenüber. Nonverbale Signale ergänzen und unterstützen ein Gespräch.

Definition

Unter verbaler Kommunikation versteht man die Wörter, Sätze und Redewendungen, die im Gespräch verwendet werden.
Nonverbale Kommunikation meint die Körpersprache der Beteiligten. Wichtig sind hier vor allem Gestik (Bewegungen mit Armen, Kopf und Körper), Mimik (Gesichtsausdrücke), die Körperhaltung und das äußere Erscheinungsbild.

Kenntnisse über nonverbale Ausdrucksmöglichkeiten sind wichtig, um den Gesprächspartner besser einschätzen zu können.

So kann man bereits an den nonverbalen Signalen oft erkennen, ob eine Kundin zufrieden mit der Behandlung ist oder nicht.

Nonverbale Signale	Zufriedenheit	Enttäuschung
Mimik	Lächeln	hängende Mundwinkel
		zusammengekniffene Augen
	entspannter Gesichtsausdruck	Stirn in Falten
		geöffneter Mund
Gestik	gefaltete Hände	Hände über der Brust verschränkt
	sich wohlgefällig übers Haar streichen	mit den Füßen wippen
	Bewegungen, die vom Körper wegführen	Hände reiben
		Bewegungen, die zum Körper hinführen
Atmung	entspannt	angespannt

Wichtiger Hinweis

Vorsicht! Interpretieren Sie nicht zu viel in körpersprachliche Signale hinein. Menschen verhalten sich in ungewohnten Situationen oft anders als normalerweise. Auch bestimmte Krankheiten können zu einer Beeinflussung der nonverbalen Signale führen!

2 *Bilden Sie drei Gruppen. Bringen Sie in Ihrer Gruppe folgende Gefühle zum Ausdruck: Angst, Freude, Erschrecken, Furcht, Liebe, Trauer, Genuss, Wut und Müdigkeit.*

Gruppe 1: Stellen Sie diese Gefühle nur über die Mimik, also durch Gesichtsausdrücke dar.
Gruppe 2: Stellen Sie diese Gefühle nur über Gestik, also Körperhaltungen und Handbewegungen dar.
Gruppe 3: Stellen Sie diese Gefühle nur durch die Art des Sprechens, also Betonung und Lautstärke dar. Verwenden Sie dazu den Satz: „Morgen ist Montag, da ist wieder Berufsschule."

3 *Hatten Sie Schwierigkeiten bei der Durchführung? Wodurch haben sich diese Schwierigkeiten ergeben?*

4 Vervollständigen Sie.

In der Kommunikation zwischen Menschen gibt es zwei Arten, wie man etwas erfährt:

Definition

In einem Gespräch wird immer verbal und nonverbal kommuniziert. Wenn die verbale Aussage und die nonverbalen Signale zusammenpassen, spricht man von einer stimmigen (kongruenten) Äußerung, wenn nicht, spricht man von einer nicht stimmigen (inkongruenten) Mitteilung.

Nähe und Distanz

Der Abstand zwischen zwei Menschen ist ein deutliches Zeichen für Sympathie und Vertrauen bzw. Antipathie und Misstrauen. Jeder Mensch hat seine individuelle Distanzzone, seinen Privatbereich, in dem er sich sicher fühlt. Normalerweise empfinden wir einen Abstand von etwa 40 cm als Mindestgrenze, wenn wir uns in einer Menschenmenge aufhalten. Sehr deutlich wird diese Distanzzone in voll besetzten Aufzügen, in denen wir uns unwohl fühlen, sobald wir sehr dicht neben völlig unbekannten Menschen stehen müssen. Das erkennt man auch daran, dass viele Menschen im Aufzug an die Decke schauen, da dort der einzige Raum ist, der zur Verfügung steht.

Geschäftspartner oder auch Kunde und Verkäufer halten üblicherweise einen Abstand von zwei bis vier Metern zueinander ein. Wenn jemand diese Schutzzone durchbricht, stellt das ein Eindringen in die Privatsphäre dar. Beim Friseur oder im Kosmetikstudio findet diese Art des Eindringens in fast allen Momenten des Kontaktes statt. Aus diesem Grund ist es wichtig, eine Basis des Vertrauens zu schaffen, bevor man eine Behandlung beginnt.

Wichtiger Hinweis

Erklären Sie Ihren Kunden immer genau, was Sie als Nächstes tun. Das ist besonders wichtig in Momenten, in denen die Kunden Sie nicht sehen können, z. B., wenn Sie Ihnen die Haare waschen, die Wimpern färben oder bei der Massage. Die Kundin oder der Kunde hat geschlossene Augen und erschrickt, wenn Sie sie unvermittelt anfassen.

5 Bilden Sie Zweierteams. Stellen Sie sich in einem Abstand von etwa 3 m gegenüber auf. Achten Sie darauf, ausreichend Abstand zum Nachbarteam (mindestens 2 m) einzuhalten. Seien Sie während der Durchführung der folgenden Aufgaben still.

a Einer der beiden Partner beginnt nun, langsam auf den anderen zuzugehen. Lassen Sie sich Zeit dabei! Derjenige, der stehen geblieben ist, sagt „Stopp!", sobald er das Gefühl hat, dass der andere nah genug an ihn herangetreten ist.

b Wiederholen Sie den Versuch mit vertauschten Rollen. Merken Sie sich Ihre jeweiligen Distanzzonen.

c Wiederholen Sie den Versuch ein drittes Mal. Derjenige, der stehen bleibt, schließt nun jedoch die Augen. Derjenige, der auf ihn zugeht, sollte nach Möglichkeit beim Gehen keine Geräusche machen (am besten Schuhe ausziehen). Wichtig ist auch, dass es im Raum absolut ruhig ist.

d Wiederholen Sie den Versuch mit vertauschten Rollen. Betrachten Sie nun Ihre individuellen Distanzzonen.

6 Sprechen Sie anschließend in der Klasse über Ihre Erfahrungen.

Kommunikation über Zeichen

Oft reichen jedoch bereits Zeichen oder Signale, um etwas mitzuteilen. So weiß jeder, dass eine rote Ampel „Halt!" bedeutet. Gerade im Straßenverkehr reichen oftmals Zeichen auf Schildern, um den Verkehrsteilnehmern bestimmte Regeln deutlich zu machen.

Diese bildlichen Darstellungen finden wir auch in vielen anderen Bereichen des täglichen Lebens. Sie werden auch Piktogramme genannt. Sie geben ihre Inhalte visuell wieder.

7 Informieren Sie sich darüber, was diese sogenannten Gefahrstoffzeichen bedeuten und wo sie in Ihrem Arbeitsbereich zu finden sind.

1.1 Sprachebenen

Impuls

Georg hat Lisa Strähnen in die Haare gemacht. Nach dem Abspülen sagt er: „Bleib bitte noch kurz im Waschbecken. Ich mache dir noch eben eine Rinse-off-Packung in die Haare, die adstringiert, sodass die Cuticula wieder geschlossen ist und besser glänzt. Außerdem säuern wir die Haare so ab." Lisa antwortet: „Bitte was tun wir? Ich habe kein Wort, verstanden."
Prinzipiell haben sowohl Lisa als auch Georg Deutsch gesprochen. Woran liegt es, dass Lisa Georg trotzdem nicht verstanden hat?

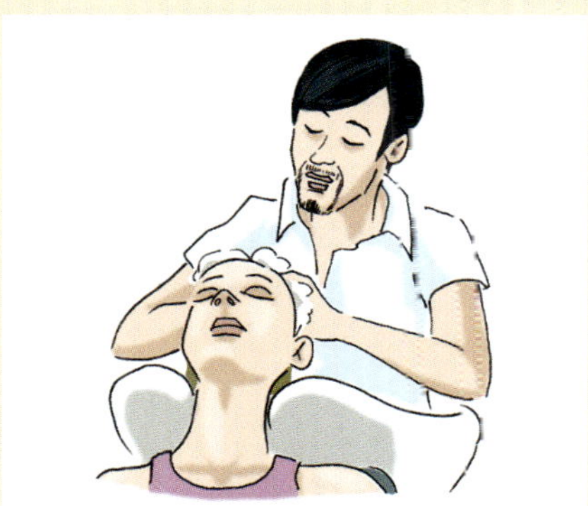

Die Hochsprache, auch Schriftsprache, besitzt überregionale Geltung und wird in Medien und Öffentlichkeit sowie bei allen formellen Anlässen verwendet.

Darüber hinaus beinhaltet die deutsche Sprache viele unterschiedliche Teilsprachen, die man einteilen kann in

- Soziolekte,
- Dialekte und
- Umgangssprache.

Wichtiger Hinweis

Auch wenn Sie im Alltag in der Regel Umgangssprache oder sogar einen bestimmten Dialekt sprechen, gibt es Situationen, in denen Sie Hoch- oder sogar Fachsprache verwenden sollten, z. B. in der schriftlichen Kommunikation, aber auch in Gesprächen mit Kunden, die Ihre Teilsprache nicht sprechen.

Definition

Soziolekt: Unter Soziolekten werden spezielle, einer bestimmten Gruppe zuordenbare Sprachvarianten verstanden, wie z. B. Jugendsprache oder Fachsprachen eines bestimmten Berufszweiges, da sie nur von dieser einen bestimmten Gruppe verstanden werden. Soziolekte beziehen sich nicht auf eine Region, sondern werden übergreifend von den entsprechenden Gruppen gebraucht und verstanden. So hat beispielsweise kein Friseur ein Problem mit Georgs Aussage, ein Fachfremder kann jedoch damit nichts anfangen. Fachsprachen haben ein spezielles Vokabular (Fachwörter), das man, ähnlich wie Wörter einer Fremdsprache, erst lernen muss.

Definition

Dialekte, auch Mundart genannt, sind regionale Varianten der deutschen Sprache, die sich meist geografisch recht klar eingrenzen lassen. Beispiele für Dialekte sind Schwäbisch, Bayrisch oder der Berliner Dialekt.

Definition

Umgangssprache: Die eigentliche Hochsprache, wie sie in Lexika steht, wird im Alltag normalerweise nicht so verwendet, sondern unterliegt – je nach Gesprächspartnern und Region – bestimmten grammatikalischen und lautsprachlichen Abwandlungen. Die Umgangssprache kann durch den in dieser Gegend gesprochenen Dialekt geprägt sein, muss aber nicht.

Da die deutsche Sprache aus so vielen Teilsprachen besteht, beherrscht auch niemand die deutsche Sprache komplett, sondern immer nur Teile davon.

Eine weitere Sprachform ist die sogenannte Jugendsprache. Unter Jugendsprache versteht man im Allgemeinen

„recht unterschiedlich gebrauchte Sprechweisen Jugendlicher, die sie meist untereinander und zur Abgrenzung gegenüber der Welt der Erwachsenen benutzen. Dazu werden insbesondere Wortbedeutungen, kaum jedoch Satzstrukturen verändert. So erhalten Wörter aus der Umgangssprache in neuen Kontexten spezielle Bedeutungen oder es werden neue Zusammenstellungen zur Übertreibung gewählt."

Aus: Dietrich Homberger: Lexikon Deutschunterricht, Stuttgart, Klett 2002, S. 256

8 ***Das Gespräch findet in einer Disco statt. Schreibe das Gespräch in Jugendsprache um, so wie sich normalerweise zwei Jugendliche unterhalten würden.***

Fritz: „Guten Abend, Franz. Ich bin sehr erfreut, dich hier zu sehen. Bereitet dir diese Veranstaltung ebenso viel Freude wie mir?"

Franz: „Sei gegrüßt, Fritz. Ich bin gerade erst gekommen, doch habe ich den Eindruck, als ob hier noch nicht sehr viel geschieht."

Fritz: „Da gebe ich dir absolut recht. Die musikalische Untermalung ist nicht angemessen und die Menschen, die hier sind, entsprechen nicht meinem Geschmack."

Franz: „Wie wahr. Vor allem die weiblichen Gäste sind nicht sehr stark vertreten. Dabei wollte ich heute Abend eine Dame zum Tanz auffordern und ihr eventuell sogar ein Glas Champagner ausgeben."

Fritz: „Habe Geduld, mein Freund. Vermutlich wird sich im Laufe des Abends noch etwas ergeben. Hast du übrigens schon die Hausaufgaben für unser geliebtes Fach Mathematik gemacht?"

Franz: „Lieber Freund, darauf verspürte ich heute noch keine rechte Lust. Allerdings plane ich, morgen unseren Klassenbesten zu bitten, mir seine Aufschriften zu überlassen, damit ich diese übernehmen kann."

Fritz: „Welch guter Plan. Ich werde ebenso verfahren."

9 ***Schreiben Sie das Gespräch in normales Standarddeutsch um. Achten Sie dabei vor allem auf die Antworten (manche Sätze aus dem Gespräch kann man so nicht in einem Bewerbungsgespräch sagen!), aber auch auf Grammatik und Satzbau.***

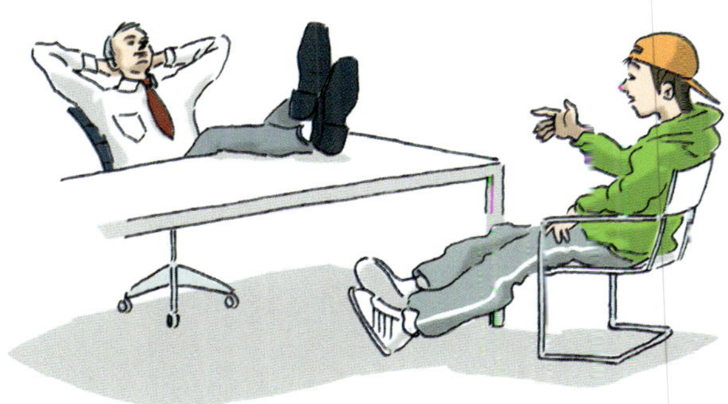

Chef: „Was geht, Alder?"

Bewerber: „Standard, Alder. Alles fit?"

Chef: „Warum willstn du bei uns einchecken?"

Bewerber: „Isch find den Job total porno, Alder."

Chef: „Ok Alder, was findest du konkret korrekt hier?"

Bewerber: „Krass, Alder. Isch find die Sache mit dem Internet hier voll korrekt. Und isch quatsch voll übel gut mit den People. Außerdem hab isch konkret Ahnung mit Verchecken von Teilen und so. Und hier ist voll die geile Atmo."

Chef: „Cool Lan. Und was hat dir so am meisten Bock gemacht in der Schule und so?"

Bewerber: „Lass mich mal searchen. Eigentlich hatte isch kein Bock auf Schule. Cool waren die Pausen und dass isch mit meinen Kumpels abhängen konnte und so. Englisch war total Horror, unser Lehrer war der oberkrasse Poser."

Chef: „Korrekt. Is nich so wirklich der Burner. Wie hängst du denn sonst so rum?“

Bewerber: „Alder, isch glotz total viel in Bücher und so was. Und isch quatsch disch auf Englisch, Deutsch und Spanisch voll, wenn du Bock hast.“

Wichtiger Hinweis

Es ist wichtig zu wissen, in welcher Situation die jeweilige Sprachebene angemessen ist. Es ist völlig in Ordnung, wenn Sie im Privatbereich die Jugendsprache verwenden. Sie sollten jedoch auch in der Lage sein, eine andere Sprachebene zu verwenden, so z. B. die für Ihren Beruf passende Fachsprache.

10 *Diskutieren Sie in der Klasse darüber, warum die beiden Gespräche in den jeweiligen Situationen nicht angemessen sind.*
Erstellen Sie in der Klasse ein Lexikon der Jugendsprache. Sammeln Sie Ausdrücke, Redewendungen und Sätze und übersetzen Sie diese dann in Standarddeutsch.

1.2 Wortschatz erweitern

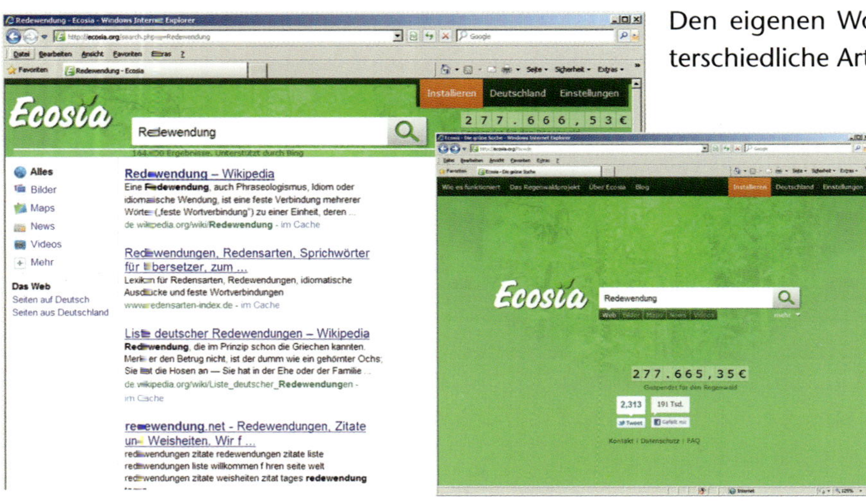

Den eigenen Wortschatz kann man auf unterschiedliche Arten trainieren.

Die einfachste und schnellste Methode ist, unbekannte Wörter in einem Wörterbuch nachzuschlagen. Diese sind alphabetisch aufgebaut, sodass der Suchbegriff schnell gefunden werden kann. In Wörterbüchern werden viele, jedoch nicht alle Wörter erklärt.

Eine weitere effektive Möglichkeit, unbekannte Wörter zu recherchieren, bietet das Internet. Über Suchmaschinen finden sich schnell Seiten, die den gesuchten Begriff beinhalten. Im Internet ist allerdings Vorsicht geboten. Nicht alle Seiten beinhalten Wahrheiten und Tatsachen, da das Internet jedem Nutzer zur Verfügung steht und die Inhalte vor dem Einstellen ins Netz nicht überprüft werden.

Tipp

Vergewissern Sie sich bei der Internetrecherche immer, ob die Informationen den Tatsachen entsprechen! Schlagen Sie lieber noch einmal in einem Fachbuch nach oder vergleichen Sie die Inhalte verschiedener Seiten kritisch miteinander. Gibt es Abweichungen?

Auch viele weitere Medien ermöglichen es, den Wortschatz zu erweitern. Alters- und themengerechte Bücher erweitern den sprachlichen Horizont ebenso wie Fachzeitschriften oder Fachbücher, die es auf unterschiedlichen Niveaustufen gibt. Aber auch das Lesen von Büchern in der Freizeit übt das Verständnis für Sprache.

Medien wie Fernsehen und Radio bieten ebenfalls gute Möglichkeiten, sprachliches Neuland zu betreten. In vielen Dokumentationen werden Themen ausführlich vorgestellt. Aber auch Nachrichten können einen wichtigen Beitrag für unsere Kommunikationsfähigkeit leisten. Zum einen helfen sie, den Wortschatz zu erweitern, gleichzeitig ermöglicht das Verfolgen von Nachrichten auch eine anspruchsvolle Kommunikation, z. B. mit Kunden.

11 ***Erweitern Sie Ihren Wortschatz, indem Sie für die folgenden Wörter Ausdrücke suchen, die in etwa das Gleiche bedeuten:***
angenehm · anspruchsvoll · auffallend · günstig · modisch · ungewöhnlich · verändern · zweckmäßig · gefallen · meinen

2 Funktionen von Kommunikation

Impuls

Georg und Lisa sind in der Stadt unterwegs. Es ist kurz vor Lisas Geburtstag und Georg hat noch keine Idee, was er ihr schenken könnte. Sie kommen an verschiedenen Geschäften vorbei. Auf einmal bleibt Lisa stehen und sagt: „Schau mal, Georg, der Ring ist schön!" Georg schaut sich den Ring kurz an und antwortet: „Du hast recht, der Ring ist schön."
Einige Tage später, an Lisas Geburtstag, schenkt Georg ihr einen Blumenstrauß und zwei Kinokarten. „Du suchst dir einen Film raus, egal welchen. Für dich schau ich alles an!"
Lisa reagiert enttäuscht und Georg versteht die Welt nicht mehr.

Jedes Mal, wenn man mit anderen Menschen in Kontakt kommt, findet automatisch auch Kommunikation statt. Das ist unabhängig von der Situation; man kommuniziert mit seiner Familie, mit Freunden und Bekannten, in der Schule mit Lehrern, aber auch mit völlig Fremden.

Unter Kommunikation versteht man im Allgemeinen den Austausch von Informationen in Alltagssituationen. Menschen kommunizieren aus den unterschiedlichsten Gründen miteinander, z. B. um

- Kontakt zu anderen Menschen herzustellen,
- ihre Wünsche mitzuteilen,
- andere an ihrem Wissen teilhaben zu lassen oder
- das Miteinander zu gestalten, also auch, um Regeln aufzustellen und eventuelle Konflikte zu lösen.

Im Friseursalon oder im Kosmetikstudio spielt Kommunikation eine wichtige Rolle. Der erste kommunikative Kontakt findet z. B. in dem Moment statt, in dem eine Kundin den Salon betritt. Man kann bereits an ihrem Gesichtsausdruck erkennen, wie es ihr geht, wie sie gelaunt ist und ob sie es z. B. eilig hat. Es ist wichtig, bereits in dieser ersten Kontaktphase die Signale richtig zu deuten, da diese maßgebend für den weiteren Umgang sind.

Wichtiger Hinweis

Die ersten zehn Sekunden reichen aus, um sich ein Bild von einer Person zu machen!

Auch während einer Behandlung findet in jeder Minute Kommunikation statt. Die Kundin redet, erklärt ihre Wünsche und beurteilt das Ergebnis. Als Friseurin oder Kosmetikerin braucht man Übung, um die Wünsche oder auch Ängste der Kundin zu erkennen, ihr eine Lösung zu vermitteln und um sich mit ihr zu unterhalten.

Kommunikation und Kommunikationsprozess

Unter Kommunikation versteht man die zwischenmenschliche Verständigung zwischen einem Sprecher (Sender) und einem Zuhörer (Empfänger) durch Signale, die entweder schriftlich, mündlich oder durch Zeichen weitergegeben werden. Ob die Botschaft, die zwischen Sender und Empfänger ausgetauscht wird, verstanden wird, ist abhängig von mehreren Faktoren, wie z. B. der psychischen und sozialen Lage der Beteiligten und den Bedingungen der Sprechsituation. Jede Botschaft erfährt eine Reaktion, ein Feedback, durch das sich die Positionen verschieben: Der Sender wird zum Empfänger, der Empfänger wird zum Sender.

Sender und **Empfänger** sind die an einem Kommunikationsprozess beteiligten Personen. Der Sender spricht, der Empfänger hört.

Im Normalfall funktioniert die Kommunikation zwischen Sender und Empfänger. Ab und zu gibt es jedoch Situationen, in denen der Empfänger etwas anderes versteht, als der Sender gemeint hat. Das kann zum einen daran liegen, dass die Botschaft einfach falsch verstanden wurde, doch auch als Sprecher muss man sich immer klar darüber sein, welche Funktion die Botschaft erfüllen soll:

- Welchen Leser/Hörer will ich mit meiner Botschaft erreichen?
- Wie verpacke ich meine Botschaft sprachlich (Ausdruck, Aufforderung, Darstellung, Bitte...)?
- Werden meine Interessen deutlich?
- Muss ich Gegenargumente entkräftigen?
- In welcher Situation, aus welchem Anlass heraus sende ich meine Botschaft?

Lisa ging davon aus, dass sie Georg mit ihrer Andeutung eine klar verständliche Botschaft gegeben hat: „Der Ring ist schön, schenk mir den doch zum Geburtstag." Georg hingegen hat die Botschaft ganz anders aufgefasst, weil die Aufforderung, die Lisa im Kopf hatte, bei ihm nicht angekommen ist. Hier liegt also ein Fehler in der Kommunikation vor.

Vor allem die Situation, in der eine Botschaft gesendet wird, bestimmt das Kommunikationsverhalten. Das kann mündlich oder schriftlich geschehen. Hier soll zunächst der Schwerpunkt auf mündliche Kommunikation gelegt werden. Mündliche Kommunikation findet u. a. statt in

- privaten Gesprächen und Unterhaltungen,
- Diskussionen,
- Argumentationen,
- Verkaufsgesprächen,
- Beratungsgesprächen,
- Mitarbeitergesprächen,
- Vorstellungsgesprächen,
- Interviews,
- Referaten und Kurzvorträgen.

1 Überlegen Sie, in welchen Situationen Kommunikation noch stattfinden kann.

2 Welche der Situationen erfordert Kenntnisse über Kommunikationsverhalten? Aus welchem Grund?

3 Lesen Sie den nachstehenden Text.
  a Untersuchen Sie das Kommunikationsverhalten der beiden Hauptpersonen.
  b An welcher Stelle des Textes verändert sich das Kommunikationsverhalten weg vom normalen?
  c Wie hätte die Problematik gelöst werden können?

Henning Venske: Eine schöne Beziehung

Grete Hehmke hatte das nordfriesische Dorf, in dem sie geboren und aufgewachsen war, nur einmal in ihrem Leben für längere Zeit verlassen: vor 50 Jahren, 1933, als eine dreiwöchige Hochzeitsreise ihr den unauslöschlichen Eindruck vermittelte, dass es im südlichen Harz immer regnet.

Ihr Mann war ja nun tot. Aber Grete Hehmkes Lust zu leben war noch nicht erschöpft. Es gab mehr als nur den einen Edeka-Laden, das wusste sie genau

Mit dem Autobus in die Kreisstadt – das war schon ein Erlebnis! Gierig nach neuen Eindrücken warf sie sich energisch ins Getümmel. Sie war aufgeregt, glücklich, neugierig. Futter für den alten Kopf. Wunderbar. Als Höhepunkt das Warenhaus. Nein, so was Schönes aber auch! Hunger! Restaurant? Da!

Ein freier Tisch. Handtasche über die Stuhllehne hängen, Mantel an den Haken, in Blickrichtung. Hinsetzen, Erleichterung.

Bedienung kommt nicht. Aha, es gibt gar keine Bedienung hier. Genau hinsehen, wie die anderen das machen. Kapiert.

Grete Hehmke verlässt ihren Tisch, reiht sich ein in die Schlange, greift sich das orangefarbene Tablett. Ordert selbstbewusst Kohlroulade mit Salzkartoffeln und einen Karamellpudding, eine Brause dazu, bezahlt an der Kasse. Teuer ist es ja, muss man schon sagen. Trägt das Tablett zu ihrem Tisch, nimmt Platz. Die Kohlroulade sieht elend aus, man müsste ihr mal was zu futtern geben – Grete Hehmke ist voller Heiterkeit.

Aber sie hat kein Besteck. Wo bekommt man hier denn Messer und Gabel? Einen kleinen Löffel braucht sie auch. Und eine Serviette. Aha, da neben den orangefarbenen Tabletts. Aufstehen, hingehen, holen. Grete Hehmke kommt an ihren Tisch zurück. Sie stutzt, setzt sich. Auf ihrem Platz hockt ein Neger und isst von ihrem Teller. Ganz manierlich. Es schmeckt ihm. Grete Hehmke nimmt gegenüber von dem schwarzen Mann Platz. Der lächelt einladend. Grete Hehmke wundert sich über nichts mehr. Sie lächelt ebenfalls freundlich und zieht das orangefarbene Tablett behutsam, aber bestimmt in die Tischmitte. Die Portionen in diesem Kaufhaus sind ja reichlich bemessen, das reicht schon für zwei. Sie speisen. Teilen jede Kartoffel, er schiebt ihr ein besonders appetitliches Gürkchen zu, sie überlässt ihm ein größeres Stück Roulade. Er ist schließlich ein kräftiger junger Mann. Der Neger gießt gelbe Brause in das Glas, bietet ihr zuvorkommend an, trinkt selbst aus der Flasche. Manchmal klappern ihre Teelöffel gegeneinander, wie sie sich den Pudding geschwisterlich teilen. Eine Unterhaltung findet darüber hinaus nicht statt. Nur gelegentlich ein Blick des Einverständnisses. Seele essen Angst auf. Mit den Papierservietten die Münder abwischen, ein liebenswürdiges Kopfnicken, der Neger steht auf und geht. Na, Dankeschön hätte er ja wenigstens sagen können. Grete Hehmke hat doch Grund, an den Umgangsformen der Schwarzen zu zweifeln. Ihre Handtasche ist weg! Sie hing über der Lehne des Stuhls, auf dem dieser Neger saß. Auf, auf! Hinterher! Haltet den Dieb! Eben geht er hinaus.

Grete Hehmke dreht sich um. Stößt an den Stuhl in ihrem Rücken. Gott sei Dank! Da hängt ja die Handtasche. Es gibt auch anständige Neger. Die Kohlroulade auf dem orangefarbenen Tablett auf dem Nebentisch ist leider schon etwas kalt. Aber den Karamellpudding könnte sie noch essen. Na, und eine halbe Brause schafft sie wohl auch noch.

Aus: Svende Merian und Norbert Mey (Hrsg.): Nicht mit dir und nicht ohne dich. Lesebuch für schlaflose Nächte. Reinbeck, Rowohlt 1983

Man kann nicht nicht kommunizieren

Impuls

Es ist Montag. Berufsschultag. Lisa fragt kurz vor Unterrichtsbeginn eine Mitschülerin: „Sag mal, hast du die Hausaufgaben für Deutsch gemacht?" Sie bekommt keine Antwort.

Montagmorgen in der Berufsschule

Nach Paul Watzlawick, einem bekannten Kommunikationswissenschaftler, kann man „nicht nicht kommunizieren", denn

[...] jede Kommunikation [...] [bedeutet] eine Stellungnahme und der jeweilige Sender [bringt] dadurch seine Definition der Beziehung zwischen sich und dem Empfänger zum Ausdruck [...].

Paul Watzlawick u. a.: Menschliche Kommunikation. Formen, Störungen, Paradoxien. 10. Aufl. Bern u. a., Huber 2000, S. 64

Kann man sich „nicht" verhalten?

Verhalten hat vor allem eine Eigenschaft, die so grundlegend ist, dass sie oft übersehen wird: Verhalten hat kein Gegenteil, oder um dieselbe Tatsache noch simpler auszudrücken: Man kann sich nicht nicht verhalten. Wenn man also akzeptiert, dass alles Verhalten in einer zwischenpersönlichen Situation Mitteilungscharakter hat, d. h. Kommunikation ist, so folgt daraus, dass man, wie immer man es auch versuchen mag, nicht nicht kommunizieren kann. Handeln oder Nichthandeln, Worte oder Schweigen haben alle Mitteilungscharakter: Sie beeinflussen Andere, und diese Anderen können ihrerseits nicht nicht auf diese Kommunikation reagieren und kommunizieren damit selbst. Es muss betont werden, dass Nichtbeachtung oder Schweigen seitens des Anderen dem eben Gesagten nicht widerspricht. Der Mann im überfüllten Wartesaal, der vor sich auf den Boden starrt, oder mit geschlossenen Augen dasitzt, teilt den Anderen mit, dass er weder sprechen noch angesprochen werden will, und gewöhnlich reagieren seine Nachbarn richtig darauf, indem sie ihn in Ruhe lassen. Dies ist nicht weniger ein Kommunikationsaustausch als ein angeregtes Gespräch.

Man könnte auch nicht sagen, dass Kommunikation nur dann stattfindet, wenn sie absichtlich, bewusst und erfolgreich ist, d. h., wenn gegenseitiges Verständnis zustande kommt.

Paul Watzlawick: Pragmatische Axiome – Ein Definitionsversuch, in: Menschliche Kommunikation: Formen, Störungen, Paradoxien, hrsg. v. Paul Watzlawick/Janet H. Beavin/Don D. Jackson: Bern, Stuttgart, Wien 1969, zuerst New York 1967, S. 50–53. 2. Kapitel

3 Kommunikationsmodelle

Impuls

Georg und Lisa telefonieren miteinander. Lisa möchte sich gerne mit Georg für den Abend verabreden, um mit ihm einen neuen Film im Kino zu sehen. Georg hat jedoch keine Zeit, da er Modellabend hat. Lisa sagt: „Du interessierst dich ja doch nur für deine Ausbildung und nicht für mich."

Kommunikationssituationen haben oft einen sehr großen Einfluss auf den (beruflichen) Erfolg eines Menschen. Aus diesem Grund ist es sinnvoll, Kenntnisse über das menschliche Kommunikationsverhalten zu haben, um in den entsprechenden Situationen angemessen reagieren zu können.

Wissenschaftler versuchen deshalb schon lange, die Kommunikation zwischen Menschen zu analysieren. Grundsätzlich spielen verschiedene Faktoren eine Rolle in einer Kommunikation:

- die an der Kommunikation beteiligten Personen (**Sender/Empfänger**)
- die Gefühle und Wünsche der beteiligten Personen sowie ihr Befinden
- die **Situation**, in der die Kommunikation stattfindet
- das **Thema** bzw. der Inhalt der Kommunikation
- die **Art der Übertragung**, also verbale und nonverbale Elemente
- das Sprachvermögen der Gesprächspartner, der sogenannte **Code**

Das Organon-Modell nach Karl Bühler

Karl Bühler, ein deutscher Denk- und Sprachpsychologe sowie Sprachtheoretiker, geht davon aus, dass die Sprache als Werkzeug (gr. *organon*) benutzt wird, mit dem ein Sprecher einem Hörer etwas mitteilt. Deswegen wird Bühlers Theorie auch als *Organon-Modell* bezeichnet.

Nach Bühler hat Kommunikation drei Funktionen:

Darstellungsfunktion: Ein Sachverhalt oder Gegenstand steht im Mittelpunkt der Botschaft. Es geht dem Sprecher im Wesentlichen darum, objektiv und sachbezogen über ein Thema oder eine Sache zu informieren.

Ausdrucksfunktion: Im Mittelpunkt der Botschaft steht der Sprecher selbst. Er möchte subjektiv und ichbezogen seine persönlichen Gefühle, Eindrücke, Überzeugungen und Meinungen vermitteln.

Appellfunktion: Im Zentrum der Botschaft befindet sich der Hörer. Die Botschaft fordert dubezogen zu bestimmten Handlungen auf. Der Sender möchte also, dass der Empfänger etwas Bestimmtes tut oder nicht tut.

Beispiel *Der Ausruf „Feuer!" beinhaltet alle drei Kommunikationsfunktionen nach Bühler. So wird darüber informiert, dass es irgendwo brennt, gleichzeitig drückt der Rufer seine persönlichen Gefühle wie Angst und Furcht aus, und der Appell der Botschaft lautet „Jemand muss die Feuerwehr rufen!" oder „Alle raus hier!".*

Organon-Modell

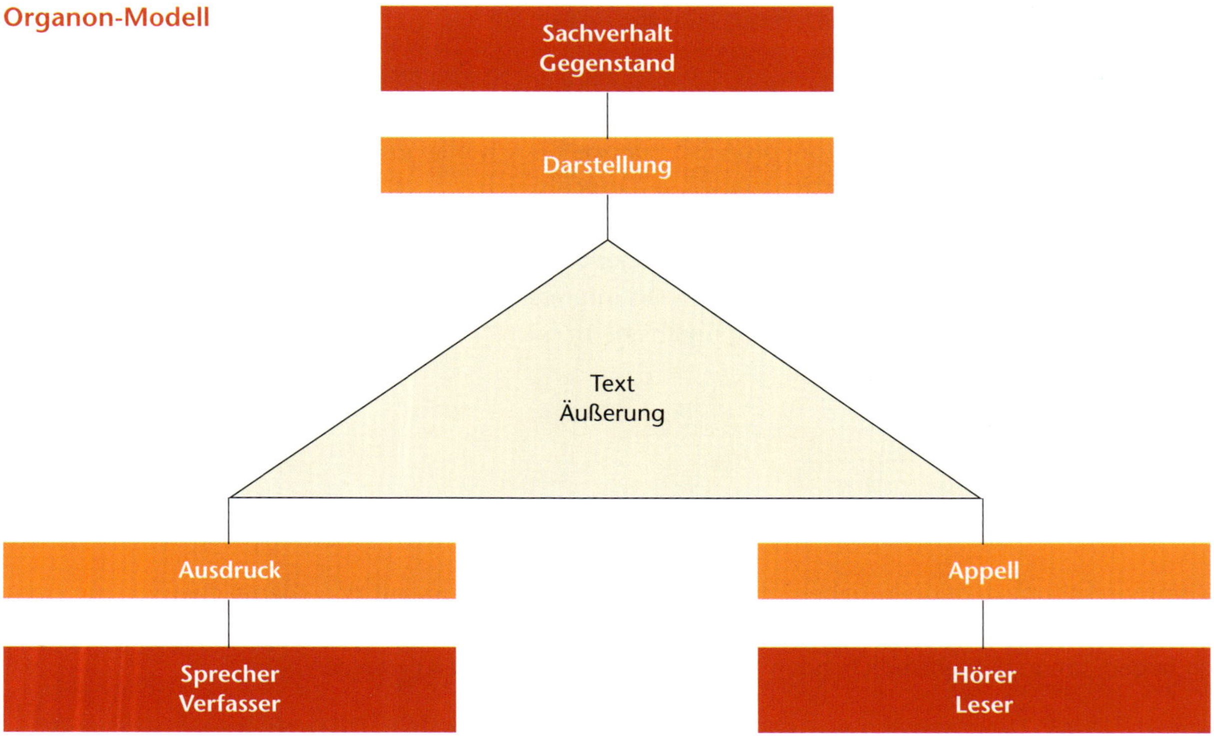

Bezogen auf Georg und Lisa lässt sich das Organon-Modell folgendermaßen anwenden:

Ziel/Absicht der Kommunikation	Ebene	Was will Lisa erreichen?
▶ sich sachlich auseinandersetzen	**Darstellung**	▶ Will sie das Problem sachlich besprechen?
▶ eine Stimmung ausdrücken	**Ausdruck**	▶ Soll Georg bemerken, dass sie traurig ist?
▶ eine Aufforderung, Anordnung befolgen	**Appell**	▶ Möchte sie, dass Georg den Modellabend absagt?

1 Bearbeiten Sie die nachstehenden Texte.
- *a Wer steht jeweils im Mittelpunkt: Verfasser, Leser oder Sache?*
- *b Welche Absicht verfolgen die jeweiligen Verfasser?*
- *c Welche Sprachfunktion ist in den einzelnen Inhalten zu erkennen?*

Nicole Dallinger: Oh du mein Haar

Oh du mein zauberhaftes, kindliches Haar,
wie machst du mich glücklich mit deinem Glanz,
den verspielten Locken
und der vollendeten Fülle.

Oh du mein wunderschönes, jugendliches Haar,
du erfüllst mich mit Freude,
stärkst mein Selbstbewusstsein,
zauberst vor dem Spiegel mir mein schönstes Lächeln ins Gesicht.

Oh du mein reifes, gefärbtes Haar,
so viele Komplimente verdanke ich dir,
scharenweise Verehrer, die auf Händen mich tragen,
und unzählige Neiderinnen, welche stolz ich erdulde.

Oh du mein müdes, ausfallendes Haar,
meine Schönheit nimmst du mir,
jedoch die Lebenserfahrung,
welche teurer mir ist, bleibt hier.

Nicole Dallinger: Kurzgeschichten-Verlag, 28.08.2008, www.kurzgeschichten-verlag.de/haare/index-gedichte.html, Stand: 20.04.2009

Haare: Ein oder mehrzellige, meist fadenförmige Horngebilde der Haut bei Tier u. Mensch. [...] Beim Menschen treten H. nur an bestimmten Stellen auf. Das menschliche Haar besteht aus dem Haarschaft (er ragt aus der Haut) u. der Haarwurzel, in die eine Haarpapille hineinragt. Die Gesamtzahl des H. des Menschen beträgt etwa 300 000 bis 500 000, davon entfallen etwa 25 % auf die Kopfbehaarung. Das Haar wächst täglich 0,25 bis 0,40 mm. Nach Wachstumsende löst es sich von der Papille u. diese bildet ein neues Haar, das das alte mitschiebt, bis es ausfällt (täglich etwa 50 bis 120 Haare). [...]

Aus: Duden Schülerlexikon, Bibliographisches Institut, Mannheim, 1985, S. 235

4 Regeln für Kommunikation

Impuls

Georg ist in der Berufsschule. Herr Wolter, der BT-Lehrer, hat eine Frage gestellt, die Georg beantworten möchte. Er zeigt auf. Bald gibt es Zeugnisse und er möchte gerne noch einmal gute mündliche Leistungen zeigen. Herr Wolter will ihn gerade aufrufen, als Fatma, Georgs Sitznachbarin, die Antwort in die Klasse ruft.

In allen Kommunikationssituationen gibt es Regeln, die eingehalten werden müssen, damit die Kommunikation funktionieren kann. Diese Regeln beziehen sich auch die Bereiche Sprechen, Hören und Sehen.

Verständlichkeit

Sprecher: Ich rede laut und deutlich.

Zuhörer: Wir fragen nach, wenn wir etwas nicht verstanden haben.

Blickkontakt

Sprecher: Ich wende mich den Zuhörern zu.

Zuhörer: Wir sehen den Sprecher an.

Aufmerksamkeit

Sprecher: Ich spreche erst, wenn es leise ist.

Zuhörer: Wir hören aufmerksam zu.

1 Entwickeln Sie in der Klasse weitere Regeln, um die Kommunikation zu erleichtern.

2 Gestalten Sie ein Plakat, auf dem die Regeln zu lesen sind.

3 Hängen Sie das Plakat gut sichtbar im Klassenzimmer auf.

5 Kommunikationsstörungen und ihre Beseitigung

Impuls

Georg ist aufgeregt. Weil seine Kollegin Eva krank geworden ist, soll er zum ersten Mal ihrer Kundin, Frau Müller, eine Dauerwelle legen.
Frau Müller beobachtet Georg eine Weile im Spiegel und sagt dann: „Eva nimmt sonst immer die blauen Wickler!“

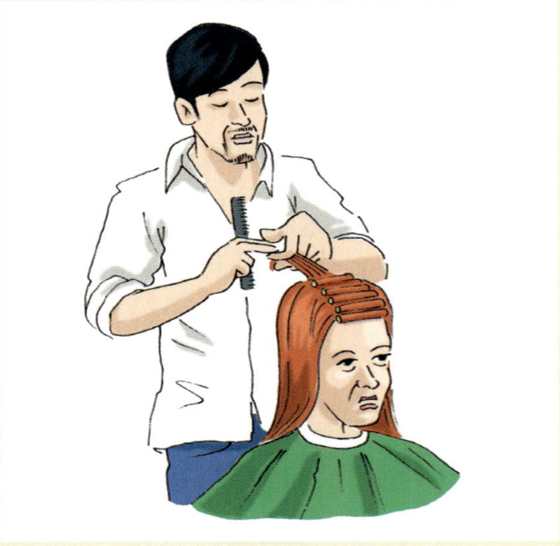

Normalerweise funktioniert Kommunikation zwischen einem Sender und einem Empfänger ohne Probleme. Dennoch gibt es Situationen, in denen es zu Störungen in der Kommunikation kommt. Das kann zum einen daran liegen, dass der Sprecher nicht die richtigen Wörter oder Sätze verwendet, zum anderen daran, dass der Hörer das Gesagte falsch versteht oder interpretiert. Die Gründe für Kommunikationsstörungen sind jedoch nicht immer offensichtlich, sondern oft auch in der Nachricht versteckt, also zwischen den Zeilen zu finden.

5.1 Verständigungsschwierigkeiten

1 *Verständigungsschwierigkeiten können unterschiedliche Ursachen haben.*
   a *Lesen Sie die nachstehenden Texte und diskutieren Sie mit Ihrem Nachbarn darüber, wie es zur Verständigungsschwierigkeit kommen konnte.*
   b *Wie ließe sich die Störung beseitigen?*
   c *Vervollständigen Sie anschließend die Tabelle.*

Impuls

Lisa: „Du, das Fenster ist auf."
Georg: „Ja, das stimmt."
Lisa: „Mir ist kalt!"
Georg: „Das tut mir leid."
Lisa: „Jetzt stell dich nicht so doof an!"
Georg: „Hör auf herumzunörgeln und sag was du willst!"
Lisa: „JETZT MACH ENDLICH DAS VERDAMMTE FENSTER ZU!"
Georg: „Kein Problem. Warum hast du das nicht gleich gesagt?" (schließt das Fenster)

Impuls

Es ist Sonntagabend. Lisa, Georg und Sabine sitzen gemütlich zusammen. Auf einmal ruft Lisa: „Oh, diese Woche sind doch Notenkonferenzen!"
Sabine antwortet darauf: „Hoffentlich bleibst Du nicht sitzen. Ich bin jedenfalls nie sitzen geblieben. Aber ich war ja auch sehr ehrgeizig."

Impuls

Lisa zu Georg: „Es ist nun einfach so, dass ich um 24.00 Uhr zu Hause sein muss, weil meine Mutter das so will. Das ist nicht zu ändern. Könntest du nicht früher kommen, damit wir zusammen mehr Zeit haben?"
Georg: „Wenn du meinst, dass ich dich zu spät abhole, ist das dein Problem. Meine Eltern sind jedenfalls nicht so altmodisch!"

Impuls

Lisas Freundin Gisela ist von Bremen nach Stuttgart gezogen. Sie hat einen schwäbischen Handwerker gerufen, der ihre defekte Heizung unter die Lupe nimmt. „Koi Sorg'. I mach Ihna älles", sagt er. Gisela lächelt freundlich. Als der Mann gegangen ist, ruft sie voller Sorge ihren Stuttgarter Freund Matthias an und fragt ihn, was „älles" bedeute und was das koste.

Impuls

Georg föhnt einer Kundin die Haare. Er versteht nicht, was sein Chef ihm gerade zuruft, arbeitet aber weiter, weil er fertig werden will. Als der Chef etwas später zurückkommt, ist er ärgerlich, weil Georg das dringend benötigte Material nicht geholt hat.

Impuls

Lisa und ihre beiden Kolleginnen sind zum ersten Mal bei Frau Schuster, ihrer Chefin, eingeladen. Lisa soll als Geschenk eine „gute Flasche Wein" besorgen, die „auch ruhig etwas kosten darf". Schließlich gilt Frau Schuster als Weinliebhaberin. Lisa kommt mit einer Flasche Bordeaux für 48 EUR zurück. „Sag mal, spinnst du?", wird sie jetzt von ihrer Kollegin Anna gefragt.

Ursachen für Verständigungsschwierigkeiten					
unterschiedliche Sprachebenen					
Möglichkeiten der Beseitigung					

2 Diskutieren Sie, ob Sie auch schon in Situationen waren, in denen bei der Verständigung etwas falsch gelaufen ist. Woran lag es, dass die Verständigung scheiterte?

5.2 Vier Seiten einer Nachricht

Friedemann Schulz von Thun, Professor für Psychologie in Hamburg, hat sich ebenso wie Karl Bühler mit menschlicher Kommunikation beschäftigt. Er fand heraus, dass jede Mitteilung grundsätzlich vier verschiedene Aspekte beinhaltet.

So enthält jede Nachricht immer

- eine **Sachinformation**: Hier steht die objektive Information im Vordergrund. Die Information wird durch Daten, Fakten und Sachverhalte vermittelt. Diese Seite einer Nachricht steht üblicherweise bei Referaten im Vordergrund.
- eine Auskunft über die **Beziehung** von Sender und Empfänger: Diese Seite der Nachricht gibt Auskunft darüber, wie die Gesprächspartner zueinander stehen und was der Sender vom Empfänger hält. Der Beziehungsaspekt äußert sich vor allem durch den Tonfall, nonverbale Signale und die Art und Weise der Formulierung.

- eine **Selbstmitteilung** des Senders über sein persönliches Empfinden: Diese Seite einer Nachricht gibt Auskunft über das persönliche Befinden des Senders, wie es ihm geht, was er fühlt und empfindet, welches Rollenverständnis er hat, wie er zur Sache steht, aber auch, über welchen Informationsstand er verfügt.
- eine Aufforderung, einen **Appell** an den Empfänger: Der Sender versucht mit dieser Seite der Nachricht, den Empfänger zu etwas zu bewegen, ihn zu etwas aufzufordern, etwas zu tun. Auf dieser Ebene erfährt man auch die Wünsche des Senders.

Je nachdem, was man für ein Mensch ist, welches Ziel man verfolgt oder mit wem man spricht, wird eine dieser Seiten stärker betont werden als die andere. Manchmal ist das sehr leicht herauszuhören, oft aber auch sehr schwer.

Jede Nachricht ist an einen Empfänger gerichtet, der diese nun entschlüsseln muss. Jeder Mensch ist für eine der vier Seiten besonders empfindsam, er hört diese deutlicher heraus als andere. Man kann also sagen, dass jeder Mensch über vier Ohren verfügt, die den vier Aspekten einer Nachricht entsprechen.

- Hört ein Mensch vor allem mit dem **Sach-Ohr**, wird er die Sachinformation in der Nachricht erkennen.
- Hört ein Mensch vor allem mit dem **Beziehungs-Ohr**, wird er in den meisten Fällen nach versteckten Hinweisen auf die Beziehung zwischen Sender und Empfänger achten.
  Diese Menschen neigen dazu, sehr viel persönlich zu nehmen.
- Hört ein Mensch vor allem mit dem **Selbstmitteilungs-Ohr**, so wird er aus der Nachricht vor allem die Gefühle und das Befinden seines Gesprächspartners heraushören.
  Wenn eine Person gewohnt ist, anderen zu helfen, wird sie hauptsächlich auf diesem Ohr hören.
- Hört ein Mensch vor allem mit dem **Appell-Ohr**, so wird er in den meisten Fällen eine Aufforderung heraushören, sich zu etwas veranlasst fühlen oder bestimmte Erwartungen an seine Person in der Nachricht erkennen.

Das oben stehende Bild zeigt eine typische Alltagssituation. Hieran lässt sich das Kommunikationsmodell von Schulz von Thun erklären:

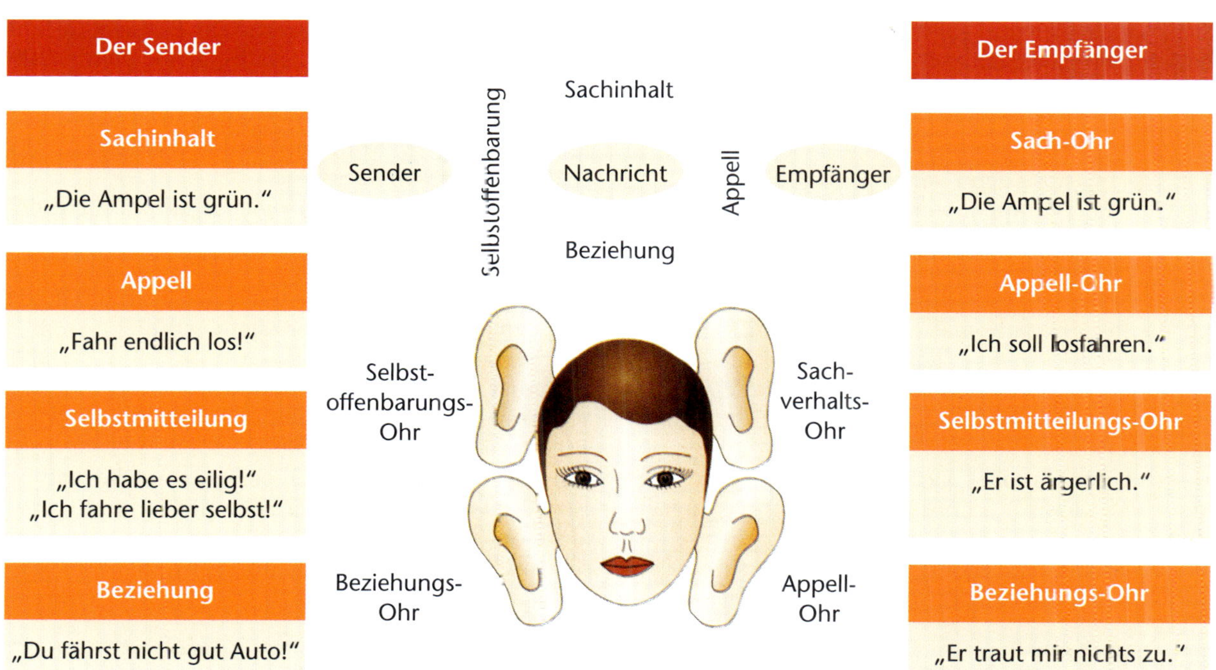

3 ***Lesen Sie noch einmal den Impuls auf S. 32 durch. Frau Müller sagte zu Georg: „Eva nimmt sonst immer die blauen Wickler!" Wie lässt sich diese Mitteilung interpretieren?***

Sachinformation: ______________________________

Selbstmitteilung: ______________________________

Beziehung: ______________________________

Appell: ______________________________

Sach-Ohr: ______________________________

Selbstmitteilungs-Ohr: ______________________________

Beziehungs-Ohr: ______________________________

Appell-Ohr: ______________________________

4 ***Lesen Sie den folgenden Text mit verteilten Rollen.***

a ***Woraus entwickelt sich das Missverständnis zwischen den Eheleuten?***

b ***An welcher Stelle des Gesprächs hätte eine Wendung stattfinden müssen, damit die Situation nicht außer Kontrolle gerät?***

Er: Berta!
Sie: Ja ...
Er: Das Ei ist hart!
Sie: (schweigt)
Er: Das Ei ist hart!!!
Sie: Ich habe es gehört ...
Er: Wie lange hat das Ei denn gekocht?
Sie: Zu viele Eier sind gar nicht gesund!
Er: Ich meine, wie lange dieses Ei gekocht hat ...?
Sie: Du willst es doch immer viereinhalb Minuten haben ...
Er: Das weiß ich ...
Sie: Was fragst du denn dann?
Er: Weil dieses Ei nicht viereinhalb Minuten gekocht haben **kann**!
Sie: Ich koche es aber jeden Morgen viereinhalb Minuten.
Er: Wieso ist es dann mal zu hart und mal zu weich?
Sie: Ich weiß es nicht ... ich bin kein Huhn!
Er: Ach! ... Und woher weißt du, wann das Ei gut ist?
Sie: Ich nehme es nach viereinhalb Minuten heraus, mein Gott!
Er: Nach der Uhr oder wie?
Sie: Nach Gefühl ... eine Hausfrau hat das im Gefühl ...
Er: Im Gefühl? Was hast du im Gefühl?
Sie: Ich habe es im Gefühl, wann das Ei weich ist ...
Er: Aber es ist hart ... vielleicht stimmt da mit deinem Gefühl was nicht ...
Sie: Mit meinem Gefühl stimmt was nicht? Ich stehe den ganzen Tag in der Küche, mache die Wäsche, bring deine Sachen in Ordnung, mache die Wohnung gemütlich, ärgere mich mit den Kindern rum und du sagst, mit meinem Gefühl stimmt was nicht?
Er: Jaja ... jaja ... jaja ... wenn ein Ei nach Gefühl kocht, kocht es eben nur **zufällig** genau viereinhalb Minuten.
Sie: Es kann dir doch ganz egal sein, ob das Ei **zufällig** viereinhalb Minuten kocht ... Hauptsache, es **kocht** viereinhalb Minuten!
Er: Ich hätte nur gern ein weiches Ei und nicht ein **zufällig** weiches Ei! Es ist mir egal, wie lange es kocht!
Sie: Aha! Das ist dir egal ... es ist dir also egal, ob ich viereinhalb Minuten in der Küche schufte!
Er: Nein – nein ...
Sie: Aber es ist **nicht** egal ... das Ei **muss** nämlich viereinhalb Minuten kochen ...
Er: Das habe ich doch gesagt ...
Sie: Aber eben hast du doch gesagt, es ist dir egal!
Er: Ich hätte nur gern ein weiches Ei ...
Sie: Gott, was sind Männer primitiv!
Er: (düster vor sich hin) Ich bringe sie um ... morgen bringe ich sie um!

Loriot: Das Frühstücksei. Gesammelte dramatische Geschichten mit Doktor Klöhner und Herrn Müller-Lüdenscheidt, Herrn und Frau Hoppenstedt, Erwin Lindemann u. v. a. Zürich, Diogenes Verlag 2008, S. 97.

5.3 Metakommunikation

In den vorangegangenen Kapiteln wurden unterschiedliche Kommunikationsstörungen angesprochen. Alleine das Erkennen einer Störung führt jedoch noch nicht zu ihrer Beseitigung. Um ein störungsfreies Gespräch zu gewährleisten, ist es notwendig, dass man über die Störungen spricht.

Wenn man über Kommunikation spricht, nennt man das Metakommunikation. Metakommunikation kann über Worte, Gesten und Verhalten geschehen, aber auch durch das direkte Ansprechen des Problems.

Dabei sollte man darauf achten, dass man
- die eigenen, aber auch die Gefühle und Interessen des Gesprächspartners akzeptiert und anspricht,
- Konflikte direkt anspricht.

In den nächsten Kapiteln werden Möglichkeiten vorgestellt, die dabei helfen, eine störungsfreie Kommunikation zu führen.

5.4 Aktives Zuhören

Während eines Gesprächs sollte man seinem Gesprächspartner signalisieren, dass man ihm zuhört und der Inhalt seiner Botschaft und seine Gefühle ernst nimmt. Ziel des aktives Zuhörens ist nicht, dass man auf alles eine Antwort hat, sondern vielmehr, dass man dem Gesprächspartner zeigt, dass man ihn versteht.

Um deutlich zu machen, dass man eine Botschaft aktiv und verständnisvoll aufnimmt, gibt es unterschiedliche Möglichkeiten:

Kontakt zum Gesprächspartner herstellen – Signale geben

Zunächst sollte der Kontakt zum Gesprächspartner hergestellt werden. Das geschieht über Blickkontakt und über die Körperhaltung. Während eines Gesprächs sollte man immer Kontakt zu dem Gegenüber halten. Das geschieht bereits durch Kleinigkeiten:
- Wie ist meine Körperhaltung? Drehe ich mich zum Gesprächspartner hin oder wende ich mich ab?
- Auch die Stellung der Beine spielt eine wichtige Rolle. So kann man bereits durch die Fußstellung Interesse bzw. Desinteresse signalisieren (Fußspitzen zum Gesprächspartner gedreht oder abgewendet).

Wichtiger Hinweis

Auch verbale Signale drücken Aufmerksamkeit aus und zeigen Interesse, Mitgefühl oder Sympathie für den Gesprächspartner. Durch Floskeln wie: „Mhm" – „Ja, verstehe" – „Aha" – „Das gibt es doch nicht!" zeigt man seine aktive Teilnahme an einem Gespräch.

Den Inhalt erfassen – Paraphrasieren

Gerade im Kontakt mit Kunden – aber auch in jeder anderen Gesprächssituation – ist es wichtig zu zeigen, dass man den Inhalt eines Gesprächs verstanden hat. Das heißt zum einen, dass man dem Gespräch mit Aufmerksamkeit folgt, wesentliche Informationen erfasst und den Gesprächspartner selbstverständlich ausreden lässt.
Ein Kundengespräch sollte man mit eigenen Worten kurz wiedergeben (paraphrasieren), um sicherzustellen, dass alle wichtigen Punkte verstanden worden sind.

Spiegeln

Spiegeln ist ebenfalls ein Mittel des aktiven Zuhörens. Hier wird, ebenso wie beim Paraphrasieren, das Gesagte kurz mit eigenen Worten – oft in Frageform – wiederholt. Spiegeln sollte man immer dann, wenn man sich nicht ganz sicher ist, ob man das Gesagte richtig verstanden hat. Der Gesprächspartner hat dann die Möglichkeit, die Richtigkeit zu bestätigen oder Missverständnisse aus dem Weg zu räumen. Beim Spiegeln gibt man dem Gesprächspartner die Möglichkeit, sich über seine Gedanken, Ängste und Gefühle klar zu werden, um Irrtümer auszuschließen.

Eine Antwort geben

Nicht in allen Gesprächssituationen wird eine Antwort gewünscht. Oftmals reicht es auch, dem Gegenüber das Gefühl zu geben, dass er sich aussprechen kann und ihm jemand zuhört. Aus diesem Grund sollte man sich – bevor man antwortet – einige Punkte überlegen:

- Wird überhaupt eine Antwort gewünscht?
- Bis zu welchem Punkt kann ich meinem Gesprächspartner Verständnis signalisieren?
- Kann ich meinem Gesprächspartner zustimmen?
- Habe ich meinen Gesprächspartner wirklich richtig verstanden oder muss ich manche Punkte noch einmal durch Spiegeln/Paraphrasieren klären?
- Welche Gefühle hat mein Gesprächspartner?
- Welche eigenen Gedanken und Gefühle möchte ich im Gespräch ausdrücken?

5 Üben Sie mit einem Partner das Beratungsgespräch. Achten Sie während des Gesprächs darauf, dass Sie die oben genannten Elemente des aktiven Zuhörens anwenden. Verändern Sie das Gespräch, indem einer von Ihnen eine ängstliche Kundin spielt, die eine Typveränderung möchte (z. B. eine neue Haarfarbe oder ein neues, auffälligeres Make-up), sich aber noch unsicher ist.

5.5 Ich- und Du-Botschaften

Jede Botschaft enthält unterschiedliche Seiten – das wurde bereits angesprochen. Hinzu kommt, dass es Ich- und Du-Botschaften gibt.

Du-Botschaften

Du-Botschaften erkennt man daran, dass sie das Wort „du“ beinhalten: „Du musst deine Hausaufgaben machen“, „Du musst dein Zimmer aufräumen“, „Du gehst mir auf die Nerven“. Sie beinhalten stets einen Vorwurf oder – nach Schulz von Thun – einen Appell; es wird etwas vom Gesprächspartner verlangt. Deswegen sollte man Botschaften wie

- „Du solltest …“
- „Du musst …“
- „Hast Du nicht bemerkt, dass …“ oder
- „Wenn Du so weitermachst, dann …“

vermeiden, denn sie bevormunden einen Gesprächspartner immer. Diese sogenannten Du-Botschaften geben Lösungsvorschläge vor, wie sich das Gegenüber zu verhalten hat. Du-Botschaften wirken oft ermahnend, drohend oder manipulierend. Der Gesprächspartner bekommt schnell das Gefühl, zu einer Handlung überredet zu werden, Belehrungen und Ratschläge annehmen zu müssen. Aus diesem Grund sollte man Du-Botschaften in Gesprächen vermeiden.

Ich-Botschaften

Ich-Botschaften geben stets Auskunft darüber, wie man sich selbst in einer bestimmten Situation fühlt. Im Sinne des Kommunikationsmodells nach Schulz von Thun handelt es sich bei Ich-Botschaften um Selbstoffenbarungen.

Ich-Botschaften sollten auch problematisches Verhalten ohne Wertung beschreiben. Sie sollten außerdem die konkreten Folgen schildern sowie die Gefühle, die das Verhalten in einem selbst ausgelöst hat. Ich-Botschaften enthalten keine Wörter wie „wir“ oder „man“, da damit immer andere Personen einbezogen werden.

Auch sogenannte Killer-Phrasen wie „immer“, „ständig“ und „nur“ sollten vermieden werden.

Der Gesprächspartner hat somit selbst die Möglichkeit, eine Lösung zu suchen oder sein Verhalten entsprechend zu ändern.

Ich-Botschaften fordern den Gesprächspartner dazu auf, ebenfalls Ich-Botschaften zu senden. Somit entsteht eine Atmosphäre der Offenheit und des Vertrauens in einer Gesprächssituation.

Wichtiger Hinweis

Achtung! Manche Ich-Botschaften sind nur getarnte Du-Botschaften:
„Ich finde, dass du faul bist“ bedeutet nichts anderes als „Du bist faul“.
„Das ist doch Quatsch!“ heißt „Du redest Unsinn“.

Tipp

Ich-Botschaften müssen sich nicht immer auf Störungen oder Konflikte beziehen. Sätze wie: „Ich habe mich sehr gefreut, dass du mich angerufen hast“ signalisieren positive Gefühle und geben dem Gesprächspartner Rückmeldung über positives Verhalten.

5.6 Feedback

Unter Feedback versteht man die möglichst direkte Rückmeldung auf eine Botschaft oder ein bestimmtes Verhalten.

Feedback dient unterschiedlichen Zwecken: Einerseits informiert es über Fehler in der Kommunikation, zum anderen dient es positiver oder negativer Kritik, die aber immer sachlich und konstruktiv sein sollte. Feedback ist in allen Bereichen notwendig. Im Salon gibt der Chef oder die Kollegin Feedback auf eine ausgeführte Tätigkeit, die entweder Fehler aufzeigt oder das Verhalten bestätigt: „Die Strähnen von Frau

Müller sind sehr schön geworden. Achte beim nächsten Mal darauf, dass du auch ausreichend Folien bereitgelegt hast, dann geht es noch schneller."

Auch in der Schule spielt Feedback eine wichtige Rolle. So sollten z. B. nach einem Referat Punkte angesprochen werden, die gut waren, aber auch Aspekte, die beim nächsten Vortrag verbessert werden können. „Die Bilder, die du ausgewählt hast, waren gut. Ich konnte sie nur leider schlecht erkennen, da sie sehr klein waren."

Wenn man Feedback gibt, muss man einige Regeln beachten:

Checkliste

Feedback geben

- ✓ Vergewissern Sie sich, dass Feedback gewünscht wird.
- ✓ Geben Sie nur eigene Beobachtungen und Empfindungen wieder.
- ✓ Gehen Sie nur auf beobachtetes Verhalten ein, nicht auf den Charakter des Empfängers.
- ✓ Werden Sie konkret, vermeiden Sie Verallgemeinerungen.
- ✓ Geben Sie Tipps, wie sich etwas beim nächsten Mal besser machen ließe.
- ✓ Bleiben Sie sachlich.
- ✓ Gestehen Sie selbst Fehler ein: „Ich kann mich auch irren."
- ✓ Verletzen Sie nicht die Gefühle des Empfängers.
- ✓ Vermeiden Sie Du-Botschaften.
- ✓ Sammeln Sie Feedback nicht an, geben Sie es gleich.
- ✓ Geben Sie nicht nur Rückmeldung über negatives Verhalten, stellen Sie auch positive Dinge heraus.

Wenn man Feedback gibt, sollte man folgenden Ablauf berücksichtigen:

- Beobachtung: „Mir ist aufgefallen, dass ..."
- Gefühle: „Dabei habe ich gedacht, dass ..."
- Reaktion: „Meine Reaktion war ..."
- Wünsche für die Zukunft: „Ich würde mir wünschen, dass ..."

Oft ist man in der Situation, dass man kein Feedback gibt, sondern selbst eines über seine Leistungen erhält. Auch beim Annehmen eines Feedbacks gibt es Regeln, die man beachten sollte:

Checkliste

Feedback entgegennehmen

- ✓ Erbitten Sie ein Feedback, wenn Sie dafür bereit sind.
- ✓ Hören Sie aufmerksam zu.
- ✓ Fragen Sie nach, wenn Sie etwas nicht verstanden haben.
- ✓ Rechtfertigen Sie sich nicht.
- ✓ Nehmen Sie sich Zeit, über das Gesagte nachzudenken.
- ✓ Teilen Sie erst später mit, was Ihnen das Feedback gebracht hat.
- ✓ Bedanken Sie sich für das Feedback.

Feedback sollte nie einseitig sein, sondern immer auf Gegenseitigkeit beruhen.

6 Bereiten Sie Kurzreferate (max. 5 Minuten) zu frei gewählten Themen vor, z. B. zu Stilepochen.

7 Halten Sie die Referate vor der Klasse.

8 Geben Sie sich anschließend gegenseitig Feedback.

5.7 Informieren durch gezieltes Fragen

Vor allem während eines Beratungsgesprächs ist es wichtig, dass die Inhalte des Gesprächs und insbesondere die Kundenwünsche richtig erfasst werden. Gleichzeitig sollten eigene Ideen und Anmerkungen eingebracht werden.

Neben den bereits bekannten Methoden spielt auch die richtige Fragetechnik eine entscheidende Rolle für den reibungslosen Ablauf eines Gesprächs. Im Folgenden werden zwei unterschiedliche Fragetechniken vorgestellt, die verschiedenen Zwecken dienen und unterschiedliche Möglichkeiten der Gesprächslenkung bieten.

Grundsätzlich zu unterscheiden sind offene und geschlossene Fragen. Während offene Fragen Spielraum für eine Fülle von Antworten geben, grenzen geschlossene Fragen den Kreis möglicher Antworten ein.

Offene Fragen

Offene Fragen, auch Ergänzungsfragen oder W-Fragen, beginnen stets mit einem Fragewort (wohin, wann, wer, was, wem, welche, wo, wie, warum). Offene Fragen ermöglichen es dem Gesprächspartner, frei und ausführlich zu antworten.

Beispiel *„Wie haben Sie sich Ihre neue Frisur vorgestellt?“*
„Womit pflegen Sie Ihre Haare?“
„Zu welchem Anlass möchten Sie die Hochsteckfrisur tragen?“
„Welche Farben bevorzugen Sie bei Ihrem Make-up?“

Bei offenen Fragen gibt man die Gesprächsführung zunächst aus den Händen, da man auf den weiteren Verlauf des Gesprächs keinen Einfluss hat. Gleichzeitig eröffnet man dem Gesprächspartner die Möglichkeit, seine Meinung offen darzulegen.

Geschlossene Fragen

Geschlossene Fragen lassen nur wenige mögliche Antworten zu (ja/nein/vielleicht ...). Geschlossene Fragen beginnen in den meisten Fällen mit einem Verb. Man unterscheidet:

Frageart	Beispiel	Zweck
Entscheidungsfrage	„Haben Sie sich schon für eine Farbe entschieden?“	Der Befragte kann im Normalfall nur mit „Ja“ oder „Nein“ antworten. Entscheidungsfragen helfen dabei, die „Wahrheit“ herauszufinden. Sie bereichern ein Gespräch jedoch nicht und sollten nur bedingt eingesetzt werden.
Bestätigungsfrage	„Erwähnten Sie nicht gerade, dass Sie morgens nicht so viel Zeit für Ihr Make-up haben?“	Bestätigungsfragen sollen Teilergebnisse festhalten, um auf dieser Basis das Gespräch weiterführen zu können. Dabei muss man jedoch darauf achten, dass man die Kundin nicht übervorteilt.

Frageart	Beispiel	Zweck
Alternativfrage	„Möchten Sie eine Packung oder eine Spülung?“	Alternativfragen sind zu erkennen an dem Wort „oder“. Sie unterstellen bereits eine Absicht, gehen also davon aus, dass sich der Befragte für eine der beiden Varianten entscheidet. Alternativfragen sollten nicht mehr als zwei Vorschläge beinhalten, um den Gesprächspartner nicht zu überfordern.
Suggestivfrage	„Sie sind doch auch der Meinung, dass eine Volumenwelle bei Ihren feinen Haaren die richtige Entscheidung wäre?“	Suggestivfragen beinhalten bereits eine mögliche Antwort. Sie geben wenig Spielraum für andere Antworten und sollten lediglich als Bestätigung dienen. Gelegentlich wird keine Antwort erwartet, wie bei der rhetorischen Frage („Haben Sie diesen Lippenstift schon gesehen?“).
Unterstellungsfrage	„Sie haben ja sehr lange gebraucht, bis Sie sich für einen Beruf entschieden haben. Wie kam das denn?“	Unterstellungsfragen „unterstellen“ dem Befragten etwas Bestimmtes. Sie enthalten Behauptungen, die nicht immer zutreffend sind und auf die man nicht reagieren sollte. Unterstellungsfragen gelten allgemein als unfair und erfordern eine genau überlegte Antwort.

9 *Welche dieser Frageformen eignet sich am besten für ein Beratungsgespräch?*

10 *Formulieren Sie je zwei offene Fragen, mit denen Sie den Wunsch Ihrer Kundin ermitteln können.*

a Die Kundin möchte ihre Haarfarbe verändern.

1. ____________________

____

2. ____________________

____

b Die Kundin möchte einen Nagellack kaufen.

1. ____________________

2. ____________________

11 *Formulieren Sie zu einem dieser Themen geschlossene Fragestellungen.*

Entscheidungsfrage: ____________________

____

Bestätigungsfrage: ____________________

____

Alternativfrage: ____________________

____

Suggestivfrage:

Unterstellungsfrage:

12 ***Bei den folgenden Fragen sind die Formulierungen nicht ideal. Finden Sie bessere.***

„Möchten Sie ein Spezialshampoo?"

„Bekommen Sie noch einen Festiger?"

„Möchten Sie einen Haarschnitt?"

„Machen wir noch eine Tönung?"

„Sollen wir die Haare färben?"

„Soll noch etwas Spray auf die fertige Frisur?"

„Brauchen Sie noch etwas für zu Hause?"

6 Kommunikationssituationen – Arten mündlicher Verständigung

Impuls

Georg und Lisa treffen sich abends in einer Kneipe. Georg kommt völlig erschöpft an, setzt sich wortlos an den Tisch und atmet erst einmal kräftig durch. „Mann, war das heute anstrengend! Zuerst war heute Morgen Frau Meyer da, die hört ja nicht auf zu quatschen. Dann musste ich noch einer Neukundin eine komplette Pflegeserie verkaufen und als ob das nicht gereicht hätte, hatten wir in der Mittagspause auch noch eine Teambesprechung. Meine Chefin möchte doch tatsächlich, dass wir noch mehr verkaufen! Ich kann doch nicht jeden Kunden zulabern." Lisa möchte etwas entgegnen, doch Georg winkt genervt ab: „Gib mir bitte noch fünf Minuten Redepause!"

Gerade der Beruf des Friseurs oder der Kosmetikerin verlangt es, dass man sich in relativ kurzen Abständen auf neue Gesprächspartner einlassen muss. Dazu kommen Gespräche mit dem Chef, mit Kollegen oder auch mit Vertretern. Man sollte in der Lage sein, angemessen zu reagieren und den jeweiligen Gesprächspartner richtig einzuschätzen.

Auch in der Berufsschule wird mündliche Leistung in Form von Unterrichtsbeteiligung, Stellungnahmen oder Referaten gefordert.

Dieses Unterkapitel beschäftigt sich mit unterschiedlichen Gesprächssituationen, die in den genannten Bereichen wichtig sind und die man daher als Friseur oder Kosmetikerin kennen sollte.

6.1 Gespräch

Gespräche können in unterschiedlichen Situationen stattfinden. Bei jedem Gespräch sollte man sich über folgende Punkte klar sein:

- Welches Ziel verfolge ich bzw. verfolgt mein Gesprächspartner?
- Welche Argumente kann ich anbringen, auf welche Gegenargumente sollte ich vorbereitet sein?
- Welche Kompromisse kann ich eingehen, was will ich unbedingt durchsetzen?

Jedes Gespräch verläuft, ähnlich wie eine schriftliche Arbeit, nach einem bestimmten Schema: Einleitung – Hauptteil – Schluss.

Einleitung/Gesprächsvorbereitung

Man sollte nicht direkt mit der Tür ins Haus fallen, also den Gesprächspartner nicht überrumpeln. Um ein Gespräch positiv beginnen zu können, spielen mehrere Faktoren eine wichtige Rolle:

- **Raum und Zeit:** Wichtig ist ein ungestörter Ort, an dem sich ein positives Gesprächsklima entwickeln kann. Beide Gesprächspartner sollten Zeit haben und sich nach Möglichkeit auch auf das Gespräch vorbereiten können. So findet eine Teambesprechung nicht während der Arbeitszeit im Salon statt und genauso sollte man ein Beratungsgespräch an einem ruhigen Ort durchführen, an dem man nicht ständig gestört wird.

- **Nonverbale Signale:** Blickkontakt, eine zugewandte Körperhaltung und ein offener, freundlicher Gesichtsausdruck schaffen Vertrauen und eine positive Stimmung. Ebenso sollte man auf die Einhaltung des Körperabstands achten, um den Gesprächspartner nicht einzuengen. Im Gespräch mit dem Kunden sollte man außerdem darauf achten, dass man sich auf der gleichen Augenhöhe befindet.
- **Verbale Signale:** Um Wertschätzung zu zeigen, sollte man seinen Gesprächspartner mit seinem Namen ansprechen. Ein höflicher Grundton ist ebenfalls Voraussetzung für ein erfolgreiches Gespräch. Hierbei kommen auch die bereits angesprochenen Elemente des aktiven Zuhörens zum Tragen.
- **Small Talk:** Ein lockerer Einstieg in ein Gespräch baut oftmals Hemmungen ab und ermöglicht einen unkomplizierteren Ablauf. Je nach Jahres- oder Tageszeit bieten sich hierbei unterschiedliche Themen an, auch das Wetter oder das persönliche Befinden sind gute Gesprächseröffnungen.

Hauptteil

Das eigentliche Gespräch beginnt. Alle Gesprächspartner sollten das Thema kennen, über eventuelle Zielsetzungen und den gewünschten Ablauf des Gesprächs (z. B. Tagesordnungspunkte) informiert werden.

- **Aktives Zuhörern:** Aufmerksames Zuhören gibt dem Gesprächspartner zum einen das Gefühl, dass er verstanden wird, ermöglicht zum anderen auch, eine angemessene Reaktion vorzubereiten.
- **Dialoge führen**: Bei einem Gespräch spricht man miteinander! Jeder Beitrag, der länger als 30 Sekunden dauert, wird zum Monolog.
- **Angemessene Sprache:** Wortwahl, Satzbau, Formulierungen und Argumente sollten dem Niveau des Gesprächspartners angemessen sein. Zu lange Sätze irritieren und lenken ab. Es gilt die Faustregel: Für jeden Gedanken einen Satz!
- **Wortwahl:** Konjunktive wie *würde, sollte, könnte* sollten vermieden werden, ebenso unnötige Füllwörter wie *vielleicht, eventuell, möglicherweise*. Eine klare und zielgerichtete Formulierung führt schneller zum Ziel.
- **Fairness:** Gegenseitige Wertschätzung zeigt sich auch darin, dass man seinen Gesprächspartner ausreden lässt und ihm nicht ins Wort fällt. Unfaire Seitenhiebe sollte man generell unterlassen und auch nicht darauf reagieren. Sachlich bleiben!
- **Metakommunikation:** Konflikte und Störungen im Gespräch sollten direkt angesprochen werden.

Schluss

Zum Abschluss eines Gesprächs sollten sämtliche relevanten (= wichtigen) Inhalte noch einmal gemeinsam zusammengefasst werden, um sicherzugehen, dass alle Beiträge berücksichtigt wurden und sich niemand zurückgesetzt fühlt. Hier können die Elemente des Feedback-Gebens angewandt werden, aber auch das Spiegeln und das Paraphrasieren sind hier wichtige Gesprächsinhalte.

1 ***Frau Schuster, eine Stammkundin, hat einen Termin zum Waschen und Legen. Frau Schuster ist 75 Jahre alt, ihr Mann ist vor fünf Jahren gestorben und ihre Kinder wohnen weit weg. Einmal in der Woche geht Frau Schuster zu einem Kaffeekränzchen, wo sie sich mit ihren Freundinnen trifft.***
Spielen Sie im Rollenspiel die Eröffnung eines möglichen Gesprächs mit Frau Schuster und testen Sie dabei unterschiedliche Möglichkeiten, das Gespräch zu beginnen.

6.2 Argumentation

Argumente sind das wichtigste Mittel, um den eigenen Standpunkt zu erläutern und andere von der eigenen Einstellung zu überzeugen oder sie zu einem bestimmten Verhalten bzw. zu einer Meinungsänderung zu bewegen.

Argumentieren bedeutet „beweisen“ oder „begründen“. Um etwas beweisen oder begründen zu können, muss man sich im Vorfeld eine Strategie zurechtlegen. Nicht jedes Argument wird vom Gesprächspartner auch als solches akzeptiert.

Grundregeln für Argumente sind:

- Sie müssen auf Tatsachen beruhen.
- Die persönliche Meinung gilt nicht als Argument.
- Die gewählten Argumente sollten überprüfbar und nachvollziehbar sein.

Gleichzeitig sollte man sich bereits vor dem Beginn eines Gesprächs auf mögliche Gegenargumente vorbereiten und diese nach Möglichkeit entkräften oder zumindest abschwächen können. Das spielt vor allem im Verkaufsgespräch, aber auch bei der Beratung von Kunden eine wichtige Rolle.

2 Lesen Sie den nachstehenden Zeitungsartikel zum Thema Billig-Friseure.

Konkurrenz: Haare waschen und schneiden – für nur zehn Euro. Wie machen die neuen Läden das?

Harburg. Die Studentin Maria Hansen (30) ist nicht nur mit ihrem Haarschnitt zufrieden. „Meine Frisur ist topp“, sagt die Harburgerin. Noch mehr Freude kommt bei ihr auf, wenn sie ans „Friseur-Geld“ denkt: „Vor fünf Jahren habe ich 80 Mark fürs Waschen, Schneiden und Fönen hingeblättert. Heute zahle ich nur noch zehn Euro – föhnen kann ich meine Haare bei dem Preis doch gut allein.“ [...]

Wie die Billig-Friseure kalkulieren, ist dem Obermeister ein Rätsel: „Ich kann mir nicht erklären, wie man bei qualitativ hochwertiger Bedienung auf Preise von zehn Euro fürs Waschen und Schneiden kommt.“

Ein Insider erklärt der Harburger Rundschau, wie der Billig-Friseur-Boom funktioniert: „Die Friseurketten werden industriell von Haarpflegemittelproduzenten gestützt. Die Friseurkette mietet einen Laden, die Industrie bezahlt die Inneneinrichtung, und die Friseurkette verpflichtet sich dann, exklusiv die Ware des Anbieters zu verkaufen.“

Eine andere Kennerin der Friseur-Szene bemängelt das handwerkliche Niveau bei den neuen Billig-Friseuren: „Die Friseurinnen haben dort nur wenig Zeit zum Schneiden, maximal 15 Minuten pro Kopf. In der Zeit kann man eine Frisur nicht fachmännisch und technisch akkurat ausführen. Da bleibt auch die Weiterbildung auf der Strecke.“ Ingrid Pfeiffer (64), Bezirksmeisterin der Friseur-Innung Hamburg im Bereich Süderelbe: „Wer gepflegt aussehen will, braucht Personal, das sein Handwerk versteht.“

Eine Harburger Friseurmeisterin sagt, zu ihr kämen immer mehr Kundinnen, bei denen sie „sehr viel ausbessern“ müsse. „Manchmal wird ein kompletter Kurzhaarschnitt gemacht, statt ein bisschen auszurasieren. Viele Billiganbieter nehmen sich gar nicht mehr die Zeit, auf die Kundenwünsche einzugehen. Das geht nur nach dem Motto: „Hetz, hetz, zack, zack, Geld her und tschüs!‘“

„Bei meiner Schwester hat ein Billigfriseur die falsche Farbe genommen“, sagt Kundin Ann-Kathrin Müller (17). „Da waren nach der Anwendung drei verschiedene Farbtöne drin.“ „Wir sind günstig und arbeiten trotzdem korrekt“, sagt der Friseur Muco (25, Harburger Ring). Er nimmt acht Euro für eine Herren-Trockenrasur. „Wir entfernen umsonst Wangen- und Ohrenhaare, stutzen die Augenbrauen und servieren einen Tee.“

Friseur Rainer Schultz (60, Schwarzenbergstraße) ist nicht beunruhigt: „Billigläden hat es schon immer gegeben, die sind nach einer gewissen Zeit wieder verschwunden.“ Und Thomas Thielsch (32, Eißendorfer Straße) sagt: „Die Billigfriseure haben auch ein Gutes: Sie bedienen Kunden, die sich vorher die Haare schwarz geschnitten haben.“

Aus: Andreas Schmidt: Boom der Billig-Friseure, Hamburger Abendblatt, 9. Juni 2005, http://www.abendblatt.de/region/harburg/article332427/Harburg-Boom-der-Billig-Friseure.html, Stand: 27.05.2009

3 Wie äußern sich folgende Personen zum Thema „Billig-Friseure"? Schreiben Sie mögliche Argumente in die Sprechblasen.

- Studenten: ______________________________
- Innung: ______________________________
- Industrie: ______________________________
- „teurer" Friseur: ______________________________
- Unzufriedene Kunden: ______________________________
- Billig-Friseure: ______________________________
- Laufkundschaft: ______________________________
- Angestellte eines Billig-Salons: ______________________________
- Inhaber eines Billig-Salons: ______________________________

Um schlüssig argumentieren zu können, muss man sich vorher seine Argumente zurechtlegen. Doch auch beim Vortragen von Argumenten gibt es ein Schema, das man beachten sollte:

- These: Die These ist eine Behauptung, die man aufstellt: „Ich bin der Meinung …"
- Argument: Ein Argument begründet die These. Argumente sind „Weil-Sätze": „… weil …"
- Beleg: Durch den Beleg untermauert man die Richtigkeit des Arguments: „… das zeigt auch die Studie von …"
- Beispiel: Beispiele veranschaulichen die These und machen sie glaubhaft: „Das ist z. B. … passiert."
- Erläuterungen: Erläuterungen veranschaulichen These und Beleg: „Das zeigt sich daran, dass …"
- Referenzen: Referenzen berufen sich auf Menschen oder eine Firma: „Ich benutze dieses Produkt selbst."
- Folgerung: Folgerungen zeigen auf, was sich als Konsequenz ergeben kann, und weisen Lösungswege auf: „Daraus folgt, dass …", „Eine mögliche Lösung wäre …"

Wenn ein Argument sehr weit ausgeführt wird, sollte man noch einmal zum Ausgangspunkt zurückführen: „Durch meine Ausführungen konnte ich belegen, dass …"

Verknüpfung von Argumenten

Um eine Folge von Argumenten sinnvoll miteinander zu verknüpfen, bieten sich verschiedene Überleitungsmöglichkeiten an:

- „Ein weiterer/wesentlicher Gesichtspunkt/Faktor ist …"
- „Außerdem sollte bedacht werden, dass …"
- „Nicht zu vergessen ist auch …"
- „Ferner muss hinzugefügt werden …"
- „Auch sollte nicht unerwähnt bleiben, dass …"

Auch Konjunktionen und Adverbien bieten die Möglichkeit, Argumente miteinander zu verbinden, ohne ständig die gleichen Wörter zu benutzen. Dadurch beweist man Sprachkompetenz:

Wichtiger Hinweis

aber, abgesehen von, allerdings, also, anstatt, auch, außer, außerdem, beispielsweise, da, da ja, dagegen, daher, damit, darum, demzufolge, denn, dennoch, des Weiteren, desgleichen, deswegen, ebenfalls, ebenso, einerseits … andererseits, ferner, freilich aber, genauso wie, indessen, insofern, insoweit, jedoch, nämlich, neben, nicht nur …, sondern auch …, nichtsdestotrotz, obwohl, so, sodass, sofern, sowie, sowohl … als auch, trotzdem, um zu, unter anderem, während, weil, weiter, weiterhin, wenn auch, wobei, wohingegen, zudem, zusätzlich, zwar … aber

4 *Ergänzen Sie auf S. 47 die gefundenen Argumente durch Belege, Beispiele und Erläuterungen.*

5 *Ordnen Sie die Argumente in Pro und Contra:*

Pro	Contra

6 *Verknüpfen Sie passende Argumente sinnvoll miteinander.*

Aufbau einer Argumentationskette

Oftmals werden mehrere Argumente hintereinander genannt. Dabei sollte man stets mit einem starken Argument einsteigen, um die eigene Position zu verdeutlichen. Anschließend können weniger starke Argumente folgen. Das stärkste Argument sollte man sich aber immer bis zum Schluss aufheben!

Tipp

Bevor Sie eine Argumentation beginnen, ist es sinnvoll, in einer Tabelle Pro- und Contra-Argumente zu sammeln, um sich über den eigenen Standpunkt klar zu werden.
Gewichten Sie die Argumente anschließend, indem Sie sie durchnummerieren. So fällt es Ihnen leichter, starke und schwache Argumente voneinander zu trennen.

7 Versetzen Sie sich in folgende Situation:

Sie sind mit dem Flugzeug unterwegs in ein abgelegenes Dschungelgebiet, um die Haare der Tochter des Häuptlings wie die von Cristina Aguileras Frisur zu gestalten. Das Haar der Tochter ist glatt, dunkelbraun und reicht bis zur Hüfte. Kurz vor dem Dorf stürzt Ihr Flugzeug ab. Es fängt Feuer und Sie haben nur noch ca. 20 Minuten Zeit, um die notwendigsten Friseurutensilien aus dem Flugzeug zu retten, bevor das Flugzeug explodiert und alles in Flammen aufgeht. Das bedeutet, Sie müssen eine gute Auswahl treffen. Sind die Tochter und der Häuptling mit dem Ergebnis nicht zufrieden, werden Sie Ihnen nicht aus dem Dschungel hinaushelfen und Sie werden eines elenden Todes sterben.

Folgende Utensilien befinden sich im Flugzeug:

Utensilien	Eigene Lösung	Gruppenlösung	Musterlösung	Eigene Differenz	Gruppendifferenz
Haarschneideschere					
Kamm					
Wickler zum Einlegen					
Föhn					
Blondierpulver					
½ Liter Wasser					
5 Liter Shampookonzentrat					
Handtuch					
Rundbürste					

Utensilien	Eigene Lösung	Gruppen-lösung	Muster-lösung	Eigene Differenz	Gruppen-differenz
Haarspray					
Schaumfestiger					
Dauerwellwickler					
Wasserstoffperoxid 12%					
Rasiermesser					
Schaumtönung					
Climazon					
Umhang					
Watte					
Haarfarbe					
Auftragepinsel					
			Summe:		

8 *Nehmen Sie zunächst für sich eine Wertung von 1 bis 20 vor. Beginnen Sie mit 1 für den Gegenstand, den Sie auf jeden Fall mitnehmen müssen. Der Gegenstand, der am wenigsten benötigt wird, erhält die Zahl 20.*

9 *Einigen Sie sich anschließend in der Gruppe (max. 4 Personen) auf eine Reihenfolge. Achten Sie dabei auf folgende Punkte:*
- *Es wird nicht abgestimmt.*
- *Mögliche Begründungen werden argumentativ vorgetragen.*
- *Stimmen Sie einer Reihenfolge nur zu, wenn Sie von ihrer Richtigkeit überzeugt sind.*

10 *Vergleichen Sie nun Ihre Lösungen mit der Reihenfolge der Musterlösung. Welche der folgenden Aussagen trifft auf Sie und Ihre Gruppe zu?*
a Gruppenergebnis ist besser als Einzelergebnis.
b Einzelergebnis ist besser als Gruppenergebnis.
c Gruppe war langsamer als Einzelperson.
d Gruppe war schneller als Einzelperson.

11 *Wie sind Sie in der Gruppe zu einer Lösung gekommen? War die Diskussion schwierig? Konnten Sie ein echtes Ergebnis erzielen?*

6.3 Diskussion

Georg und Lisa wollen endlich mal wieder ins Kino. Vor der Kinokasse sagt Lisa: „Ich möchte die neue Liebeskomödie mit Brad Pitt sehen!" Georg antwortet: „Das kommt mir nicht in die Tüte, ich freue mich schon seit Wochen auf den neuen Science-Fiction-Streifen!"

Eine Diskussion ist eine Form des Meinungsaustauschs oder der Aussprache. Diskussionen entstehen schnell. Jedes Mal, wenn zwei Menschen unterschiedlicher Meinung sind, beginnen sie zu diskutieren. Im Rahmen einer Diskussion werden Argumente vorgebracht, die den eigenen Standpunkt klarstellen und andere überzeugen sollen.

Neben den Diskussionen, die spontan aus Alltagssituationen heraus entstehen, finden Diskussionen auch geordnet und organisiert statt. In einer demokratischen Gesellschaft bildet die Diskussion das wichtigste Instrument zur Meinungsfindung, und das nicht nur im Bundestag in Berlin, sondern auch im kleinen Rahmen, wie z. B. in der Berufsschule.

Impuls

Lisas Klasse möchte auf Klassenfahrt gehen. Lisas Vorschlag: „Lasst uns nach Berlin fahren, immerhin ist das die Hauptstadt von Deutschland!"
Ihre Klassenkameradin Dilek ruft: „Och nee, nicht Berlin. Da ist mir viel zu viel Politik. Lasst uns doch eine Woche Urlaub in Lloret de Mar machen. Das ist günstig und alle haben Spaß!"
Katharina ist dagegen: „Bloß nicht! Außer Saufen kann man da gar nichts machen. Und Ruhe hat man da auch nicht. Ich wäre für eine Woche Zelten an der Ostsee. Da ist es nicht so voll, man kann ausspannen und es gibt auch genug Dinge, die man besichtigen kann."
Lisas Klassenlehrerin schlägt vor: „Jede von Ihnen sammelt Argumente für ihren Vorschlag und wir diskutieren beim nächsten Mal darüber, wo die Reise nun tatsächlich hingeht."

Mögliche Formen der Diskussion sind:

- Rundgespräch: Die Teilnehmer sitzen im Kreis, sodass alle Beteiligten Blickkontakt zueinander haben.
- Podiumsdiskussion: Hierbei diskutieren die Parteien auf einer Bühne vor Publikum.
- Vortragsdiskussion: Diese Form der Diskussion findet häufig auch in der Berufsschule statt, indem z. B. nach einem Referat über dessen Inhalte gesprochen wird.
- Debatte: Hierbei handelt es sich um ein inszeniertes Streitgespräch, das Regeln folgt.
- Fishbowl-Diskussion: Im Vorfeld werden Teams gebildet, die jeweils einen Standpunkt vertreten. Aus jedem Team wird ein Abgeordneter in den Diskussionskreis berufen, alle anderen sitzen um die Diskutierenden herum. Falls ein Diskussionsteilnehmer nicht mehr weiterweiß oder ein anderes Teammitglied etwas ergänzen möchte, wird der Sprecher abgelöst und ein anderer nimmt seinen Platz in der Diskussion ein.

Voraussetzungen für eine gelungene Diskussion sind, dass

- es tatsächlich etwas zu diskutieren gibt,
- alle Beteiligten über das Thema informiert wurden,
- ein Diskussionsleiter die Moderation übernimmt und auf die Einhaltung von Gesprächsregeln achtet,
- allen Beteiligten diese Regeln bekannt sind,
- die Teilnehmer aufeinander eingehen und nicht vom Thema abschweifen.

12 Bereiten Sie eine Argumentation in der Klasse vor zum Thema. „Der Bob ist die Modefrisur des Jahres". Führen Sie die Diskussion als Fishbowl-Diskussion durch.

7 Gespräche mit Kunden

Impuls

Lisa erzählt Sarah von einer Kundin, die am Tag zuvor im Kosmetikstudio war: „Die wollte einen Lippenstift, wusste aber überhaupt nicht, welchen. Ich glaube, ich habe der guten Frau 50 verschiedene Farben gezeigt und sie konnte sich immer noch nicht entscheiden. Ich war kurz davor, sie rauszuwerfen. Am Schluss hat sie nur einen Gloss gekauft." Sarah entgegnet: „Als gute Verkäuferin musst du mit solchen Kunden umgehen können. Lernt ihr so was nicht in der Berufsschule?"

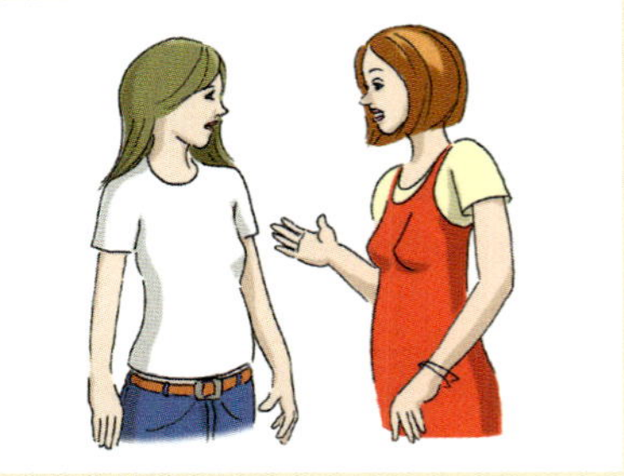

7.1 Kundengespräch

Beim Kundenkontakt unterscheidet man sechs Phasen, die in jeder Situation und bei jeder Behandlung eingehalten werden sollten.

1. Phase: Der erste Eindruck

Die Chance des ersten Eindrucks hat man nicht zweimal. Wenn ein Kunde den Salon betritt, macht er sich bereits ein genaues Bild. Das Gleiche gilt für den ersten Blickkontakt mit einer Person. Die Einschätzung des Gegenübers erfolgt zumeist durch nonverbale Zeichen wie Mimik, Gestik, Körperhaltung, Geruch, Stimme, Kleidung, Frisur, Alter, Geschlecht.

2. Phase: Eröffnung

Erst jetzt beginnt die Phase der verbalen Kommunikation. Wichtig hierbei sind vor allem Offenheit und Freundlichkeit.

3. Phase: Erfragen des Kundenwunsches

Nach einer ersten Einschätzung des Kundentyps wird durch offene Fragen der Kundenwunsch ermittelt.

4. Phase: Genaueres Erfragen des Kundenwunsches

Der Kunde hat eine erste Information bezüglich seines Wunsches gegeben. Dieser sollte nun weiter eingegrenzt werden. In dieser Phase kommen vor allem die bereits besprochenen Elemente des aktiven Zuhörens zum Tragen, wie Blickkontakt, geduldiges Zuhören, Einwände des Kunden ernst nehmen etc. Wichtig ist jedoch auch die Fragetechnik, die man anwendet. So sollten möglichst viele offene Fragen gestellt werden, die durch geschlossene Fragen gelenkt oder bestätigt werden können.

Wichtiger Hinweis

Ebenfalls wichtig für ein erfolgreich verlaufendes Gespräch sind folgende Punkte:

- Sprechen Sie den Kunden mit Namen an.
- Sprechen Sie in angemessener Lautstärke.
- Verwenden Sie keine Fachwörter.

5. Phase: Small Talk

Der Wunsch des Kunden ist klar definiert, die Vorgehensweise wurde besprochen. Im Gespräch mit dem Kunden gelten weiterhin die bereits in Phase 4 angesprochenen Grundsätze.

6. Phase: Verabschiedung

Bevor ein Kunde den Salon verlässt, sollte man sich Gewissheit darüber verschaffen, ob er mit dem Ergebnis und der Behandlung zufrieden war. Hier bietet sich die Möglichkeit, Feedback zu erhalten bzw. zu geben und den Kunden in seiner Entscheidung zu bestätigen, z. B. „Sie haben sich für die richtige Farbe entschieden. Sie steht Ihnen wirklich gut!"

7.2 Informationsgespräch

Das Verkaufen von Produkten gehört sowohl bei der Kosmetikerin als auch beim Friseur zum täglichen Geschäft. Kunden wünschen sich qualitativ hochwertige Produkte, die ihnen das tägliche Styling erleichtern und bei Problemen helfen. Zudem ist der Verkauf eine nicht zu vernachlässigende Einnahmequelle für den Salon. Häufig werden die Mitarbeiter prozentual am Umsatz beteiligt.
Um Kunden ein Produkt zu verkaufen, reicht es nicht, ihnen das Produkt vor die Nase zu setzen, in der Hoffnung, dass der Anblick alleine reicht, um den Kunden zum Kauf zu bewegen. Als Fachmann oder -frau muss man den Kunden von den Vorteilen des Produkts überzeugen und ihm die Informationen geben, die für das Produkt sprechen und die der Kunde noch nicht hat.

Checkliste

Kunden informieren

- ✓ Informieren Sie sich stets vorher über Inhaltsstoffe, Anwendungsgebiete sowie Vor- und Nachteile eines Produkts.
- ✓ Informieren Sie sich genau über die Wünsche und Bedürfnisse des Kunden.
- ✓ Achten Sie neben den bereits bekannten Regeln zur Gesprächsführung vor allem auf eine dem Kunden angemessene Sprachwahl. Vermeiden Sie Fachwörter.
- ✓ Geben Sie nicht zu viele Informationen auf einmal, das überfordert nur.
- ✓ Achten Sie auf eine sinnvolle Gliederung der Informationen.
- ✓ Geben Sie Kunden Zeit, Rückfragen zu stellen.
- ✓ Nehmen Sie Einwände der Kunden ernst.

7.3 Verkaufsgespräch

Ein gutes Informationsgespräch ist die Basis für einen Verkauf. Ebenfalls Voraussetzung für ein gutes Verkaufsgespräch sind das Beherrschen von Fragetechniken, das sinnvolle und logisch strukturierte Argumentieren und eine genaue Kenntnis über den Ablauf eines Verkaufsgesprächs.
Ein Verkaufsgespräch kann in unterschiedlichen Situationen erfolgen. Am einfachsten lässt sich ein solches Gespräch während einer Behandlung unterbringen, da hierbei auch die Möglichkeit besteht, die Produkte vorzuführen und anzuwenden. Grundsätzlich gilt folgender Ablauf:

1. Begrüßung
   Entfällt, wenn der Kunde bereits bedient wird. Sprechen Sie den Kunden immer mit Namen an, achten Sie auf verbale und nonverbale Signale. Ermitteln Sie den Kundenwunsch.

2. Informationsgespräch
   Der Kunde wird über mögliche Produkte, deren Anwendung und Vorteile informiert. Demonstrieren Sie die Produkte, wenden Sie sie nach Möglichkeit auch direkt an, erklären Sie die Handhabung. Lassen Sie den Kunden das Produkt in die Hand nehmen, evtl. auch selbst probieren.

3. Argumentation
   Bauen Sie Argumente sinnvoll aufeinander auf, nicht zu viele, aber auch nicht zu wenige.

   Beachten Sie die Regeln der Argumentation.

4. Gehen Sie auf mögliche Einwände ein
   Räumen Sie dem Kunden die Möglichkeit für Rückfragen ein. Arbeiten Sie mit offenen Fragen. Nennen Sie Referenzen. Nehmen Sie mögliche Gegenargumente selbst vorweg.

5. Verkaufsabschluss und Verabschiedung
   Überreden Sie den Kunden nicht, zeigen Sie Verständnis für Kundenentscheidungen, auch wenn sie negativ ausfallen. Argumentieren Sie mithilfe von Alternativ- und Suggestivfragen. Geben Sie Entscheidungshilfen (z. B. Proben). Sparen Sie ein schlagkräftiges Argument für die Abschlussphase auf.

Unterstützen Sie den Kunden in seiner Kaufentscheidung.

Wichtiger Hinweis

Überzeugen Sie den Kunden nur mit positiven Formulierungen.
Übertreiben Sie nicht, machen Sie keine Vorwürfe.
Stellen Sie die Kundeninteressen in den Vordergrund, nicht Ihre eigenen.
Streiten Sie nicht mit dem Kunden.
Unterlassen Sie Modewörter, Fremdwörter und Fachausdrücke oder erklären Sie diese.

1 Formulieren Sie die Negativäußerungen in positive Sätze um:

Das geht heute nicht.	
Das haben wir nicht.	
Unsere Produkte sind auch nicht schlecht.	
Produkte aus dem Drogeriemarkt können Sie vergessen.	
Sie waren ja lange nicht mehr bei uns.	
Das Produkt ist ausverkauft.	
Ihr Haar ist total kaputt.	
Das ist nichts für Mollige.	
Ihr Hals ist zu lang.	
Montags haben wir zu.	
Ich habe jetzt keine Zeit.	

2 Lesen Sie die mögliche Argumentation. Entwerfen Sie anschließend eine eigene Argumentationskette zum Thema Intensivtönung.

	Leave-in-Pflegekur	Intensivtönung
Phase	**Beispiel**	**Eigenes Beispiel**
1. Verbesserung deutlich machen	„Greifen Sie einmal in Ihr Haar. Spüren Sie, wie gut es sich jetzt anfühlt? Sehen Sie den Glanz und wie locker die Haare fallen? Das haben wir durch diese Pflegekur erreicht."	
2. Zukunftsperspektive aufzeigen	„Sie möchten doch sicherlich, dass Ihre Haare auch in Zukunft so schön aussehen?"	
3. Entscheidungshilfen geben	„Sie sollten diese Pflege auch zu Hause anwenden."	
4. Nutzen herausstellen	„Diese Pflege gibt es auch für zu Hause. Sie hat viele Vorteile für Ihr Haar: Es sieht gepflegt aus. Es bleibt gesund. Es lässt sich leicht frisieren. Es glänzt seidig. Das Produkt lässt sich ganz leicht anwenden und nimmt nicht viel Zeit in Anspruch."	
5. Produkt demonstrieren	„Riechen Sie bitte einmal an dem Produkt. Es hat einen herrlich dezenten Duft, der nicht zu schwer ist. Durch den einfachen Pump-Mechanismus lässt es sich auch problemlos dosieren."	
6. Kundeneinwand beantworten	„Bei den genannten Vorteilen kostet das Produkt nur 19,95 EUR und diese Packungsgröße reicht für mindestens 30 Anwendungen. Eine Anwendung kostet Sie also gerade einmal 0,66 EUR. Außerdem handelt es sich hierbei um ein qualitativ sehr hochwertiges Produkt. Etwas Besseres können Sie Ihren Haaren gar nicht tun."	
7. Verkaufsabschluss tätigen	„Wenn Sie möchten, stelle ich die Pflegekur gerne für Sie zum Mitnehmen bereit."	
8. Kunden bestätigen	„Sie haben eine ausgezeichnete Wahl getroffen. Sie werden sehen, dass Ihre Haare in Zukunft noch gesünder wirken und einen tollen Glanz bekommen."	

8 Gespräche mit Vorgesetzten und Kollegen

Wenn Menschen miteinander arbeiten, reden sie auch miteinander. Die Themen können dabei ganz vielfältig sein. Arbeitsabläufe müssen besprochen, eine wichtige Präsentation kann vorbereitet, aber auch Lob und Tadel können ausgesprochen werden. Im Friseursalon oder im Kosmetikstudio arbeitet man sehr eng zusammen, sodass auch Konflikte nicht ausgeschlossen sind. Diese sollten ernst genommen und angesprochen werden.

8.1 Teamgespräch

Die Personen, die in einem Salon zusammenarbeiten, bilden ein Team. Oftmals wird „Team" falsch verstanden als: **T**oll **E**in **A**nderer **M**acht's. Teamarbeit bedeutet jedoch nicht, dass man unliebsame Aufgaben einfach an den Nächsten weitergibt, sondern dass alle Mitglieder eines Teams gleichberechtigt sind und die Arbeiten entsprechend ihren Kenntnissen und Fertigkeiten fair verteilt werden. Dabei darf jeder an der Entscheidung teilhaben.
Die Psychoanalytikerin und Psychologin Ruth Cohn entwickelte Mitte der 1950er-Jahre in den USA ein Konzept, das themenzentrierte Interaktion (TZI) genannt wird. Das TZI-Modell soll den positiven Umgang in der Gruppe erleichtern und verbessern.

Ruth Cohn geht von drei Grundsatzprinzipien aus:
- Autonomie
- Wertschätzung
- Grenzen erweitern

Der Mensch ist eine psycho-biologische Einheit. Er ist auch Teil des Universums. Er ist darum autonom und interdependent. Autonomie (Eigenständigkeit) wächst mit dem Bewusstsein der Interdependenz (Allverbundenheit). Freie Entscheidung geschieht innerhalb bedingender innerer und äußerer Grenzen. Erweiterung dieser Grenzen ist möglich.

Aus: Ruth C. Cohn: Von der Psychoanalyse zur themenzentrierten Interaktion. Stuttgart, Klett-Cotta 1975, S. 120ff.

Der Einzelne muss also in der Gruppe als Individuum wahrgenommen und akzeptiert werden. Gleichzeitig darf er sich nicht über die Interessen der Gruppe stellen. Teamarbeit kann nur funktionieren, wenn
- jeder sich in seinen Aussagen selbst vertritt: „ich" statt „wir" oder „man",
- nur Fragen gestellt werden, die begründet sind,
- nicht interpretiert wird, sondern eigene Gefühle angesprochen werden,
- alle Teammitglieder Verantwortung übernehmen,
- keine Verallgemeinerungen getroffen werden,
- Seitengespräche berücksichtigt werden und Vorrang erhalten (sie stören sonst den Gesprächsablauf und sollten einbezogen werden),
- Konflikte und Probleme offen angesprochen werden,
- nur einer spricht, während die anderen zuhören.

Nach Ruth Cohn gibt es vier Faktoren, die zu einem Team gehören:
- Ich: das Individuum
- Wir: die Gruppe
- Es: die Sache, über die gesprochen wird
- Globe: das äußere Umfeld, die Rahmenbedingungen

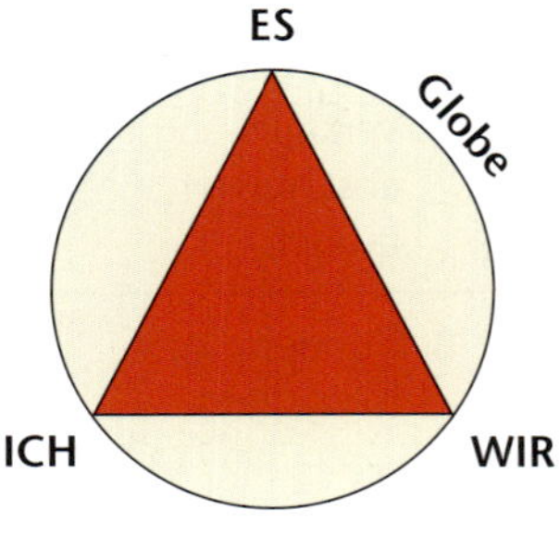

Wenn sichergestellt ist, dass alle am Gespräch Beteiligten mit dem gleichen Interesse über das gleiche Thema sprechen, kann gleichberechtigte Teamarbeit stattfinden.

8.2 Bewerbungsgespräch

Das Bewerbungsgespräch ist eine besondere Art von Gespräch. Wenn man sich für eine neue Arbeitsstelle beworben hat, ist die Einladung zu einem Vorstellungsgespräch die erste Hürde, die man erfolgreich genommen hat.

In einem Bewerbungsgespräch geht es dem potenziellen Arbeitgeber vor allem darum, sich ein persönliches Bild von den Bewerbern zu machen. Man sollte sich also möglichst gut verkaufen.

Um das zu können, sollte man sich im Vorfeld darüber klar werden, was auf einen zukommt. Ein Bewerbungsgespräch folgt einem Ablaufschema, das jedoch in einigen Punkten variabel ist.

Einleitung

Zunächst erfolgen die Begrüßung und die Vorstellung der beteiligten Personen. Bevor das Gespräch beginnt, wird meist etwas Small Talk gehalten, so wird z. B. nach der Anreise gefragt.

Wichtiger Hinweis

Seien Sie unbedingt pünktlich! Kalkulieren Sie mögliche Verspätungsfaktoren wie Stau oder Parkplatzsuche mit ein. Besser Sie sind viel zu früh da, als viel zu spät.
Machen Sie einen ordentlichen und sympathischen Eindruck. Das beginnt bei der Wahl der Kleidung und reicht bis zu den nonverbalen Signalen, die man aussendet.
Stellen Sie sich mit Ihrem vollen Namen vor.
Warten Sie, bis Sie aufgefordert werden, Platz zu nehmen.
Beweisen Sie Ihre Kommunikationsfähigkeiten. Unterhalten Sie sich möglichst ungezwungen mit Ihrem Gegenüber, beachten Sie dabei aber auch die Gesprächsregeln.

Hauptteil

Der Hauptteil bildet den wesentlichen Bestandteil des Gesprächs. Hier werden dem Bewerber Fragen zu folgenden möglichen Themen gestellt:

- Werdegang
- Grund der Bewerbung
- Fragen zur neuen Stelle und zum Unternehmen
- Berufliche Zukunft
- Aus- und Weiterbildungen
- Gesundheit
- berufliche Inhalte und Themen
- persönliche Situation, familiärer Hintergrund, Selbsteinschätzung
- Gehaltsvorstellungen

Es gibt auch Fragen, die man als Bewerber nicht beantworten muss. Hierzu gehören unter anderem Fragen nach den Vermögensverhältnissen, Kündigungsgründen bei einer vorherigen Arbeit, Parteizugehörigkeit, Religionszugehörigkeit, Kinderwunsch und Familienplanung, Gewerkschaftszugehörigkeit und Vorstrafen.

Diese Punkte sind jedoch nur als Faustregel zu sehen. In Ausnahmefällen sind diese Fragen durchaus erlaubt. Wenn man z. B. eine Stelle antritt, bei der man Auto fahren soll, dürfen eventuelle Vorstrafen wegen Trunkenheit am Steuer durchaus angesprochen werden. Ähnliches gilt für alle anderen Punkte.

Wichtiger Hinweis

Überlegen Sie sich mögliche Fragen im Voraus und denken Sie sich passende Antworten aus, die Sie in ein positives Licht rücken.
Stellen Sie die Aspekte Ihres Lebenslaufs in den Vordergrund, die Sie besonders für die neue Stelle qualifizieren.
Lesen Sie sich vorher die Stellenausschreibung und Ihre Bewerbungsunterlagen noch einmal gründlich und in Ruhe durch.
Schmeicheln Sie sich nicht ein und versuchen Sie nicht, den Eindruck zu erwecken, als ob Sie alles besser wüssten.
Erklären Sie mögliche Schwächen plausibel.
Informieren Sie sich ausführlich über Ihren möglichen neuen Arbeitgeber. Welche Schwerpunkte gibt es? Wie viele Mitarbeiter werden beschäftigt? Wie ist die Zielgruppe? Mittlerweile haben sehr viele Firmen eine Homepage, auf der man sich informieren kann.
Spielen Sie das Bewerbungsgespräch mit einem Freund oder einer Freundin vorher durch.
Schauen Sie doch einfach mal als Kunde vorher vorbei, das geht bei einer Bewerbung in einem Salon sehr gut.

Gleichzeitig haben Sie als Bewerber die Möglichkeit, selbst Fragen zu stellen.

Als Bewerber sollte man natürlich nicht gleich nach Urlaub o. Ä. fragen, sondern zunächst Fragen stellen, die als relativ unproblematisch gelten. Dabei sollte man jedoch darauf achten, dass man nicht nach Dingen fragt, die bereits angesprochen worden sind. Das erweckt leicht den Eindruck von Unaufmerksamkeit und Desinteresse.

Tipp

Bereiten Sie eigene Fragen vor.
Stellen Sie offene Fragen, wie z. B.:
„Wie gestaltet sich die Einarbeitungsphase?"
„In welchen Bereichen werde ich eingesetzt?"
„Wer sind die weiteren Vorgesetzten?"
„Inwiefern besteht die Möglichkeit zur beruflichen Weiterbildung?"
„Wie ist der Arbeitsplatz gestaltet?"
„Mit welchen Produkten wird gearbeitet?"

Schluss

Nachdem alle Fragen beantwortet worden sind, wird das Gespräch beendet. Die Gesprächspartner verabschieden sich voneinander und bedanken sich noch einmal.

Wichtiger Hinweis

Fragen Sie nach, wie das weitere Bewerbungsverfahren geplant ist und wann Sie mit einer Antwort rechnen können.
Achten Sie darauf, nicht ungeduldig oder drängend zu wirken.
Bekräftigen Sie noch einmal, dass Sie sich gut vorstellen könnten, an diesem Arbeitsplatz zu arbeiten.

1 *Entwerfen Sie in Gruppen (max. drei Personen) mögliche Fragen eines Arbeitgebers zu den oben genannten Bereichen.*

2 *Spielen Sie im Rollenspiel ein Bewerbungsgespräch nach.*

3 *Sie haben sich als Friseur oder Kosmetikerin in einem Salon beworben und wurden zu einem Vorstellungsgespräch eingeladen. Die Chefin, Frau Arnold, begrüßt Sie und beginnt mit dem Gespräch. Für welche der folgenden Antworten würden Sie sich entscheiden?*

Frau Arnold: „Guten Tag, Arnold ist mein Name. Folgen Sie mir doch bitte."

A1: „Hallo. Ja, klar. Gerne."

A2: „Zum Glück geht das endlich los. Ich dachte schon, ich würde den ganzen Tag hier warten."

A3: „Guten Tag, Frau Arnold. Vielen Dank."

Frau Arnold: „Erzählen Sie mir doch mal ein bisschen was über ihre Hobbys."

B1: „Ich bin Mitglied in verschiedenen Vereinen, wie z. B. beim Sportverein, wo ich Volleyball spiele. Ab und an gehe ich auch zum Joggen. Ich engagiere mich ehrenamtlich bei uns im Jugendhaus und helfe Grundschulkindern bei den Hausaufgaben, da viele Eltern keine Zeit dafür haben."

B2: „Ich gehe fast jedes Wochenende zum Fallschirmspringen. Ich brauche das Adrenalin und den Kick, ansonsten würde ich mich echt langweilen."

B3: „Alles was ich in meiner Freizeit mache, ist, mit meinen Kumpels abzuhängen. Wir treffen uns immer an der Bushaltestelle und chillen da."

Frau Arnold: „Weshalb möchten Sie bei uns arbeiten?"

C1: „Hm, ja, weiß nicht so genau. Ich hab meine Ausbildung in dem Beruf gemacht. Was sollte ich denn sonst machen?"

C2: „Mir macht der Beruf sehr viel Spaß. Ich arbeite gerne mit Menschen zusammen und bin auch sehr kreativ. Ich denke, dass man als guter Friseur (als gute Kosmetikerin) sehr viele unterschiedliche und anspruchsvolle Tätigkeiten ausüben kann."

C3: „Ich sehe diese Arbeit nur als Sprungbrett. Ich bin zu Höherem berufen. Ich sehe mich in spätestens drei Jahren als Top-Visagistin auf allen internationalen Modenschauen."

9 Vor anderen sprechen

Impuls

Georg ist nervös: „Ich muss nächste Woche in der Schule ein Referat über die Frisuren der alten Ägypter halten. Das gibt eine wichtige Note für das Abschlusszeugnis. Ich habe gar keine Ahnung, wie ich anfangen soll …"
Sarah beruhigt ihn: „Keine Sorge, das kriegst du hin. Hast du dir schon überlegt, über was du sprechen möchtest? Willst du Bilder zeigen?"
Georg zuckt ratlos mit den Schultern.

9.1 Texte vorlesen und vortragen

Jeder ist nervös, wenn er das erste Mal alleine vor einer Gruppe sprechen soll. Meist wird die Aufregung weniger, wenn man schon ein paar Mal ein Referat oder Ähnliches gehalten hat, weil man dann weiß, was auf einen zukommt.

Es gibt aber auch Möglichkeiten, das Sprechen vor einer Gruppe zu trainieren, um das eigene Lampenfieber unter Kontrolle zu bekommen.

Eine wichtige Vorübung ist das Vortragen von Texten vor der Klasse. Egal ob es sich dabei um das Protokoll der letzten SMV-Sitzung handelt oder ob man einen Text aus dem Deutschbuch vorliest, man trainiert damit die eigene Stimme und baut Hemmungen ab.

Die wichtigste Voraussetzung, einen Text frei wiederzugeben, ist, dass man ihn verstanden hat. Dazu gibt es mehrere Möglichkeiten, die in Kapitel 4 besprochen werden.

Beim Vortragen selbst gibt es einige Punkte, die man beachten sollte.

Checkliste

Texte vortragen

- ✓ Beginnen Sie nicht, bevor es nicht ruhig ist. Geben Sie sich und den Zuhörern Zeit, sich zu sammeln.
- ✓ Atmen Sie frei und normal weiter. Sonst könnte Ihnen schnell die Luft ausgehen.
- ✓ Achten Sie auf Satzzeichen. Passen Sie Ihre Stimme den Inhalten an. Kennzeichnen Sie z. B. Fragen durch die Satzmelodie auch als solche.
- ✓ Sprechen Sie langsam und deutlich, damit man Sie verstehen kann.
- ✓ Stehen oder sitzen Sie gerade.
- ✓ Achten Sie auch auf Ihre nonverbalen Signale. Halten Sie Blickkontakt mit Ihren Zuhörern, verschränken Sie nicht die Arme, drehen Sie Ihren Körper zum Publikum hin. Wenn Sie in Richtung der Zuhörer sprechen, sind Sie besser zu verstehen und müssen nicht schreien.
- ✓ Trainieren Sie das Lesen zu Hause.
- ✓ Schauen Sie beim Sprechen nicht nach unten oder an die Decke, sondern ins Publikum.

1 Lesen Sie den nachstehenden Text alleine.

Franz Kafka: Kleine Fabel

„Ach“, sagte die Maus, „die Welt wird enger mit jedem Tag. Zuerst war sie so breit, dass ich Angst hatte, ich lief weiter und war glücklich, dass ich endlich rechts und links in der Ferne Mauern sah, aber diese langen Mauern eilen so schnell aufeinander zu, dass ich schon im letzten Zimmer bin, und dort im Winkel steht die Falle, in die ich laufe.“ – „Du musst nur die Laufrichtung ändern“, sagte die Katze und fraß sie.

Kleine Fabel, in: Franz Kafka: Beim Bau der Chinesischen Mauer. Weimar, Gustav Kiepenheuer Verlag 1948. S. 56

2 Lesen Sie den Text in der Gruppe gemeinsam (max. vier Personen).

3 Lesen Sie den Text abwechselnd und versuchen Sie, folgende Stimmungen auszudrücken:

a Angst
b Wut
c Belustigung
d Überraschung

4 Setzen Sie sich so, dass alle Gruppenmitglieder Blickkontakt haben. Bis auf eine Person legen alle ihre Texte zur Seite. Die Person mit dem Text beginnt nun, langsam und deutlich vorzulesen. Alle übrigen sprechen den Text mit. Schauen Sie dabei genau auf die Lippen des Vorlesers.

5 Lesen Sie den nachstehenden Text seinem Sinn entsprechend vor. Beachten Sie dabei die oben genannten Regeln. Berücksichtigen Sie auch mögliche Emotionen.

6 Leiten Sie aus dem Text Regeln für einen guten Redner ab.

Kurt Tucholsky: Ratschläge für einen schlechten Redner

Fang nie mit dem Anfang an, sondern immer drei Meilen vor dem Anfang! Etwa so: „Meine Damen und meine Herren! Bevor ich zum Thema des heutigen Abends komme, lassen Sie mich kurz ...“

Hier hast du schon alles, was einen schönen Anfang ausmacht: eine steife Anrede; der Anfang vor dem Anfang; die Ankündigung, dass und was du zu sprechen beabsichtigst, und das Wörtchen kurz. So gewinnst du im Nu die Herzen und die Ohren der Zuhörer.

Denn das hat der Zuhörer gern: dass er deine Rede wie ein schweres Schulpensum aufbekommt; dass du mit dem drohst, was du sagen wirst, sagst und schon gesagt hast. Immer schön umständlich!

Sprich nicht frei, das macht einen so unruhigen Eindruck. Am besten ist es: Du liest deine Rede ab. Das ist sicher, zuverlässig, auch freut es jedermann, wenn der lesende Redner nach dem vierten Satz misstrauisch hochblickt, ob auch noch alle da sind.

Wenn du gar nicht hören kannst, was man dir so freundlich rät, und du willst durchaus und durchum frei sprechen ... du Laie! Du lächerlicher Cicero! Nimm dir doch ein Beispiel an unseren professionellen Rednern, an den Reichstagsabgeordneten – hast du die schon mal frei sprechen hören? Die schreiben sich sicherlich zu Hause auf, wann sie „Hört! Hört!“ rufen ... ja, also wenn du denn frei sprechen musst: Sprich, wie du schreibst. Und ich weiß wie du schreibst. Sprich mit langen, langen Sätzen – solchen, bei denen du, der du dich zu Hause, wo du ja die Ruhe, deren du so sehr benötigst, deiner Kinder ungeachtet, hast, vorbereitest, genau weißt, wie das Ende ist, die Nebensätze schön ineinander geschachtelt, so dass der Hörer ungeduldig auf seinem Sitz hin und her träumend, sich in einem Kolleg wähnend, in dem er früher so gern geschlummert hat, auf das Ende solcher Periode wartet. Nun ich habe dir eben ein Beispiel gegeben. So musst du sprechen.

Fang immer bei den alten Römern an und gib stets, wovon du auch sprichst, die geschichtlichen Hintergründe der Sache. Das ist nicht nur deutsch, das tun alle Brillenmenschen. Ich habe einmal in der Sorbonne einen chinesischen Studenten sprechen hören, der sprach glatt und französisch, aber er begann zu aller Freude so:

„Lassen sie mich Ihnen in aller Kürze die Entwicklungsgeschichte meiner chinesischen Heimat seit dem Jahre 2000 vor Christi Geburt ...“ Er blickte ganz erstaunt auf, weil die Leute so lachten.

So musst du das auch machen. Du hast ganz recht: Man versteht es ja sonst nicht, wer kann denn das alles verstehen, ohne die geschichtlichen Hintergründe ... sehr richtig! Die Leute sind doch nicht in deinen Vortrag gekommen, um lebendiges Reden zu hören, sondern das, was sie auch in den Büchern nachschlagen können ... sehr richtig! Immer gib ihm Historie, immer gib ihm.

Kümmere dich nicht darum, ob die Wellen, die von dir ins Publikum laufen, auch zurückkommen – das sind Kinkerlitzchen. Sprich unbekümmert um die Wirkung, um die Leute, um die Luft im Saale; immer sprich mein Guter. Gott wird es dir lohnen.

Du musst alles in die Nebensätze legen. Sag nie: „Die Steuern sind zu hoch.“ Das ist zu einfach. Sag: „Ich möchte zu dem, was ich soeben gesagt habe, noch kurz bemerken, dass mir die Steuern bei Weitem ..“ So heißt das!

Trink den Leuten ab und zu ein Glas Wasser vor – man sieht das gerne.

Wenn du einen Witz machst, lach vorher, damit man weiß, wo die Pointe ist.

Eine Rede ist, wie könnte es anders sein, ein Monolog.

Weil doch nur einer spricht. Du brauchst auch nach vierzehn Jahren öffentlicher Rednerei noch nicht zu wissen, dass eine Rede nicht nur ein Dialog, sondern ein Orchesterstück ist: Eine stumme Masse spricht nämlich ununterbrochen mit. Und das musst du hören. Nein, das brauchst du nicht hören.

Sprich nur, lies nur, donnere nur, geschichtele nur.

Zu dem was ich eben über die Technik der Rede gesagt habe, möchte ich noch kurz bemerken, dass viel Statistik eine Rede immer sehr hebt. Das beruhigt ungemein, und da jeder imstande ist, zehn verschiedene Zahlen mühelos zu behalten, so macht das viel Spaß.

Kündige den Schluss deiner Rede lange vorher an, damit die Hörer vor Freude nicht einen Schlaganfall bekommen. (Paul Lindau hat einmal einen dieser gefürchteten Hochzeitstoaste so angefangen: „Ich komme zum Schluss“). Kündige den Schluss an, und dann beginne deine Rede von vorne und rede noch eine halbe Stunde. Dies kann man mehrere Male wiederholen.

Du musst dir nicht nur eine Disposition machen, du musst sie den Leuten auch vortragen – das würzt die Rede.

Sprich nie unter anderthalb Stunden, sonst lohnt es gar nicht erst anzufangen.

Wenn einer spricht, müssen die anderen zuhören – das ist deine Gelegenheit. Missbrauche sie.

Aus: Kurt Tucholsky: Ausgewählte Werke. Bd. 1. Reinbek, Rowohlt 1965, S. 187–189

9.2 Präsentationstechniken

Wenn man ein Referat oder einen kurzen Vortrag halten muss, sollte man sich überlegen, wie man seine Ausführungen optisch (= visuell) durch Medien unterstützen kann.

Dazu gibt es mittlerweile sehr viele unterschiedliche Möglichkeiten, die sich – je nach Gegebenheit – auch miteinander kombinieren lassen. Egal für welche Methode man sich entscheidet, man sollte stets darauf achten, dass die Visualisierung sinnvoll eingesetzt wird und die Zuhörer auch etwas davon haben.

Tafelbild

In jedem Klassenzimmer gibt es eine Wandtafel, auf der man Inhalte, Strukturen und Ergebnisse visualisieren kann. Man sollte sich vorher Gedanken machen, wie ein mögliches Tafelbild aussehen kann, um den Platz richtig einzuschätzen.

Tafeln sind meist magnetisch, sodass sich auch vorbereitete Kärtchen oder Bilder daran befestigen lassen.

Achten Sie auf
- eine Überschrift,
- eine erkennbare und nachvollziehbare Struktur,
- eine leserliche Schrift,
- einen sauberen Untergrund,
- grafische Unterstützung.

Metaplan

Einen Metaplan kann man sowohl auf einer Stellwand als auch auf der Tafel realisieren. Auf vielen Karteikarten werden Begriffe zu einem Thema gesammelt, die anschließend in eine Struktur gebracht werden können. So können sie im Zusammenhang dargestellt werden. Die Arbeit mit einem Metaplan eignet sich z. B. auch dazu, Vorwissen bei den Zuhörern abzufragen oder hinterher zu sammeln, was von dem Vortrag hängen geblieben ist.

Achten Sie auf
- eine große, gut lesbare Schrift,
- nicht zu viel Text auf den einzelnen Karten (max. drei Zeilen pro Karte),
- darauf, nicht zu viele Karten zu verwenden. Man verliert sonst leicht den Überblick.

Folien

Wenn nur wenige Bilder, Darstellungen oder Sätze zur visuellen Unterstützung eines Vortrags benötigt werden, lassen sich diese auch mittels Folien und Overhead-Projektor darstellen.

Achten Sie auf
- eine große Schrift (am PC mindestens Schriftgröße 16),
- die Größe der Darstellungen. Sind Sie zu klein, können die Zuhörer nichts erkennen.

Plakate

Plakate können zu Hause vorbereitet werden und sind leicht zu transportieren und anzubringen. Plakate können Text und Bilder enthalten und kreativ gestaltet werden.

Achten Sie
- auf eine große und gut zu lesende Überschrift,
- auf kurze Sätze (sie bleiben leichter im Gedächtnis und überladen das Plakat nicht),
- auf eine sinnvolle Gliederung.
- auf visuelle Unterstützung (Fotos, Zeichnungen, Grafiken ...),
- darauf, wichtige Punkte besonders hervorzuheben, z. B. durch die Verwendung unterschiedlicher Farben (pro Plakat sollten jedoch nicht mehr als drei unterschiedliche Farben eingesetzt werden),
- darauf, dass man Ihr Plakat auch noch aus einer gewissen Entfernung lesen kann. Die Schrifthöhe sollte etwa 2,5 cm betragen.

Filme

Filme zu einem bestimmten Thema können die Ausführungen unterstützen. Sie sind informativ und dienen der Visualisierung.

Achten Sie
- darauf, dass der Film zu Ihrem Thema passt,
- auf einen „Arbeitsauftrag" (Welche Zielsetzung soll besonders hervorgehoben werden?),
- darauf, dass der Film nicht zu lang ist,
- darauf, dass Sie trotz des Films der eigentliche Vortragende bleiben.

Präsentation mittels Laptop und Beamer

Es gibt mittlerweile viele Computerprogramme, mit denen man eine Präsentation umsetzen kann. Die fertige Präsentation lässt sich mithilfe eines Beamers an die Wand projizieren. Den technischen Möglichkeiten sind dabei keine Grenzen gesetzt. Bilder und Filme können eingebaut werden, die Präsentation kann mit Musik unterlegt und farblich passend gestaltet werden. Während der Präsentation kann zwischen den Folien gewechselt werden.

Wichtiger Hinweis

Achten Sie auf Ihre technischen Kompetenzen. Kennen Sie sich mit dem Programm aus?
Die Präsentation sollte Ihre Ausführungen nur unterstützen und nicht vorwegnehmen.
Nichts ist langweiliger, als einen Text von einer Folie vorgelesen zu bekommen und nichts Neues mehr zu erfahren.
Achten Sie auf die technische Ausstattung am Präsentationsort. Sind alle nötigen Geräte vorhanden?

Handout

Bei jedem Vortrag oder Referat bietet es sich an, ein Handout zu erstellen. Oftmals – vor allem in der Schule – wird es auch gefordert.

Ein Handout sollte alle wichtigen Punkte des Vortrags enthalten, nach Möglichkeit jedoch den Umfang von ein bis zwei Seiten nicht übersteigen.

Ein Handout bietet den Zuhörern die Möglichkeit, die Struktur des Vortrags nachzuvollziehen und Informationen mit nach Hause zu nehmen. Die Zuhörer können sich auch Notizen machen.

Tipp

Achten Sie
- auf kurze und logische Sätze,
- auf eine nachvollziehbare Struktur,
- darauf, dass Thema und Zeitpunkt des Vortrags genannt werden,
- darauf, dass Ihr Name auf dem Handout steht,
- auf Quellenangaben: Zitate müssen als solche kenntlich gemacht werden, ebenso sollten alle verwendeten Bücher und Internetseiten (mit Datum) verzeichnet werden.

Eine Wandzeitung ist eine Papierrolle, die an der Wand befestigt wird und dazu dient, Ergebnisse zu veröffentlichen, die allen zugänglich gemacht werden sollen. Eine Wandzeitung bietet sehr viel Platz und kann bei Bedarf verlängert werden.

Neben der visuellen Unterstützung des Vortrags tragen auch die Punkte Blickkontakt, Gestik und Mimik sowie Körperhaltung zum guten Gelingen eines Vortrags bei.

7 Gestalten Sie eine Wandzeitung zu unterschiedlichen Präsentationstechniken.

9.3 Kurzvorträge und Referate

Ein Referat oder ein Kurzvortrag informiert einen bestimmten Zuhörerkreis, z. B. die Schulklasse, über ein bestimmtes Thema. Gerade in der Schule dient das Referat der Ergänzung des Unterrichts und muss alle relevanten (= wichtigen) Inhalte berücksichtigen. Deshalb ist es notwendig, das Thema und die geforderten Inhalte im Vorfeld genau abzusprechen. Es gibt jedoch auch viele berufliche Situationen, in denen man mit einem kleinen Vortrag z. B. Kunden ein Produkt oder eine Behandlung präsentiert oder auf einer Messe ein Produkt oder eine Dienstleistung vorstellt.

Im Folgenden werden die einzelnen Schritte eines Referats am Thema Stilkunde – Frisurengeschichte vorgestellt.

Thema auswählen und eingrenzen

1. **Thema auswählen**
   Gerade im Unterricht halten Schüler häufig Referate zu einem bestimmten Unterrichtsthema. Die Themenstellung erfolgt meist durch den Lehrer, das konkrete Thema wird vom Schüler selbst gewählt. Im Bereich der Stilkunde bietet es sich an, einzelne Epochen als Referatsthemen zu vergeben, wie z. B. Ägypter, Griechen, Römer, Mittelalter, Barock usw.

   Hierbei ist es wichtig, folgende Punkte zu beachten:
   - Gerade wenn man zum ersten Mal ein Referat hält, sollte man sich für ein Thema entscheiden, für das man sich interessiert.
   - Es gilt zu klären, ob das Referat alleine oder in der Gruppe vorgetragen werden soll.
   - Häufig hat der Lehrer bestimmte Erwartungen an den Vortrag, wie z. B. ein zusätzliches Handout oder eine visuelle Präsentation. Auch diese Punkte sollten bereits im Vorfeld abgeklärt werden.

2. Thema eingrenzen

Wenn man sich für ein Thema entschieden hat, ist der nächste Schritt, es weiter einzugrenzen. Welche Punkte sind wichtig und sollten auf jeden Fall besprochen werden? Welche Aspekte kann man weglassen? Was sollte man kurz ansprechen, aber nicht weiter ausführen?

Bei einem Referat zum Thema „Stilkunde – Die alten Römer“ ist es z. B. nicht notwendig, auf Herrschaftsformen, Kaiser oder antike Literatur einzugehen. Wichtig wären aber Punkte wie

- Zeitraum der Epoche,
- Frisurenmode,
- Kleidung,
- Kosmetik und
- Körperpflege.

Dazu können evtl. weitere Informationen, z. B. über „berühmte Bauwerke der Römer“, kommen.

Material- und Informationsbeschaffung

3. Material sammeln

Geeignetes Material findet sich, je nach Thema, in Fachbüchern, Zeitschriften, Zeitungen, Büchern und im Internet. Gerade bei der Internetrecherche sollte man sich vergewissern, dass die Inhalte seriös und richtig dargestellt sind.

Viele Verlage bieten spezielle Stilkundebücher an. Auch im Internet finden sich mittlerweile viele Seiten, die gut recherchierte Informationen zum Thema bieten, wie z. B. **www.hairweb.de** und **www.friseur-zentralverband.de**.

4. Material prüfen

Je nachdem, um welche Art von Referat es sich handelt, muss das Material entsprechend gewichtet werden.

Grundlegend werden drei Typen unterschieden:

Ausführliches Referat	Referat	Kurzvortrag
Ein ausführliches Referat informiert umfassend zu einem bestimmten Thema und kann bis zu einer Stunde dauern.	Ein normales Schulreferat dauert zwischen 20 und 30 Minuten und bietet ausführliche Informationen zu einem Thema oder Teilaspekt eines großen Wissensgebiets.	Ein Kurzvortrag informiert kurz und knapp zu einem kleinen Teilaspekt und dauert nicht länger als 10 Minuten.
Beispiel Frisurenmode der Antike	*Beispiel* Frisuren bei den alten Römern	*Beispiel* Schminktechniken der Römer

Gleichzeitig muss man sich überlegen

- für wen man das Referat hält und
- wie der aktuelle Kenntnisstand der Zuhörer ist.

5. Material sortieren

Sind alle bisher angesprochenen Punkte geklärt, geht es an die Feinarbeit. Wenn man einen Vortrag vorbereitet, muss man sehr viel mehr Informationen lesen, als man später tatsächlich verwertet. Man muss wichtige von unwichtigen Informationen trennen. Gleichzeitig sollte man immer bedenken, dass Zuhörer eventuell spontane Fragen stellen, die man beantworten können sollte, oder dass es aus anderen Gründen nötig wird, zusätzliche Informationen zu geben.

Aus diesen Gründen muss man das gesammelte Material sortieren. Das geschieht zum einen nach brauchbaren und weniger brauchbaren Informationen, gleichzeitig kann aber bereits hier eine Zuordnung zu bestimmten Bereichen des Referats geschehen.

Vortrag ausarbeiten

6. Text gliedern

Ein Referat hat den gleichen Aufbau wie z. B. ein Aufsatz:

- Einleitung
- Hauptteil
- Schluss

Einleitung

Bei einem Vortrag ist es wichtig, die Zuhörer von Anfang an für das Thema zu interessieren. Dazu sollte man einen spannenden Einstieg in das Thema wählen, der motiviert, informiert, zum Nachdenken anregt oder Aufmerksamkeit erregt.

Dazu gibt es viele unterschiedliche Möglichkeiten. Man kann beispielsweise mit einem Cartoon oder einer Karikatur einsteigen, ein passendes Zitat verwenden, ein Bild zeigen, eine spannende Geschichte erzählen, Beispiele nennen usw. Dabei ist es wichtig, das Vorwissen der Zuhörer zu berücksichtigen, d. h. einen Einstieg zu wählen, dem sie auch folgen können und den sie verstehen.

Auch sollte man erklären, wie man während des Vortrags vorgeht. Die Gliederung lässt sich mit wenigen Sätzen kurz vorstellen: „Ich werde euch zunächst kurz etwas über die Epoche der Römer erzählen, anschließend auf die Körperpflege und die Kleidung eingehen und dann wichtige Frisuren vorstellen. Abschließend erkläre ich euch noch die Schminktechniken der Römer." Damit die Zuhörer folgen können, lässt sich die Gliederung visualisieren, entweder auf dem Handout, als Stichpunkte an der Tafel, über Metaplankärtchen, oder bei einem Vortrag mit Laptop und Beamer als Gliederungspunkte auf einer der Folien.

Hauptteil

Im Hauptteil sollte man auf eine sinnvolle, kleinschrittige und nachvollziehbare Gliederung achten, um die Zuhörer nicht zu überfordern. Neue Fachbegriffe und Fremdwörter sollten erklärt werden.

Wichtiger Hinweis

Achten Sie auf sinnvolle Überleitungen, bauen Sie kurze Wiederholungen oder Zusammenfassungen ein. Achten Sie darauf, dass Sie klar und deutlich formulieren und keine zu langen Sätze bilden.

Schluss

Abschließend kann man die wichtigsten Punkte noch einmal zusammenfassen, einen Ausblick geben oder durch einen Schlussgedanken zum Nachdenken anregen.

7. Inhalte visualisieren

Egal um welches Thema es sich handelt, Bilder unterstützen den Vortrag und erleichtern den Zuhörern das Verständnis. Viele Menschen lernen und verstehen durch optische Unterstützung besser und einfacher. Zudem können Bilder, Grafiken, Schaubilder, Filme u. Ä. den Vortrag ergänzen und bereichern.

Wichtiger Hinweis

Achten Sie darauf, dass die Darstellungen zu Ihrem Thema passen.
Achten Sie darauf, dass die Bilder groß genug sind.
Achten Sie darauf, dass Sie die Bilder an der richtigen Stelle in Ihrem Vortrag platzieren.

Das Referat halten

8. Stichwortzettel vorbereiten

Gerade für ungeübte Redner bietet es sich an, Gedankengänge, wichtige Punkte und Ergänzungen auf Stichwortzetteln vorzubereiten, an denen man sich während des Vortrags orientieren kann.

9. Zu Hause üben

Mithilfe der Stichwortzettel sollte man das Referat zu Hause mindestens einmal durchgehen, am besten vor Publikum. Dazu bieten sich z. B. Freunde, die Eltern oder Geschwister an. Zuhörer, die sich mit dem Thema nicht auskennen, können sagen, wo wichtige Informationen vergessen worden sind und was noch ausführlicher erklärt werden muss.
Auch wenn man den Vortrag für sich alleine hält, schult man damit das freie Reden. Man merkt, an welcher Stelle man hängt, mit welchen Formulierungen man Schwierigkeiten hat und was auf den Stichwortzetteln noch ergänzt werden muss.

10. Der Vortrag

Alle Vorbereitungen sind abgeschlossen, die Referatsstunde ist da. Zu Beginn werden die Zuhörer begrüßt und das Thema genannt, das in dem Vortrag behandelt wird. Anschließend beginnt der Vortrag mit der Einleitung, der Vorstellung der Gliederung, dem Hauptteil und dem Schluss.

Nach Beendigung des Vortrags bedankt man sich für die Aufmerksamkeit der Zuhörer und bietet die Möglichkeit für Rückfragen.

Wichtiger Hinweis

Prüfen Sie vorher, ob alle Medien, die Sie benötigen (Overhead-Projektor, Laptop, Beamer, Tafel) vorhanden sind.
Warten Sie mit dem Beginn, bis Ihnen alle zuhören.
Sprechen Sie klar, deutlich und nicht zu schnell.
Klären Sie bereits zu Beginn, wann Sie Fragen beantworten möchten, ob während des Vortrags oder anschließend.
Sprechen Sie die Zuhörer immer direkt an. Halten Sie Blickkontakt.

11. Feedback

Nach Beendigung des Referats sollte man immer kontrollieren, ob der Vortrag erfolgreich war.
Das kann auf unterschiedliche Weise geschehen, z. B. durch eine anschließende Plenumsdiskussion, ein Arbeitsblatt, eine Befragung oder eine Aufgabenstellung.

Gleichzeitig sollte man auch immer ein Feedback auf die Vortragstechnik einholen. Dieser Punkt wurde bereits im Kapitel 2.5.6 (S. 39) besprochen. Eine weitere Möglichkeit ist ein Bewertungsbogen, der von den Zuhörern (anonym) ausgefüllt wird und anschließend ausgewertet werden kann.

Möglicher Feedbackbogen:

Thema: ______________________________

____

Vortragender: ______________________________

Bewerten Sie die folgenden Aussagen nach Schulnoten
(1 trifft völlig zu – 6 trifft überhaupt nicht zu).

	1	2	3	4	5	6
Die Inhalte haben zum Thema gepasst.						
Der Aufbau war logisch, man konnte einen roten Faden erkennen.						
Ich habe etwas dazugelernt.						
Der Vortragende war gut vorbereitet.						
Die Inhalte wurden verständlich erklärt.						
Die Klasse wurde gut einbezogen.						
Die verwendeten Materialien waren gut ausgewählt.						
Das Handout ist verständlich und hilfreich.						

Das hat mir an dem Vortrag gefallen: ______________________________

____

____

____

Das hat mir an dem Vortrag nicht so gut gefallen und sollte noch verbessert werden:

____

____

____

8 Bereiten Sie ein Kurzreferat vor zu dem Thema „Mein Salon“ vor. Berücksichtigen Sie die genannten Punkte und gehen Sie wie beschrieben vor.

9.4 Fachgespräche in Prüfungen

Als Auszubildende oder Auszubildender ist das wichtigste Gespräch der Ausbildung das Prüfungsgespräch bei der Abschlussprüfung. Es unterscheidet sich in einigen Punkten von den anderen Gesprächsarten, die in den letzten Kapiteln vorgestellt worden sind.

Auch wenn ein Prüfungsgespräch als „Gespräch" angelegt ist, so ist man als Prüfling doch in der Situation, dass man abgefragt wird, dass geprüft wird, ob man ein bestimmtes Wissen und die erforderlichen Kenntnisse hat.

Bei Prüfungsgesprächen geht es vor allem darum, Kompetenzen zu prüfen: Zusätzlich zur reinen Wissensabfrage (Fachkompetenz) wird in Prüfungen kontrolliert, ob man in der Lage ist, eine komplexe Prüfungsaufgabe zu lösen (Problemlösungskompetenz) und die Lösung sprachlich richtig darzustellen (Kommunikationskompetenz).

Unter Fachkompetenz wird allgemein verstanden, dass man aufgrund von Fachwissen und fachlichen Fähigkeiten in der Lage ist, eine Aufgabe oder ein Problem eigenständig, zielorientiert, fachlich richtig und unter Anwendung der richtigen Methode zu lösen. Dabei sollte das Ergebnis anschließend kritisch beurteilt, auf Fehler überprüft und reflektiert werden.

Unter **Problemlösungskompetenz** versteht man, dass jemand in der Lage ist, Probleme zu erkennen, sie zu benennen, Lösungsstrategien zu entwerfen und sich abschließend für die beste Lösung zu entscheiden. Auch die kritische Bewertung der Vorgehensweise gehört dazu.

Kommunikationskompetenz bezeichnet die Kompetenz zu einer gelungenen Kommunikation zwischen zwei oder mehreren Menschen in Form von situationsgerechtem und adressatengerechtem Informationsaustausch, der auch nonverbale Kommunikation beinhaltet. Dazu gehört auch, in einem Prüfungsgespräch frei und selbstständig Probleme zu erörtern, selbst Gedanken einzubringen und sich nicht alles aus der Nase ziehen zu lassen.

Vor einer Prüfung sitzen die meisten Menschen da und fragen sich, wie sie all den Stoff lernen sollen. Um nicht in die Situation zu kommen, kurz vor einer Prüfung vor einem nicht mehr zu bewältigenden Berg zu sitzen, gibt es einige hilfreiche Tipps, die das Lernen erleichtern.

Tipp

- Lernen Sie kontinuierlich. Erarbeiten Sie sich bereits während der Ausbildung den Stoff, indem Sie z. B. Lernkarten zu jedem abgeschlossenen Thema anlegen, das Thema stichwortartig zusammenfassen oder sich über visuelle Hilfsmittel das Lernen erleichtern.
- Beginnen Sie rechtzeitig mit der Wiederholung, nicht erst ein paar Tage vor der Prüfung.
- Lernen Sie in Gruppen. Das ermöglicht den Austausch über schwierige Themen und das gegenseitige Abfragen.
- Legen Sie einen Lernplan an, in dem Sie genau festhalten, was Sie wann und wie lange lernen wollen. Planen Sie zwischendurch auch Pausen ein, in denen Sie sich erholen können.
- Lassen Sie sich beim Lernen nicht ablenken, schalten Sie Radio, Fernseher, Computer und Telefone aus.

Im Prüfungsgespräch selbst sollte man vor allem Ruhe bewahren. Hier gelten ebenfalls die bereits bekannten Kommunikationsregeln:

Checkliste

Kommunikationsregeln

- ✓ Halten Sie Blickkontakt.
- ✓ Sprechen Sie laut und deutlich.
- ✓ Formulieren sie einfache, klar gegliederte Sätze.
- ✓ Verwenden Sie Fachbegriffe.
- ✓ Hören Sie sich die Frage genau an und antworten Sie dann ausführlich und zusammenhängend.

Als Prüfling hat man die Möglichkeit, das Prüfungsgespräch zu beeinflussen, indem man das Gespräch auf ein bestimmtes Thema lenkt, in dem man sich besser auskennt.

Wenn man eine Frage gestellt bekommt, sollte man zunächst versuchen, diese fachlich möglichst richtig zu beantworten, gleichzeitig jedoch auf etwas zu verweisen, was im Zusammenhang steht, z. B.:

Frage: „Beschreiben Sie den Aufbau der Haut." Antwort: „Die Haut besteht aus drei Schichten, Unterhaut, Lederhaut und Oberhaut. In der Lederhaut sitzen die Schweiß- und die Talgdrüsen. Die Talgdrüsen sind für das Erscheinungsbild der Haut verantwortlich. Produzieren Sie zu wenig Talg, spricht man von einer sebostatischen Haut."

Tipp

Selbstverständlich dürfen Sie in einer Prüfung nachfragen, wenn Sie etwas nicht verstanden haben. Das kann passieren, wenn man aufgeregt ist. Manchmal liegt es allerdings auch an der Fragestellung des Prüfers. Durch das Nachfragen bringen Sie ihn dazu, seine Frage noch einmal konkreter oder etwas anders zu formulieren.

9 *Stellen Sie einen Fragenkatalog zum Thema Haut zusammen.*

10 *Spielen Sie dann zu zweit ein Prüfungsgespräch nach und versuchen Sie, durch Ihre Antworten dem Gespräch eine andere Richtung zu geben.*

Richtig schreiben

Der Deutschunterricht vermittelt auch die Kompetenz, sich angemessen schriftlich auszudrücken. Unter Schreibkompetenz wird die Fähigkeit verstanden, sich der Situation entsprechend sachgerecht auszudrücken sowie Sachverhalte richtig darzustellen, logisch zu argumentieren sowie Texte grammatikalisch richtig zu verfassen.

Auch wenn in Ihrem Beruf die mündliche Kommunikation einen wesentlichen Anteil hat, so ist es wichtig, dass Sie auch schriftlich kommunizieren können. Bestellungen, Reklamationen und Anweisungen müssen häufig in schriftlicher Form verfasst werden, und auch in der Berufsschule müssen Sie in der Lage sein, schriftliche Arbeiten korrekt und grammatikalisch einwandfrei abliefern zu können.

Das folgende Kapitel gibt einen Überblick über mögliche schriftliche Kommunikationssituationen, mit denen Sie als angehender Friseur oder als Kosmetikerin konfrontiert werden können.

Kompetenzen

In diesem Kapitel lernen Sie,

- wesentliche Bereiche der Rechtschreibung und Grammatik zu vertiefen,
- wie Sie die für Ihren Beruf relevanten schriftlichen Kommunikationssituationen meistern,
- wie Sie häufig verwendete Briefarten formal und inhaltlich richtig einsetzen,
- wesentliche Aufsatzarten kennen,
- wie kreative und inhaltlich sowie formell korrekte Bewerbungen aussehen.

1 Umgang mit dem Wörterbuch und Wortarten

Impuls

Georg hat Geburtstag. Sarah, die weiß, welche Schwierigkeiten er in Rechtschreibung und Grammatik hat, reicht ihm mit einem kleinen Lächeln ein Geschenk. Georg packt es aus und schaut Sarah verständnislos an. „Ein Wörterbuch???" „Ja", sagt Sarah. „Damit machst du in Zukunft viel weniger Fehler in Deutsch." – „Meinst du wirklich?", fragt Georg zweifelnd.

Wörterbuch

Wörterbücher sind eine wichtige Informationsquelle, um die richtige Schreibweise, aber auch um die richtige Bedeutung von Wörtern zu klären. Das ist wichtig in vielen Bereichen des täglichen Lebens, da gerade offizielle Schreiben fehlerfrei sein sollten. Auch die Schulnoten sind von der Anzahl der Rechtschreibfehler abhängig. Die meisten aktuellen Wörterbücher listen Wörter auf der Basis der neuen deutschen Rechtschreibung auf. Es werden jedoch auch viele nicht unbedingt geläufige Wörter in ihrer Bedeutung erklärt.
Für die Benutzung solcher Wörterbücher gibt es einige Regeln, die man beachten und kennen sollte:

Checkliste

Mit einem Wörterbuch arbeiten

- ✓ Die Wörter sind alphabetisch gelistet (die Umlaute ä, ö, ü und äu werden wie die Vokale a, o, u und au sortiert). Das gilt sowohl für die Anfangsbuchstaben als auch für die folgenden Buchstaben im Wort, z. B. **frisieren** vor **Frisur**, aber nach **Friseur**.
- ✓ Senkrechte Striche | zeigen mögliche Worttrennungen an, z. B. **Dau|er|wel|le**
- ✓ Drei Punkte ... bedeuten, dass Teile eines Wortes ausgelassen wurden, z. B. **Haar|was|ser** *Plur.* ...wässer
- ✓ Eckige Klammern [] beinhalten Aussprachebezeichnungen, z. B. **Fri|seur** [-zø:r).
- ✓ Runde Klammern () beinhalten Erklärungen und Hinweise zur Verwendung des Wortes und ordnen es in die jeweilige Teilsprache ein, z. B. **ef|fi|lie|ren** (die Haare beim Schneiden ausdünnen).
- ✓ Gewinkelte Klammern <> geben Informationen über die Herkunft eines Wortes, z. B. **ef|fi|lie|ren** <franz.>.
- ✓ Bei Substantiven wird anschließend der dazugehörende Artikel, der Genitiv Singular und – soweit vorhanden – auch der Nominativ Plural angegeben, z. B. **Haar**, das; -[e]s, -e; *aber* Härchen.
- ✓ Verben werden in ihrer Grundform Infinitiv in die Liste der Wörter einsortiert. In der Regel werden zusätzlich folgende Formen angegeben: 2. Pers. Singular Präteritum Indikativ (Wirklichkeitsform), 2. Pers. Singular Präteritum Konjunktiv (Möglichkeitsform), Partizip II und die Imperativform (Befehlsform), z. B. **schnei|den**; du schnittst, du schnittest; ich habe mir, *auch* mich in den Finger geschnitten; schneid[e]!
- ✓ Adjektive sind mit ihren Steigerungsformen aufgeführt, z. B. **glatt**; glat|ter; *auch* glät|ter, glat|es|te *auch* glät|tes|te

In jedem Wörterbuch sind auf den ersten Seiten Tipps und Regeln zum Umgang mit dem Buch verzeichnet, ebenso finden sich hier die Erklärungen für die Aussprache der jeweiligen Wörter.
Um eine weltweit gültige Ausspracheregelung festzulegen, wurden bestimmte Zeichen entwickelt, die für jede Sprache gültig sind. Diese etwas komisch wirkenden buchstabenähnlichen Zeichen werden als internationales phonetisches Alphabet (IPA) bezeichnet. Die Phonetik beschäftigt sich mit der Lehre der Lautbildung.

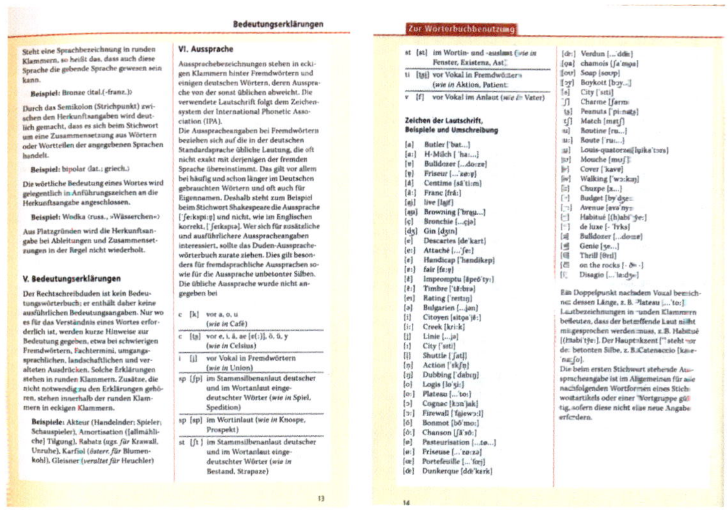

Aus: Duden, Bibliographisches Institut Mannheim, 25. Auflage, 2010, S. 13-14

Das Wort „Friseur" sieht lautschriftlich so aus: [fri'zøːɐ̯].

1 *Sortieren Sie die nachstehenden Begriffe alphabetisch korrekt.*

Lidschattentechnik	Wimpernfarbe	Haarfollikel	Cortex	Salicylsäure
Keimschicht	Gewerkschaft	Eyeliner	Rasieren	Haararten
Phaeomelanin	Messerschnitt	Turgor	Schaumtönung	Oberlippe
Hygieneverordnung	Zwillingswicklung	Dauerwelle	Nagelschäden	Volumenwelle
Ekzem	Wimpernzange	Hautalterung	Emulsion	Augenbrauen

2 *Klären Sie mithilfe eines Wörterbuchs die richtige Trennweise für folgende Begriffe.*

Oberflächenspannung	Modellierschere	Lippenkontur	Hellerfärbung
Nagellackentferner	Rötungen	Kinnbart	Frisurenberatungsprogramm
Handmassage	Ansatzwicklung	Diagnose	Einmalhandschuhe

3 *Wie lauten die Substantive (Hauptwörter) zu folgenden Verben.*

a epilieren
b adstringieren
c effilieren
d infizieren
e modellieren
f pigmentieren
g abteilen

4 *Klären Sie mithilfe des Wörterbuchs die Bedeutung folgender Wörter.*

a Camouflage
b Konkav (+ wie lautet das Gegenteil?)
c Konzentrat
d Ekzem
e Melanozyt
f Epheliden

5 Klären Sie:

a Wie lautet die 2. Pers. Singular Präteritum Konjunktiv von waschen?
b Wie lautet das Partizip II von sitzen?
c Wie lauten die Steigerungsformen von schwarz?
d Woher kommt die ursprüngliche Bedeutung des Wortes inklusive?
e Wie lautet die 2. Pers. Singular Präsens Indikativ von flechten?

Konjunktiv (Möglichkeitsform) stellt als Aussageweise (Modus) des Verbs ein Geschehen als erwünscht, möglich oder nicht wirklich dar [...].
Aus: Duden, Bibliographisches Institut Mannheim, 25. Auflage, 2010, S. 23

Partizipien (Mittelwörter): Bei Partizipien unterscheidet man zwischen Partizip I [...], z. B. hoffend [...] und Partizip II [...], z. B. gehofft [...].
Aus: Duden, Bibliographisches Institut Mannheim, 25. Auflage, 2010, S. 24

Vorne in jedem Wörterbuch sind Wortarten erklärt. Hier folgt noch einmal ein Überblick. In der deutschen Sprache werden zwei Kategorien von Wortarten unterschieden: veränderbare und nicht veränderbare.

Wortarten

Wortarten					
Veränderbare Wortarten			Nicht veränderbare Wortarten		
Adjektive (Eigenschaftswörter)	schön, modisch, farbig, gepflegt	Adjektive beschreiben Eigenschaften, Gegenstände oder dienen als Ergänzung. *„Diese modische Frisur steht Ihnen sehr gut."*	Adverbien (Umstandswörter)	heute, sofort, später, morgen, vielleicht, gerne	Adverbien bestimmen ein Verb, ein Partizip, ein Adjektiv, ein anderes Adverb oder einen ganzen Satz näher. *„Sie können heute noch einen Termin bekommen."*
Artikel (Geschlechtswörter)	der, die, das ein, eine	Artikel geben das Geschlecht eines Substantivs an. *„Der Friseur schneidet die Haare mit der Schere."*	Konjunktionen (Bindewörter)	und, als, weil, aber, dass, um	Konjunktionen verbinden Wörter, Satzteile oder Sätze. *„Ich möchte Farbe und einen Haarschnitt, weil ich nächste Woche einen wichtigen Termin habe."*
Pronomen (Fürwörter)	mein, dein, sein, dieses, jenes, er, sie	Pronomen begleiten entweder Substantive oder stehen an ihrer Stelle. *„Ist das meine Bürste?" „Nein, das ist ihre."*	Präpositionen (Verhältniswörter)	auf, in, nach, über, wegen, bei, trotz	Präpositionen beschreiben Verhältnisse und Beziehungen zwischen Personen, Gegenständen und Sachverhalten. *„Die Kundin sitzt bereits auf dem Bedienstuhl bei dem Climazon."*

Veränderbare Wortarten			Nicht veränderbare Wortarten		
Substantive (Nomen, Hauptwörter)	Salon, Farbkarte, Strähne, Wickler, Pinsel, Kamm	Substantive bezeichnen Personen, Gegenstände oder Sachverhalte. *„Der Salon meines Freundes liegt in der Stadt."*			
Verben (Zeitwörter)	schneiden, schminken, färben, waschen, beraten	Verben beschreiben eine Tätigkeit, ein Geschehen oder einen Zustand. *„Ich berate die Kundin, sie wünscht sich eine neue Frisur."*			

2 Rechtschreibung

2.1 s oder ss oder ß

Impuls

Fatma, Georgs Sitznachbarin, stupst ihn während des Unterrichts an: „Gib mir mal den weisen Stift da drüben!"
„Den weisen Stift?", fragt Georg und lacht. „Ist der klüger als die anderen oder wie?"

Im Deutschen werden drei unterschiedliche Varianten des s-Lauts unterschieden: **s**, **ss** und **ß**.

Grundsätzlich gelten zur Unterscheidung folgende Regeln:

Regel	Beispiele
Für den stimmhaften s-Laut schreibt man s.	Lesen, sausen, Dose
Für den stimmlosen s-Laut nach langem Vokal oder Doppellaut schreibt man ß.	süß, Schoß, außen
Für den stimmlosen s-Laut nach kurzen Vokalen schreibt man ss.	nass, Schloss, Fluss

Wichtiger Hinweis

Wörter auf -nis werden nur mit einem s geschrieben, ihr Plural wird mit ss gebildet: Missverständ**nis**/ Missverständ**nisse**.
Wenn auf der Tastatur das ß fehlt, darf es durch ss ersetzt werden.

1 Setzen Sie den passenden s-Laut ein.

Fri__eur, Spli__, bür__ten, abgeschlo__en, ela__tisch, krau__, Hei__wickler, flü__ig, wa__erfest, Au__engestaltung, Ba__i__linie, Begrü__ung, Gefä__erkrankung, Ka__en__y__tem, Wa__erwelle, Umri__linie, Ten__ide, Kompre__e, Lippenpin__el, Kreppei__en, neutrali__ieren, porö__, Schwei__, Prei__liste

2.2 das oder dass

Impuls

Lisa ruft abends bei Sarah an: „Sarah, ich muss bis morgen mein Berichtsheft fertig machen. Ich schreibe gerade einen Bericht über meine letzte Dauerwelle. Wenn ich schreiben will: ‚Das Dauerwellmittel, das ich verwendet habe …‘, schreibt man ‚das‘ dann mit einem oder mit zwei s?“
Sarah antwortet: „Eigentlich ist das ganz einfach, wenn man die Regeln kennt. Moment, ich erkläre sie dir.“

Das Wörtchen „das“ wird in der deutschen Sprache unterschiedlich verwendet:

- sächlicher Artikel: **das** Beratungsgespräch
- Demonstrativpronomen: **Das** war so nicht geplant.
- rückbezügliches Fürwort (Relativpronomen): das Dauerwellmittel, **das** ich verwendet habe

Als rückbezogenes Fürwort bezieht sich „das“ auf das sächliche Hauptwort im vorangegangenen Satzteil und lässt sich durch „welches“ ersetzen.

In allen anderen Fällen handelt es sich um die Konjunktion „dass“, die einen Nebensatz einleitet und deswegen auch immer mit einem Komma abgetrennt wird.

Beispiel *Ich finde es nicht gut, dass du mir nicht zugehört hast.*

2 *„Das“ oder „dass“? Wenden Sie die Regeln an und vervollständigen Sie die Sätze richtig.*

Sehr geehrte Damen und Herren,

mit Bedauern muss ich Sie darüber in Kenntnis setzen, da__ der von Ihnen gelieferte Artikel, da__ blaue Rasiermesser, seit geraumer Zeit nicht mehr funktioniert. Da__ Rasiermesser, da__ ich mir von meinem mühselig ersparten Geld gekauft habe und auf da__ ich mich sehr gefreut habe, scheint einen Defekt aufzuweisen, da es da__ Haar der Kunden eher aufraut anstatt sauber zu schneiden. Da__ Problem besteht seit mittlerweile zwei Wochen. Ich glaube, da__ der Artikel mit einer fehlerhaften Klinge ausgestattet ist und möchte Sie bitten, da__ Schreiben und damit auch mein Problem schnell zu klären. Außerdem möchte ich, da__ Sie sich entschuldigen und da__ Sie den Schaden ersetzen. So eine schlechte Qualität, da__ hätte ich von Ihnen nicht erwartet. Sie verstehen sicher, da__ da__ sehr schnell gehen muss, da da__ Schneiden von Haaren, da__ mir sehr gefällt, von mir erfordert, da__ ich sehr viel übe. Ich gehe davon aus, da__ mein Schreiben nicht unbeantwortet bleibt. Da__ würde mich sehr freuen.

Mit freundlichen Grüßen!

3 *Der oben stehende Geschäftsbrief weist einige Formfehler auf. Verbessern Sie den Brief, indem Sie ihn in die richtige Form bringen (vgl. Kapitel 3.4.4, S. 97).*

2.3 Lange und kurze Vokale

Bereits bei der Verwendung von s, ss und ß wurde von langen und kurzen Vokalen gesprochen. Zur Kennzeichnung eines lang gesprochenen Vokals wird u. a. ein Dehnungs-h verwendet.
Das Dehnungs-h ist in der gesprochenen Sprache nicht zu hören. Es dient im Schriftbild dazu, lange Vokale vor bestimmten Konsonanten anzuzeigen.

Regel Das Dehnungs-h findet sich nur vor den Konsonanten l, m, n und r, wenn der Vokal davor lang gesprochen wird.

Beispiel *Färbefehler, Dehnbarkeit, aufnehmen, Nahrungsmittelallergie*

Regel Wird der Infinitv eines Verbs mit h geschrieben, trifft das auf die anderen Formen auch oft zu.

Beispiel *empfehlen – sie empfiehlt, sehen – du siehst*

Regel Der lange Vokal i wird im Deutschen oftmals ie geschrieben.

Beispiel *Haarzwiebel, kassieren, Lieferbedingungen, rasieren, Zielgruppe*

Regel Einige (wenige) Wörter im Deutschen kennzeichnen den langen Vokal durch Vokaldoppelung.

Beispiel *Moor, See, Allee, Zoo, Aal, Paar*

4 Setzen Sie die fehlenden Vokale in die Lücken ein. Achten Sie dabei auf die Verwendung von Dehungs-h, ie und Vokaldoppelung.

Adstring__ren, Ausgangsh__rfarbe, Bed__nungsbereich, bef__len, Bez__ung, Blond__r-pulver, D__nstleistungsangebot, Direktz__er, effil__ren, Energ__verbrauchsberechnungen, F__lhaltung, fix__ren, F__ntechniken, F__rungslinie, Gew__rleistung, H__ranomalie, toup__ren, Pol__rfeile, Überd__nung, Farbw__ge

Eine ähnliche Regel wie bei ss und ß gibt es auch für die richtige Schreibweise von k/ck und z/tz.

Regel Folgt auf einen kurzen Vokal nur ein Konsonant, so wird dieser oft verdoppelt. K wird dann zu ck, z wird zu tz.

Beispiel *Bäcker, Decke, Hitze, Verletzung*

5 Vervollständigen Sie.

K – ck:

Pi__el abde__en, eine Dauerwelle wi__eln, A__ne haben, Anste__ungsgefahr, die Augen schmin__en, Färbee__e, Farb__arte, di__e Haare, kompa__ter Haarschnitt, Infe__tions-schutz

Z – tz:

Die Haut der Kundin schü__en, die Spi__en sorgfältig aufdrehen, Elasti__ität, Farbab__ug, Gese__e, glan__los, eine Gla__e bekommen, Haaransa__wäsche, Pflan__enextrakt

2.4 Worttrennung

Impuls

Sarah hat Lisas Ordner in der Hand und blättert ihn durch. „Sag mal, Lisa! Wieso schreibst du denn die Zeilen nicht voll, sondern fängst immer eine neue Zeile an?"
„Weil ich mir nie so sicher bin, wie man die Wörter richtig trennt … Und unser Lehrer macht doch am Ende vom Jahr Ordnernoten. Aber so, wie du schon wieder schaust, gibt's auch da sicher wieder irgendwelche Regeln, oder?"
„Ja!", lächelt Sarah.

Regel

- Wörter kann man beim Schreiben an den Stellen trennen, an denen man beim langsamen Sprechen eine Pause macht. Wenn man sich nicht sicher ist, kann man das Wort langsam aussprechen und darauf achten, an welchen Stellen eine kleine Sprechpause gemacht wird: Kun-den-be-ra-tung, Mik-ro-fein-ver-zah-nung.
- Wenn ein Konsonant zwischen zwei Vokalen steht, so wird er bei der Trennung in die nächste Zeile geschrieben: kne-ten, Na-gel.
- Bei mehreren Konsonanten wird nur der letzte in die neue Zeile geschrieben: Nach-be-hand-lungs-mittel, Haar-balg-ent-zün-dung.
- Feste Buchstabenverbindungen wie ch, sch, ck, ph werden nicht getrennt, sondern zusammen in die neue Zeile geschrieben: Haar-wä-sche, Le-ber-fle-cke.

- Trennung bei Wörtern mit h am Anfang einer Silbe (stummes h): Hier wird das h an den Anfang der zweiten Silbe gestellt, die Trennung erfolgt also davor: Mü-he, se-hen, dre-hen, ge-hen.
- Bei Wörtern mit Doppelkonsonant wird zwischen den Konsonanten getrennt: Käm-me, Wat-te, Map-pe, Kas-se.
- Besonderheiten: Seit der Rechtschreibreform darf man st trennen: Kis-te, Ca-la-mis-trum.

6 Suchen Sie aus den vorangegangenen Aufgaben 20 Wörter heraus und trennen Sie diese an der richtigen Stelle. Ergänzen Sie jeweils fünf eigene Vorschläge mit ck bzw. tz.

2.5 Groß- und Kleinschreibung

Impuls

Lisa und Georg sitzen zusammen auf der Couch und schauen Fernsehen. Plötzlich sagt Lisa: „Sag mal, hast Du auch so große Schwierigkeiten bei der Groß- und Kleinschreibung? Ich blick da irgendwie nicht durch. Und jetzt hab ich deswegen schon wieder 'ne Note Abzug bekommen." Georg antwortet: „Ich kann auch nicht alles, aber bei der Großschreibung gibt es drei Bereiche, die man beherrschen muss: Satzanfänge, Eigennamen und Nomen werden großgeschrieben. Das ist eigentlich ganz einfach."

Grundsätzlich gilt, dass alle Substantive (Hauptwörter/Nomen) großgeschrieben werden, ebenso Eigennamen und Satzanfänge.

Substantive sind z. B. Bezeichnungen für Gegenstände und Lebewesen wie: Friseurin, Salon, Garderobe, Bedienplatz, Waschbecken, Vorschlag.

Alle wie Nomen gebrauchte Wörter anderer Wortarten werden ebenfalls großgeschrieben. Wie Nomen gebrauchte Wörter kann man erkennen an

- ihren Begleitern (Artikel, Pronomen, Zahlwörter, Adjektive) oder
- Präpositionen.

Regel Jedes Wort am Anfang eines Satzes wird großgeschrieben. Das betrifft auch das erste Wort bei der direkten Rede.

Beispiel *Lisa fragt Georg: „Gehst du mit mir ein Eis essen?"*

Regel Wenn nach einem Doppelpunkt ein selbstständiger Satz folgt (also mit Subjekt und Prädikat), wird auch hier das erste Wort großgeschrieben.

Beispiel *Pilzerkrankungen sind ansteckend und gehören in die Behandlung eines Arztes: Das gilt für alle Arten von Pilz, egal ob Fuß- oder Hautpilzerkrankungen.*

Regel Eigennamen sowie geografische Namen werden ebenfalls großgeschrieben.

Beispiel *Sarah Kirsch, Europa, Deutschland, Schwäbische Alb*

Alle Substantive werden großgeschrieben. Das gilt auch für Substantive, die zusammengesetzt oder mit Bindestrich aneinandergereiht wurden. Da jede Wortart zum großzuschreibenden Substantiv werden kann, lassen sich diese Substantivierungen in der Regel an den vorangestellten Begleitwörtern erkennen. Als Begleitwörter können stehen: Artikel, Präpositionen, unbestimmte Zahlwörter oder Pronomen.
Die Großschreibung kann auch durch ein Adjektiv als Attribut angekündigt werden.

Aus: Irys Feurig, Manfred Jahn: Deutsch/Kommunikation – Hotel und Gastronomie, Köln, Bildungsverlag EINS 2009, S. 125

Beispiel

- *Mit Artikel:*
  ***Das** Zuhören in der Schule reicht oftmals schon, um den Stoff zu verstehen.*
- *Mit Präposition:*
  ***Beim** Färben muss man darauf achten, dass man sich und die Kundin schützt.*
- *Mit unbestimmtem Zahlwort:*
  *Die Fortbildung zum Thema Haarpflege brachte mir **wenig** Neues.*
- *Mit Pronomen:*
  Dein *Üben hat sich gelohnt, du bist wirklich besser geworden.*
- *Mit Adjektiv als Attribut:*
  Langes Warten lohnt sich. Die Farbe ist toll.

7 Schreiben Sie den Text grammatikalisch korrekt ab.

WIE ICH SCHON KURZ ANGEDEUTET HABE, SOLLTEN UNSERE HAARE URSPRÜNGLICH ZUM BEISPIEL VOR SONNENSTRAHLEN UND KÄLTE SCHÜTZEN, HEUTE JEDOCH STEHT IHRE SCHMÜCKENDE FUNKTION IM VORDERGRUND. NUR NOCH DIE HAARE IN NASE UND OHREN (STAUB) UND DIE AUGENBRAUEN UND WIMPERN (SCHWEISS) HABEN ECHTE SCHUTZFUNKTIONEN. DAS HAAR IST EIN ANHANGGEBILDE DER HAUT UND IN SEINER BESCHAFFENHEIT VOM GESUNDHEITSZUSTAND UND DER ART DER PFLEGE DES GANZEN KÖRPERS ABHÄNGIG. ES DIENT UNS AUCH ALS TASTSINN-ÜBERMITTLER UND MELDET LEICHTESTE BERÜHRUNGEN ODER DEN LEISESTEN WIND. DIE GESCHIEHT ÜBER DIE NERVEN, DIE ZUM HAAR FÜHREN.

Aus: Reinhold Kopp: Das Geheimnis schöner Haare. Mehr Ausstrahlung durch innere Harmonie, München, Kösel Verlag 2001, S. 25

8 Entscheiden Sie: groß oder klein?

Das Haar/haar ist der Schmuck/schmuck, mit dem die Natur/natur den Menschen/menschen ausstattet – dem nackten Affen/affen zum Trost/trost dafür, dass er am Körper/körper so Kahl/kahl ist. Der männliche Teil/teil der Menschheit/menschheit ist durchaus zufrieden Damit/damit und lässt sich, wenn die Fülle/fülle oberhalb der Stirn/stirn nachlässt, gern einen Bart/bart stehen. Das weibliche Geschlecht/geschlecht, ohne darum Eitler/eitler zu sein, hat den schärferen Blick/blick fürs Schöne, liebt Locken/locken und Wellen/wellen, weil die dem Antlitz/antlitz schmeicheln, und bringt das Haar/haar künstlich in Form/form, wo die natürliche Krause/krause nicht ausreicht.

Aus: Sabina Scholpp: Über Trockenhauben, in: Glatze, Zopf und Dauerwelle. Ein haariges Lesebuch. Stuttgart, Reclam Verlag, S. 26

Groß- und Kleinschreibung bei Tageszeiten

Regel

Sämtliche Tageszeiten, die nach Adverbien wie „gestern", „heute" oder „morgen" stehen, werden großgeschrieben, da sie als Substantive gelten.

Beipiel

- *gestern Nacht*
- *morgen Mittag*
- *übermorgen Abend*

Wichtiger Hinweis

Aber: morgens, nachts, montags, nachmittags usw. wird kleingeschrieben.

9 Schreiben Sie einen kurzen Text (eine halbe Seite), in dem mindestens fünf Tageszeiten genannt werden. Geben Sie den Text Ihrem Sitznachbarn zur Korrektur. Ziehen Sie im Zweifelsfall ein Wörterbuch zurate.

10 Groß oder klein?

Ergänzen Sie die fehlenden Buchstaben.

a Im ___llgemeinen endet die duale Ausbildung zum Friseur/zur Kosmetikerin nach drei Jahren.

b Unter ___estimmten Voraussetzungen ist jedoch eine Lehrzeitverkürzung möglich.

c Erst ___estern ___bend habe ich einen interessanten Artikel zu diesem Thema gelesen.

d Der Artikel stand in der ___euen ___undschau.

e Meine Ausbilderin war aufs ___ußerste überrascht über die Information.

f Jetzt wissen wir ___escheid, wie wir vorgehen müssen und tappen nicht mehr länger im ___unkeln.

g Wir müssen jetzt das ___ür und ___ider abwägen und werden uns dann entscheiden.

h Mehr als ___ier ___ünftel der Jugendlichen (82 %) sind der Meinung, dass Schüler mit einem Hauptschulabschluss bei der Lehrstellensuche und der anschließenden Arbeitsplatzsuche benachteiligt werden.

i In der ___undesrepublik teilen sich Jugendliche zu je ___inem ___rittel auf Hauptschulen, Realschulen und Gymnasien auf.

j Im Kampf um Ausbildungs- und Arbeitsplätze ist der Schulabschluss das ___rste, entscheidende Wettbewerbskriterium, bei dem Hauptschulabsolventen systematisch gegenüber anderen Absolventen benachteiligt sind.

Text h-j aus: Jugend und Beruf. Repräsentativumfrage zur Selbstwahrnehmung der Jugend in Deutschland, Bertelsmann Stiftung, Gütersloh 2005, http://www.bertelsmann-stiftung de/bst/de/media/Studie_ Jugend_ und_Beruf.pdf, Stand: 18.03.2011

3 Zeichensetzung

Der einfache Satz „Wir essen jetzt Opa!" bekommt ohne Satzzeichen eine ganz andere Bedeutung. Kommas sind wichtige Hilfsmittel, um Sätze verständlich zu machen und wichtige Satzteile hervorzuheben.

3.1 Das Komma bei Einschüben, Anreden und Nachträgen

Regel Einschübe, Anreden, Ausrufe und Nachträge werden durch Kommas vom übrigen Satz getrennt.

Beispiel

Im kommenden Jahr, spätestens im Mai, werden wir heiraten. (Einschub)
Georg, könntest du mir bitte helfen? (Anrede)
Einen Moment bitte, ich bin gleich bei Ihnen! (Ausruf, vorangestellt)
Beim letzten Mal haben wir die Haare kastanienbraun getönt, eine wunderbare Farbe. (Nachtrag)

Wichtiger Hinweis

Einschübe und Nachträge können auch durch Gedankenstriche vom restlichen Satz abgehoben werden, das verleiht ihnen mehr Gewicht.

1 Setzen Sie die fehlenden Kommas.

a Lisa geh bitte ans Telefon.

b Entschuldigung wie komme ich von hier zum Bahnhof?

c Nein damit habe ich nicht gerechnet.

d Den Eindruck hatte ich vielleicht auch alle anderen bereits schon lange.

e Frau Müller kommt zur Maniküre genauer zum Nageldesign.

f Oh je das hätte ich beinahe vergessen.

g Der Bus kommt gleich in zwei Minuten.

3.2 Das Komma bei Aufzählungen

Regel Bei Aufzählungen steht das Komma zwischen gleichrangigen Wörtern und Wortgruppen, die nicht durch „und" oder „oder" verbunden sind.

Beispiel *Dauerwelle, Haarschnitte, Farben und Hochsteckfrisuren gehören zu unserem exklusiven, umfangreichen Dienstleistungsangebot.*

Regel Wenn Adjektive nicht gleichrangig sind, steht kein Komma.

Beispiel *Ein berühmter deutscher Friseur (gemeint ist hier, dass der deutsche Friseur berühmt ist, nicht dass der Friseur berühmt und deutsch ist).*

Regel Adjektive, die eine Herkunft, eine Farbe, ein Material oder eine Zugehörigkeit ausdrücken, sind nicht gleichrangige Adjektive.

Beispiel *Ein bekanntes deutsches Bauwerk (Herkunft), der feinkörnige weiße Sand (Farbe), das gute silberne Besteck (Material), die allgemeine politische Lage (Zugehörigkeit)*

Regel Vor „und", „oder", „sowie", zwischen „weder … noch", „sowohl … als auch", „entweder … oder" steht kein Komma.
Kommas stehen vor Konjunktionen, die Gegensätze ausdrücken, wie: „sondern", „aber", „vielmehr", „dagegen", „jedoch" usw.

2 Setzen Sie die fehlenden Kommas. Beachten Sie dabei die Regeln.

a Schwarz Braun und Blond sind die Farbtiefen auf der Farbkarte während Natur Asch Gold Kupfer Rot Violett und Braun die Farbrichtung angeben.

b Das störrische ergraute Haar lässt sich schwer färben.

c Rundes asiatisches Haar lässt sich nur bedingt umformen.

d Sowohl in der Schule als auch im Betrieb lernen wir etwas zum Thema Haareschneiden.

e Die Benutzung eines Glätteisens schadet den Haaren Lufttrocken jedoch ist weniger schädlich.

f Wasserwelle und Papillotieren gehören nicht zu meinen Lieblingsbeschäftigungen.

3.3 Das Komma zwischen Sätzen

Regel Grammatikalisch vollständige Sätze werden durch ein Komma voneinander getrennt, sofern sie nicht durch eine Konjunktion wie „und" oder „oder" miteinander verbunden sind. Nebensätze (grammatikalisch unvollständige Sätze) werden immer durch ein Komma abgetrennt.

Diese Regel kann man nur anwenden, wenn man in der Lage ist, einen grammatikalisch vollständigen Satz zu erkennen. Die einfachste Variante eines vollständigen Satzes besteht aus Subjekt und Prädikat.

Beispiel *Lisa schläft. Peter liest. Tom spielt.*

Diese drei Sätze lassen sich durch Komma und Konjunktion miteinander verknüpfen: Lisa schläft, Peter liest und Tom spielt.

Im Deutschen sind die Sätze im Normalfall komplexer, sie werden z. B. durch Objekte ergänzt.

Beispiel

Ich	schenke	dir	ein Buch.
Subjekt	Prädikat	Dativobjekt	Akkusativobjekt

Wichtiger Hinweis

Wenn man sich nicht sicher ist, ob ein Satz ein Hauptsatz ist, kann man testen, ob er alleine auch einen Sinn ergibt.

3 ***Markieren Sie in den folgenden Sätzen Subjekt und Prädikat. Überlegen Sie, um wie viele Sätze es sich handelt und setzen Sie bei Bedarf Kommas.***

a Ich denke die meisten Menschen wissen ein bisschen über Chemie.
b Chemie ist ein Schulfach das mir besonders viel Spaß gemacht hat.
c Im Berufsschulunterricht müssen wir auch viel Chemie lernen und dazu noch Biologie.
d Beide Fächer sind wichtig um notwendige Kenntnisse im Beruf zu haben.
e So kann man z. B. eine gute Farbe nur dann machen wenn man die Grundlagen der Farblehre verstanden hat.
f Goethe Küppers und Itten haben sich sehr intensiv mit diesem Thema beschäftigt.
g Wer hätte gedacht dass Goethe ein berühmter deutscher Dichter sich auch mit dem Thema Farbe auseinandergesetzt hat?

Es gibt einige nebensatzeinleitende Wörter, die das Erkennen von Nebensätzen leichter machen.

Lisa schreibt Georg, **dass** sie später kommt.	Nebensatzeinleitende Konjunktion
Georg schreibt einen Aufsatz, **der** drei Seiten lang ist.	Relativsatz (kann ersetzt werden durch „welcher“)
Wer glücklich ist, sollte das zeigen.	Subjektsatz
Als es hell war, ging Georg zum Arbeiten.	Adverbialsatz

3.4 Das Komma bei Infinitivgruppen

Regel Infinitivgruppen **können** mit Kommas abgetrennt werden, um die Gliederung des Satzes zu verdeutlichen. Sie **müssen** mit Kommas abgetrennt werden, wenn sie durch Wörter wie „um“, „als“, „anstatt“, „außer“, „statt“ und „ohne“ eingeleitet werden.

Beispiel *Sie ging durch den Regen, **ohne** nass zu werden.*
*Sie rief bei ihm an, **um** seine Stimme zu hören.*

Ebenfalls mit Kommas abgetrennt werden Infinitive, die von einem Subjekt abhängen

Beispiel *Meine Idee, **ein Konzert** zu besuchen, wurde von allen angenommen.*

oder die mit einem hinweisenden Wort angekündigt werden.

Beispiel *Ich liebe **es**, im Sommer lang am See zu sitzen.*
*Erinnere mich **daran**, das Paket zur Post zu bringen.*

4 ***Markieren Sie mögliche Signalwörter und setzen Sie die fehlenden Kommas.***

- *a* Es gibt nichts Besseres als gute Freunde zu haben.
- *b* Yasemin ist der Meinung nicht genug getan zu haben.
- *c* Unser Plan im Herbst Urlaub zu machen scheiterte.
- *d* Lisa hat das Ziel endlich aufzuräumen.
- *e* Georg geht heute in die Stadt um sich eine neue Hose zu kaufen.
- *f* Zu singen das ist ihr großes Hobby.

4 Schriftliche Arbeiten

Um als Friseur oder Kosmetikerin immer auf dem neuesten Stand zu sein, gibt es unterschiedliche Möglichkeiten der Informationsbeschaffung und -wiedergabe. Nicht alles kann mündlich weitergegeben werden, oft wird auch schriftlich formuliert. Dazu ist es notwendig, unterschiedliche schriftliche Darstellungsformen zu kennen, zu verstehen und anwenden zu können.

4.1 Schaubilder auswerten

Viele Informationen können durch Schaubilder grafisch wiedergegeben werden.
Es gibt unterschiedliche Arten von Schaubildern:

Säulendiagramm

Säulendiagramme werden am häufigsten bei der grafischen Darstellung von Sachverhalten genutzt. Auf einer horizontal verlaufenden Linie (x-Achse) werden die einzelnen Messergebnisse oder Zahlen durch senkrecht stehende Blöcke veranschaulicht. Je nach Höhe der einzelnen Blöcke lassen sich Unterschiede darstellen.

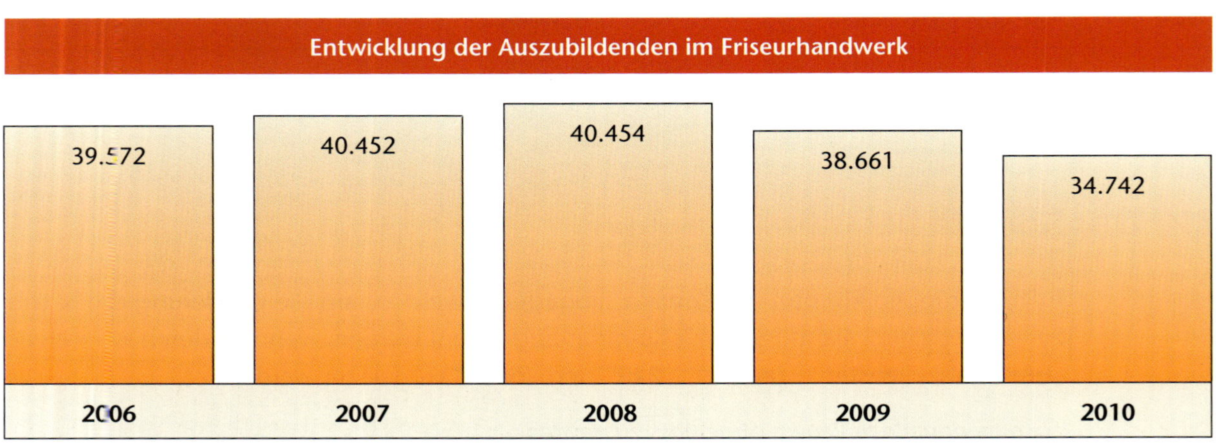

Quelle: Zentralverband des deutschen Handwerks, Berlin, 2010

Das auf der Vorderseite stehende Säulendiagramm lässt sich wie folgt beschreiben:

Der Zentralverband des deutschen Handwerks, Berlin, stellt in seinem Schaubild zur Entwicklung der Auszubildenden im Friseurhandwerk die Entwicklung der Zahlen in den Jahren 2004 bis 2008 dar. In der Zeit von 2004 bis 2006 gehen die Zahlen der Auszubildenden von 40.511 auf 39.572 zurück, ab 2007 steigen die Zahlen wieder auf 40.452 und liegen im Jahr 2008 mit 40.454 geringfügig höher als im Jahr 2004.

Balkendiagramm

Balkendiagramme sind ebenfalls gängige Darstellungsformen. Sie ähneln den Säulendiagrammen, die zu vergleichenden Werte werden jedoch nicht horizontal, sondern vertikal (y-Achse) angezeigt. So lassen sich Rangfolgen gut verdeutlichen.

Anteile der einzelnen Dienstleistungen 2007/2008 in Prozent – Damensalon

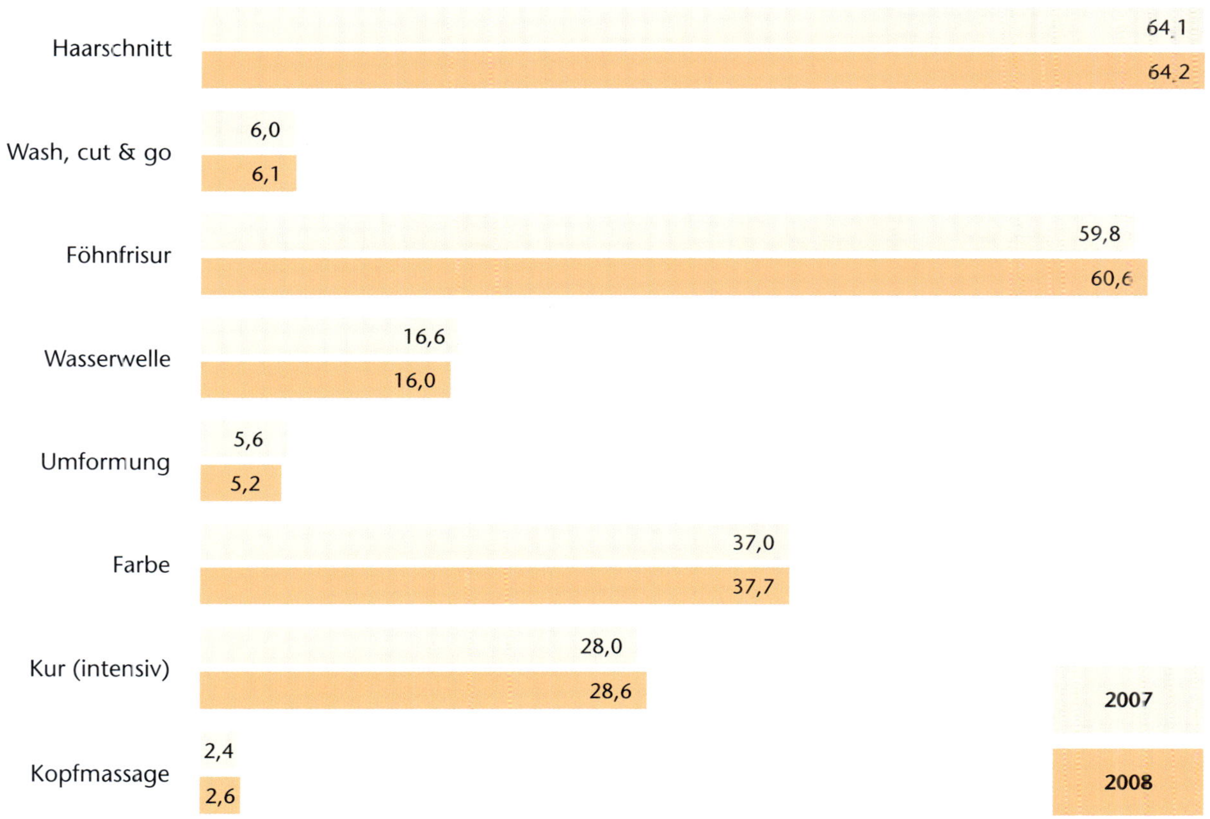

Quelle: EVA-Dienstleistungsscheck, Wella AG, 2009

Das oben stehende Balkendiagramm lässt sich wie folgt beschreiben:

In einer Studie der Firma Wella aus dem Jahr 2009 mit dem Titel „Anteile der einzelnen Dienstleistungen 2007/2008 in Prozent – Damensalon" werden die prozentualen Anteile der einzelnen Dienstleistungsbereiche im Damensalon in den Jahren 2007 und 2008 miteinander verglichen.

Das Diagramm zeigt zum einen, dass es in beiden Jahren keine wesentlichen Veränderungen in der Rangfolge gegeben hat, zum anderen sind die prozentualen Schwankungen der einzelnen Dienstleistungen minimal.

An der Spitze der am häufigsten gewünschten Dienstleistungen liegt in beiden Jahren der Haarschnitt (2007: 64,1 %, 2008: 64,2 %) die prozentuale Abweichung beträgt nur 0,1 %. Auf dem zweiten Platz finden sich Föhnfrisuren, deren prozentualer Anteil um 0,8 % von 59,8 % auf 60,6 % gestiegen ist. An dritter Stelle liegen farbverändernde Haarbehandlungen, deren Anteil von 2007 bis 2008 um 0,7 % gestiegen ist.

An vierter Position finden sich Kurbehandlungen, die mit 28,0 % im Jahr 2007 bzw. 28,6 % im Jahr 2008 immerhin fast ein Drittel der gewünschten Behandlungen ausmachen. Erstaunlicherweise logieren Wasserwellfrisuren auf dem fünften Platz und liegen mit 16,6 % bzw. 16,0 % noch deutlich vor „Wash, cut & go"-Angeboten, dauerhaften Umformungen und Kopfmassagen, die auf den hinteren Plätzen der Rangfolge liegen. Der Trend bei Wasserwellfrisuren scheint jedoch leicht (0,6 %) zurückzugehen.

Kreisdiagramm

Kreisdiagramme werden auch als Kuchen- oder Tortendiagramme bezeichnet. Die einzelnen Messergebnisse werden ähnlich wie Kuchenstücke in prozentualen Anteilen als Teil eines Ganzen (100 %) dargestellt. Zur besseren Übersicht können die einzelnen Segmente (Teilstücke) in unterschiedlichen Farben dargestellt werden.

Nitrosamingehalte in Kosmetika

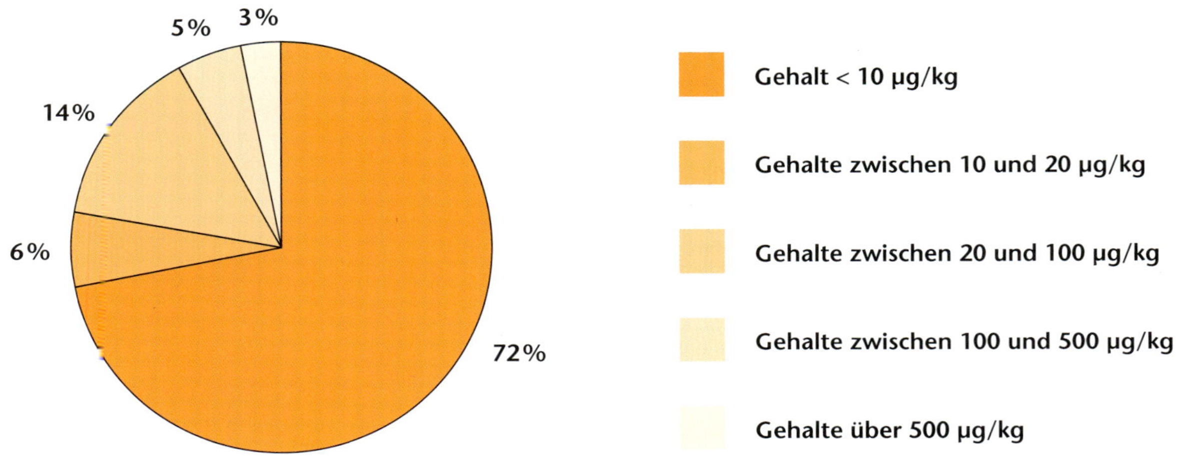

Quelle: LGL, Erlangen

Das oben stehende Kreisdiagramm lässt sich wie folgt beschreiben:

Bei einer Untersuchung verschiedener Kosmetika auf den Anteil der darin enthaltenen Nitrosamine (krebserregende Substanzen) des Bayerischen Landesamts für Gesundheit und Lebensmittelsicherheit wurden in 72 % der getesteten Kosmetika Nitrosamingehalte unter der Maximalgrenze von 10 µg/kg festgestellt. 28 % der Produkte liegen mit ihrem Nitrosamingehalt über dieser Maximalgrenze und sind damit als bedenklich einzustufen. Bei 5 % der getesteten Produkte wurden Nitrosaminwerte zwischen 100 und 500 µg/kg gemessen, bei 3 % der Kosmetika lagen diese Werte sogar über 500 µg/kg.

Kurvendiagramm

Kurvendiagramme zeigen die Veränderungen bestimmter Entwicklungen innerhalb eines festgelegten Zeitraums. Durch die durchgezogene Linie lassen sich Schwankungen deutlich erkennen.

In dem Kurvendiagramm des Bundesverbands Parfümerien zeigt sich der Umsatz der Parfümindustrie in Milliarden Euro vom Jahr 1999 bis 2005. Es ist bis zum Jahr 2001 ein deutlicher Anstieg zu verzeichnen, der in den nachfolgenden Jahren wieder zurückgeht.

Die nebenstehenden Kreisdiagramme verdeutlichen, wie sich der Umsatz auf die verschiedenen Geschäfte, aber auch auf die unterschiedlichen Produktsparten aufteilt.

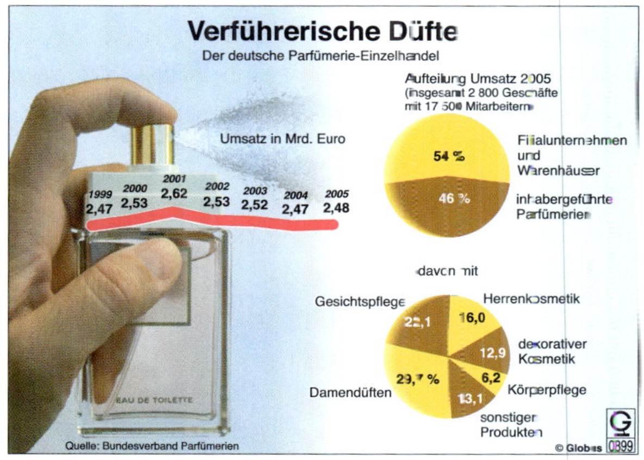

1 Fassen Sie die Inhalte der folgenden Schaubilder in Worten zusammen:

1/3 des Wassers

für das Duschen, Baden und für die Körperpflege.

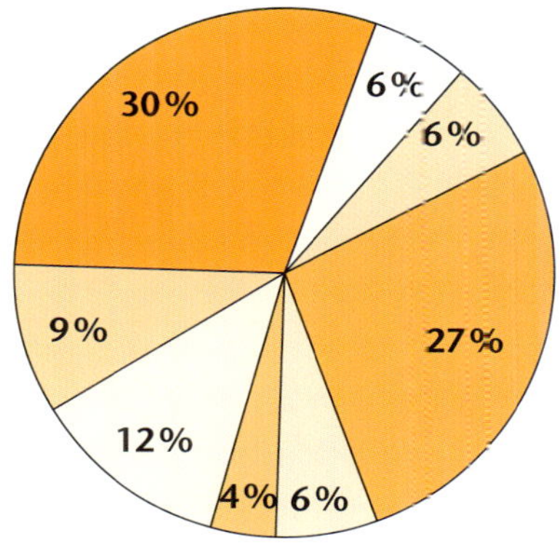

30 % Bad/Dusche
27 % Toilette
12 % Wäsche
6 % Körperpflege
6 % Geschirr
6 % Auto/Garten
4 % Trinken/Kochen
9 % Sonstiges

Vital Consult, Verden, 2011

Das nebenstehende Kreisdiagramm mit dem Titel ____________________ zeigt prozentual, wofür Wasser in Haushalten verwendet wird.

Etwa ____________ des Wassers werden für Bad/Dusche verbraucht.

An zweiter Stelle liegt mit ____________ die Toilette.

An dritter Stelle folgt der Bereich ________ mit ________%.

Der Bereich Sonstiges fällt mit ________ % ins Gewicht.

Gleichwertig finden sich die Bereiche __________ __________ __________ an fünfter Position mit ________ %.

Das Schlusslicht bildet mit ________ % der Bereich ____________________.

____

____

____

____

____

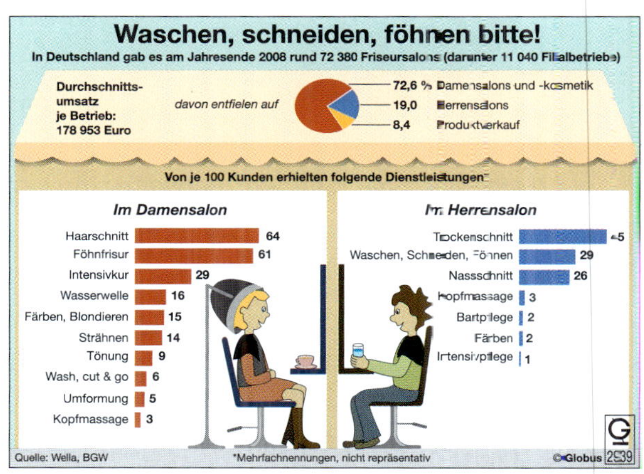

2 Interpretieren Sie die Schaubilder.
a An welcher Stelle ließe sich Ihrer Meinung nach, folgt man Schaubild 1, Wasser einsparen?
b Wie können Sie als Endverbraucher dazu beitragen, Wasser zu sparen?

Checkliste

Den Inhalt eines Schaubilds wiedergeben

Einleitung:
- ✓ Im Einleitungssatz stehen: Quelle, Titel, Erscheinungsort und Erscheinungsdatum des Schaubilds.
- ✓ Aus wie vielen Teilen besteht das Schaubild?
- ✓ Welche grafische Darstellungsform wurde gewählt?
- ✓ Worum geht es in den einzelnen Teilen?

Hauptteil:
- ✓ Auffällige Zahlen, Entwicklungen oder Ergebnisse werden benannt.
- ✓ Nicht jedes Ergebnis muss erwähnt werden.
- ✓ Interpretation der Ergebnisse: Wie sind die Auffälligkeiten bestimmter Ergebnisse oder Entwicklungen zu deuten?

Schluss:
- ✓ Abschlusssatz: Hier werden die Ergebnisse noch einmal kurz zusammengefasst.
- ✓ Welche Auswirkungen können diese Ergebnisse haben?
- ✓ Gibt es Lösungsvorschläge?

3 Schreiben Sie eine vollständige Schaubildanalyse zu folgendem Schaubild.

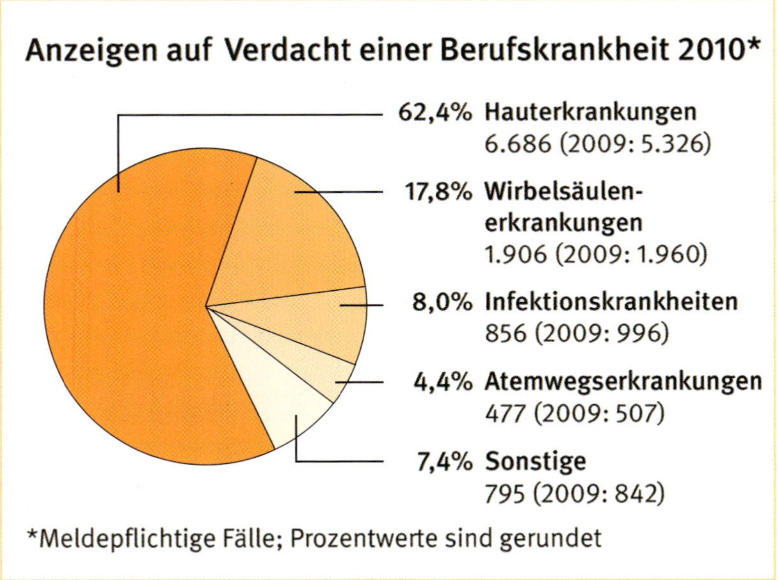

Quelle: BGW, Hamburg 2010

4.2 Berichte

Berichtet wird in vielen Lebenslagen: Zeitungsberichte geben Auskunft über bestimmte Ereignisse, ebenso Radiosendungen oder Internetblogs. Bei einem Unfall oder einem Feuerwehreinsatz müssen Berichte geschrieben werden, die über das Geschehene informieren.

Berichte in Zeitungen

4 Lesen Sie den nachstehenden Bericht.
Worin unterscheidet sich der Zeitungsartikel von einer Erzählung?

Camilla gibt 4000 Euro für den Friseur aus

Die Haarpracht von Camilla Parker-Bowles ist kostspielig: Im Monat gibt die Ehefrau von Prinz Charles mehr als 4000 Euro für Friseurbesuche aus. Dabei sieht man ihr das gar nicht an.

Die Ehefrau von Prinz Charles, Camilla, soll nach einem Zeitungsbericht jeden Monat mehr als 3000 Pfund (rund 4300 Euro) für den Friseur ausgeben. Für die Herzogin von Cornwall steht nach Informationen der Boulevardzeitung „Daily Mail“ der Londoner Prominentenfriseur Hugh Green auf Abruf bereit. Auf Wunsch von Camilla komme Green, der auch Hollywood-Stars wie Joan Collins zu seinen Kundinnen zählt, zum Hausbesuch vorbei.
Die Rechnungen für den Coiffeur werden allerdings nicht aus Steuermitteln beglichen. Prinz Charles, der eine Apanage vom britischen Hof bekommt, bezahlt den Friseur aus seiner Privatschatulle, berichtete das Blatt unter Berufung auf die Umgebung von Camilla. Das Büro des britischen Thronfolgers erklärte zu dem Bericht: „Der Prinz begleicht die persönlichen Ausgaben der Herzogin von Cornwall aus seinem eigenen Einkommen, auf das er Steuern zahlt. Diese Zahlen werden nicht veröffentlicht.“

© Lewis/DPA, Teure Fönfrisur: Camilla Parker-Bowles

Aus: Stern vom 13.03.2006, http://www.stern.de/lifestyle/leute/:Royals-Camilla-4000-Euro-Friseur/557596.html, Stand: 03.03.09

Ein Bericht ist immer nach dem gleichen Prinzip aufgebaut: In möglichst knappen Sätzen wird durch die Beantwortung der W-Fragen das Geschehen möglichst genau geschildert. Bei einem Zeitungsbericht erfolgt das in den meisten Fällen durch den sogenannten Lead-Stil. Als „Lead“ wird der Vorspann bezeichnet, der meist fett gedruckt ist. In diesem Lead werden die wesentlichen Aspekte des Berichts bereits benannt, im Nachrichtentext werden die Vorgänge genauer geschildert.
Durch einen solchen Lead gibt man dem Leser die Möglichkeit, sich schnell einen Überblick über die Inhalte des Berichts zu verschaffen, um anschließend zu entscheiden, ob der Text interessant ist oder nicht.

Checkliste

Berichte verfassen

- ✓ Beantworten Sie die W-Fragen:
  - Wer?
  - Was?
  - Wann?
  - Wo?
  - Wie?
  - Warum?
  - Welche Folgen?
- ✓ Die Überschrift sollte spannend sein und kurz und präzise das Wichtigste des Inhalts auf den Punkt bringen.
- ✓ Das Wichtigste zuerst, das Unwichtige am Schluss.
- ✓ Berichte werden im Präteritum verfasst.

5 An welcher Stelle im Text werden die W-Fragen beantwortet? Markieren Sie diese farbig.

Vier von zehn Deutschen gehen zum Friseur

Die Kunden profitieren von dem starken Wettbewerb. Preiserhöhungen seien im Friseurgewerbe kaum durchzusetzen, sagt ZV-Justiziar Weckel. „Die Kunden wechseln dann nicht unbedingt den Laden, sondern sie kommen einfach seltener." Frauen gehen statistisch gesehen noch 5,2 Mal im Jahr zum Friseur, Männer 6,85 Mal. Und: „39 Prozent der deutschen Bevölkerung gehen überhaupt nicht zum Friseur", berichtet Weckel. Sie ließen sich wohl privat die Haare schneiden – entweder „selbst gemacht" oder „schwarz". Der Gesamtumsatz der Branche von schätzungsweise rund fünf Milliarden Euro könnte um bis zu ein Viertel höher liegen – wenn er nicht durch Schwarzarbeit verloren ginge, meint Weckel.

Dass Schwarzarbeit bei Friseuren besonders verbreitet ist, erscheint Brancheninsidern angesichts der mancherorts gezahlten Löhne nicht verwunderlich. Während in Westdeutschland nach Angaben der Gewerkschaft Ver.di noch „ganz gute Abschlüsse" erzielt worden seien, sehe es in einigen ostdeutschen Bundesländern „katastrophal" aus. „Da zahlt praktisch jeder, was er will, die Tarifverträge sind teils völlig veraltet und stammen noch aus den 1990er-Jahren", sagt Sylva Hieckmann vom zuständigen Ver.di-Fachbereich. Nach Angaben des Statistischen Bundesamtes lag 2006 der Tarif-Stundenlohn für Friseure im ersten Berufsjahr in Sachsen bei 3,82 Euro.

Wegen der kleingegliederten Branche sei es für Ver.di schwer, Druck zu machen. Mit einigen Landesinnungen in Ostdeutschland gebe es seit Jahren keine Gespräche mehr, weil die Vorstellungen von Arbeitgebern und Gewerkschaft meilenweit auseinanderlägen. „Da ist kein Land in Sicht." jom/dpa

Aus: Focus, http://www.focus.de/finanzen/news/arbeitsmarkt/tid-9529/friseurbranche-vier-von-zehn-deutsche-gehen-zum-friseur_aid_269193.html, Stand: 03.08.2009

Arbeitsberichte schreiben

Während der Ausbildung muss jeder Auszubildende ein Berichtsheft führen. Hier wird – entweder in Form von Wochen- oder Tagesberichten – schriftlich festgehalten, was im Betrieb und in der Berufsschule gemacht worden ist.

Das Führen des Berichtshefts ist Voraussetzung für die Ausbildung und sollte somit während der Arbeitszeit erledigt werden. Der Ausbilder muss das Berichtsheft regelmäßig kontrollieren und die Richtigkeit der Angaben durch seine Unterschrift bestätigen.

Ein vollständig geführtes Berichtsheft ist Teil der Zulassung zur Abschlussprüfung und wird von der Prüfungskommission überprüft.

Wichtiger Hinweis

Schreiben Sie Ihr Berichtsheft regelmäßig und führen Sie die erforderlichen Arbeitsproben durch, wenn Sie Zeit dafür haben. Vor der Prüfung haben Sie genug Stress mit anderen Dingen, ein nicht vollständiges Berichtsheft ist nur eine zusätzliche Belastung und nimmt sehr viel Zeit in Anspruch. Achten Sie darauf, Ihre Arbeitszeiten vollständig einzutragen. Falls Sie das Gefühl haben, dass Sie zu viel arbeiten, lässt sich das anhand des Berichtshefts nachvollziehen.

Tagesberichte

Hier wird in kurzer, protokollartiger Weise der Tagesablauf kurz wiedergegeben. Die einzelnen Tätigkeiten können stichpunktartig aufgelistet werden. Die Arbeitszeiten sollten auch hier unbedingt genau vermerkt werden. Erstellen Sie sich eine Tabelle nach folgendem Muster.

Wochenbericht			
Tag	Nachweis der in der Woche geleisteten Arbeit	Einzelstunden	Gesamtstunden
Montag			
Dienstag			

6 Schreiben Sie Georgs Arbeitstag als Tagesbericht in das Berichtsheft, die Zeiten übernehmen Sie aus Ihrem betrieblichen Alltag.

Georg hat heute insgesamt 10 Kunden die Haare gewaschen, er hatte eine Langhaarkundin, die sich eine deutliche Hellerfärbung mittels Foliensträhnentechnik gewünscht hatte, und ein Herrenmodell zum Schneiden.

Am Vormittag kam eine große Lieferung des Friseureinkaufs mit Farben, Haarspray und Shampoo-Nachschub. Für das Auspacken und Einsortieren dieser Lieferung brauchte Georg etwa 2 Stunden.

Nachmittags war wenig los, so mussten Georg und die Auszubildende im 1. Lehrjahr eine Stunde lang die Fenster des Salons putzen und die Regale im Kassenbereich säubern.

Georg hat viele telefonische Terminanfragen übernommen (Gesamtzeit etwa 45 Minuten).

Die restliche Arbeitszeit (von insgesamt 8 Stunden) hat Georg Wickler sortiert, Bürsten gereinigt und Strähnenfolien vorbereitet.

Wochenberichte

Wochenberichte unterscheiden sich von Tagesberichten insofern, als dass sie in ganzen Sätzen geschrieben werden. Sie sind ausführlicher als Tagesberichte und listen nicht nur die durchgeführten Tätigkeiten auf, sondern beschreiben diese auch detaillierter. Es ist wichtig, dass in dem Bericht folgende Angaben enthalten sind:

- Tag
- Ort
- Zeit (die Zeiten für die Einzeltätigkeiten sowie die Gesamtarbeitszeit)
- Art der ausgeführten Tätigkeiten
- Ablauf der einzelnen Tätigkeiten
- verwendete Materialien und Arbeitsmittel
- Ergebnis

Wichtiger Hinweis

Achten Sie auf eine sachliche und nüchterne Sprache, verwenden Sie Fachbegriffe. Vermeiden Sie persönliche Einschätzungen wie „Das fand ich nicht gut", „Das hat mir keinen Spaß gemacht" oder „Ich musste das tun".
Ein Bericht ist keine Nacherzählung, also fassen Sie sich so kurz wie möglich. Ein Bericht wird im Präteritum geschrieben, Zitate von Personen sind in indirekter Rede wiederzugeben.

7 Schreiben Sie Georgs Tagesablauf in Form eines Wochenberichts.

Protokolle

Protokolle sind Sonderformen des Berichts. Sie informieren in verkürzter Form über die wesentlichen Inhalte, den Verlauf und das Ergebnis eines Gesprächs (Diskussion, Besprechung, Veranstaltung, Sitzung, Unterrichtsstunde). Sie halten fest, zu welchem Zeitpunkt oder in welcher Reihenfolge welche Punkte durch wen oder durch was veranlasst wurden. Unterschieden wird zwischen einem Verlaufsprotokoll, das den gesamten Vorgang der Entscheidungsfindung festhält, und einem Ergebnisprotokoll, das nur der Dokumentation der Ergebnisse dient.

Tipp

Protokolle
- werden immer in der Gegenwart (Präsens) geschrieben,
- enthalten keine direkte Rede; Wortbeiträge werden in der indirekten Rede wiedergegeben,
- enthalten immer den genauen Zeitpunkt des Geschehens und
- müssen vom Gesprächsleiter und dem Protokollanten unterschrieben werden.

Für die Anfertigung eines Protokolls gibt es einen festgelegten schriftlichen Rahmen:

	Inhalte	
Kopfteil	Basisinformationen: ▶ Ort, Datum und Zeit ▶ Teilnehmer und Teilnehmerinnen, ihre Anzahl und die abwesenden Personen	▶ Gesprächsleitung ▶ Anlass des Gesprächs ▶ Tagesordnung
Hauptteil	Eigentliches Protokoll ▶ TOPs (Tagesordnungspunkte) oder Gesprächsstruktur ▶ Redebeiträge ▶ Anträge im Wortlaut	▶ Ergebnisse von Abstimmungen ▶ daraus folgende Aufgaben und ihre Verteilung ▶ resultierende Termine
Schlussteil	Unterschriften des Gesprächsleiters und des Protokollanten	

8 *Protokollieren Sie die nächste Deutschstunde. Geben Sie das fertige Protokoll anschließend zur Überprüfung erst Ihrem Sitznachbarn und anschließend Ihrem Lehrer.*

4.3 Beschreibungen

Impuls

Georg ist genervt: „Ständig kommt unsere neue Auszubildende und fragt mich immer wieder das Gleiche. Sie kann sich einfach nicht merken, wann bei einer Dauerwelle fixiert wird und wie lange die Fixierung draufbleiben muss. Und sie rennt immer ausgerechnet dann los, um sich ein Handtuch zu holen, wenn die Kundin bereits im Waschbecken liegt!“
Sarah meint: „Schreib ihr den Arbeitsablauf doch einfach auf. Mach eine Tabelle, bei welchem Arbeitsschritt sie welches Material braucht und worauf sie dabei achten muss. Die hängst du ihr dann irgendwo auf, dann muss sie nicht ständig fragen.“
Georg überlegt kurz: „Der Vorschlag ist eigentlich echt gut, der wäre auch für andere Arbeitsschritte gar nicht so blöd. Schließlich gibt es genug Dinge, die man nicht jeden Tag macht, und wenn sie dann gefragt sind, weiß ich sie auch nicht mehr 100%.“

Gut strukturierte Beschreibungen sind ein wichtiges Hilfsmittel während der Ausbildung. Wenn eine Arbeitstechnik oder auch ein Gerät sinnvoll erklärt wird, kann mit der Beschreibung selbstständig und fehlerfrei gearbeitet werden. Im Berufsalltag kann es auch vorkommen, dass Personen beschrieben werden müssen.

Versetzen Sie sich in folgende Situation: Eine Stammkundin Ihrer Kollegin kommt in deren Mittagspause in den Salon und möchte einen Termin. Sie beraten die Kundin und verabschieden sie anschließend. Plötzlich fällt Ihnen auf, dass Sie gar nicht nach dem Namen gefragt haben. Um den Termin richtig ins Terminbuch eintragen zu können, müssen Sie der Kollegin die Kundin beschreiben.

Personenbeschreibung

Eine Personenbeschreibung sollte sich zunächst auf beobachtbare, äußerliche Merkmale beschränken. Hierzu gehören:

- Geschlecht
- Alter
- Größe
- Kopfform
- Frisur
- Haarfarbe
- Augenform und -farbe
- Nase
- Figur
- Kleidung
- besondere Merkmale wie Narben oder Muttermale

9 Finden Sie zu den oben genannten Punkten Adjektive, die eine Person näher beschreiben können. Vervollständigen Sie dazu die unten stehende Tabelle.

Geschlecht	☐ Mädchen ☐ Junge	☐ Mann ☐ Frau	
Alter	☐ unter 18 ☐ zwischen 40 und 50 ☐ über 70	☐ zwischen 20 und 30 ☐ zwischen 50 und 60	☐ zwischen 30 und 40 ☐ zwischen 60 und 70
Größe			
Kopfform	☐ oval	☐ rechteckig	
Frisur			
Haarfarbe			
Augenform und -farbe			
Nase			
Figur			
Kleidung			
Besondere Merkmale			

10 Beschreiben Sie Ihre Lieblingssängerin/Lieblingsschauspielerin oder Ihren Lieblingssänger/Lieblingsschauspieler etc. mithilfe der Tabelle.

Je besser man eine Person kennt, umso mehr Kriterien kann man zu ihrer Beschreibung heranziehen. So ist es bei einer Stammkundin möglich, bestimmte Charaktereigenschaften hervorzuheben oder Vorlieben zu beschreiben: „Die Kundin, die immer auf dem mittleren Bedienstuhl sitzen möchte und die die Klatschzeitung liest."

11 Verwenden Sie Ihre Personenbeschreibung und ergänzen Sie bekannte Charaktereigenschaften der beschriebenen Person. Verfassen Sie Ihre Beschreibung schriftlich.

Checkliste

Personenbeschreibungen verfassen

- ✓ Eine Personenbeschreibung steht im Präsens.
- ✓ Passt der Einleitungssatz zum Anlass der Beschreibung?
- ✓ Ist die Beschreibung logisch aufgebaut, folgt z. B. der Blick vom Kopf zu den Füßen?
- ✓ Ist ein Zusammenhang erkennbar?
- ✓ Ist die Beschreibung sachlich und wertfrei?
- ✓ Ist die Beschreibung in ganzen Sätzen geschrieben?
- ✓ Wird auf einen abwechslungsreichen Wortgebrauch geachtet?
- ✓ Gibt es einen Schlusssatz?

Vorgangsbeschreibung

Impuls

Sarahs Idee hat Georg zum Nachdenken gebracht. Eine Sammlung von logisch gegliederten Arbeitsabläufen – das wäre doch auch die richtige Prüfungsvorbereitung!

Vor allem, wenn man bestimmte Arbeitsschritte oder Techniken neu erlernen muss, ist eine genaue Anleitung wichtig.

Bevor man einen Vorgang beschreibt, sollte man sich genau überlegen, aus welchen einzelnen Arbeitsschritten er sich zusammensetzt, welche Materialien hierfür benötigt werden und ob es bestimmte Punkte gibt, die besonders beachtet werden müssen.

12 Bringen Sie folgende Stichpunkte zum Vorgang Kundenbegrüßung in eine sinnvolle Reihenfolge. Überlegen Sie sich, welche Merkmale zu den jeweiligen Punkten passen und ordnen Sie diese mit Strichen zu.

Nummer	Arbeitsschritte	Vorgehensweise	Material
	Kunden an den Platz bringen	Augenkontakt	
		Mit Namen ansprechen	Getränke
		Die Hand geben	

Nummer	Arbeitsschritte	Vorgehensweise	Material
	Kunden beachten	Aus der Jacke helfen	Frisurmappen
		Bitten, Platz zu nehmen	
		Sich selbst vorstellen	Zeitschriften
	Evtl. Wartezeit verkürzen	Begleiten	
		Nach Termin fragen	
	Kunden begrüßen	Wartezeit erklären	

13 ***Erstellen Sie eine solche Tabelle in Ihrem Heft zu den Arbeitsvorgängen:***
- ***a Dauerwelle***
- ***b Maniküre***

Gehen Sie dabei davon aus, dass ein Beratungsgespräch bereits stattgefunden hat.

Nummer	Arbeitsschritte	Vorgehensweise	Material	Benötigte Zeit

Sobald man sich über die einzelnen Arbeitsschritte klar geworden ist, kann ein Vorgang detailliert beschrieben werden.

Checkliste

Vorgangsbeschreibungen verfassen

- ✓ Vorgangsbeschreibungen stehen im Präsens.
- ✓ Aufbau:
  - Vorgang benennen
  - Kurzer Gesamtüberblick
  - Detaillierte Vorgehensweise beschreiben
- ✓ Sprache nüchtern und sachlich
- ✓ Fachbegriffe benutzen
- ✓ keine Wertungen
- ✓ Schlusssatz formulieren

14 ***Formulieren Sie Ihre Vorgangsbeschreibung aus. Verfassen Sie diese schriftlich und stellen Sie die Bedeutung der Beschreibung für Ihren Berufsalltag heraus.***

Gegenstandsbeschreibung

Im beruflichen Alltag wird man vor allem zu Beginn der Ausbildung häufig mit Gegenständen konfrontiert, deren Funktionsweise und Einsatzgebiete Fragen aufwerfen.

So gibt es z. B. viele unterschiedliche Scherentypen, die je nach Technik und Haarschnitt unterschiedlich eingesetzt werden.

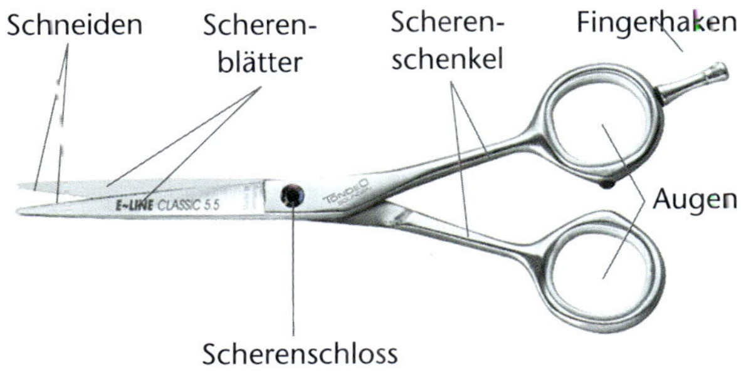

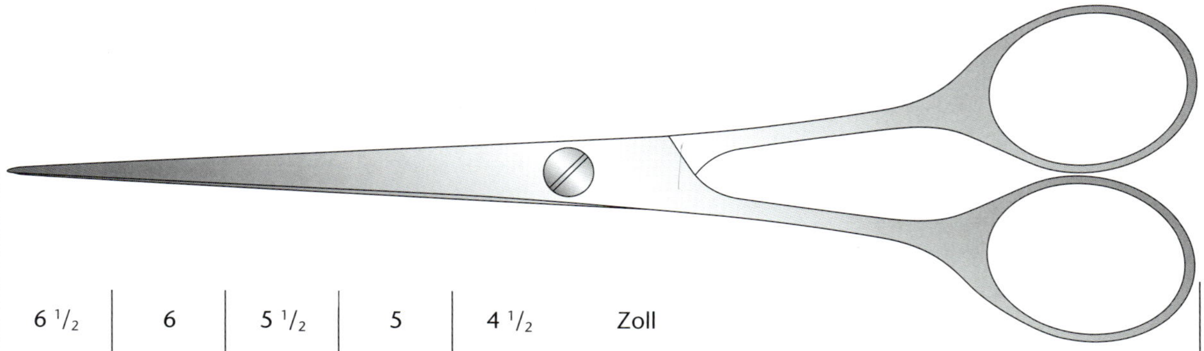

6 ½	6	5 ½	5	4 ½	Zoll
16,5	15,2	14,0	12,7	11,4	Zentimeter

Haarschneideschere im Detail

15 *Betrachten Sie die beiden Abbildungen genau.*
- ***a** Beschreiben Sie den Aufbau einer Haarschneideschere im Ganzen und detailliert. Aus welchen einzelnen Bestandteilen besteht die Schere?*
- ***b** In welchen Größen sind Haarschneidescheren erhältlich?*

Die folgende Grafik zeigt Ihnen Spezialscheren:

Effilierschere	Modellierschere	Point-Cut-Schere
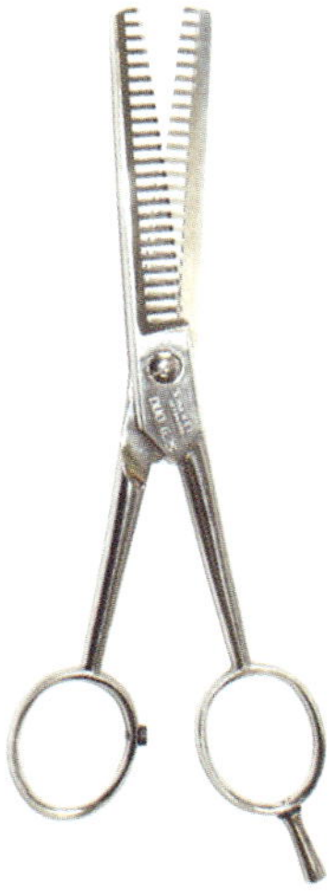	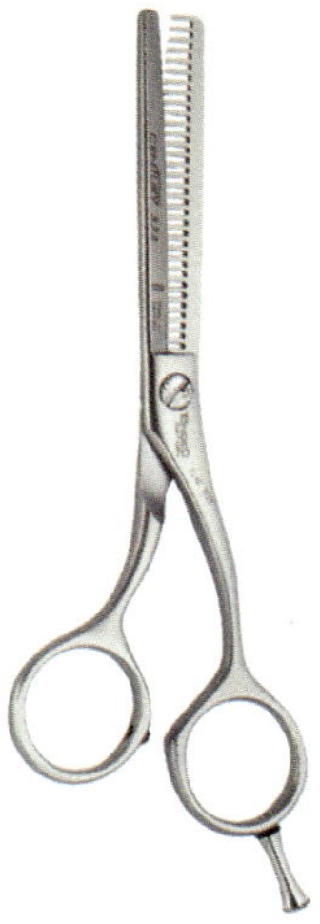	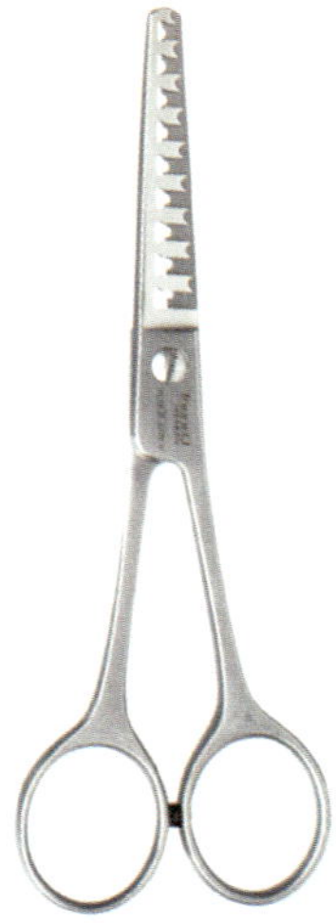

16 *Beschreiben Sie eine der drei abgebildeten Scheren. Beachten Sie dabei folgende Punkte:*
- ***a** Form und Besonderheiten der Scherenblätter*
- ***b** Schnittwirkung*
- ***c** jeweilige Einsatzgebiete*

Wichtiger Hinweis

Gegenstandsbeschreibungen stehen im Präsens.
Verwenden Sie eine sachliche Ausdrucksweise sowie Fachbegriffe.
Veranschaulichen Sie Ihre Beschreibung durch Vergleiche.
Benutzen Sie passende Adjektive.

17 Beschreiben Sie das Aussehen und die Funktionsweise
a einer Kosmetikliege,
b eines Vapozons,
c eines Climazons.

4.4 Geschäftsbriefe

Impuls

Lisa hat sich vor einigen Tagen ein neues Touchscreen-Handy im Internet bestellt. Sie wechselt gleich nach Erhalt die SIM-Karte und lädt den Akku auf.
Stolz präsentiert sie Georg ihren Einkauf. Der möchte gleich testen, was das Handy alles kann, doch als er sich in das Menü einwählt, schaltet sich das Handy mit einem leisen Pfeifton aus.
Lisa ist enttäuscht: „Ich habe es doch eben erst geladen."
Georg meint: „Hm, das sieht so aus, als ob der Akku kaputt ist. Überprüf doch noch mal, ob der Akku richtig drin ist. Ansonsten musst du es zurückschicken und reklamieren!"

Briefe unterschiedlichster Form werden jeden Tag auf verschiedenen Wegen verschickt. Jeder Brief, der von einer Firma an eine andere geschrieben wird, aber auch jeder Brief, den eine Privatperson an eine Firma verschickt, wird als Geschäftsbrief bezeichnet.

Die Gründe, einen Geschäftsbrief zu schreiben, können sehr unterschiedlich sein:

- eine **Reklamation** oder auch **Mängelrüge**, wie in Lisas Fall,
- eine **Bitte**, z. B. eine Anfrage für eine Führung bei einem Museum, das auf der Klassenfahrt besichtigt werden soll,
- eine **Beschwerde**, wenn z. B. das bestellte Handy nicht geliefert wurde,
- eine Bitte um **Bestätigung**, z. B. bei einer Urlaubsbuchung über das Internet,
- eine Bitte um Information, z. B. eine Nachfrage für den aktuellen Katalog eines Friseureinkaufs.

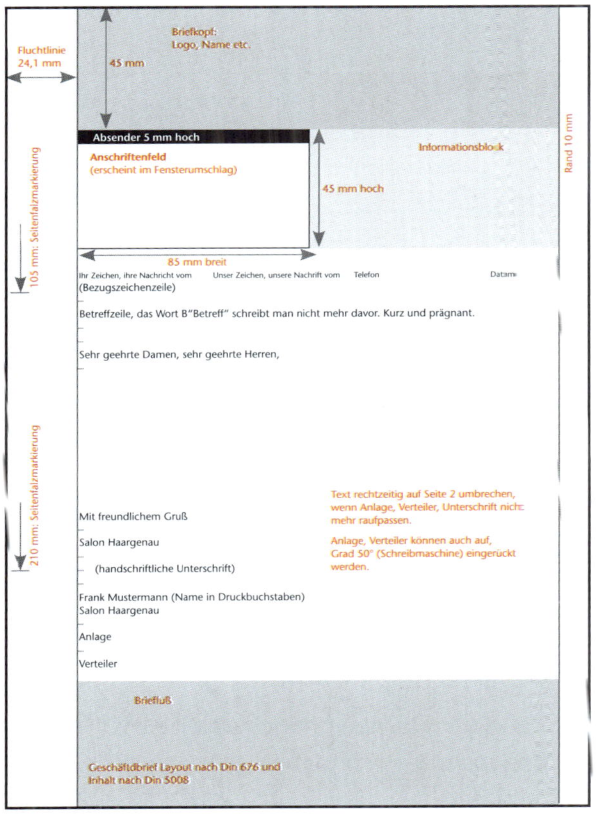

Egal welchen Inhalt der Geschäftsbrief hat, es sollten immer bestimmte formale Standards eingehalten werden. In Deutschland ist das die DIN (Deutsche Industrienorm) 676.

- Jeder Geschäftsbrief wird auf DIN A4-Papier geschrieben, das die festgelegte Größe von 297 mm Länge und 210 mm Breite aufweist.
- Links bleiben 2 cm Rand frei.
- Rechts bleibt 1 cm Rand frei.
- Die Lochmarke liegt bei 148,5 mm.
- Geschäftsbriefe lassen sich in fünf Bereiche aufteilen:
  - Briefkopf
  - Anschriftenfeld
  - Bezugszeichenzeile oder Informationsblock
  - Textbereich
  - Brieffuß

Briefkopf

Je nach Größe des Firmenlogos gibt es hier zwei unterschiedliche Varianten:

- Form A: Vom oberen Rand 27 mm für den Briefkopf. Diese Variante eignet sich für private Geschäftsbriefe oder für Firmen mit kleinem Logo.
- Form B: Vom oberen Rand 45 mm für den Briefkopf. Diese Variante eignet sich für Firmen mit großem Logo.

Anschriftenfeld

Das Anschriftenfeld mit der Adresse des Empfängers wird so platziert, dass es im Fenster eines Fensterbriefumschlags deutlich zu lesen ist. Dabei ist eine Gesamtgröße von 85 mm Breite und 45 mm Höhe einzuhalten.

Es besteht aus drei Teilen:

- Die Anschrift des Absenders wird direkt über einem, die volle Breite des Anschriftenfelds (85 mm) einnehmenden Strichs platziert. Im Normalfall findet sie in einer Zeile Platz.
- Daran anschließend folgen drei Zeilen, in denen Zusatzangaben wie „persönlich" oder „nicht nachsenden" vermerkt werden können. Entfallen diese, bleiben die Zeilen leer.
- Die Anschrift des Empfängers besteht aus bis zu sechs Zeilen. Bei Einzelpersonen werden hier die Anrede (Frau/Herr) sowie mögliche Titel vermerkt, bei Firmen der Firmenname und der Ansprechpartner.

Bezugszeichenzeile oder Informationsblock

Die Bezugszeichenzeile wird unter dem Anschriftenfeld platziert und nimmt im Normalfall zwei Zeilen ein. Dabei stehen in der oberen Zeile die jeweiligen Leitworte, in der unteren Zeile die entsprechenden Angaben. Eine Bezugszeichenzeile kann unterschiedliche Angaben enthalten, die nur angegeben werden, wenn sie auch bekannt oder vorhanden sind:

Ihr Zeichen	Hier steht die Abkürzung des Namens des Ansprechpartners, sofern vorhanden.
Ihre Nachricht vom	Hier wird das Datum des vorausgegangenen Schriftstücks vermerkt, wenn bereits Briefverkehr erfolgt ist.
Unser Zeichen	Hier steht die Abkürzung des Namens des Verfassers (z. B. Sekretärin).
Unsere Nachricht vom	Hier wird das Datum des vorausgegangenen Schriftstücks vermerkt, auf das noch einmal verwiesen wird (z. B. bei einer Mahnung).
Name	Hier wird der Ansprechpartner namentlich vermerkt.
Telefon	Hier steht die Durchwahl des Ansprechpartners.
Telefax	Hier steht die Fax-Nummer des Betriebs.
E-Mail	Hier wird die E-Mail-Adresse des Ansprechpartners oder des Betriebs angegeben.
Internet	Hier findet sich die Internet-Seite des Betriebs.

Wenn in der Formatvorlage keine Leitwörter vorgesehen sind, kann rechts neben dem Anschriftenfeld ein sogenannter Informationsblock eingefügt werden, der die gleichen Angaben enthält wie die Bezugszeichenzeile.

Textbereich

Nach der Bezugszeichenzeile werden zwei Leerzeilen gelassen. Dann folgt die Betreffzeile, die kurz und prägnant den Grund des Schreibens enthält, das Wort „Betreff" wird dabei nicht geschrieben.

Anschließend folgen wieder zwei Leerzeilen.

Nach der persönlichen Anrede (z. B. „Sehr geehrte Frau Müller" oder, falls man den Ansprechpartner nicht kennt, „Sehr geehrte Damen und Herren"). Nach der Anrede steht immer ein Komma, anschließend folgt wieder eine Leerzeile.

Jetzt beginnt der eigentliche Brieftext: Der erste Buchstabe wird kleingeschrieben, der gesamte Text wird mit einfachem Zeilenabstand verfasst. Hier wird der Grund des Schreibens ausgeführt und das Anliegen geschildert. Der Text endet mit einer Leerzeile, anschließend folgt eine Grußformel („Mit freundlichen Grüßen"). Eventuell wird der Name der Firma mit einer Leerzeile Abstand unter der Grußformel vermerkt, darunter bleibt Platz für die handschriftliche Unterschrift sowie den Namen des Absenders.

Nach einer weiteren Leerzeile können Anlagen und Ähnliches vermerkt werden.

Brieffuß

Im Brieffuß werden noch einmal die wesentlichen Daten des Absenders vermerkt, hier können auch Bankverbindungen und andere offizielle Daten wie Handelsregistereinträge stehen.

Ein Geschäftsbrief sollte im Normalfall den Umfang einer DIN-A4-Seite nicht überschreiten.

18 Verfassen Sie einen Geschäftsbrief an

- *a die Firma, bei der Lisa das Handy bestellt hat. Bitten Sie um Ersatz.*
- *b ein Museum, das Sie bei Ihrer nächsten Klassenfahrt besuchen möchten. Bitten Sie um mögliche Besichtigungstermine, Angebote für Führungen, Informationen zu den Öffnungszeiten und Eintrittspreisen.*
- *c einen Hersteller für Scheren. Bitten Sie um Informationen zu Modellen, Preisen und Angeboten.*

4.5 Stellungnahmen

Eigentlich macht man das sehr oft: zu einem Thema Stellung nehmen. Eine Meinung hat jeder zu vielen Themen. Eine schriftliche Stellungnahme ist nichts anderes, als die eigene Meinung logisch aufgebaut und strukturiert schriftlich wiederzugeben. Im Gegensatz zur Erörterung soll bei einer Stellungnahme eine Meinung vertreten werden (pro oder contra). Dabei werden zwei Formen unterschieden:

- die Stellungnahme ohne Textgrundlage, also das Äußern der eigenen Ansicht zu einer These (Behauptung) oder einem anderen Standpunkt und
- die Stellungnahme auf der Basis eines Sachtextes.

Diese Schreibform ist mit einem Leserbrief in einer Zeitung vergleichbar. Der Schreiber äußert sich zu einem Sachtext oder einem Artikel und stimmt der darin geäußerten Meinung zu oder versucht diese mithilfe von schlüssigen Argumenten zu widerlegen.

Das folgende Kapitel stellt beide Schreibformen vor und führt schrittweise zum Schreiben einer Stellungnahme.

Stellungnahme ohne Textgrundlage

19 Nehmen Sie Stellung zu dieser Aussage.

„Viele Schulen haben Handys im Schulhaus komplett verboten. Schüler, die während der Unterrichtszeiten mit einem Handy im Schulgebäude erwischt werden, müssen Geldstrafen zahlen und das Handy z.T. für längere Zeit abgeben."

So oder ähnlich kann eine Aufgabenstellung für eine Stellungnahme ohne Textgrundlage lauten. Bevor man beginnt zu schreiben, ist es wichtig, sich konkret Gedanken zum Thema zu machen. Geeignet ist ein sogenannter Schreibplan, der in leicht abgeänderter Form auch für alle anderen Aufsatzarten verwendet werden kann.

1. Vorüberlegungen
   - Was weiß ich bereits über dieses Thema?
   - Ist mir etwas unklar?
   - Welche Informationen kann ich für meinen Aufsatz verwenden?

Für die erste Gedankensammlung ist es zunächst nicht wichtig, eine klare Gliederung vorzunehmen. Alles, was einem zum Thema einfällt, wird aufgeschrieben.

Dazu gibt es verschiedene Techniken:

Mindmap

Eine Mindmap (Gedankenlandkarte) ist eine grafische Form, um Zusammenhänge darzustellen. Der Ausgangsbegriff wird in die Mitte geschrieben, um ihn herum werden zunächst Oberbegriffe gruppiert, die anschließend mit weiteren Begriffen ergänzt werden.

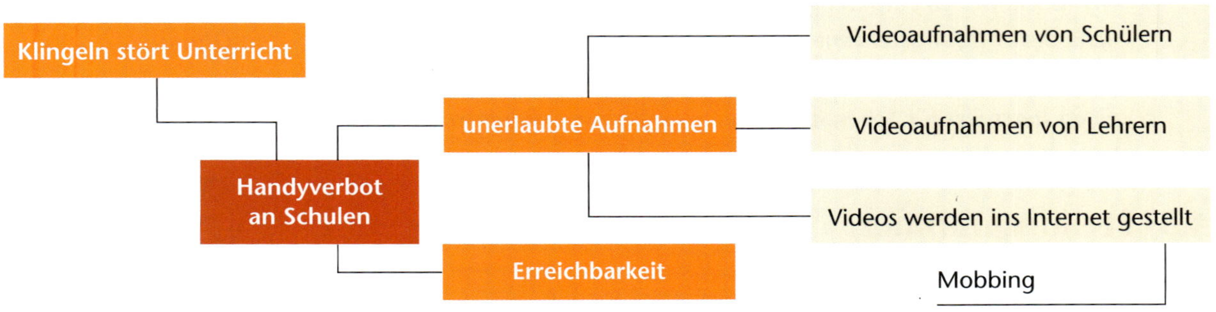

20 Führen Sie die Mindmap weiter. Ergänzen Sie weitere Punkte und fügen Sie Unterpunkte hinzu (Zeit: max. 10 Minuten).

Automatisches Schreiben

Beim automatischen Schreiben konzentriert man sich ganz auf das Thema.

21 Nehmen Sie ein Blatt Papier und einen Stift.
Schreiben Sie alles auf, was Ihnen zum Thema „Handyverbot an Schulen" einfällt. Rechtschreibung und Zeichensetzung sind bei dieser Übung nicht wichtig.
Wenn Sie nicht weiterwissen, bleiben Sie mit dem Stift am Papier. Zeichnen Sie Kreise oder Spiralen, so lange, bis Ihnen wieder etwas zum Thema einfällt (Zeit: max. 10 Minuten).

2. W-Fragen beantworten

22 ***Werden Sie sich zunächst über den eigentlichen Sachverhalt klar. Beantworten Sie die W-Fragen.***

Wo spielt sich das Geschehen ab, an welchem Ort?

Wann passieren die Ereignisse, in welchem Zeitraum?

Wer hat mit den Ereignissen zu tun, wer ist betroffen?

Was genau passiert? Was ist der Sachverhalt?

Warum wurde diese Regelung eingeführt?

Welche Folgen ergeben sich aus dieser Regelung?

3. Argumente finden

Grundsätzlich dient eine Stellungnahme dazu, die eigene Meinung wiederzugeben. Eine gute Argumentation schließt aber auch ein, dass man unterschiedliche Ansichten berücksichtigt und mögliche Gegenargumente bereits in der eigenen Stellungnahme anspricht und widerlegt.

23 Überlegen Sie sich, wer etwas zum Thema zu sagen hat und welche Argumente die jeweilige Gruppe anführen könnte.

Handyverbot an Schulen	
Schüler	**Lehrer**
Argumente:	Argumente: Wenn Schüler Handys im Unterricht benutzen, sind sie abgelenkt und hören nicht mehr zu.
Eltern	
Argumente:	

4. Die eigene Meinung darlegen

Häufig hat man sofort eine erste Meinung zu einem Thema. Es gilt jedoch, diese durch Argumente möglichst stichhaltig zu formulieren und zu begründen. Deshalb müssen die bereits vorhandenen Argumente sortiert und durch eigene Ideen ergänzt werden.

24 Erstellen Sie eine Tabelle. Tragen Sie die bereits gefundenen Argumente in die jeweilige Spalte ein und ergänzen Sie weitere.

Pro	Contra
	▶ Handys lenken ab

25 Nummerieren Sie die Argumente nach ihrer Gewichtung. Das schwächste Argument wird mit 1 gekennzeichnet, das stärkste Argument bekommt die höchste Zahl.

5. Argumente mit Beispielen und Belegen erläutern

Argumente dienen dazu, die eigene Meinung zu untermauern. Der Aufbau eines Arguments bleibt dabei gleich:

These (Behauptung)	„Videoaufnahmen mit dem Handy sind ein Mobbinginstrument,
Argument	weil die Aufnahmen ins Internet gestellt werden können.
Beleg	Die Nachrichten der letzten Monate belegen, dass es sich dabei längst nicht mehr um Einzelfälle handelt und Schüler aus diesem Grund bereits mehrfach die Schule gewechselt haben, um dem Hohn ihrer Klassenkameraden zu entgehen.
Schlussfolgerung	Aus diesem Grund bin ich für ein striktes Handyverbot an Schulen."

26 Verwenden Sie diesen Aufbau für weitere Argumente.

6. Eine Stellungnahme ohne Textgrundlage schreiben

Eine Stellungnahme besteht, wie jede andere Aufsatzform auch, aus einer Einleitung, einem Hauptteil und einem Schluss.

Einleitung

Die Einleitung dient dazu, das Thema der Stellungnahme genauer zu erläutern. Das kann auf unterschiedliche Arten geschehen. Hierzu eignen sich

- persönliche Erlebnisse,
- Verweise auf Berichte oder Statistiken, die zum Thema passen,
- aktuelle Ereignisse,
- passende Zitate oder
- historische Begebenheiten.

27 Suchen Sie im Internet nach Berichten und Statistiken zum Thema „Handyverbot an Schulen".

Nachdem der Leser zum Thema der Stellungnahme hingeführt wurde, sollte die eigene Meinung kurz und prägnant erläutert werden:

Beispiel *„Ich bin für ein Handyverbot an Schulen, ..."*
„Ich bin gegen ein grundsätzliches Handyverbot an Schulen, ..."
„Ich kann mich einem grundsätzlichen Handyverbot an Schulen nur teilweise anschließen, ..."

Hauptteil

Im Hauptteil werden die Argumente angeführt, die die eigene Meinung stützen.

Tipp

Man sollte nicht gleich mit dem stärksten Argument loslegen. Zum Einstieg eignet sich ein mittelstarkes Argument, um zu signalisieren, dass man seinen Standpunkt gut begründen kann.

Beginnend mit einem mittelstarken Argument werden dann die übrigen Argumente vom schwächsten bis zum stärksten aufgeführt. Jedes Argument sollte durch ein Beispiel oder einen Beleg verstärkt werden.

Mögliche Gegenargumente müssen berücksichtigt werden, sollten aber, soweit es geht, direkt widerlegt oder abgeschwächt werden.

Beispiel *„Ein mögliches Gegenargument könnte sein, dass die Schüler für ihre Familien erreichbar sein müssen, wenn z. B. zu Hause etwas passiert. Dieses Argument ist jedoch nicht tragbar, da im Ernstfall das Sekretariat benachrichtigt werden kann, das dann den Schüler informiert. Es ist also nicht notwendig, dass das Handy während der Unterrichtszeiten eingeschaltet ist."*

Manche Gegenargumente sind so stark, dass man sie nicht widerlegen kann. Das ist jedoch nicht schlimm.

Beispiel *„Diesem Argument ist nichts entgegenzusetzen. Wenn man jedoch die Fülle der Argumente, die auf der Contra-Seite stehen, betrachtet, so ist dieses Argument zu vernachlässigen."*

Schluss

Der Schluss einer Stellungnahme sollte noch einmal eine kurze Zusammenfassung der eigenen Meinung enthalten: „Aus den genannten Gründen sehe ich meine Meinung für ein Handyverbot an Schulen bestätigt."

Abschließend sollte ein Ausblick in die Zukunft und ein möglicher Lösungsvorschlag formuliert werden: „Ein Handyverbot während der Unterrichtszeiten ist grundsätzlich zu befürworten. Dennoch sollte es an den Schulen Bereiche geben, an denen die Benutzung des Handys während der Pausen oder in Freistunden erlaubt ist."

28 Schreiben Sie eine Stellungnahme mit Einleitung, Hauptteil und Schluss zu diesem Thema.

Tipp

Um Argumente sinnvoll miteinander zu verknüpfen, eignen sich folgende Bindewörter:

- **folgernd:** deswegen, demzufolge, sodass, weshalb, also
- **begründend:** nämlich, da ja, daher, weil, da, denn
- **zweckgerichtet:** um zu, darum, damit
- **anreihend:** desgleichen, ebenso, ebenfalls, genauso wie, sowie, des Weiteren, auch, außerdem, außer, ferner, neben, abgesehen von, zudem, zusätzlich, weiter, weiterhin, unter anderem, sowohl ... als auch, nicht nur..., sondern auch ..., deswegen, so, beispielsweise, nichtsdestotrotz
- **einschränkend:** obwohl, zwar ..., aber, wenn auch, allerdings, sofern, insofern, insoweit, freilich, wobei, wohingegen, während, trotzdem
- **gegensätzlich:** aber, jedoch, dennoch, dagegen, während, einerseits ... andererseits, trotzdem, obwohl, zwar ..., aber, indessen, anstatt

Ebenfalls geeignet sind Verknüpfungen wie:
dasselbe gilt, dazu kommt, daneben darf/sollte man nicht vergessen, außerdem kann man feststellen, schließlich ist zu beachten, außerdem muss man bedenken, darüber hinaus mag ... eine Rolle spielen, daraus kann geschlossen werden, das ist ein zusätzlicher Beweis für, außerdem sollte bedacht werden, ferner muss auch hinzugefügt werden, auch sollte nicht unerwähnt bleiben

Stellungnahme auf der Grundlage eines Sachtextes

Bis zur Bewusstlosigkeit
Junge Männer schlagen Rentner

dpa/lsw, Die Tatverdächtigen traten in Heilbronn gegen eine Gedenktafel für eine ermordete Polizistin. Heilbronn – Drei junge Männer haben am Mittwoch in Heilbronn einen Rentner bewusstlos geschlagen, weil er sie von der Schändung einer Gedenktafel für eine ermordete Polizistin abhalten wollte. Der 73-Jährige, der von seiner Ehefrau begleitet wurde, hatte die Männer im Alter von 16, 19 und 22 Jahren angesprochen, als er sah, dass sie gegen die Erinnerungstafel traten. Nach weiteren Angaben der Polizei schlug einer der Tatverdächtigen den älteren Mann so massiv auf den Kopf, dass dieser das Bewusstsein verlor.

Die Tat erinnert an einen ähnlich schwerwiegenden Vorfall in einer Münchener U-Bahn-Station vor zwei Wochen. Dort hatte ein Rentner mehrere Schädelbrüche erlitten, als er von zwei Jugendlichen niedergestoßen und mit Fußtritten unter anderem gegen den Kopf schwerst verletzt wurde. Die zwei jungen Männer sitzen in Untersuchungshaft. Dieser Fall war Auslöser der derzeit geführten Diskussion über die Verschärfung des Jugendstrafrechts.

Die Tat in Heilbronn löste eine Fülle von Reaktionen und von Betroffenheit aus. Ministerpräsident Günther Oettinger (CDU) zeigte sich bestürzt und verurteilte die Tat als schändlich und menschenverachtend. Innenminister Heribert Rech (CDU) zeigte sich betroffen über die brutale Tat und das „ruchlose Verhalten“ an der Gedenktafel.

Der bis zum Abend noch nicht ansprechbare Rentner wurde mit schweren Kopfverletzungen ins Krankenhaus gebracht. An der Stelle war im April 2007 eine junge Polizistin erschossen, ihr Kollege schwer verletzt worden. Nach Angaben der Polizei handelt es sich bei den Tatverdächtigen um einen Bosnier (19), einen Türken (16) und einen Deutschen (22).

Das einschlägig polizeibekannte Trio wurde bei einer Sofortfahndung festgenommen, an der mehrere Streifen der Polizei sowie ein Polizeihubschrauber beteiligt waren. Nach bisherigen Informationen der Polizei hatte die alkoholisierte Gruppe auf dem Weg von der Heilbronner Innenstadt zur Theresienwiese bereits mehrere Personen belästigt oder angegriffen und teilweise verletzt. Unter den Opfern war auch ein 67-Jähriger, dem ein 60-Jähriger zu Hilfe kam. Als das Trio auch diesen attackierte, hielt ein Auto mit zwei etwa 25 Jahre alten Männern, die die Angreifer in die Flucht schlugen.

Zudem hatte die Gruppe gegen Fahrzeuge uriniert. Die Festgenommenen trugen laut Polizei mindestens eine Flasche Wodka bei sich. Rech betonte: „Hier muss die Strafe auf dem Fuß folgen, zumal ein Mitbürger Opfer ist, der Zivilcourage gezeigt hat.“

Der Heilbronner Oberbürgermeister Helmut Himmelsbach zeigte sich tief betroffen. „Wir sind entsetzt über diese brutale Attacke gegen einen mutigen Mitbürger, der höchste Zivilcourage gezeigt hat und die Schändung der Gedenkstätte für die vor über acht Monaten ermordete Polizistin verhindern wollte“, sagte Himmelsbach. Deshalb sei die Abscheu vor den Schlägern umso größer, die einen couragierten Rentner an diesem Ort auf brutalste Weise misshandelt hätten.

Aus: Stuttgarter Zeitung vom 09.01.2008, dpa/lsw

29 ***Nehmen Sie Stellung: Kann eine verschärfte Bestrafung gewalttätiger Jugendlicher das Problem lösen?***

Im Gegensatz zu einer Stellungnahme ohne Textgrundlage bietet hier der vorliegende Text bereits Argumente, die verarbeitet werden können und auch müssen. Die Vorgehensweise ist ähnlich, unterscheidet sich aber hinsichtlich der Einleitung.

1. Vorüberlegungen

Bei der Stellungnahme mit Textgrundlage ist es zunächst wichtig, den zugrunde liegenden Text richtig zu verstehen. Dazu lesen Sie den Text nach den Regeln der „Fünf-Schritte-Lesemethode“.

Klären Sie weitere Fragen:

- Welche Auskunft gibt die Überschrift über den Inhalt des Textes?
- Was weiß ich bereits zu diesem Thema?
- Welche eigenen Erfahrungen kann ich in meine Stellungnahme einbeziehen?

30 Schreiben Sie Ihre Vorüberlegungen nach der Mindmap-Methode oder nach der Methode des automatischen Schreibens auf.

2. W-Fragen beantworten

31 Werden Sie sich über den eigentlichen Sachverhalt klar. Beantworten Sie die W-Fragen.

Wo spielt sich das Geschehen ab, an welchem Ort?

Wann passieren die Ereignisse, in welchem Zeitraum?

Wer hat mit den Ereignissen zu tun, wer ist betroffen?

Was genau passiert? Was ist der Sachverhalt?

Warum sollten die Strafen für solche Verbrechen verschärft werden?

Welche Folgen können sich aus der härteren Bestrafung ergeben? Was wären die Folgen ohne eine Änderung des Strafmaßes?

3. Argumente finden

Bei der Stellungnahme auf der Grundlage eines Sachtextes sind viele Argumente bereits im Text enthalten.

32 Schreiben Sie die im Text genannten Argumente heraus und ordnen Sie diese nach pro und contra.

Pro	Contra

Ergänzen Sie die Argumente. Überlegen Sie dabei, ob im Text alle betroffenen Personengruppen bereits genannt wurden.

4. Die eigene Meinung festlegen

Ausgehend von den Argumenten sollten Sie sich nun entscheiden, ob Sie der Forderung voll, eingeschränkt oder gar nicht zustimmen können.

33 Diskutieren Sie in der Klasse über die vorherrschende Meinung und tauschen Sie Erfahrungen aus.
Legen Sie Ihre Meinung dar.

5. Argumente mit Beispielen und Belegen erläutern

34 Ausgehend von Ihrer Diskussion haben Sie bereits einige Beispiele gefunden. Recherchieren Sie im Internet nach weiteren Belegen, Statistiken oder Berichten. Halten Sie Ihre Ergebnisse schriftlich in Ihrem Heft fest.

6. Eine Stellungnahme auf der Grundlage eines Sachtextes schreiben

Auch eine Stellungnahme auf der Grundlage eines Sachtextes besteht aus den drei bekannten Abschnitten: Einleitung, Hauptteil, Schluss.

Einleitung

Die Einleitung unterscheidet sich von der Stellungnahme ohne Textgrundlage, da hier bereits auf den zugrunde liegenden Text verwiesen wird. In einem Einleitungssatz werden wesentliche Elemente des Textes genannt: Name des Autors/der Autorin, Titel des Textes, Textart, Erscheinungsmedium, Erscheinungsdatum und die wesentliche Thematik.

35 Formulieren Sie einen Einleitungssatz.

Tipp

Beginnen Sie Ihre Einleitung mit einem Zitat aus dem Text, einem aktuellen oder historischen Ereignis, dem Verweis auf bekannte Studien oder einem Beispiel aus ihrem Erfahrungskreis. Das lockert die Einleitung auf und gibt ihr eine individuelle Note.

Hauptteil

Der Hauptteil beginnt mit einer Inhaltsangabe des Textes. Beim Schreiben dienen die W-Fragen als Hilfestellung.

Checkliste

Inhaltsangaben verfassen

Achten Sie auf folgende Regeln:

- ✓ Inhaltsangaben stehen im Präsens.
- ✓ Direkte Rede wird als indirekte Rede wiedergegeben.
- ✓ Zitate sollten nur selten verwendet werden, und wenn, als solche gekennzeichnet sein.
- ✓ Keine Wertungen, keine eigene Meinung!
- ✓ Sprache sachlich, nüchtern und verständlich
- ✓ Unwichtige Inhalte werden nicht erwähnt.
- ✓ Eine Inhaltsangabe ist keine Nacherzählung!

36 Schreiben Sie eine Inhaltsangabe zum Text „Junge Männer schlagen Rentner".

4.6 Bewerbungen

Eine Bewerbung haben Sie bereits geschrieben, als es um Ihre Ausbildungsstelle ging. Auch nach der Ausbildung werden sich viele von Ihnen wieder um eine neue Arbeitsstelle bewerben. Bei einem solchen Bewerbungsschreiben kann man einiges falsch oder aber auch mit wenigen Punkten Eindruck machen. Das vorliegende Kapitel erklärt die Grundlagen eines Bewerbungsschreibens und enthält einige nützliche Tricks.

Stellenanzeigen

Die meisten Betriebe annoncieren in der Zeitung und im Internet:

Gesucht wird eine freundliche, motivierte und erfahrene, dynamische Friseurin (m/w) in Vollzeitanstellung für einen modernen Haarsalon in Stuttgart Mitte.

Das erwarten wir von Ihnen:
- eine abgeschlossene Berufsausbildung zur Friseurin/zum Friseur
- ein angenehmes, sauberes und ordentliches Erscheinungsbild
- einen guten Hauptschulabschluss
- gutes Allgemeinwissen
- Stehvermögen
- eine sehr gute deutsche Sprache in Wort und Schrift
- Kenntnisse in EDV und Textverarbeitung
- Teamgeist
- Kommunikationsfähigkeit
- Bereitschaft, Neues zu lernen und Weiterbildungen wahrzunehmen
- Zuverlässigkeit und Ehrlichkeit
- Ehrgeiz
- Kundenfreundlichkeit und Kundenorientierung
- Englischkenntnisse wünschenswert

Wir bieten Ihnen:
- 9 Euro brutto/Stunde
- Extravergütung an Sonn- und Feiertagen sowie für Überstunden
- interessante Tätigkeiten und nette Kollegen
- Weiterbildungsmöglichkeiten

Sind Sie der/die Richtige für unser Team? Dann bewerben Sie sich noch heute bei uns schriftlich entweder auf dem Postweg oder per Mail. Ihre vollständigen Bewerbungsunterlagen richten Sie bitte an:

Salon Haarscharf
Scherenstraße 3
12345 Haarburg
salonhaarscharf@internet.de

Zunächst ist es wichtig zu klären, ob die eigenen Fähigkeiten und Fertigkeiten dem Anforderungsprofil entsprechen. Wenn Sie eine Anzeige lesen, klären Sie für sich folgende Fragen:

- Habe ich die notwendigen schulischen und fachlichen Abschlüsse?
- Weise ich die geforderten Zusatzkenntnisse auf?
- Bringe ich die geforderten Kompetenzen mit?
- Kann ich mit den genannten Arbeitsbedingungen leben?

Falls nicht alle geforderten Fähigkeiten erfüllt werden, sollte man sich im Vorfeld mit dem potenziellen Arbeitgeber in Verbindung setzen und abklären, ob eine Bewerbung trotzdem sinnvoll ist. Durch einen solchen Anruf spart man sich Zeit und Geld, da man so keine unnötigen Bewerbungen schreiben muss.

Die Bewerbungsmappe

„Richten Sie Ihre vollständigen Bewerbungsunterlagen schriftlich an …" – was kann damit gemeint sein? Was versteht man unter vollständigen Bewerbungsunterlagen?

Prinzipiell gehören dazu:
- Anschreiben
- tabellarischer Lebenslauf
- aktuelles Passfoto vom Fotografen
- Kopien von Zeugnissen
- Kopien von zusätzlichen Qualifikationen (Praktika, Weiterbildungen etc.)

Hierbei ist wichtig: Der erste Eindruck zählt! Wenn einem Chef eine Bewerbungsmappe von vornherein nicht gefällt, weil sie schmuddelig wirkt, Rechtschreibfehler aufweist oder nicht vollständig ist, wird er die Bewerberin oder den Bewerber in den seltensten Fällen näher in Erwägung ziehen oder gar zu einem Bewerbungsgespräch einladen.

Das Anschreiben

Ein Bewerbungsschreiben ist nichts anderes, als Werbung in eigener Sache zu machen. Hier haben Sie die Möglichkeit, sich von Ihrer besten Seite darzustellen.

Für das Bewerbungsschreiben gibt es in Deutschland sogenannte Schreib- und Gestaltungsregeln. Alle maschinell erstellten Texte werden nach DIN 5008 auf weißem, unliniertem DIN-A4-Papier geschrieben. Nebenstehend finden Sie ein Formbeispiel.

Wichtiger Hinweis

Folgende Punkte sollten dabei dringend beachtet werden:
- Das Anschreiben sollte nicht länger als eine Seite sein.
- Wenn der Ansprechpartner bekannt ist, sollte man ihn beim Namen nennen und nicht mit „Sehr geehrte Damen und Herren" beginnen. Notfalls kann man den Ansprechpartner durch einen kurzen Anruf erfragen.
- Zunächst erwähnt man, wo man auf die Stellenausschreibung aufmerksam geworden ist: „Mit großem Interesse habe ich Ihre Anzeige in … gelesen."
- Anschließend folgt eine kurze, aber präzise Begründung, warum man für genau diesen Job geeignet ist. Bleiben Sie beim Wesentlichen und machen Sie nur Angaben, die für die ausgeschriebene Stelle relevant sind.
- Schreiben Sie, warum Sie sich für genau diesen Betrieb und diesen Job interessieren.
- Geben Sie an, ab wann Sie die Arbeitsstelle antreten können.
- Bitten Sie um ein Vorstellungsgespräch.
- Am Ende des Anschreibens steht eine Grußformel („Mit freundlichen Grüßen") und Ihr Name.
- Das Anschreiben wird grundsätzlich von Hand unterschrieben.
- Abschließend folgt eine Aufzählung der beigelegten Anlagen.

37 Schreiben Sie mit dem PC ein Bewerbungsschreiben für die ausgeschriebene Stelle.

.
.
.
.
Name des Absenders
Straße
PLZ Ort
Telefonnummer
.
.
.
.
Name der Firma
Ansprechpartner
Straße
PLZ Ort
.
.
.
.
.
Datum
Anlass des Schreibens (Achtung: Das Wort „Betreff“ wird nicht mehr geschrieben.)
.
.
Anrede
.
Anschreiben (zwischen Absätzen 1 Leerzeile)
.
Bitte um Vorstellungsgespräch
.
Grußformel
.
.
.
.
Name
.
.
Anlagen

4.7 Lebenslauf

Ein Lebenslauf informiert normalerweise tabellarisch über den Werdegang des Bewerbers (Lebens-, Bildungs- und Berufsweg). In seltenen Ausnahmen wird ein ausführlicher oder sogar handschriftlicher Lebenslauf gefordert. Er ist der wichtigste Teil der Bewerbung, da der Arbeitgeber sich hier einen Überblick über die Qualifikationen des Bewerbers verschaffen kann. Ein Lebenslauf sollte immer lückenlos sein.

Checkliste

Angaben im Lebenslauf

- ✓ Überschrift „Lebenslauf"
- ✓ Persönliche Angaben
- ✓ Vor- und Zuname, evtl. Geburtsname
- ✓ Anschrift, Telefon, Mail-Adresse
- ✓ Geburtsdatum und Geburtsort
- ✓ Nationalität
- ✓ Namen und Berufe der Eltern
- ✓ Schulische Ausbildung
- ✓ Besuchte Schulen mit Schulabschluss/ angestrebter Schulabschluss
- ✓ Berufsausbildung
- ✓ Ausbildungsweg
- ✓ besondere Kenntnisse und Fähigkeiten
- ✓ evtl. Wehr-/Zivildienst
- ✓ evtl. Ferienjobs/Praktika mit Bescheinigungen
- ✓ gegenwärtige Tätigkeit
- ✓ Berufsziel
- ✓ Ort, Datum, Unterschrift

38 Schreiben Sie Ihren persönlichen Lebenslauf. Achten Sie auf eine lückenlose Darstellung.

4.8 Online-Bewerbungen

Mittlerweile bieten viele Arbeitgeber auch die Möglichkeit der Online-Bewerbungen an. Diese sind meist unkompliziert und schneller, außerdem sparen sie Papier. Online sollte man sich jedoch nur dann bewerben, wenn es vom Arbeitgeber ausdrücklich erwünscht ist.

Bei der Online-Bewerbung sollte man allerdings bestimmte Regeln einhalten, auch wenn man auf einige Formalitäten verzichten kann.

Es existieren bei der Online-Bewerbung zwei Formen des Bewerbungsschreibens. Einige Firmen bieten bereits vorgefertigte Bewerbungsbögen/-formulare an, andere wünschen eine Bewerbung per E-Mail.

Bewerbung über ein Bewerbungs-Formular

Die Firmen geben hier bereits bestimmte Vorgaben, welche Informationen sie von dem Bewerber benötigen. Meistens sind das

- Name, Anschrift und Geburtsdatum
- Lebenslauf
- Schul- und Berufsausbildung
- besondere Fertigkeiten und Fähigkeiten
- Gründe für die Bewerbung

Häufig können auch Zeugnisse hier angefügt werden, sodass der Postweg komplett entfällt.

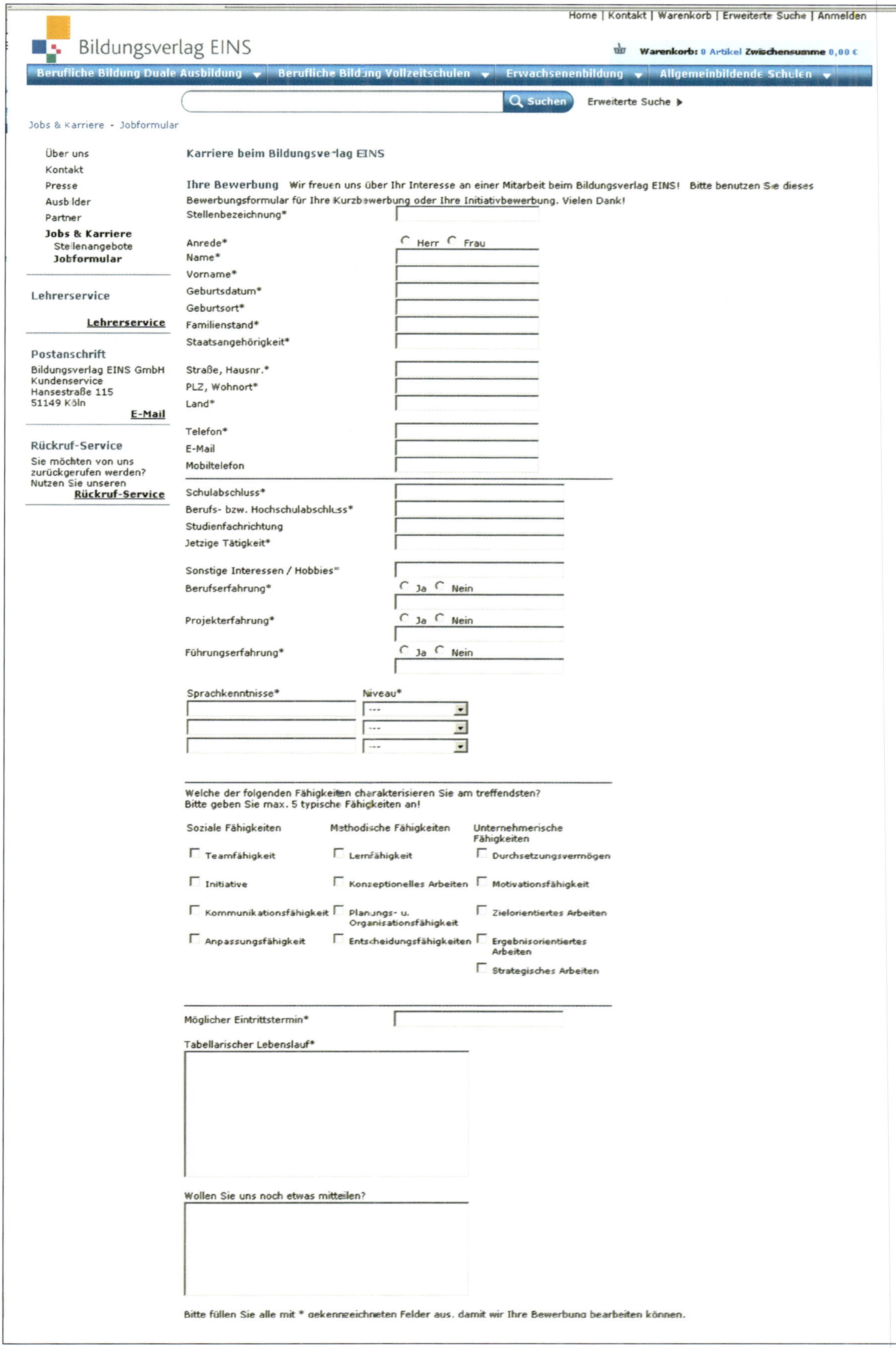

Home | Kontakt | Warenkorb | Erweiterte Suche | Anmelden

Bildungsverlag EINS

Warenkorb: 0 Artikel Zwischensumme 0,00 €

Berufliche Bildung Duale Ausbildung | Berufliche Bildung Vollzeitschulen | Erwachsenenbildung | Allgemeinbildende Schulen

Suchen | Erweiterte Suche

Jobs & Karriere - Jobformular

Über uns
Kontakt
Presse
Ausbilder
Partner
Jobs & Karriere
Stellenangebote
Jobformular

Lehrerservice
Lehrerservice

Postanschrift
Bildungsverlag EINS GmbH
Kundenservice
Hansestraße 115
51149 Köln
E-Mail

Rückruf-Service
Sie möchten von uns zurückgerufen werden? Nutzen Sie unseren Rückruf-Service

Karriere beim Bildungsverlag EINS

Ihre Bewerbung Wir freuen uns über Ihr Interesse an einer Mitarbeit beim Bildungsverlag EINS! Bitte benutzen Sie dieses Bewerbungsformular für Ihre Kurzbewerbung oder Ihre Initiativbewerbung. Vielen Dank!

Stellenbezeichnung*
Anrede* ○ Herr ○ Frau
Name*
Vorname*
Geburtsdatum*
Geburtsort*
Familienstand*
Staatsangehörigkeit*
Straße, Hausnr.*
PLZ, Wohnort*
Land*
Telefon*
E-Mail
Mobiltelefon
Schulabschluss*
Berufs- bzw. Hochschulabschluss*
Studienfachrichtung
Jetzige Tätigkeit*
Sonstige Interessen / Hobbies*
Berufserfahrung* ○ Ja ○ Nein
Projekterfahrung* ○ Ja ○ Nein
Führungserfahrung* ○ Ja ○ Nein

Sprachkenntnisse* | Niveau*

Welche der folgenden Fähigkeiten charakterisieren Sie am treffendsten?
Bitte geben Sie max. 5 typische Fähigkeiten an!

Soziale Fähigkeiten	Methodische Fähigkeiten	Unternehmerische Fähigkeiten
☐ Teamfähigkeit	☐ Lernfähigkeit	☐ Durchsetzungsvermögen
☐ Initiative	☐ Konzeptionelles Arbeiten	☐ Motivationsfähigkeit
☐ Kommunikationsfähigkeit	☐ Planungs- u. Organisationsfähigkeit	☐ Zielorientiertes Arbeiten
☐ Anpassungsfähigkeit	☐ Entscheidungsfähigkeiten	☐ Ergebnisorientiertes Arbeiten
		☐ Strategisches Arbeiten

Möglicher Eintrittstermin*

Tabellarischer Lebenslauf*

Wollen Sie uns noch etwas mitteilen?

Bitte füllen Sie alle mit * gekennzeichneten Felder aus, damit wir Ihre Bewerbung bearbeiten können.

39 *Das Online-Bewerbungsformular ist der erste Eindruck, den Sie bei einem Unternehmen hinterlassen. Sehr häufig fragen die Firmen nach Gründen, warum man sich gerade bei diesem Unternehmen bewirbt. Überlegen Sie sich gute Argumente, die in diesem Textfeld stehen könnten.*

Bewerbung per E-Mail

Falls der Arbeitgeber eine Online-Bewerbung wünscht, aber kein Bewerbungsformular auf seiner Homepage hat, kann eine Bewerbung auch per E-Mail erfolgen.

Im Nachrichtenteil der E-Mail steht das Anschreiben, das – genauso wie bei einer herkömmlichen Bewerbung – den Umfang einer DinA4-Seite nicht überschreiten sollte. Im Anhang finden sich der Lebenslauf und die Zeugnisse sowie mögliche weitere Informationen, die der Bewerbung angehängt werden sollten. Bei den Anhängen empfiehlt sich das PDF-Format, da hierbei die Texte und Dokumente nicht mehr geändert werden können.

Bausteine einer vollständigen E-Mail-Bewerbung	
Absender	E-Mail-Adresse, die aus Vor- und Nachname besteht, keine Nicknames
Empfänger	Empfänger ist die Person, an die sich die Bewerbung richtet.
Betreff	Ebenso wie im Geschäftsbrief, z.B. „Meine Bewerbung als…"
Anrede	Linksbündig, durch Leerzeile abtrennen
Anschreiben	einfacher Zeilenabstand, Fließtext, auf Rechtschreibung achten
Grußformel	Ebenso wie im Geschäftsbrief, z.B. „Mit freundlichen Grüßen,"
Textabschluss	Komplette Anschrift des Bewerbers inkl. Telefonnummer
Anhänge	Lebenslauf, Zeugnisse, weitere Anhänge

Tipp

Schicken Sie die E-Mail zunächst an sich, um die Form und die Vollständigkeit überprüfen zu können.

40 ***Erstellen Sie für die Stellenausschreibung eine komplette Bewerbungsmappe. Überprüfen Sie Ihre Mappe mithilfe folgender Checkliste:***

Checkliste

Bewerbungsmappe und Bewerbungsschreiben

Für die Bewerbungsmappe:
- ✓ sauberes, unliniertes Briefpapier ohne Eselsohren
- ✓ Bewerbungsschreiben und Lebenslauf auf Ausschreibung anpassen
- ✓ Anschreiben nicht einheften, sondern nur lose auflegen
- ✓ Text fehlerfrei und ohne Rechtschreibfehler
- ✓ Bewerbungsschreiben sinnvoll gegliedert
- ✓ komplette Unterlagen in einer Mappe
- ✓ nur Zeugnisse als Kopien mitschicken
- ✓ großer, fester Briefumschlag
- ✓ ausreichend frankieren
- ✓ kein Einschreiben

Für das Bewerbungsschreiben:
- ✓ Präsens
- ✓ keine Konjunktive
- ✓ kurze, verständliche Sätze
- ✓ sachlich
- ✓ keine Übertreibungen
- ✓ nicht länger als eine Seite
- ✓ Briefkopf fehlerfrei

Texte und Medien

Der Umgang mit Texten will gelernt sein, denn Texte spielen in unserem Leben eine wichtige Rolle. Manchmal kann es schwierig sein, lange Texte zu verstehen. Hierfür gibt es jedoch einige hilfreiche Strategien.

Auch Medien haben großen Einfluss auf unser Leben. Medien informieren uns nicht nur, sie tragen auch ganz erheblich dazu bei, wie wir die Welt sehen. Deshalb ist es wichtig, sich Gedanken darüber zu machen, wie wir Medien nutzen und wodurch wir von ihnen beeinflusst werden.

Kompetenzen

In diesem Kapitel lernen Sie

- Lesetechniken und ihre Anwendung kennen,
- unterschiedliche literarische Gattungen kennen,
- wie eine Inhaltsangabe geschrieben wird,
- wie Texte interpretiert werden,
- wie aus Texten korrekt zitiert wird,
- was Kreatives Schreiben ist,
- wie man Texte visualisiert.

1 Lesen – mit Texten umgehen

1 Was bedeutet Lesen für Sie?

2 Welches Buch haben Sie zuletzt gelesen?

3 Was ist das Schöne am Lesen? Warum lohnt es sich, zu lesen?

4 Lesen Sie in Einzelarbeit die folgenden Zitate.
- *a Entscheiden Sie sich für ein Zitat, das Ihnen besonders gut gefällt, und notieren Sie kurz die Gründe für Ihre Entscheidung.*
- *b Stellen Sie sich in Partnerarbeit gegenseitig das von Ihnen ausgewählte Zitat vor und tauschen Sie sich über die Gründe für Ihre Auswahl aus.*
- *c Tauschen Sie sich danach mit einer weiteren Zweiergruppe über Ihre ausgewählten Zitate und die Gründe für Ihre Auswahl aus. Wählen Sie am Ende aus vier Vorschlägen den Favoriten Ihrer Vierergruppe.*

Das Buch ist die Axt für das gefrorene Meer in uns.
Franz Kafka

Sich das Lesen zur Gewohnheit machen heißt, sich einen Ort zu schaffen, in den man sich vor fast allem Elend des Lebens zurückziehen kann.
W. Somerset Maugham

Lesen stärkt die Seele.
Voltaire

Hast du drei Tage kein Buch gelesen, werden deine Worte seicht.
Chinesische Weisheit

Von Kindheit an war ich ein Freund des Lesens, und das bisschen Geld, das mir in die Hände kam, wurde für gute Bücher ausgegeben.
Benjamin Franklin

Es wäre gut, Bücher zu kaufen, wenn man die Zeit, sie zu lesen, mitkaufen könnte.
Arthur Schopenhauer

Du öffnest ein Buch, das Buch öffnet dich.
Chinesisches Sprichwort

Ein Buch, das man liebt, darf man nicht leihen, sondern muss es besitzen.
Friedrich Nietzsche

Ein Haus ohne Bücher ist arm, auch wenn schöne Teppiche seinen Boden und kostbare Tapeten und Bilder die Wände bedecken.
Hermann Hesse

Es gibt mehr Schätze in Büchern als Piratenbeute auf der Schatzinsel. Und das Beste ist, du kannst diesen Reichtum jeden Tag deines Lebens genießen.
Walt Disney

5 Empfehlen Sie Ihren Klassenkameraden ein Buch. Erstellen Sie dafür eine kurze Inhaltsangabe zu einem Buch, das Ihnen besonders gefallen hat, und präsentieren Sie diese vor der Klasse.

1.1 Lesetechniken – Texte erfassen und aufnehmen

Wie gehen wir mit Texten um? Gibt es spezielle Strategien, wie man einen Text erfassen und aufnehmen kann?
Es gibt verschiedene Lesetechniken:

Punktuelles Lesen

Das punktuelle Lesen ist das Gegenteil des intensiven Lesens. Hierbei wird nicht der ganze Text gelesen. Es handelt sich hierbei eher um ein Überfliegen von Texten. Sinnvoll ist diese Lesetechnik zur Sichtung von sogenannten Hypertexten. Damit sind elektronische Texte gemeint, die Sie aus dem Internet kennen, beispielsweise aus Wikipedia-Artikeln. Diese Texte enthalten Hyperlinks, also anklickbare Schlagwörter, die wiederum auf andere Texte verweisen.
Durch punktuelles Lesen kann man schnell diejenigen Informationen finden, die einem noch unbekannt sind. Bekanntes wird überflogen, und nur das, was man noch nicht kennt, wird genauer gelesen. Mit dieser Lesetechnik kann man sein Wissen schnell erweitern.
Es ist so ähnlich wie bei einem Puzzle: Durch punktuelles Lesen kann man fehlende Teile im „Wissenspuzzle" ergänzen.

Vieles aus diesem Artikel ist Ihnen bereits bekannt – diese Ihnen bekannten Textteile müssen Sie deshalb nicht mehr intensiv lesen. Aber was ist Fimo und wer sind die Rastafari?

Wenn Sie punktuell lesen, können Sie gezielt daran arbeiten, Wissenslücken wie diese zu schließen:

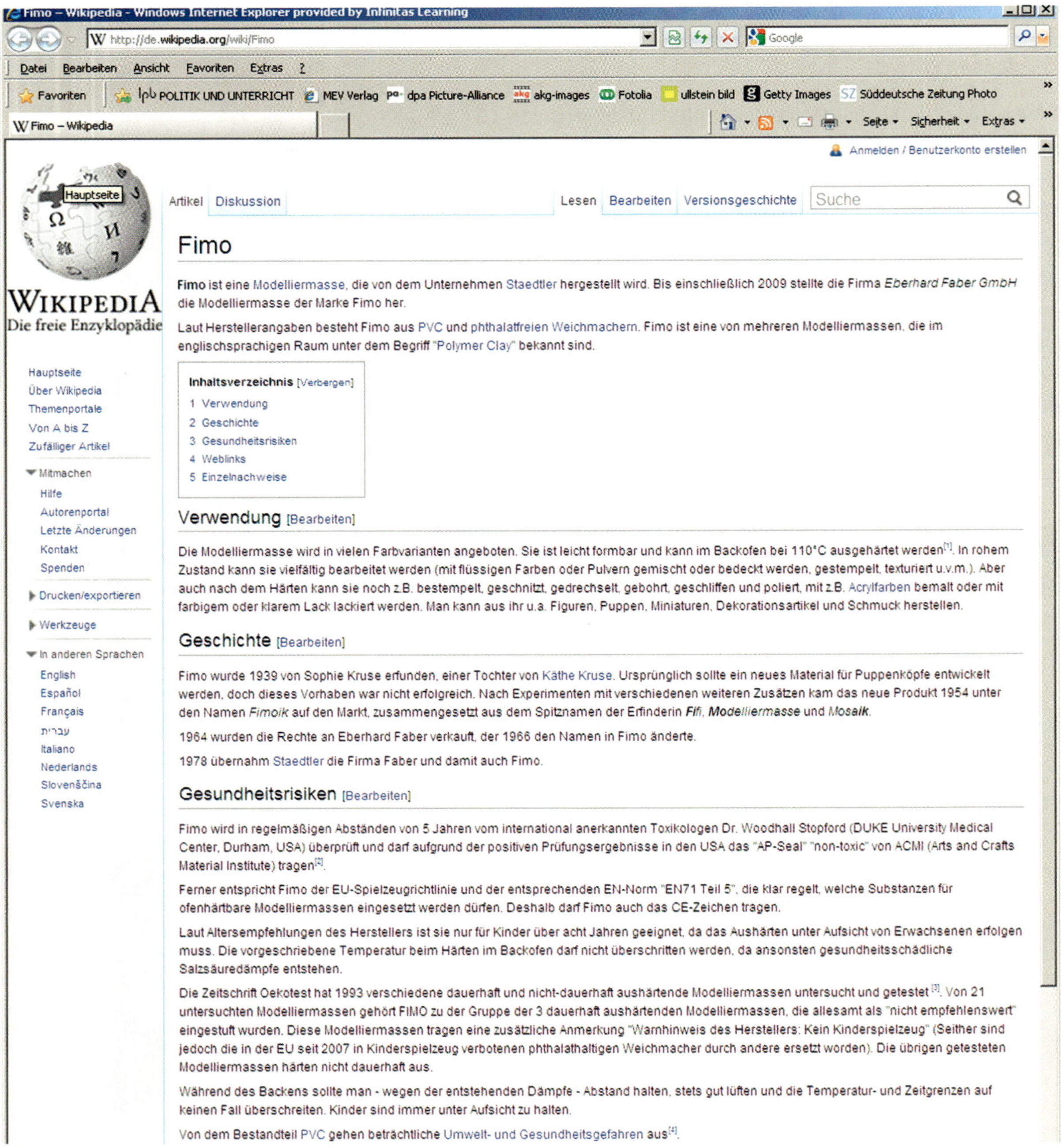

Fimo – Wikipedia - Windows Internet Explorer provided by Infinitas Learning

http://de.wikipedia.org/wiki/Fimo

Datei Bearbeiten Ansicht Favoriten Extras ?

Favoriten | bpb POLITIK UND UNTERRICHT | MEV Verlag | dpa Picture-Alliance | akg-images | Fotolia | ullstein bild | Getty Images | SZ Süddeutsche Zeitung Photo

Fimo – Wikipedia

Anmelden / Benutzerkonto erstellen

WIKIPEDIA
Die freie Enzyklopädie

Artikel | Diskussion | Lesen | Bearbeiten | Versionsgeschichte | Suche

Hauptseite
Über Wikipedia
Themenportale
Von A bis Z
Zufälliger Artikel

Mitmachen
Hilfe
Autorenportal
Letzte Änderungen
Kontakt
Spenden

Drucken/exportieren

Werkzeuge

In anderen Sprachen
English
Español
Français
עברית
Italiano
Nederlands
Slovenščina
Svenska

Fimo

Fimo ist eine Modelliermasse, die von dem Unternehmen Staedtler hergestellt wird. Bis einschließlich 2009 stellte die Firma *Eberhard Faber GmbH* die Modelliermasse der Marke Fimo her.

Laut Herstellerangaben besteht Fimo aus PVC und phthalatfreien Weichmachern. Fimo ist eine von mehreren Modelliermassen, die im englischsprachigen Raum unter dem Begriff "Polymer Clay" bekannt sind.

Inhaltsverzeichnis [Verbergen]

Verwendung [Bearbeiten]

Die Modelliermasse wird in vielen Farbvarianten angeboten. Sie ist leicht formbar und kann im Backofen bei 110°C ausgehärtet werden[1]. In rohem Zustand kann sie vielfältig bearbeitet werden (mit flüssigen Farben oder Pulvern gemischt oder bedeckt werden, gestempelt, texturiert u.v.m.). Aber auch nach dem Härten kann sie noch z.B. bestempelt, geschnitzt, gedrechselt, gebohrt, geschliffen und poliert, mit z.B. Acrylfarben bemalt oder mit farbigem oder klarem Lack lackiert werden. Man kann aus ihr u.a. Figuren, Puppen, Miniaturen, Dekorationsartikel und Schmuck herstellen.

Geschichte [Bearbeiten]

Fimo wurde 1939 von Sophie Kruse erfunden, einer Tochter von Käthe Kruse. Ursprünglich sollte ein neues Material für Puppenköpfe entwickelt werden, doch dieses Vorhaben war nicht erfolgreich. Nach Experimenten mit verschiedenen weiteren Zusätzen kam das neue Produkt 1954 unter den Namen *Fimoik* auf den Markt, zusammengesetzt aus dem Spitznamen der Erfinderin ***Fi**fi*, ***Mo**delliermasse* und ***Mosaik***.

1964 wurden die Rechte an Eberhard Faber verkauft, der 1966 den Namen in Fimo änderte.

1978 übernahm Staedtler die Firma Faber und damit auch Fimo.

Gesundheitsrisiken [Bearbeiten]

Fimo wird in regelmäßigen Abständen von 5 Jahren vom international anerkannten Toxikologen Dr. Woodhall Stopford (DUKE University Medical Center, Durham, USA) überprüft und darf aufgrund der positiven Prüfungsergebnisse in den USA das "AP-Seal" "non-toxic" von ACMI (Arts and Crafts Material Institute) tragen[2].

Ferner entspricht Fimo der EU-Spielzeugrichtlinie und der entsprechenden EN-Norm "EN71 Teil 5", die klar regelt, welche Substanzen für ofenhärtbare Modelliermassen eingesetzt werden dürfen. Deshalb darf Fimo auch das CE-Zeichen tragen.

Laut Altersempfehlungen des Herstellers ist sie nur für Kinder über acht Jahren geeignet, da das Aushärten unter Aufsicht von Erwachsenen erfolgen muss. Die vorgeschriebene Temperatur beim Härten im Backofen darf nicht überschritten werden, da ansonsten gesundheitsschädliche Salzsäuredämpfe entstehen.

Die Zeitschrift Oekotest hat 1993 verschiedene dauerhaft und nicht-dauerhaft aushärtende Modelliermassen untersucht und getestet[3]. Von 21 untersuchten Modelliermassen gehört FIMO zu der Gruppe der 3 dauerhaft aushärtenden Modelliermassen, die allesamt als "nicht empfehlenswert" eingestuft wurden. Diese Modelliermassen tragen eine zusätzliche Anmerkung "Warnhinweis des Herstellers: Kein Kinderspielzeug" (Seither sind jedoch die in der EU seit 2007 in Kinderspielzeug verbotenen phthalathaltigen Weichmacher durch andere ersetzt worden). Die übrigen getesteten Modelliermassen härten nicht dauerhaft aus.

Während des Backens sollte man - wegen der entstehenden Dämpfe - Abstand halten, stets gut lüften und die Temperatur- und Zeitgrenzen auf keinen Fall überschreiten. Kinder sind immer unter Aufsicht zu halten.

Von dem Bestandteil PVC gehen beträchtliche Umwelt- und Gesundheitsgefahren aus[4].

6 ***Beantworten Sie die folgenden Fragen, indem Sie den Text punktuell lesen:***

a Was ist Fimo?

b Aus welchem Material besteht Fimo?

c Ist Fimo gesundheitsschädlich?

d Was muss beim Umgang mit Fimo beachtet werden?

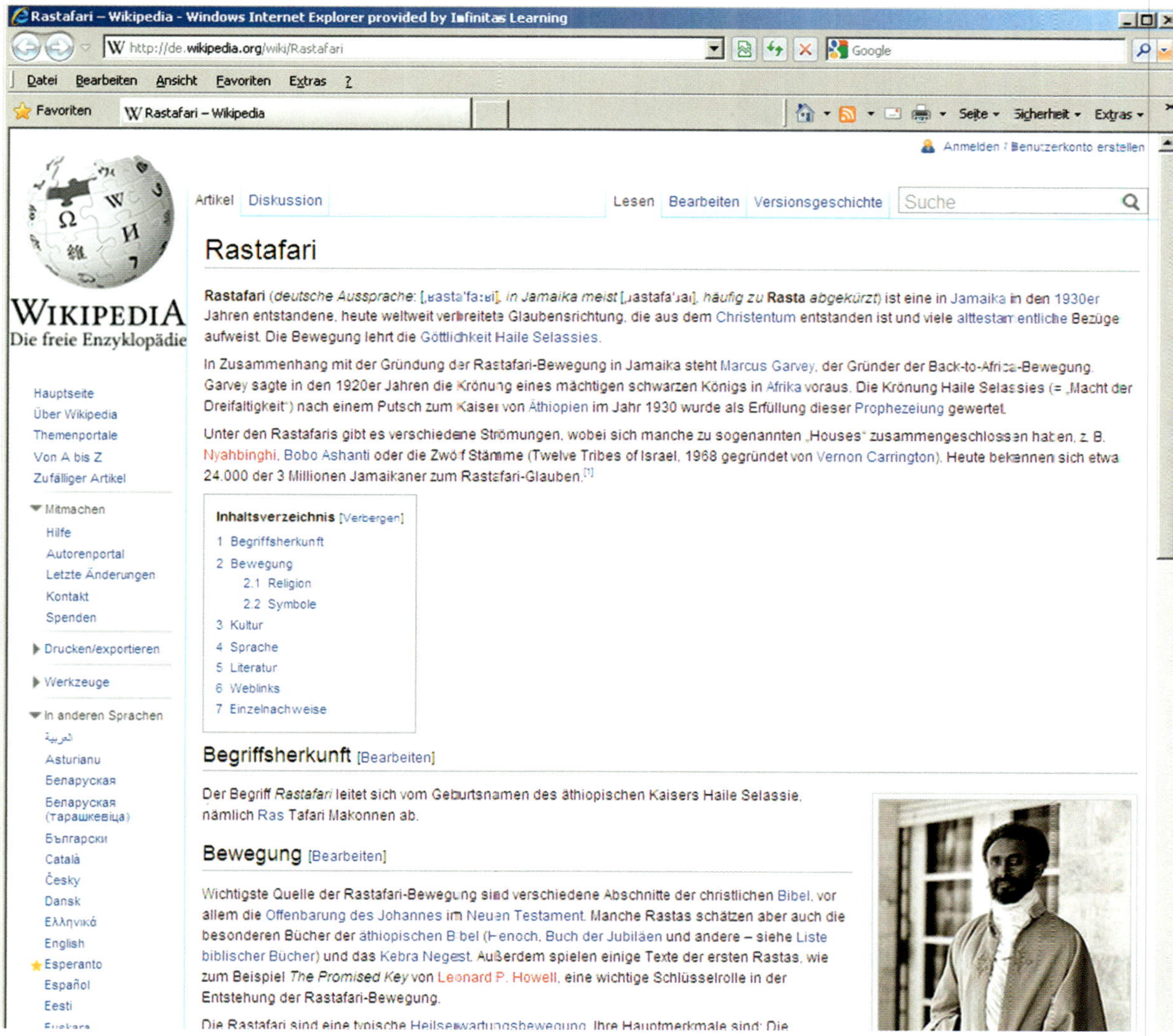
Rastafari – Wikipedia - Windows Internet Explorer provided by Infinitas Learning

http://de.wikipedia.org/wiki/Rastafari

Datei Bearbeiten Ansicht Favoriten Extras ?

Favoriten Rastafari – Wikipedia

Anmelden / Benutzerkonto erstellen

Artikel Diskussion Lesen Bearbeiten Versionsgeschichte Suche

WIKIPEDIA
Die freie Enzyklopädie

Hauptseite
Über Wikipedia
Themenportale
Von A bis Z
Zufälliger Artikel

Mitmachen
Hilfe
Autorenportal
Letzte Änderungen
Kontakt
Spenden

Drucken/exportieren

Werkzeuge

In anderen Sprachen
العربية
Asturianu
Беларуская
Беларуская (тарашкевіца)
Български
Català
Česky
Dansk
Ελληνικά
English
Esperanto
Español
Eesti

Rastafari

Rastafari (*deutsche Aussprache:* [ʁastaˈfaːʁi], *in Jamaika meist* [ˌɹastafaˈɹaɪ], *häufig zu* **Rasta** *abgekürzt*) ist eine in Jamaika in den 1930er Jahren entstandene, heute weltweit verbreitete Glaubensrichtung, die aus dem Christentum entstanden ist und viele alttestamentliche Bezüge aufweist. Die Bewegung lehrt die Göttlichkeit Haile Selassies.

In Zusammenhang mit der Gründung der Rastafari-Bewegung in Jamaika steht Marcus Garvey, der Gründer der Back-to-Africa-Bewegung. Garvey sagte in den 1920er Jahren die Krönung eines mächtigen schwarzen Königs in Afrika voraus. Die Krönung Haile Selassies (= „Macht der Dreifaltigkeit") nach einem Putsch zum Kaiser von Äthiopien im Jahr 1930 wurde als Erfüllung dieser Prophezeiung gewertet.

Unter den Rastafaris gibt es verschiedene Strömungen, wobei sich manche zu sogenannten „Houses" zusammengeschlossen haben, z. B. Nyahbinghi, Bobo Ashanti oder die Zwölf Stämme (Twelve Tribes of Israel, 1968 gegründet von Vernon Carrington). Heute bekennen sich etwa 24.000 der 3 Millionen Jamaikaner zum Rastafari-Glauben.[1]

Inhaltsverzeichnis [Verbergen]

Begriffsherkunft [Bearbeiten]

Der Begriff *Rastafari* leitet sich vom Geburtsnamen des äthiopischen Kaisers Haile Selassie, nämlich Ras Tafari Makonnen ab.

Bewegung [Bearbeiten]

Wichtigste Quelle der Rastafari-Bewegung sind verschiedene Abschnitte der christlichen Bibel, vor allem die Offenbarung des Johannes im Neuen Testament. Manche Rastas schätzen aber auch die besonderen Bücher der äthiopischen Bibel (Henoch, Buch der Jubiläen und andere – siehe Liste biblischer Bücher) und das Kebra Negest. Außerdem spielen einige Texte der ersten Rastas, wie zum Beispiel *The Promised Key* von Leonard P. Howell, eine wichtige Schlüsselrolle in der Entstehung der Rastafari-Bewegung.

Die Rastafari sind eine typische Heilserwartungsbewegung. Ihre Hauptmerkmale sind: Die

7 Beantworten Sie die folgenden Fragen, indem Sie den Text punktuell lesen:

a Was ist Rastafari?

b Welche Voraussage machte Marcus Garvey in den 1920er-Jahren?

c Auf welchen König wurde diese Prophezeiung bezogen?

d Nennen Sie drei Beispiele für die „Houses" genannten Rastafari-Strömungen.

e Wie viele Jamaikaner bekennen sich zum Rastafari-Glauben?

Sequenzielles Lesen

Bei dieser Lesetechnik wird der gesamte Text gelesen. Es geht nicht in erster Linie darum, Inhalte zu erfassen oder Wissenslücken zu schließen. Das sequenzielle Lesen eignet sich besonders dafür, Gedankengänge in einem Text zu erfassen.

8 Lesen Sie den folgenden Text mit der sequenziellen Lesetechnik.

In Lesen, Mathe und Motivation mittelmäßig

Nach weiteren Ergebnissen der Pisa-Studie sind die deutschen Schüler in Lesen und Mathematik nur mittelmäßig. Vielleicht liegt das Resultat aber auch daran, dass es in anderen Ländern nicht nur Stifte mit dem Aufdruck „Pisa“, sondern Geld oder schulfrei als Leistungsanreiz gab.

Bei der Pisa-Studie haben nach Informationen des „Spiegels“ mehrere Staaten teilnehmende Schüler mit Geld oder sonstigen Anreizen angespornt. So hätten etwa amerikanische Schüler im vergangenen Jahr bis zu 50 Dollar pro Person für das Ausfüllen der Pisa-Fragebögen bekommen, berichtete das Magazin am Samstag vorab unter Berufung auf ein internes Papier des deutschen Pisa-Konsortiums.

Das Konsortium habe Bedenken gegenüber einem solchen Vorgehen und befürchte, dass die Ergebnisse nicht mehr repräsentativ sein könnten. Das Pisa-Konsortium war für eine Bestätigung nicht zu erreichen. Laut „Spiegel“ bekamen Schüler in den Niederlanden 10-Euro-Gutscheine fürs Mitmachen, in Großbritannien Geld, wenn bestimmte Teilnehmerquoten erreicht wurden, und in Slowenien einen Tag schulfrei.

Die Wissenschaftler des nationalen Pisa-Konsortiums, das für den Ablauf der Tests in Deutschland verantwortlich ist, äußerten in ihrer Analyse „Bedenken hinsichtlich der gewissenhaften Einhaltung der Pisa-Standards“, schreibt das Magazin. Die Zahlung von Geld für die Testteilnahme „könnte gegebenenfalls die Repräsentativität der Stichprobe verzerren“, zitiert der „Spiegel“ aus dem internen Papier. Schüler, die auf Grund „materieller Anreize“ bei Pisa mitmachten, könnten „in ihrer Eigenschaft als Test-Teilnehmer systematisch abweichen“ von denen anderer Länder.

„Denkbar ist, dass eine Verschiebung von der durchschnittlichen Leistung“ zur „Bestleistung erfolgt“, heiße es in dem Papier mit dem Titel „Bewertende Stellungnahme zu den Maßnahmen zur Steigerung der Rücklaufquoten“, schreibt der „Spiegel“. In Deutschland wurden demnach nur Stifte mit dem Aufdruck Pisa als Souvenirs an die Schüler verteilt.

Trotz der guten Leistungen in den Naturwissenschaften sind die 15-Jährigen in Deutschland in Lesen und Mathe weiterhin nur mittelmäßig. Das berichtet die „Stuttgarter Zeitung“ unter Berufung auf die Zusammenfassung der deutschen Pisa-Ergebnisse. Das nationale Pisa-Konsortium sehe die Schulen aber auf einem guten Weg, auch wegen leichter Besserungen bei der Chancengleichheit.

Laut „Stuttgarter Zeitung“ belegen bei Pisa 2006 unter den 30 OECD-Staaten die Schüler in Deutschland bei Lesen und Mathe den 14. Platz. Südkorea, Finnland und Kanada lägen im Lesen mit weitem Abstand vorne, in Mathematik führten Finnland und Südkorea sowie die Niederlande. Das Ranking aller 57 Pisa-Teilnehmerstaaten werde aber geheim gehalten und fehle in der offiziellen Zusammenfassung des Konsortiums. Betrachte man auf internationaler Ebene, was sich seit Pisa 2000 getan habe, „dann fällt Deutschland positiv auf“, während andere Staaten sich deutlich verschlechtert hätten.

Der Leiter des deutschen Pisa-Konsortiums, Manfred Prenzel, sehe die Ergebnisse insgesamt sehr positiv, schreibt die Zeitung. Neben dem besseren Abschneiden in den Naturwissenschaften gebe es vor allem „nachweisbare Verbesserungen“ bei der sozialen Gerechtigkeit. Zwar sei der Zusammenhang zwischen Schulerfolg und Elternhaus nach wie vor zu stark, aber die Befunde zeigten eine Lockerung.

Kinder mit Migrationshintergrund hinken ihren Altersgenossen dem Bericht zufolge noch immer weit hinterher. Dabei stelle Pisa 2006 erhebliche Leistungsunterschiede zwischen den Gruppen fest: Migrantenkinder der zweiten Generation sind demnach schwächer als die der ersten Generation.

Bundesbildungsministerin Annette Schavan warnte vor nachlassendem Reformwillen und Kleinstaaterei. Die Pisa-Ergebnisse in den Naturwissenschaften seien ermutigend, das solle aber nicht dazu „verführen, den Reformeifer einzustellen“, sagte sie der „Wirtschaftswoche“. Die für die Schulpolitik verantwortlichen Bundesländer ermahnte Schavan zu einer besseren Abstimmung: „Wettbewerb zwischen den Ländern ist grundsätzlich gut, aber es fehlen noch Spielregeln zwischen den Ländern.“

Der Bildungsökonom Ludger Wößmann vom Ifo-Institut bezweifelte, dass die besseren Ergebnisse in der Iglu-Studie tatsächlich auf Schulreformen zurückzuführen sind. Iglu zeige, dass der Pisa-Schock „vor allem bei den Eltern angekommen ist“, sagte er. So weise die Studie nach, dass Eltern ihre Kinder heute viel stärker beim Lesen förderten als früher.

Aus: Frankfurter Allgemeine Zeitung vom 01.12.2007, Faz.Net mit AP, http://www.faz.net/s/RubFC06D389EE76479E9E764250 72B196C3/Doc~E966827F2A1FF42AD922A6514E5FB0A19~ATpl~Ecommon~Scontent.html, Stand: 20.06.2011

9 *Beantworten Sie die folgenden Fragen, indem Sie den Text sequenziell lesen:*

a *Aus welchem Grund sind deutsche Wissenschaftler im Hinblick auf die Testergebnisse eher skeptisch?*

b *Welche beiden Beispiele nennt die „Stuttgarter Zeitung" dafür, dass Manfred Prenzel die deutschen Ergebnisse eher positiv sieht?*

10 *Beantworten Sie die folgenden Fragen, indem Sie den Text punktuell lesen:*

a *Wie viel Geld haben amerikanische Schüler für das Ausfüllen der PISA-Fragebögen bekommen?*
- *weniger als 20 Dollar*
- *bis zu 50 Dollar*
- *über 50 Dollar*

b *Auf welche Weise wurden die Schüler in den Niederlanden, in Großbritannien und in Slowenien zur Teilnahme motiviert.*

c *Welche Maßnahmen wurden in Deutschland ergriffen, um die Beteiligung an den Tests zu steigern?*

Diagonales Lesen

Diagonales Lesen bedeutet, einen Text schnell zu überfliegen. Bei dieser Lesetechnik geht es darum, die wichtigsten Informationen des Textes zu erfassen.

Die Technik des diagonalen Lesens kann besonders nützlich sein, um herauszufinden, um was es in einem Text überhaupt geht und um eine Entscheidung darüber zu treffen, ob es sich lohnt, ihn genauer zu lesen.

Das diagonale Lesen eines Textes ist also nur ein erster Arbeitsgang – stellt man danach fest, dass ein Text interessant ist, muss dieser mit anderen Lesetechniken genauer erschlossen werden. Hierfür eignen sich die beiden folgenden Lesetechniken: das kursorische und das intensive Lesen.

11 *Als Auszubildende oder Auszubildender in einem Friseurbetrieb haben Sie die Aufgabe, bis zum nächsten Tag die interessanteste Geschichte aus Ihrer neuen Branche zu erzählen, die Sie bisher kennen. Sie recherchieren dafür im Internet und finden mehrere Artikel, die Ihnen auf den ersten Blick alle interessant erscheinen. Aber Sie können morgen nur eine Geschichte vortragen – Sie müssen also eine Entscheidung treffen.*

a *Lesen Sie in Einzelarbeit die Texte auf S. 122–124 mit der Strategie des diagonalen Lesens.*

b *Entscheiden Sie sich für einen Text und notieren Sie kurz die Gründe für Ihre Entscheidung.*

c *Stellen Sie sich in Partnerarbeit gegenseitig die von Ihnen ausgewählte Geschichte vor und tauschen Sie sich über die Gründe für Ihre Auswahl aus.*

d *Tauschen Sie sich danach mit einer weiteren Zweiergruppe über Ihre gewählten Geschichten und die Gründe für Ihre Auswahl aus. Wählen Sie am Ende aus vier Vorschlägen den Favoriten Ihrer Vierergruppe.*

Im falschen Film – Wie Friseurlehrling Cumali zum Dichter wurde

Von Kathrin Fromm

Wenn Cumali Zengin das Deutschbuch aufschlägt, Seite 89, kann er es nicht richtig glauben. Er, der gerade eine Ausbildung zum Friseur macht, in einem Schulbuch. Als Vorbild. Als Dichter. „Dabei bin ich einer, der oft zu spät kommt und auch mal seine Hausaufgaben nicht macht", sagt er. Doch Cumali, 18, der von sich selbst sagt, dass er noch nie freiwillig ein Buch gelesen habe, wird nun vielen Schülern als Dichter bekannt sein. „Erste große Liebe" heißt sein Werk. 16 Verse ist es lang.

In der Stadt
am Rande eines Hauses
sah ich dort
das erste Mal
meine große Liebe
alles klar
doch jetzt
der Traum zerplatzt

Schwarz gelocktes Haar
an deiner Seite
lieben gelernt
meine Seele gewärmt
verlassen
Schicksal entscheidet
kein Gedicht
das Leben

Hätte Cumali vor zwei Jahren nach seinem Hauptschulabschluss einen Ausbildungsplatz bekommen, er wäre wohl nie auf die Idee gekommen, ein Gedicht zu schreiben. In Herrenberg nahe Stuttgart machte er sein Berufseinstiegsjahr an der Hilde-Domin-Schule. Für Cumali hieß das: Unterricht ohne Chance auf einen weiteren Abschluss, mit wöchentlichen Praxistagen im Sägewerk, mit Unterricht zu Dingen, die ihn wenig interessierten. Und wozu sollte er sich Gedichte anhören, geschweige denn selbst eines schreiben?

Doch seine Lehrerin und die Schulsozialarbeiterin ließen nicht locker. Sie wollten den Jugendlichen einmal etwas anderes zeigen – und luden den Schriftsteller Walle Sayer, 49, ein. Er las Gedichte vor, dann waren die Schüler dran. Cumali steckte die Kopfhörer seines MP3-Players in seine Ohren und kritzelte seine Gedanken auf ein Papier. Die drehten sich um Liebe: Seine Beziehung zu einem Mädchen war gerade zu Ende gegangen. Die russischstämmigen Eltern lehnten es ab, dass ihre Tochter einen Türken zum Freund hatte.

Cumali schrieb sich seine Enttäuschung von der Seele. „Das kam so aus dem Bauch heraus", sagt er heute, als stammten die Worte seines Gedichts von irgendjemand anderem, nur nicht von ihm. Nach wenigen Stunden war er fertig.

Kathrin Fromm: Der Spiegel, 28.07.2010, http://www.spiegel.de/schulspiegel/leben/0,1518,druck-707660,00.html, Stand: 20.06.2011

Waschen, schneiden, klagen

Von Barbara Hardinghaus

Warum ein Friseurbesuch zwei Jahre lang die Gerichte beschäftigte

Als Gabriele Schneider ein Kind war, flocht sie ihr Haar jeden Morgen zu langen blonden Zöpfen. Als sie 19 war und heiratete, in ihrer Heimat Schlesien, verzierte sie ihr Haar mit kleinen Schleifen und Blumen aus Stoff. Sie verbrachte schon immer viel Zeit mit ihrem Haar. Nie dachte sie daran, dass ihr Haar einmal deutsche Gerichte beschäftigen würde.

Bevor sie ausging in ihrer kleinen rheinländischen Stadt, zum Essen oder zu einer Verabredung, bevor sie in die Grundschule zum Arbeiten ging, immer hatte sie sich vorher zwei Stunden lang ins Bad ihres Reihenhauses zurückgezogen.

Gabriele Schneider hat zwei Kinder, sie lernten früh, ihre Mutter während der Zeiten im Bad nicht zu stören, und sie lernten, sie nicht anzusprechen, wenn sie vom Friseur nach Hause kam.

Denn diese Tage waren immer besondere Tage, auch wenn sich die Haarfarbe von Frau Schneider im Lauf der Jahre wandelte: Je älter sie wurde, desto dunkler wurde ihr Haar, es war aschig und fahl geworden. Nach und nach hatte Gabriele Schneider das Blond ihrer Jugend verloren.

Erst färbte sie selbst mit einer Flüssigkeit aus der Apotheke. Später ließ sie das Haar blondieren. Zum Blondieren setzte der Friseur Gabriele Schneider eine Plastikmütze auf und zog mit einer Art Häkelnadel einzelne Strähnen heraus, er nahm eine Paste mit Wasserstoffperoxid, die die natürlichen Farbpigmente auflöste, aber auch die Struktur des Haars angriff. Wenn man nicht aufpasst, wenn die Wasserstoffperoxid-Konzentration des Blondiermittels zu hoch ist oder die Einwirkzeit zu lang, kann das Haar stumpf werden, porös.

Es war immer alles gutgegangen, bis zu dem Tag im Juni 2008, an dem Gabriele Schneider sich entschloss, ein Haarstudio im Nachbarort aufzusuchen. [...] Was genau sich ereignet hat an diesem Tag im Haarstudio, konnte bis heute nicht geklärt werden. Nach der Behandlung jedenfalls, sagt Gabriele Schneider, habe sie nur noch geheult.

Sie hatte wieder oben im Bad gestanden, das Haar gekämmt, das Haar fiel aus, büschelweise, es landete im Waschbecken und auf dem Boden, am Hinterkopf war es abgebrochen, weiß, stumpf „wie Putzwolle", sagt ihr Mann. Seine Frau sei immer von einem Spiegel zum anderen Spiegel gelaufen. In der Nacht schlief sie nicht. So verging die Zeit.

Bis zur ersten Verhandlung verging fast ein Jahr. Das Amtsgericht Erkelenz hörte Zeugen, sah Fotos und stützte sein Urteil auch auf das Gutachten einer Sachverständigen. Unter „vermutliche Ursachen" hatte diese geschrieben: „Zu viele Haare durch die Plastikmütze gezogen; zu hoher Prozentsatz von Wasserstoffperoxid; falsche Auftragetechnik; Alufolie zu fest verschlossen." Das Gericht sprach Gabriele Schneider Schadensersatz und ein Schmerzensgeld über 1 000 Euro zu.

Das Haarstudio war bei der Verhandlung von einem Mann vertreten worden, der für die Versicherung arbeitete. Er ging in Berufung, denn er wusste, dass es in Deutschland nicht viel gab für kaputtes Haar; allein die „Verletzung des Schönheitsideals" war kein Grund für ein hohes Schmerzensgeld.

In einem anderen Urteil waren einer Frau, deren Haare komplett verfilzt waren, 400 Euro zugesprochen worden. 1.000 Euro, die gab es nach Verkehrsunfällen, bei Kopfplatzwunden und gleichzeitiger Schädelprellung, neun Tagen Krankenhaus und vier Tagen ambulanter Behandlung. Das Landgericht Mönchengladbach setzte daraufhin das Schmerzensgeld auf 300 Euro herab.

Gabriele Schneider sagt, ihr Haarwuchs sei noch immer gebremst. Sie kaufe Haarkuren für 100 Euro jeden Monat, sie wolle demnächst einen Hautarzt fragen, ob man medizinisch etwas machen kann. [...]

Aus: Der Spiegel vom 14.06.2010, http://www.spiegel.de/spiegel/print/d-70940371.html, Stand: 20.06.2011

Sarkozy gab 34.445 Euro für Make-up aus

Zu dick aufgetragen: Der französische Staatspräsident Sarkozy hat sich einem Zeitungsbericht zufolge während des Wahlkampfes für mehr als 30.000 Euro schminken lassen. Erstattet bekommt er davon aber nur ein Drittel: Die zuständige Finanzkommission fand die Rechnung „exzessiv hoch". [...]

Die Zeitung „Le Parisien" berichtete heute unter Berufung auf ein nicht genanntes Kommissionsmitglied, Sarkozy habe einige Rechnungen mit einem Stundenlohn von 450 Euro vorgelegt. Insgesamt ließ sich der Wahlkämpfer seine Kampagne 20,9 Millionen Euro kosten. Mehr als sieben Millionen Euro hatte er an Spenden gesammelt, ein Rekord in Frankreich.

Die sozialistische Gegenkandidatin Ségolène Royal gab mit 51.659 Euro noch wesentlich mehr Geld für ihre Schönheit aus. Auch von ihren Friseur- und Make-up-Rechnungen erschienen den Prüfern etliche zu hoch, so dass auch sie nur ein Drittel erstattet bekommt, wie „Le Parisien" berichtete. [...]

ffr/AP/dpa

Aus: Der Spiegel vom 18.01.2008, http://www.spiegel.de/politik/ausland/0,1518,druck-529482,00.html, Stand: 20.06.2011

Bad hair day – US-Rektor setzt langhaarige Schüler vor die Tür

Matthew Lopez-Widish und drei Mitschüler lassen sich ihre Haare lang wachsen. Darum hat ihre texanische Schule die Jugendlichen vom Unterricht ausgeschlossen: Ab zum Friseur, sonst Schulverweis.

[...] Die Aufgabe, die vier Schüler der Kerens High School in Texas über die Weihnachtsferien bekamen, war [...] sehr ungewöhnlich. Sie sollten zum Frisör gehen und ihre langen Haare abschneiden lassen.

Als die Jungen nach den Ferien ohne neue Frisuren zurück in die Schule kamen, wurden sie sogleich in das Büro des Schulleiters gebeten und bekamen dort Zettel in die Hand gedrückt: Ihr seid vom Unterricht ausgeschlossen. „Wir haben euch gewarnt. Ihr wusstet, was passieren wird", soll Schulleiter David Tyson gesagt haben, erzählte Matthew Lopez-Widish, einer der langhaarigen Schüler, anschließend. Der Zeitung „The Dallas Morning News" erklärte der Schulleiter: „Dazu möchte ich nur sagen, dass wir heute gehandelt haben. Es war ein Regelverstoß."

Die vier Jugendlichen haben tatsächlich gegen eine Schulregel verstoßen. Sie gilt nur für männliche Schüler und besagt, „dass das Haar nicht über den Kragenrand hinausreichen darf", so Kevin Stanford, Leiter des Schulbezirks, zu dem die Kerens Independent School in der Nähe von Dallas gehört. Den Schülern werde zwar erlaubt, einen Zopf zu machen. „Aber dies wurde sehr inkonsequent befolgt."

In der Kerens High School ist es männlichen Jugendlichen nicht nur untersagt, mit langen Haaren in der Schule aufzutauchen. Auch extrem enge oder extrem weite Hosen – wie die für Rapper typischen, tief sitzenden „Baggy Pants" – dürfen dort nicht getragen werden. Ebenfalls auf der Verbotsliste: ärmellose T-Shirts, zwei verschiedene Socken und „unnatürliche" Haarfarben. Die Kleidungsvorschriften sollen Stanford zufolge zu „Hygiene" und „Disziplin" führen und die Jugendlichen auf ein „erfolgreiches Leben in der Erwachsenenwelt" vorbereiten.

Wenn Matthew Lopez-Widish und seine drei Mitschüler in den nächsten drei Tagen den Friseur aufsuchen, dürfen sie wieder zur Schule gehen. Doch Matthew, dessen gewelltes braunes Haar seit vier Jahren nicht mehr in die Nähe einer Schere gekommen ist, hat beschlossen: „Ich werde das nicht ändern." Die Haare seien Teil seiner Persönlichkeit.

Was Matthew ihm und seinen drei Mitschülern blüht, wenn sie ihre Haarpracht behalten wollen? Dann wird es eine Anhörung geben – und vielleicht droht den Schülern sogar eine Strafversetzung an eine andere Schule. „Wir hoffen, dass sich die Situation entspannt und wir nicht so weit gehen müssen", so Schulleiter Tyson.

Rat/AFP

Aus: Der Spiegel vom 09.01.2008, http://www.spiegel.de/schulspiegel/ausland/0,1518,druck-527626,00.html, Stand: 20.06.2011

Lockenroll im Schneideraum

Da SchauHair, bei diesen Friseuren gibt's was zu lachen! Hier wird „behaarlich" mit Worten gespielt, von der Haarcienda bis zum Haarem. Heiß ersehnt, jetzt ist sie da: die Fortsetzung unserer Friseurgalerie. Einfach SupHair! Erliegen Sie der „Verlockung", treten Sie ein!

Die „Zwiebelfisch"-Kolumne über den haarsträubenden Einfallsreichtum der Friseure bei der Benennung ihrer Salons rief ein gewaltiges Leser-Echo hervor. Nur wenige Leser fanden, das Thema sei „an den Haaren herbeigezogen". [...]

Wie Paul Espei aus Bochum zu berichten wusste, haben auch englische Friseure Humor. In Plymouth gibt es einen Salon mit Namen „Herr Cut". Und von Torsten Maywald aus Zürich wurde uns ein Schweizer Coiffeur namens „Swiss Hair" gemeldet. Nils Hoffmann wies uns auf einen gerade eröffneten Laden in Detmold hin, der sich „Die perfekte Welle" nennt. Und in Bielefeld kommt man um „Drumhairum" nicht herum, wie Sandra Hüther aus Contwig recherchiert hatte. „Mein Lieblingssalon", schrieb Dorothee Götz, „war (und ist auch hoffentlich noch) in Portland, Oregon, in der Burnside Street. Der Name ist eine Spielerei mit dem englischen Wort für Koteletten: ‚Sideburns on Burnside'. Viele Grüße!"

[...] Gerrit Baumann schrieb uns: „Ich bin mir ziemlich sicher, dass es in Berlin einen Friseur namens „Zopf oder Kahl" gibt, so im Bereich der Kastanienallee." Und Kathrin König ließ uns wissen: „Mein Favorit stammt allerdings nicht aus der Zunft der Friseure. Neulich fuhr vor mir auf der Autobahn ein Kleinwagen mit der Aufschrift: ‚Mandys Nagel-Oase' ... Herzliche Grüße!" [...] Auch Achim Lausecker hat seine Phantasie spielen lassen und schickte uns – speziell fürs Frankfurter Börsenviertel erdacht – den Vorschlag „Scher-Holder" ein.

Bevor Sie nun Ihr endgültiges Urteil über die Zunft der Friseure fällen, bitten wir Sie, das eine zu bedenken: Man sollte nicht immer alles über einen Kamm scheren! Friseure sind Menschen, die mit guten Schnitten einen guten Schnitt machen. Bei ihnen kommt der Kunde nicht zu kurz, aber mancher geht deutlich kürzer. Denn wo geschnitten wird, da fallen nun mal Haare.

Aus: Der Spiegel vom 12.07.2006, http://www.spiegel.de/kultur/zwiebelfisch/0,1518,druck-419199,00.html, Stand: 20.06.2011

Kursorisches Lesen

Beim kursorischen Lesen lesen Sie den gesamten Text. Bei dieser Lesetechnik müssen Sie deutlich mehr Zeit aufwenden als bei den bisher besprochenen Lesetechniken. Wenn Sie einen Text kursorisch lesen, dann geht es Ihnen darum, ihn inhaltlich vollständig zu erfassen. Um dieses Ziel zu erreichen, ist es hilfreich, am Rand des Textes Markierungen vorzunehmen. Es kann auch sehr nützlich sein, besonders wichtige Passagen des Textes zu unterstreichen.

Wichtiger Hinweis

Achten Sie aber darauf, dass Sie nicht zu viele Stellen im Text markieren.

In der folgenden Tabelle finden Sie Anregungen für solche Markierungen:

Textrand				Text
Markierung		**Kommentare**		Textmarker
/	wichtig	F	Fachbegriff	Bleistift
//	sehr wichtig	Th	These	unterstreichen
+	gut	Arg	Argument	Wellenlinien
–	schlecht	Bsp	Beispiel	einkreisen
!	erstaunlich/merkenswert	KA	Kernaussage	einkasten
?	unverständlich/unklar	Def	unverständlich/unklar	durchstreichen
1, 2, 3	Textgliederung	Zsf	Textgliederung	
A, B, C	Textgliederung	Log?	Textgliederung	
„…"	Zitat bzw. als Zitat geeignet	vgl. S.	Zitat bzw. als Zitat geeignet	
Sparsam verwenden: Nur dann helfen sie, das Wesentliche schnell wiederzufinden!				

Intensives Lesen

Obwohl das intensive Lesen dem kursorischen Lesen sehr ähnlich ist, gibt es doch noch einen Unterschied: Beim intensiven Lesen genügt es nicht nur, den Textinhalt völlig erfasst zu haben. Das Ziel des intensiven Lesens ist es, den gelesenen Text darüber hinaus auch kritisch zu beurteilen. Dafür muss der Zweck des Textes, eine eventuelle Autorenabsicht und die Argumentation des Textes herausgearbeitet werden.

1.2 Strategie des Leseverstehens (5-Schritte-Lesemethode)

Impuls

Georg: „Puh, ist das ein langer Text! Ich weiß gar nicht, wie ich damit zurechtkommen soll."
Lisa: „Keine Panik! Kennst du etwa noch nicht die 5-Schritte-Lesemethode? Die ist ganz einfach und eine echte Hilfe bei langen Texten."

Im Mittelalter pflegten die Bader und ihre Zunftgenossen, die Barbiere, Blutegel zu setzen, Zähne zu ziehen und den Star zu stechen, offene Wunden zu behandeln und gelegentlich sogar Amputationen vorzunehmen. Die Palette ihrer Dienstleistungen, entnehmen wir einer Untersuchung über soziale Außenseiter in den Städten des Mittelalters, „reichte vom Abspülen des Körpers mit heißem und kaltem Wasser über Massieren, Schlagen oder Abreiben mit dem Badewedel und der Badebürste aus Kardendisteln bis zur Schönheitspflege, Rasieren und Haareschneiden, was in den meisten Städten zu einem Dauerzwist mit den Bartscherern führte. Diese intensive Beschäftigung mit dem menschlichen Körper, vor allem bei der Übernahme ärztlicher Aufgaben, und die fast als selbstverständlich vorausgesetzte Bereitschaft, den losen Sitten der Badegäste zu entsprechen und Sonderleistungen auf sexuellem Gebiet anzubieten, förderten den schlechten Ruf der Badstuber und Barbiere und verstärkten die Anrüchigkeit dieser Gewerbe“.

Seit dem siebzehnten Jahrhundert forderten die Zunftordnungen von den Barbieren und Chirurgen, wie ihre Berufsbezeichnung nun lautete, Grundkenntnisse im Lateinischen, die Lektüre von Fachliteratur und den Besuch anatomischer Demonstrationen. Wer sich Meister nennen wollte, musste nachweisen, dass er Salben anzurühren und Pflaster aufzulegen verstand.

Erst im späteren achtzehnten, frühen neunzehnten Jahrhundert verloren die Bader und Barbiere, die nicht selten auch als Geburtshelfer praktizierten, das Recht zur Ausübung medizinischer Tätigkeiten und beschränkten sich aufs Bartscheren, Haareschneiden und Perückenmachen: Dienstleistungen; von denen sich freilich das Perückenmachen schon im achtzehnten Jahrhundert zu einem regelrechten Luxushandwerk entwickelte.

An die Stelle des fürstlichen Peruquiers ist in neuerer Zeit der charismatische Prominentencoiffeur getreten, dem die feinen Damen gern den Hof machen, weil sie, wo es darauf ankommt, von ihm wie von ihresgleichen behandelt sein wollen. Sein Name, Herbert oder Gerhard, ist Schall und Rauch: „Acht Damen lassen ihn nach Wien einfliegen, teilen sich seinen Flug und die Übernachtung im Sacher. Ballbeginn ist gegen 21 Uhr 30. Seiner Favoritin steckt er zuletzt die Locken.“ Die am unteren Ende rangierende Dame nimmt er sich frühmorgens vor, Widerreden gegen Zeitplan und Dispositionslust des Meisters sind zwecklos, nicht anders als daheim im Salon: „Man wartet im Stehen, wird in eine schwarze Kutte gewickelt, die etwas von einer Zwangsjacke hat, und lässt dann mit geradezu religiöser Andacht die Exerzitien über sich ergehen, die Gerhard angeordnet hat. Beim Fönen werden beispielsweise die Haare mit riesigen Rundbürsten (eine exklusive Pariser Anfertigung) so traktiert, dass die Kopfhaut glüht. ‚Sie wollen merken“, sagt der Friseur, „dass etwas mit ihrem Kopf passiert.‘“

Quelle: Görtz, Franz Josef, Kleine Vorbemerkung, in: Ders./Bagus Kim (Hrsg.) Glatze, Zopf und Dauerwelle. Ein haariges Lesebuch. Leipzig, Reclam 1996, S. 13 f.

Kennen Sie das? Sie haben soeben einen langen Text gelesen und haben trotzdem das ungute Gefühl, nicht genau zu wissen, um was es in diesem Text eigentlich ging?

Damit Ihnen das nicht mehr passiert, gibt es die 5-Schritte-Lesemethode:

Checkliste

5-Schritt-Lesemethode

1. **Schritt: Erste Orientierung**
   Stellen Sie sich die Frage: Um was geht es in diesem Text?
   Notieren Sie sich Ihre Antworten, damit Sie sie nicht vergessen!
2. **Schritt: Was habe ich verstanden?**
   Auch im schwierigsten Text gibt es immer Abschnitte, die man gut versteht. Markieren Sie diese im Text! Notieren Sie sich, was Sie bereits verstanden haben!
3. **Schritt: Abschnittsweises Lesen**
   Die meisten Texte sind in sinnvolle Abschnitte gegliedert.
   Suchen Sie für jeden Abschnitt eine Überschrift. Diese Überschrift sollte die folgende Frage beantworten: Um was geht es in diesem Absatz?
4. **Schritt: Wie ist der Text organisiert?**
   In diesem vorletzten Schritt fassen Sie die bisherigen Ergebnisse zusammen: Sie haben bereits eine Überschrift für jeden Abschnitt des Textes gefunden. Jetzt bringen Sie die einzelnen Abschnitte miteinander in Verbindung. Stellen Sie sich dabei die Fragen: Welche Funktion haben die einzelnen Abschnitte für den Gesamttext? – Warum ist es sinnvoll (oder auch nicht), dass sie Teil des Gesamttextes sind?
5. **Schritt: Stichwortartiges Zusammenfassen**
   In diesem letzten Schritt fassen Sie den gelesenen Text in Stichworten zusammen. Stellen Sie sich dabei vor, Sie müssten den Inhalt des gelesenen Textes in einem kurzen Vortrag präsentieren. Achten Sie bei Ihrer Zusammenfassung darauf, dass der Inhalt des Textes auch für diejenigen verständlich wird, die den Text nicht gelesen haben.

Fassen Sie den den obenstehenden Text mithilfe der 5-Schritte-Lesemethode zusammen.

2 Literarische Gattungen

Georg Büchner: Woyzeck

Hauptmann auf einem Stuhl, Woyzeck rasiert ihn.

HAUPTMANN. Langsam, Woyzeck, langsam; ein's nach dem andern. Er macht mir ganz schwindlig. Was soll ich dann mit den zehn Minuten anfangen, die Er heut zu früh fertig wird? Woyzeck, bedenk' Er, Er hat noch seine schöne dreißig Jahr zu leben, dreißig Jahr! macht 360 Monate, und Tage, Stunden, Minuten! Was will Er denn mit der ungeheuren Zeit all anfangen? Teil Er sich ein, Woyzeck.

WOYZECK. Ja wohl, Herr Hauptmann.

HAUPTMANN. Es wird mir ganz angst um die Welt, wenn ich an die Ewigkeit denke. Beschäftigung, Woyzeck, Beschäftigung! ewig das ist ewig, das ist ewig, das siehst du ein; nun ist es aber wieder nicht ewig und das ist ein Augenblick, ja, ein Augenblick – Woyzeck, es schaudert mich, wenn ich denk, daß sich die Welt in einem Tag herumdreht, was n'e Zeitverschwendung, wo soll das hinaus? Woyzeck ich kann kein Mühlrad mehr sehn, oder ich werd' melancholisch.

WOYZECK. Ja wohl, Herr Hauptmann.

Aus: Georg Büchner, Woyzeck, Bearb. von Gerhard Schmid. Edition Leipzig, 1981, S. 164–165

Georg Büchner (1813–1837)

In Goddelau geborener Schriftsteller, flüchtete 1835 aus politischen Gründen – wegen seines Eintretens für die Freiheitsbewegung – aus Deutschland. Im Dramenfragment „Woyzeck" wird der unglückliche und gefühlsverwirrte Barbscherer und Soldat Woyzeck zum Mörder an seiner Braut und an sich selber.

Ulla Hahn: Mit Haut und Haar

Ich zog dich aus der Senke deiner Jahre
und tauchte dich in meinen Sommer ein
ich leckte dir die Hand und Haut und Haare
und schwor dir ewig mein und dein zu sein.

Du wendetest mich um. Du branntest mir dein Zeichen
mit sanftem Feuer in das dünne Fell.
Da ließ ich von mir ab. Und schnell
begann ich vor mir selbst zurückzuweichen

und meinem Schwur. Anfangs blieb noch Erinnern
ein schöner Überrest der nach mir rief.
Da aber war ich schon in deinem Innern
vor mir verborgen. Du verbargst mich tief.

Bis ich ganz in dir aufgegangen war:
da spucktest du mich aus mit Haut und Haar.

Aus: Ulla Hahn, Herz über Kopf, München, Deutsche Verlagsanstalt 1981, S. 69

Franz Hohler: Das Bartfett

Ein Mann, der den Namen Oskar Vandenbeuren trug, machte einmal eine Erfindung. Es gelang ihm nämlich, aus verschiedenen Substanzen ein Bartfett herzustellen. Dieses Fett bewirkte, daß ein Bart durch und durch fettig wurde, und zwar auf Jahre hinaus.

Nach einem solchen Fett bestand aber überhaupt kein Bedürfnis, und so wandte sich Oskar Vandenbeuren wieder anderen Beschäftigungen zu.

Aus: Franz Hohler: Wegwerfgeschichten. 50 Kurzgeschichten auf losen Blättern, Bern, Zytglogge Verlag 1997, o. S.

1 ***Betrachten Sie nur die äußere Form der drei Texte und beschreiben Sie, was Ihnen auf den ersten Blick auffällt. Worin unterscheiden sich die Texte?***

2 ***Ordnen Sie die Texte den drei Gattungen (Epik, Dramatik, Lyrik) zu. Begründen Sie Ihre Zuordnung.***

Literarische Gattungen		
Epik (griech.: Erzählung)	**Dramatik (griech.: Handlung)**	**Lyrik (griech.: Leier)**
Der Erzähler erzählt einem Zuhörer/Leser eine Geschichte. Ungebundene Sprache (Prosa). Bsp.: Roman, Kurzgeschichte, Fabel, Märchen u. a.	Handlung wird dem Zuschauer/Leser durch Gespräche (Dialoge/Monologe) zwischen Personen vermittelt. Dramen werden durch Schauspieler im Theater oder Fernsehen aufgeführt. Bsp.: Komödie, Tragödie, Film, Fernsehspiel u. a.	Gedichte unterscheiden sich von der Prosa durch Reim, Vers, Strophe. Gebundene Sprache (Poesie). Bsp.: Gedichte, Lieder, Balladen u. a.

3 *Wandeln Sie Ulla Hahns Gedicht in eine andere Gattung Ihrer Wahl um. Stellen Sie Ihre Version der Klasse vor.*

4 *Was lässt sich in anderen Gattungen besser darstellen, was schlechter?*

3 Inhaltsangabe

Impuls

Endlich ist es wieder so weit. Das Wochenende naht. Georg und Lisa hatten eine anstrengende Woche. Georg musste viel für die bevorstehenden Prüfungen lernen, Lisa ausnahmsweise auch unter der Woche fast jeden Abend in der Disco jobben. Jetzt freuen sie sich darauf, mal wieder etwas Zeit für sich zu haben. Sie haben sich für ein ruhiges Wochenende entschieden, wollen ein bisschen lesen, schöne Filme schauen. Jetzt müssen sie nur noch geeignete Bücher bzw. Filme finden. Lisa kümmert sich um die Bücher, Georg ist in die Videothek gegangen, um einen schönen Film zu suchen.

Georg und Lisa wählen die Filme und Bücher aus, die sie inhaltlich interessieren. Der Klappentext hilft ihnen dabei, er fasst den Inhalt des Films bzw. Buchs kurz zusammen. Diese inhaltlichen Zusammenfassungen helfen Georg und Lisa, einen Einblick in Werke zu bekommen, ohne sie ganz lesen oder anschauen zu müssen.

Den gleichen Zweck verfolgt auch eine Inhaltsangabe. Sie fasst Texte kurz zusammen und informiert über den Inhalt eines Textes. Sie gibt dabei in knapper Form alles Wesentliche des Textes wieder. Alle unwichtigen Details, sobald sie nicht für Ausgang und Ergebnis der Handlung wichtig sind, werden weggelassen.

1 *Die Tabelle auf S. 130–131 zeigt eine einfach zu handhabende Methode zur Erstellung einer Inhaltsangabe. Die dafür notwendigen Schritte werden jeweils exemplarisch vorgestellt, aber nicht zu Ende geführt.*
   a *Untersuchen Sie gründlich die Vorgehensweise zur Erstellung einer Inhaltsangabe.*
   b *Vervollständigen Sie die Inhaltsangabe und die dafür notwendigen Schritte. Schreiben Sie dafür die Lösung in die vorgesehenen Lücken.*

2 *Überlegen Sie, warum jeder einzelne Schritt notwendig ist und was er jeweils leistet.*

Schritt für Schritt zur Inhaltsangabe – in 5 Schritten zum Hauptteil der Inhaltsangabe

1. Text aufmerksam lesen	2. Einteilung in Sinnabschnitte und Zusammenfassung in kurzer Überschrift
Der Barbierjunge[1] **von Segringen** von **Johann Peter Hebel**	
Sinnabschnitt 1 Man muß Gott nicht versuchen[2], aber auch die Menschen nicht.	Moral/Lehre
Sinnabschnitt 2 Denn im vorigen Spätjahr kam in dem Wirtshaus zu Segringen ein Fremder von der Armee an, der einen starken Bart hatte und fast wunderlich[3] aussah, also, daß ihm nicht recht zu trauen war.	Die Ankunft des Fremden
Sinnabschnitt 3 Der sagt zum Wirt, eh' er etwas zu essen und zu trinken fordert: „Habt Ihr keinen Barbier im Ort, der mich rasieren kann?" Der Wirt sagt Ja, und holt den Barbier. Zu dem sagt der Fremde: „Ihr sollt mir den Bart abnehmen, aber ich habe eine kitzliche Haut. Wenn Ihr mich nicht ins Gesicht schneidet, so bezahl ich Euch vier Kronentaler. Wenn Ihr mich aber schneidet, so stech ich Euch tot. Ihr wäret nicht der Erste." Wie der erschrockene Mann das hörte (denn der fremde Herr machte ein Gesicht, als wenn es nicht vexiert[4] wäre, und das spitzige, kalte Eisen lag auf dem Tisch), so springt er fort und schickt den Gesellen. Zu dem sagt der Herr das Nämliche. Wie der Gesell das nämliche hört, springt er ebenfalls fort, und schickt den Lehrjungen.	Der gefährliche Auftrag
Sinnabschnitt 4 Der Lehrjunge läßt sich blenden von dem Geld und denkt: „Ich wag's. Geratet[5] es, und ich schneide ihn nicht, so kann ich mir für vier Kronentaler einen neuen Rock auf die Kirchweihe[6] kaufen und einen Schnepper[7]. Geratet's nicht, so weiß ich, was ich tue", und rasiert den Herrn. Der Herr hält ruhig still, weiß nicht, in welcher entsetzlichen Todesgefahr er ist, und der verwegene Lehrjunge spaziert ihm auch ganz kaltblütig mit dem Messer im Gesicht und um die Nase herum, als wenn's nur um einen Sechser oder im Fall eines Schnittes um ein Stücklein Zunder[8] oder Fließpapier[9] darauf zu tun wäre, und nicht um vier Kronentaler und um ein Leben, und bringt ihm glücklich den Bart aus dem Gesicht ohne Schnitt und ohne Blut und dachte doch, als er fertig war: „Gottlob!"	Der Lehrjunge rasiert den Fremden
Sinnabschnitt 5 Als aber der Herr aufgestanden war und sich im Spiegel beschaut und abgetrocknet hatte, und gibt dem Jungen die vier Kronentaler, sagt er zu ihm: „Aber junger Mensch, wer hat dir den Mut gegeben, mich zu rasieren, so doch dein Herr und der Gesell sind fortgesprungen? Denn wenn du mich geschnitten hättest, so hätt' ich dich erstochen." Der Lehrjunge aber bedankte sich lächelnd für das schöne Stück Geld, und sagte: „Gnädiger Herr, Ihr hättet mich nicht verstochen, sondern, wenn Ihr gezuckt hättet und ich hätt' Euch ins Gesicht geschnitten, so wär' ich Euch zuvorgekommen, hätt' Euch augenblicklich die Gurgel abgehauen und wäre auf- und davongesprungen."	
Sinnabschnitt 6 Als aber der fremde Herr das hörte und an die Gefahr dachte, in der er gesessen war, ward er erst blass vor Schrecken und Todesangst, schenkte dem Burschen noch einen Kronentaler extra und hat seitdem zu keinem Barbier mehr gesagt: „Ich steche dich tot, wenn du mich schneidest." Aus: Johann Peter Hebel, Schatzkästlein des rheinischen Hausfreundes, hrsg. v. Werner Weber, Zürich, Manesse Verlag 1992, S. 121–123	
Das sollten Sie bei diesem Schritt beachten:	Zusammenfassung sollte die Länge eines (möglichst kurzen) Satzes nicht übersteigen

[1] *Barbierjunge: Friseurlehrling*
[2] *versuchen: zu etwas Unrechtem verlocken, auf die Probe stellen*
[3] *wunderlich: befremdlich*
[4] *vexiert: hier: Spaß machen*
[5] *geratet: gelingt*
[6] *Kirchweihe: Fest zur Einweihung der Kirche*
[7] *Schepper: Werkzeug zum Aderlassen*
[8] *Zunder: Mittel zum Anzünden von Feuer*
[9] *Fließpapier: Löschpapier*

3. Wichtige Wörter unterstreichen	4. Unterstrichene Wörter in Kurzsätzen herausschreiben	5. Inhaltsangabe formulieren
Unterstreichungen siehe Text		
	Ein fremder Soldat mit starkem Bart betritt das Segringer Wirtshaus.	Als ein fremder Soldat mit starkem Bartwuchs das Segringer Wirtshaus betritt, lässt er einen Barbier holen, damit dieser ihn rasiert. Der Fremde erklärt, dass er ihm bei gelungener Rasur viel Geld zahle, ihn aber töte, falls er ihn schneide, und dass er nicht der Erste wäre, den er aus diesem Grund getötet hätte. Der Barbier erschrickt darüber, eilt fort, sodass schließlich der Lehrjunge den Soldaten rasieren muss.
	Er fragt den Wirt, ob ihn ein Barbier rasieren könne. Der Wirt holt den Barbier. Der Fremde sagt dem Barbier, dass er ihm bei gelungener Rasur viel Geld zahle, ihn aber töte, falls er ihn schneide. Er wäre dabei nicht der Erste. Der Barbier erschrickt, eilt davon und holt den Gesellen. Dieser holt den Lehrjungen.	
	Der Lehrjunge wagt es, lässt sich von dem vielen Geld beeindrucken und rasiert den Fremden.	
gezielt unterstreichen, d. h. nicht ganze Absätze, nur selten ganze Sätze, nur die Wörter, die wirklich wichtig sind	▶ Präsens verwenden ▶ direkte Rede in indirekte Rede umwandeln ▶ sachliche Sprache verwenden ▶ (gegebenenfalls) Umwandlung in Gegenwarts- und Hochsprache ▶ (gegebenenfalls) in neue Rechtschreibung umwandeln	▶ herausgeschriebene Kurzsätze in flüssiger Sprache miteinander verbinden ▶ Text dabei auch sprachlich/stilistisch überarbeiten ▶ eigene Worte verwenden ▶ (gegebenenfalls) weitere Kürzungen vornehmen ▶ Inhaltsangabe soll ein zusammenhängender, lesbarer Text sein, der kürzer als der Ursprungstext ist.

Schritt für Schritt zur Inhaltsangabe – der 6. Schritt: Einleitung und Schluss formulieren

Die Einleitung einer Inhaltsangabe enthält den Verfasser, den Titel, die Textsorte. Sie fasst das Thema des Textes in einem Satz (sog. Basissatz) zusammen.

Der Schluss einer Inhaltsangabe thematisiert die Aktualität, Bedeutung des Textes oder die Wirkung des Textes auf den Leser.

Einleitung	Schluss
In Johann Peter Hebels Kalendergeschichte „Der Barbierjunge von Segringen" geht es um ...	Der Soldat erkennt am Ende seinen Fehler. Provokationen fordern andere heraus und können einen selbst in Gefahr bringen. Damit vermittelt Hebel auf unterhaltsame Art eine allgemeingültige Lehre, ohne zu moralisieren.

3 Ergänzen Sie die Einleitung um den Basissatz.

4 Vergleichen Sie Ihre Lösung mit der Ihrer Klassenkameradinnen und -kameraden.

Indirekte Rede in der Inhaltsangabe

Jens Lehmann nach der EM-Finalniederlage: „Wenn man so dicht davor steht und dann den Konjunktiv bemühen muss – hätte, hätte, hätte –, dann ist das eine Enttäuschung, die ein Leben lang bleibt. Der Konjunktiv ist der Feind des Verlierers."

Aus: Marco Schumacher: Lehmann leidet am längsten, Stuttgarter Zeitung vom 30.06.2008

5 Warum ist die Verwendung des Konjunktivs für Jens Lehmann eine Enttäuschung?

6 Was drückt man durch den Konjunktiv aus?

7 Was meint Jens Lehmann mit der Aussage: „Der Konjunktiv ist der Feind des Verlierers"?

Der Torwart der deutschen Nationalmannschaft, Jens Lehmann, streichelt im Sommer 2008 nach dem verlorenen EM-Endspiel gegen Spanien enttäuscht den EM-Pokal.

Jens Lehmann benutzt den Konjunktiv, genauer gesagt: den Konjunktiv II, um auszudrücken, dass seine Wünsche nicht Wirklichkeit wurden.

Der Konjunktiv II wird verwendet, um gedankliche Vorstellungen auszudrücken, die nicht der Wirklichkeit entsprechen (= Irrealis) bzw. vielleicht möglich sind (= Potentialis).

Neben dem Konjunktiv II gibt es noch eine zweite Konjunktiv-Form, den Konjunktiv I. Der Konjunktiv I wird in der indirekten Rede verwendet.

Da in der Inhaltsangabe keine direkte Rede stehen darf, wird mit indirekter Rede, also dem Konjunktiv, wiedergegeben, was gesagt wurde.

Das deutsche Wort für Konjunktiv heißt „Möglichkeitsform", während der Indikativ (= Wirklichkeitsform) tatsächliche Begebenheiten wiedergibt.

Bildung des Konjunktivs			
Indikativ	Konjunktiv I	Konjunktiv II	*würde*-Form
Ich gebe du gibst er gibt wir geben ihr gebt sie geben	ich geb**e** du geb**est** er geb**e** wir geb**en** ihr geb**et** sie geb**en**	ich gäb**e** du gäb**est** er gäb**e** wir gäb**en** ihr gäb**et** sie gäb**en**	ich *würde* geben wir *würden* geben sie *würden* geben
	Bildung: **Stamm des Infinitivs** (hier: „geb-") mit den Endungen -e, -est, -e, -en, -et, en	*Bildung:* **Stamm des Präteritums** (hier: „gab-"), **bei starken Verben mit Umlaut** (hier: „gäb-"), mit den Endungen -e, -est, -e, -en, -et, en	

Da sich der Konjunktiv I nicht in allen Formen vom Indikativ unterscheidet, ersetzt man sie in diesem Fall durch Konjunktiv-II-Formen oder Formen mit *würde.*

8 Wandeln Sie dieses Kundengespräch in indirekte Rede um.

Friseur: „Wie wollen Sie Ihr Haar haben?"

Kunde: „Ich weiß nicht recht. Vielleicht einen neuen Schnitt. Was denken Sie, ich habe vorhin in einer Zeitschrift eine Frisur gesehen." (Er zeigt ihm das Foto) „Glauben Sie, das würde mir stehen?"

Friseur: „Ja, das kann ich mir gut bei Ihnen vorstellen. Vielleicht arbeiten wir dann auch ein paar Strähnchen ein. So, wie Sie es letztes Mal schon angedacht hatten?"

Kunde: „Ja, das ist eine gute Idee."

Zeit in der Inhaltsangabe

Der Ablauf einer Handlung oder eines Geschehens (und damit eigentlich fast die ganze Inhaltsangabe) wird im Präsens (Gegenwart) wiedergegeben.

Alles, was sich vor dem Ablauf dieser Handlung oder dieses Geschehens vollzogen hat, wird durch die Zeitform des Perfekts (Vergangenheit) gekennzeichnet.

Beispiel *Georg* ***ist*** *für die Prüfung gut* ***vorbereitet****, da er viel* ***gelernt hat****.*

Präsens
Geschehen, das gerade passiert. Es ist Folge von Vorangegangenem.

Perfekt
Es liegt zeitlich **vor** dem gegenwärtigen Geschehen.

Das **Perfekt** setzt sich aus einem *Hilfsverb* (haben, sein) und dem *Partizip Perfekt* des Verbs zusammen.

Beispiel *Georg* ***hat*** *viel für die Prüfung* ***ge****lern****t****.*

Hilfsverb

Partizip Perfekt

9 Formulieren Sie folgende Sätze für eine Inhaltsangabe in die richtige Zeit um.

- ***a Lisa verirrte sich, da ihr Georg den Weg falsch erklärt hatte.***
- ***b Der Pulli war zu kurz, da er eingelaufen war.***
- ***c Der deutsche Nationalspieler war entsetzt, da er sich wieder verletzt hatte.***
- ***d Er weinte wie ein kleines Kind.***

Inhaltsangabe üben

Johann Peter Hebel: Der Star von Segringen

Selbst einem Staren kann es nützlich sein, wenn er etwas gelernt hat, wieviel mehr einem Menschen. – In einem respektablen Dorfe, ich will sagen, in Segringen – es ist aber nicht dort geschehen, sondern hier im Land, und derjenige, dem es begegnet ist, liest es vielleicht in diesem Augenblick, nicht der Star, aber der Mensch –, in Segringen, der Barbier hatte einen Star, und der wohlbekannte Lehrjung gab ihm Unterricht im Sprechen. Der Star lernte nicht nur alle Wörter, die ihm sein Sprachmeister aufgab, sondern er ahmte zuletzt auch selber nach, was er von seinem Herrn hörte, zum Exempel: *Ich bin der Barbier von Segringen*. Sein Herr hatte sonst noch allerlei Redensarten an sich, die er bei jeder Gelegenheit wiederholte, zum Exempel: *so so lala*; oder *par compagnie* (das heißt so viel als: *in Gesellschaft mit andern*); oder: *wie Gott will*; oder: *du Dolpatsch*. So titulierte er nämlich insgemein den Lehrjungen, wenn er das halbe Pflaster auf den Tisch strich, anstatt aufs Tuch, oder wenn er das Schermesser am Rücken abzog, anstatt an der Schneide, oder wenn er ein Arzneiglas zerbrach. Alle diese Redensarten lernte nach und nach der Star auch.

Da nun täglich viele Leute im Haus waren, weil der Barbier auch Branntwein ausschenkte, so gab's manchmal viel zu lachen, wenn die Gäste miteinander ein Gespräch führten, und der Star warf auch eins von seinen Wörtern drein, das sich dazu schickte, als wenn er den Verstand davon hätte. Und manchmal, wenn ihm der Lehrjung rief: *„Hansel, was machst du?"* antwortete er: *„Du Dolpatsch!"* und alle Leute in der Nachbarschaft wussten von dem Hansel zu erzählen. Eines Tages aber, als ihm die beschnittenen Flügel wieder gewachsen waren, und das Fenster war offen und das Wetter schön, da dachte der Star: Ich hab' jetzt schon so viel gelernt, dass ich in der Welt kann fortkommen, und husch zum Fenster hinaus. Weg war er. Sein erster Flug ging ins Feld, wo er sich unter eine Gesellschaft anderer Vögel mischte, und als sie aufflogen, flog er mit ihnen, denn er dachte: Sie wissen die Gelegenheit hier zu Land besser als ich. Aber sie flogen unglücklicherweise alle miteinander in ein Garn. Der Star sagte: *„Wie Gott will."* Als der Vogelsteller kommt und sieht, was er für einen großen Fang getan hat, nimmt er einen Vogel nach dem andern behutsam heraus, dreht ihm den Hals um und wirft ihn auf den Boden. Als er aber die mörderischen Finger wieder nach einem Gefangenen ausstreckte, und denkt an nichts, schrie der Gefangene: *„Ich bin der Barbier* *von Segringen!*“ Als wenn er wüsste, was ihn retten muss. Der Vogelsteller erschrak anfänglich, als wenn es hier nicht mit rechten Dingen zuginge, nachher aber, als er sich erholt hatte, konnte er kaum vor Lachen zu Atem kommen; und als er sagte: „Ei, Hansel, hier hätte ich dich nicht gesucht; wie kommst du in meine Schlinge?“ da antwortete der Hansel: „Par compagnie.“ Also brachte der Vogelsteller den Star seinem Herrn wieder und bekam ein gutes Fanggeld. Der Barbier aber erwarb sich damit einen guten Zuspruch, denn jeder wollte den merkwürdigen Hansel sehen, und wer jetzt noch weit und breit in der Gegend will zur Ader lassen, geht zum Balbierer von Segringen.

Merke: So etwas passiert einem Staren selten. Aber schon mancher junge Mensch, der auch lieber herumflankieren, als daheim bleiben wollte, ist ebenfalls „par compagnie“ in die Schlinge geraten, und nimmer herauskommen.

Aus: Johann Peter Hebel, Schatzkästlein des rheinischen Hausfreundes, 10. Aufl., hrsg. v. Werner Weber, Zürich, Manesse Verlag 1992, S. 192–94

Johann Peter Hebel (1760–1821)

Geboren in Basel (Schweiz), errang mit seinen schlichten, aber humorvollen Kurzerzählungen Weltruhm.

10 ***Verfassen Sie mithilfe der sechs Schritte eine Inhaltsangabe zu Hebels „Der Star von Segringen“. Verwenden Sie dafür oben stehende Tabelle.***

4 Interpretieren

Impuls

Es ist ein eiskalter Wintertag. Georg war vor der Arbeit noch beim Sport, ihm ist jetzt wohlig warm. Obwohl er nur ein T-Shirt trägt, hat er die Fenster geöffnet, um sich Abkühlung zu verschaffen.

Der Kunde aber, dem er gerade die Haare gewaschen hat, zittert vor Kälte. Er blickt ärgerlich zu den geöffneten Fenstern und sagt: „Es ist ganz schön kalt!!!“

Georg pflichtet ihm harmlos bei: „Ja, schön, nicht wahr. Ich liebe die frische, klare Luft. Und endlich ist es richtig schön kalt. Meinen Nachbarn ist heute Morgen nicht mal das Auto angesprungen.“

1 Was will der Kunde mit seiner Aussage erreichen?

2 Warum versteht Georg ihn nicht?

In unserem Leben kommunizieren wir mit unseren Mitmenschen und versuchen, sie zu verstehen (vgl. Kapitel 2.2). Wir verstehen sie, indem wir ihre Aussagen, ihr Verhalten interpretieren.

Auch wenn Georg seinen Kunden falsch versteht, wir unsere Mitmenschen manchmal missverstehen, funktioniert die Kommunikation in unserem Alltag normalerweise reibungslos (vgl. Kapitel 2.5.1).

Auch beim Interpretieren von Texten können wir ebenfalls unsere Interpretationserfahrungen des Alltags nutzen. Auch bei Texten erschließt sich die Aussage nicht einfach aus dem Gesagten bzw. dem Geschriebenen, sondern muss erschlossen werden.

Man erfährt erst, was gemeint ist, wenn man das Gesagte bzw. Geschriebene interpretiert, wenn man daraus die richtigen Schlüsse zieht bzw. zwischen den Zeilen liest.

Vorübung zum Interpretieren

Auch das folgende Gedicht erschließt sich erst, wenn man es interpretiert. Man muss zwischen den Zeilen lesen, überlegen, was jeweils gemeint sein könnte, um die Aussage des Gedichtes zu verstehen.

Lassen Sie sich auf das Gedicht ein, bei der Interpretation besteht viel Spielraum. Hier gibt es nicht die **eine** richtige Interpretation, verschiedene Deutungen sind möglich (und erwünscht). Sobald man seine Deutung anhand des Textes begründen und belegen kann, ist man auf der sicheren Seite.

Ingeborg Bachmann: Entfremdung

1 In den Bäumen kann ich keine Bäume mehr sehen.
Die Äste haben nicht die Blätter, die sie in den Wind halten.
Die Früchte sind süß, aber ohne Liebe.
Sie sättigen nicht einmal.
Was soll nur werden?
Vor meinen Augen flieht der Wald,
vor meinem Ohr schließen die Vögel den Mund,
für mich wird keine Wiese zum Bett.
Ich bin satt vor der Zeit
und hungre nach ihr.
Was soll nur werden?

Auf den Bergen werden nachts die Feuer brennen.
Soll ich mich aufmachen, mich allem wieder nähern?

Ich kann in keinem Weg mehr einen Weg sehen.

Aus: Ingeborg Bachmann, Sämtliche Gedichte, 6. Aufl., München, Piper 1998, S. 23.

3 ***Bilden Sie Zweier- oder Vierergruppen. Jede Gruppe übernimmt (mindestens) einen der farbig markierten (Doppel-)Verse.***

- ***a*** ***Überlegen Sie, was mit diesen zwei Versen wohl gemeint sein könnte. Begründen Sie Ihre Überlegungen.***
- ***b*** ***Stellen Sie Ihre Überlegungen der Klasse vor.***
- ***c*** ***Besprechen Sie Ihre Deutung mit der Klasse. Gibt es andere Auslegungen der Textstelle?***

Schriftliche Interpretation eines literarischen Textes

Schriftliche Interpretationen verlangen eine gründliche Bearbeitung des Textes. Die eigenen Gedanken, Deutungen müssen jeweils am Text belegt werden. Das Ergebnis sollte ein thematisch strukturierter Interpretationsaufsatz sein. Folgendes Vorgehen bietet sich hierbei an:

Wichtiger Hinweis

6 Schritte zum Interpretationsaufsatz

1. Text und Aufgabenstellung (Interpretationsfrage) gründlich lesen und verstehen.
2. Im Text die Textstellen unterstreichen, die sich auf die Aufgabenstellung beziehen (Tipp: andere Farbe als bei der Inhaltsangabe verwenden).
3. Fassen Sie die Aussagen der unterstrichenen Textstellen in wenigen übergeordneten Schlüsselbegriffen (in Form eines Mindmaps) zusammen.
4. Ordnen Sie die unterstrichenen Textstellen (in die Mindmap) den Schlüsselbegriffen zu.
5. Machen Sie sich Ihre eigenen Gedanken zu den Schlüsselbegriffen (Was verbinden Sie damit? Was sagen diese Textstellen aus?). Ergänzen Sie diese Gedanken in die Mindmap.
6. Verfassen Sie einen Interpretationsaufsatz zu Ihren Begriffen.

Verwenden Sie im Mindmap für jeden Schritt eine andere Farbe.

Walter Helmut Fritz: Augenblicke

Kaum stand sie vor dem Spiegel im Badezimmer, um sich herzurichten, als ihre Mutter aus dem Zimmer nebenan zu ihr hereinkam, unter dem Vorwand, sie wolle sich nur die Hände waschen. Also doch!
Wie immer, wie fast immer.
Elsas Mund krampfte sich zusammen. Ihre Finger spannten sich. Ihre Augen wurden schmal.
Ruhig bleiben!
Sie hatte darauf gewartet, dass ihre Mutter auch dieses Mal hereinkommen würde, voller Behutsamkeit, mit jener scheinbaren Zurückhaltung, die durch ihre Aufdringlichkeit die Nerven freilegt. Sie hatte – behext, entsetzt, gepeinigt – darauf gewartet, weil sie sich davor fürchtete.

– Komm, ich mach dir Platz, sagte sie zu ihrer Mutter und lächelte ihr zu.

– Nein, bleib nur hier, ich bin gleich soweit, antwortete die Mutter und lächelte.

– Aber es ist doch so eng, sagte Elsa, und ging rasch hinaus, über den Flur in ihr Zimmer. Sie behielt einige Augenblicke länger als nötig die Klinke in der Hand, wie um die Tür mit Gewalt zuzuhalten.
Sie ging auf und ab, von der Tür zum Fenster, vom Fenster zur Tür. Vorsichtig öffnete ihre Mutter. Ich bin schon fertig, sagte sie.
Elsa tat, als ob ihr inzwischen etwas anderes eingefallen wäre, und machte sich an ihrem Tisch zu schaffen.

– Du kannst weitermachen, sagte die Mutter.

– Ja, gleich.

Die Mutter nahm die Verzweiflung ihrer Tochter nicht einmal als Ungeduld wahr.
Wenig später allerdings verließ Elsa das Haus, ohne ihrer Mutter adieu zu sagen. Mit der Tram fuhr sie in die Stadt, in die Gegend der Post. Dort sollte es eine Wohnungsvermittlung geben, hatte sie einmal gehört. Sie hätte zu Hause im Telefonbuch eine Adresse nachsehen können. Sie hatte nicht daran gedacht, als sie die Treppen hinuntergeeilt war. In einem Geschäft für Haushaltungsgegenstände fragte sie, ob es in der Nähe nicht eine Wohnungsvermittlung gebe. Man bedauerte. Sie fragte in der Apotheke, bekam eine ungenaue Auskunft. Vielleicht im nächsten Haus. Dort läutete sie. Schilder einer Abendzeitung, einer Reisegesellschaft, einer Kohlenfirma. Sie läutete umsonst.
Es war später Nachmittag, Samstag, zweiundzwanzigster Dezember.
Sie sah in eine Bar hinein. Sie sah den Menschen nach, die vorbeigingen. Sie trieb mit. Sie betrachtete Kinoreklamen.
Sie ging Stunden umher. Sie würde erst spät zurückkehren. Ihre Mutter würde zu Bett gegangen sein. Sie würde ihr nicht mehr gute Nacht zu sagen brauchen. Sie würde sich, gleich nach Weihnachten, eine Wohnung nehmen. Sie war zwanzig Jahre alt und verdiente. Kein einziges Mal würde sie sich mehr beherrschen können, wenn ihre Mutter zu ihr ins Bad kommen würde, wenn sie sich schminkte. Kein einziges Mal.
Ihre Mutter lebte seit dem Tod ihres Mannes allein. Oft empfand sie Langeweile. Sie wollte mit ihrer Tochter sprechen. Weil sich die Gelegenheit selten ergab (Elsa schützte Arbeit vor), versuchte sie sie auf dem Flur zu erreichen oder wenn sie im Bad zu tun hatte. Sie liebte Elsa. Sie verwöhnte sie. Aber sie, Elsa, würde kein einziges Mal mehr ruhig bleiben können, wenn sie wieder zu ihr ins Bad käme.
Elsa floh.
Über der Straße künstliche, blau, rot, gelb erleuchtete Sterne. Sie spürte Zuneigung zu den vielen Leuten, zwischen denen sie ging.
Als sie kurz vor Mitternacht zurückkehrte, war es still in der Wohnung. Sie ging in ihr Zimmer, und es blieb still. Sie dachte daran, dass ihre Mutter alt und oft krank war. Sie kauerte sich in ihren Sessel, und sie hätte unartikuliert schreien mögen, in die Nacht mit ihrer entsetzlichen Gelassenheit.

Aus: Walter Helmut Fritz: Umwege, Stuttgart, Deutsche Verlags Anstalt 1964, S. 47–49

4 a *Charakterisieren Sie Elsa.*
In der folgenden Mindmap und im darauffolgenden Anfang eines Interpretationsaufsatzes werden Lösungsvorschläge angeboten.

b *Gehen Sie diese Lösungsansätze durch. Untersuchen Sie, wie der Aufsatz mithilfe der Mindmap entstanden ist.*

c *Anschließend verfassen Sie selbst mithilfe der sechs Schritte einen Interpretationsaufsatz. Tragen Sie Ihre Ergebnisse für Schritt 3–5 ins Mindmap ein.*

d *Ergänzen Sie dabei die leeren Stränge. Falls Sie zusätzliche Stränge benötigen, fügen Sie diese einfach hinzu.*

Lösungsvorschläge

1. Lösungsvorschlag: Die Mindmap

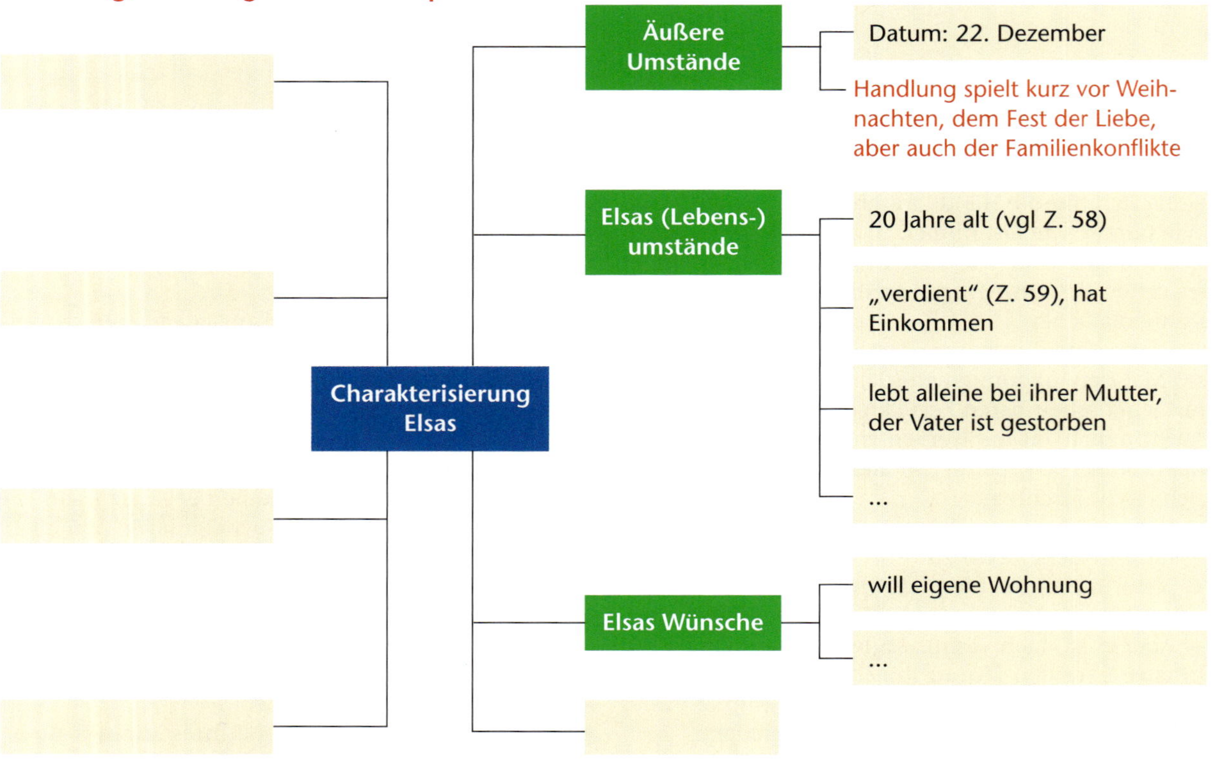

2. Lösungsvorschlag: Der Anfang eines Interpretationsaufsatzes

Ein Schüler hat aus der Mindmap folgenden Anfang eines Interpretationsaufsatzes verfasst:
Die Zeit, in der die Handlung spielt, ist bezeichnend. Die Handlung der Kurzgeschichte spielt am 22. Dezember, kurz vor Weihnachten. Eigentlich sollte Weihnachten das Fest der Liebe sein, doch das Zusammenleben von Elsa und ihrer Mutter ist auch während dieser Zeit von Konflikten geprägt.

Diese Konflikte haben mehrere Ursachen. Unter anderem liegen sie in Elsas Lebenssituation begründet, sie ist „zwanzig Jahre alt“ (Z. 58), bezieht ein eigenes Einkommen (vgl. Z. 59), ist demnach in einem Alter, in dem sie auch auf eigenen Beinen stehen könnte. Doch ihre Mutter ...

5 *Geben Sie an, wie der Schüler bei den zwei Abschnitten vorgegangen ist.*

Richtig zitieren

Die Interpretation, die eigene Deutung des Textes, muss immer durch Zitate untermauert werden.

Ziel des Zitierens:
Durch Zitate werden die eigenen Deutungen bestärkt. Zitate beweisen, dass die Interpretation auf der Grundlage des Textes beruht. Sie sichern die eigenen Aussagen ab. Dabei sollen die Zitate die eigenen Gedanken stützen, sie aber nicht ersetzen, das heißt dass nicht nur jede Aussage am Text belegt werden muss, auch umgekehrt muss jedes Zitat durch eigene Worte erläutert bzw. ergänzt werden.

Die zwei Möglichkeiten des Zitierens:

- Das wörtliche/direkte Zitieren:
  Beim direkten Zitieren wird die entsprechende Textstelle wortwörtlich in **Anführungszeichen** wiedergegeben.

  Direktes Zitat:

  Beispiel *Sie möchte sich eine eigene* **„Wohnung nehmen" (Z. 57–58)**.

- Das sinngemäße/indirekte Zitieren:
  Beim indirekten Zitieren wird eine Textstelle sinngemäß – nicht dem Wortlaut nach – wiedergegeben. Bei solchen Zitaten verwendet man keine Anführungszeichen und fügt zur Unterscheidung in der Klammer den Hinweis „vgl." hinzu.

  Indirektes Zitat:

  Beispiel *Sie möchte* **umziehen (vgl. Z. 57–58)**.

Folgendes muss man beim Zitieren beachten:

- Zitate werden gezielt ausgewählt, das heißt, zitiert werden einzelne Wörter, Sätze, keine ganzen Abschnitte.
- Zitate müssen richtig in den Zusammenhang des Aufsatzes eingebaut werden, das bedeutet, dass sie auch grammatikalisch passend in den eigenen Satz eingefügt werden müssen.
- Zitate müssen genau sein. Zitierte Stellen dürfen nicht verändert werden. Abschreibefehler wirken hier oft peinlich und sollten unbedingt vermieden werden.
- Auslassungen oder Veränderungen gegenüber dem ursprünglichen Wortlaut werden durch eckige Klammern [...] gekennzeichnet.

  Beispiel *Sie beabsichtigt, „nach Weihnachten [...] eine Wohnung [zu] nehmen" (Z. 57–58).*
- Zitate sollen eigene Aussagen nicht ersetzen, sondern ergänzen und absichern.
- Vermeiden Sie das Zitieren von Nebensächlichem oder von Selbstverständlichkeiten.
- Zitate müssen immer sinngemäß eingesetzt werden, das heißt, der ursprüngliche Sinn der zitierten Stellen darf nicht verfälscht werden.
- Achten Sie auf die richtige Zeichensetzung, v. a. auf das Satzschlusszeichen.

  Die Variation des Satzes „Er mag sie" verdeutlicht dies:

  a. Aussagesätze: Zitiert man Aussagesätze, dann steht der abschließende Punkt hinter der Klammer. Das Zeichen vor den schießenden Anführungszeichen entfällt.

     Beispiel *„Er mag sie" (Z. 93).*

  b. Frage- bzw. Ausrufesätze: Zitiert man Frage- bzw. Ausrufesätze, dann steht wieder der abschließende Punkt hinter der Klammer. Aber das Frage- bzw. Ausrufezeichen des Zitats bleibt bestehen.

     Beispiel *Fragesatz: „Er mag sie**?**" (Z. 93).*

     Beispiel *Ausrufesatz: „Er mag sie**!**" (Z. 93).*

5 Kreatives Schreiben

Kreative Vorübungen

Die folgenden Übungen und Texte wollen Ihre Kreativität und Phantasie anregen. Wenn Sie sich auf die Aufgaben und Texte einlassen, werden Sie viel Freude daran haben.

1 Wählen Sie mindestens zwei Texte mit dazugehörenden Aufgaben aus und bearbeiten Sie diese.

Tristan Tzara: Um ein dadaistisches Gedicht zu machen

Nehmt eine Zeitung.
Nehmt Scheren.
Wählt in dieser Zeitung einen Artikel von der Länge, die Ihr Eurem Gedicht zu geben beabsichtigt.
Schneidet den Artikel aus.
Schneidet dann sorgfältig jedes Wort dieses Artikels aus und gebt sie in eine Tüte.
Schüttelt leicht.
Nehmt dann einen Schnipsel nach dem anderen heraus.
Schreibt gewissenhaft ab
in der Reihenfolge, in der sie aus der Tüte gekommen sind.
Das Gedicht wird Euch ähneln.
Und damit seid Ihr ein unendlich origineller Schriftsteller
mit einer charmanten, wenn auch von den Leuten unverstandenen Sensibilität.

Aus: Tristan Tzara: Sieben Dada Manifeste, Hamburg, Edition Nautilus 1984, S. 47f.

a Verfassen Sie mithilfe dieser Anleitung ein Gedicht.

Definition

Anagramme sind Wörter oder Sätze, die durch Umstellen aus anderen Wörtern oder Sätzen gewonnen wurden. Im folgenden Gedicht hat Unica Zürn nur die Buchstaben des Titels verwendet.

Unica Zürn: Tausend Zaubereien

Ei, zarte Suenden bau:
reizende Tauben aus
Zundertau. Eine Base
aus Reisdaunen bete
an. Zuende Staubeier
aus, in Zaubertee. Den
Zebus traue an deine
Vusenzierde. Taue an
Eisabenden Azur. Tue
in den Zaubertausee
tausend Zaubereien.

Aus: Unica Zürn: Hexentexte, in: Der Monat: eine internationale Zeitschrift, Berlin, CEEOL 1961, S. 67.

b Spielen Sie mit Sprache. Bilden Sie aus einem Wort oder zwei Wörtern Ihrer Wahl (z. B. Ihrem Namen) durch Umstellen neue Wörter.

All meine Hoffnung:
Meine Geliebte lässt ihr
langes Haar herab.

Brian Tasker

Aus: Manu Bazzano (Hrsg.): Haiku für Liebende, Düsseldorf, Patmos 2005, S. 38

Definition

Diese Gedichtform ist ein Haiku. Haikus stammen aus Japan. Sie bestehen aus drei Versen, mit einer genau bestimmten Silbenanzahl pro Vers:

1. Vers: enthält fünf Silben
2. Vers: enthält sieben Silben
3. Vers: enthält fünf Silben

c *Verfassen Sie ein Haiku.*

Ror Wolf: Mehrere Männer

Als ich einmal die Treppe hinaufging, kam mir von oben kommend ein großer lachender Mann entgegen Wir waren beide derart überrascht von dieser Begegnung, dass wir keine Zeit hatten, einander zu grüßen. Ich kannte den Mann nicht, hatte aber das Gefühl, dass die Geschichte, die ich begonnen habe, anders hätte ausgehen können als die, die ich hiermit beende.

Aus: Ror Wolf: Mehrere Männer, Darmstadt Neuwied, Luchterhand 1987

d *Schreiben Sie eine eigene Nonsens-Geschichte. Schreiben Sie eine Geschichte, in der absurde Typen verrückte Dinge erleben und die ein sinnloser Schluss krönt.*

Johann Wolfgang von Goethe: Versunken

Voll Locken kraus ein Haupt so rund! –
Und darf ich dann solchen reichen Haaren
Mit vollen Händen hin und wider[1] fahren
Da fühl' ich mich von Herzensgrund gesund.
Und küss' ich Stirne, Bogen, Auge, Mund,
Dann bin ich frisch und immer wieder wund[2].
Der Fünfgezackte Kamm[3], wo sollt' er stocken?
Er kehrt schon wieder zu den Locken.
Das Ohr versagt sich nicht dem Spiel,
Hier ist nicht Fleisch, hier ist nicht Haut,
So zart zum Scherz, so liebeviel[4]!
Doch wie man auf dem Köpfchen kraut,
Man wird in solchen reichen Haaren
Für ewig auf und nieder fahren.
So hast du, Hafis[5], auch getan,
Wir fangen es von vornen an.

Aus: Johann Wolfgang von Goethe, West-östlicher Divan, in: Goethes Werke, 4. Bd., hrsg. v. Karl Heinemann, Leipzig Wien, Bibliografisches Institut, o. J., S. 224 f.

e *Veranschaulichen Sie das Gedicht zeichnerisch. Verwenden Sie verschiedene Farben.*

Johann Wolfgang von Goethe (1749–1832)

Geboren in Frankfurt/M., gilt als der größte deutsche Dichter und als wichtigster Vertreter der Weimarer Klassik. Goethe war universell gebildet und beschäftigte sich auch mit der Literatur des Orients und des persischen Dichters Hafis, die ihn stark beeindruckte und inspirierte.

[1] *wider: zurück*
[2] *wund: Liebeskummer*
[3] *fünfgezackte Kamm: Hand*
[4] *liebeviel: viel Liebe gebend*
[5] *Hafis: persischer Dichter, den Goethe verehrte*

Kreatives Schreiben

Ausgangspunkt für kreatives Schreiben ist häufig ein (meist literarischer) Text, der richtungweisend ist und die Kreativität anregt. Die Kreativität ist an bestimmte Vorgaben der Vorlage gebunden. Beispielsweise können die Charaktereigenschaften von Personen des Ausgangstextes nicht grundlos verändert werden.

Die Grundlage dieser kreativen Arbeit beruht demzufolge auf einer gründlichen Textarbeit. Nur wer den Text differenziert wahrgenommen hat, kann ihn stimmig verarbeiten.

Aufgabenstellungen

Eine Vielzahl kreativer Aufgaben kann sich an einen Text anschließen. Am Beispiel von Gabriele Wohmanns Erzählung „Schönes goldenes Haar" werden hier einige mögliche Aufgabenstellungen vorgestellt.

2 Untersuchen Sie den Text gründlich. Wählen Sie dann eine der folgenden Aufgaben aus und bearbeiten Sie diese.

- *a Stellen Sie die Geschichte in Form eines Comics dar.*
- *b Nachdem die Mutter ihre Näharbeiten beendet hat, schreibt sie in ihr Tagebuch. Verfassen Sie diesen Tagebucheintrag.*
- *c Laurela schreibt nach dem Besuch von Herrn Fetter ihrer weit entfernt wohnenden Lieblingstante (die Schwester mütterlicherseits) einen Brief. Verfassen Sie diesen Brief.*
- *d Geben Sie die Gedanken des Vaters während des Geschehens in Form eines inneren Monologs wieder.*
- *e Erzählen Sie die Geschichte aus der Perspektive des Vaters.*
- *f Wie endet der Tag? Schreiben Sie die Fortsetzung der Geschichte.*
- *g Stellen Sie die Geschehnisse zwischen Laurela und Herrn Fetter szenisch (in einem Dialog dar).*
- *h Stellen Sie den Text spielerisch dar (als Videoszene, Puppenspiel, Theaterszene ...).*
- *i Schreiben Sie einen „Gegentext", in dem Vater und Mutter eine harmonische Beziehung führen.*
- *j Schreiben Sie einen „Paralleltext", in dem es einen anderen familiären Konflikt gibt.*
- *k Die Mutter schläft ein und verarbeitet ihre aktuellen familiären Erlebnisse, aber auch ihre Jugendzeit in einem Traum. Verfassen Sie diesen Traum.*
- *l Die Mutter entdeckt das geheime Tagebuch ihrer Tochter. Erzählen Sie über dieses Ereignis und dessen Folgen.*

Gabriele Wohmann: Schönes goldenes Haar

„Ich verstehe dich nicht“, sagte sie, „so was von Gleichgültigkeit versteh ich einfach nicht. Als wär’s nicht deine Tochter, dein Fleisch und Blut da oben.“ Sie spreizte den Zeigefinger von der Faust und deutete auf die Zimmerdecke. Aufregung fleckte ihr großes freundliches Gesicht. Sie ließ die rechte Hand wieder fallen, schob den braunen Wollsocken unruhig übers Stopfei. Gegenüber knisterte die Wand der Zeitung. Sie starrte seine kurzen festen Finger an, die sich am Rand ins Papier krampften: fette Krallen, mehr war nicht von ihm da, keine Augen, kein Mund. Sie rieb die Fingerkuppe über die Wollrunzeln.

„Denk doch mal nach“, sagte sie. „Was sie da oben vielleicht jetzt treiben. Man könnt meinen, du hättest deine eigene Jugend vergessen.“

Seine Jugend? Der fremde freche junge Mann; es schien ihr, als hätten seine komischen dreisten Wünsche sie nie berührt. Sie starrte die fleischigen Krallenpaare an und fühlte sich merkwürdig losgelöst. Es machte ihr Mühe, sich Laurela vorzustellen, da oben, über ihnen, mit diesem netten, wirklich netten und sogar hübschen und auch höflichen jungen Mann, diesem Herrn Fetter – ach, war es überhaupt ein Vergnügen für Frauen? Sie seufzte, ihr Blick bedachte die Krallen mit Vorwurf. Richtige Opferlämmer sind Frauen.

„Ich versteh’s nicht“, sagte sie, „deine eigene Tochter, wirklich, ich versteh’s nicht.“

Der Schirm bedruckter Seiten tuschelte.

„Nein, ich versteh’s nicht.“ Ihr Ton war jetzt werbendes Gejammer. Wenn man nur darüber reden könnte. Sich an irgendwas erinnern. Sie kam sich so leer und verlassen vor. Auf den geräumigen Flächen ihres Gesichtes spürte sie die gepünkelte Erregung heiß. Er knüllte die Zeitung hin, sein feistes viereckiges Gesicht erschien.

„Na was denn, was denn, Herrgott noch mal, du stellst dich an“, sagte er.

Sie roch den warmen Atem seines Biers und der gebratenen Zwiebeln, mit denen sie ihm sein Stück Fleisch geschmückt hatte. Sie nahm den Socken, bündelte die Wolle unterm Stopfei in der heißen Faust. Nein: das hatte mit den paar ausgeblichenen Bildern von damals überhaupt nichts mehr zu tun.

„Na, weißt du“, sagte sie, „als wärst du nie jung gewesen.“ Sie lächelte steif, schwitzend zu ihm hin.

Er hob wieder die Zeitung vors Gesicht: Abendversteck.

Jung? Sein Hirn schweifte gemächlich zurück. Jung? Und wie. Alles zu seiner Zeit. Er rülpste Zufriedenheit aus dem prallen Stück Bauch überm Gürtel. Kein Grund zur Klage. Richtige Hühner, die Frauen, ewiges Gegacker. Er spähte über die Zeitung in ihr hilfloses redseliges Gesicht: mit wem könnte sie quasseln und rumpoussieren, wenn Laurela erst mal weg wäre? Er stand rasch auf, drehte das Radio an. Die Musik schreckte das Wohnzimmer aus seinem bräunlichen Dösen.

Sie sah ihm zu, wie er zum Sessel zurückging, die Zeitung aufnahm, sich setzte. Sie lehnte sich ins Polster, presste das Stopfei gegen den Magen. Das war ihr Abend, gewiß, er und sie hier unten, sie mußten warten, das war von jetzt an alles. Und oben Laurela. O Laurelas Haar. Sie lächelte. Kein Wunder, daß sie ihr nachliefen. Sie sollte nachher noch anfangen mit dem blauen Kleid, ganz eng unterm Busen, das hob ihn so richtig in die Höhe. Das Blau paßte gut zum Haar. So hübsches Haar. Wenn es goldene Seide gäbe, sähe sie aus wie Laurelas Haar. Sie räusperte sich, hörte das pappende Geräusch ihrer Lippen, saß mit offenem Mund, starrte die Zeitung an, die fetten kräftigen Krallen rechts und links.

„Sie hat hübsches Haar“, sagte sie. „Wie Seide, wie Gold.“

Er schnickte die Seiten in ihre gekniffte Form zurück.

„Na klar“, sagte er.

Sie sah die Krallenpfoten zum Bierglas tappen und es packen. Sie hörte ihn schmatzen, schlucken. So schönes goldenes Haar. Sie bohrte die Spitze der Stopfnadel in den braunen Wollfilz. Seine und ihre Tochter. Sie betrachtete die geätzte Haut ihres Zeigefingers. Seine und ihre Tochter. Sie reckte sich in einem warmen Anschwellen von Mitleid und stolzer Verwunderung.

Aus: Gabriele Wohmann: Ländliches Fest, 6. Aufl., Darmstadt Neuwied, Luchterhand 1980, S. 44f.

Trotz der Vielzahl von Aufgabestellungen lassen sich einheitliche Kriterien für alle kreativen Aufsätze festlegen:

Wichtiger Hinweis

Kriterien beim kreativen Schreiben

Um zu prüfen, ob ein kreativer Aufsatz gelungen ist oder nicht, muss auch der Umgang mit der Vorlage berücksichtigt werden.

Checkliste

Kreative Aufsätze verfassen

- ✓ Wurde die Thematik überzeugend behandelt?
- ✓ Wurde der Ausgangstext genügend berücksichtigt?
- ✓ Wurden die Charaktere, ihr Verhalten, die Situation (zum Ausgangstext) passend verwendet?
- ✓ Wurde der im Ausgangstext angelegte Konflikt angemessen zugespitzt bzw. die Konfliktlösung verzögert?
- ✓ Wurden Motive des Ausgangstextes wieder angemessen aufgegriffen?
- ✓ Wurden Vorgaben des Ausgangstextes durch sinnvolle eigene Ideen/Erweiterungen ergänzt?
- ✓ Sollte man einzelne Details noch ausbauen?
- ✓ Wird der Leser durch originelle Einfälle/Wendungen überrascht?
- ✓ Wurde die Thematik erschöpfend bearbeitet? Oder sollte man noch andere Aspekte (u. a. des Ausgangstextes) berücksichtigen?

Sprache:

- ✓ Finden sich viele sprachliche Fehler (Rechtschreibung, Zeichensetzung, Grammatik)?
- ✓ Passen Sprache/Stil zum Ausgangstext?
- ✓ Passen Sprache/Stil zu der neu verwendeten Textsorte (Bsp.: Brief, E-Mail, Tagebuch ...)?

3 *Prüfen Sie Ihre Aufsätze mithilfe der Kriterien.*
- *a* ***Was ist bereits gut?***
- *b* ***Was ließe sich noch verbessern?***

Einen Erzählanfang fortsetzen

Bei dieser Aufgabenstellung wird der Anfang einer Geschichte vorgegeben. Dieser muss dann weitergeschrieben werden. Die Fortsetzung muss dabei so geschrieben werden, dass man den Autorwechsel nicht bemerkt.

4 *a* ***Erzählen Sie die Geschichte weiter.***
- *b* ***Besprechen Sie Ihre Lösungen in der Klasse.***
- *c* ***Vergleichen Sie Ihre Lösungen mit dem Original.***

Peter Hacks: Der Bär auf dem Försterball

Der Bär schwankte durch den Wald, es war übrigens Winter; er ging zum Maskenfest. Er war von der besten Laune. Er hatte schon ein paar Kübel Bärenschnaps getrunken; den mischt man aus Honig, Wodka und vielen schwierigen Gewürzen. Des Bären Maske war sehr komisch. Er trug einen grünen Rock, fabelhafte Stiefel und eine Flinte auf der Schulter; ihr merkt schon, er ging als Förster.

Da kam ihm, quer über den knarrenden Schnee, einer entgegen: auch im grünen Rock, auch mit fabelhaften Stiefeln und auch die Flinte geschultert. Ihr merkt schon, das war der Förster.

Der Förster sagte mit einer tiefen Bassstimme: „Gute Nacht, Herr Kollege, auch zum Försterball?“

„Brumm“, sagte der Bär, und sein Bass war so tief wie die Schlucht am Weg, in die die Omnibusse fallen.

„Um Vergebung“, sagte der Förster erschrocken, „ich wusste ja nicht, dass Sie der Oberförster sind.“

„Macht nichts“, sagte der Bär leutselig. Er fasste den Förster unterm Arm, um sich an ihm festzuhalten, und so schwankten sie beide in den Krug zum zwölften Ende, wo der Försterball stattfand. Die Förster waren alle versammelt. Manche Förster hatten Geweihe, die sie vorzeigten, und manche Hörner, auf denen sie bliesen. Sie hatten alle lange Bärte und geschwungene Schnurrbärte, aber die meisten Haare im Gesicht hatte der Bär.

„Juhu“, riefen die Förster und hieben den Bären kräftig auf den Rücken. „Stimmung“, erwiderte der Bär und hieb die Förster auf den Rücken, und es war wie ein ganzer Steinschlag.

„Um Vergebung“, sagten die Förster erschrocken, „wir wussten ja nicht, dass Sie der Oberförster sind.“

„Weitermachen“, sagte der Bär. Und sie tanzten und tranken und lachten; sie sangen, sie hätten so viel Dorst im grünen Forst. Ich weiß nicht, ob ihr es schon erlebt habt, in welchen Zustand man gerät, wenn man so viel tanzt und trinkt, lacht und singt. Die Förster gerieten in einen Tatendrang und der Bär mit ihnen; der Bär sagte: „Wir wollen jetzt ausgehn, den Bären schießen.“

Da streiften sich die Förster ihre Pelzhandschuhe über und schnallten sich ihre Lederriemen fest um den Bauch; so strömten sie in die kalte Nacht. Sie stapften durchs Gehölz. Sie schossen mit ihren Flinten in die Luft. Sie riefen Hussa und Hallihallo und Halali, wovon das eine so viel bedeutet wie das andere, nämlich gar nichts, aber so ist das Jägerleben. Der Bär riss im Vorübergehn eine Handvoll trockener Hagebutten vom Strauch und fraß sie. Die Förster riefen: „Seht den Oberförster, den Schelm“, und fraßen auch Hagebutten und wollten sich ausschütten vor Spaß. Nach einer Weile jedoch merkten sie, dass sie den Bären nicht fanden.

„Warum finden wir ihn nicht?“ sagte der Bär, „er sitzt in seinem Loch, ihr Schafsköpfe.“ Er ging zum Bärenloch, die Förster hinterdrein. Er zog den Hausschlüssel aus dem Fell, schloss den Deckel auf und stieg hinunter, die Förster hinterdrein.

„Der Bär ist ausgegangen“, sagte der Bär schnüffelnd, „aber es kann noch nicht lange her sein, es riecht stark nach ihm.“ Dann torkelte er zurück in den Krug zum zwölften Ende und die Förster hinterdrein.

Sie tranken gewaltig nach der Anstrengung, aber die Menge, die der Bär trank, war wie ein Schmelzwasser, das die Brücken fortreißt.

„Um Vergebung“, sagten die Förster erschrocken. „Sie sind ein großartiger Oberförster.“

Der Bär sagte: „Der Bär steckt nicht im Walde, und der Bär steckt nicht in seinem Loch; es bleibt nur eins, er steckt unter uns und hat sich als Förster verkleidet.“

„Das muss es sein“, riefen die Förster, und sie blickten einander misstrauisch und scheel an.

Es war aber ein ganz junger Förster dabei, der einen verhältnismäßig kleinen Bart hatte und nur wenige Geweihe und überhaupt der Schwächste und Schüchternste war von allen. So beschlossen sie, dieser sei der Bär. Sie krochen mühsam auf die Bänke, stützten ihre Bärte auf die Tische und langten mit den Händen an der Wand empor.

„Was sucht ihr denn?“, rief der junge Förster.

„Unsere Flinten“, sagten sie, „sie hängen leider an den Haken.“

„Wozu die Flinten?“, rief der junge Förster.

„Wir wollen dich doch schießen“, antworteten sie, „du bist doch der Bär.“

„Ihr versteht überhaupt nichts von Bären“, sagte der Bär. „Man muss untersuchen, ob er einen Schwanz hat und Krallen an den Tatzen“, sagte der Bär.

„Die hat er nicht“, sagten die Förster, „aber ...

llustration von Peter Gut

Aus: Peter Hacks: Der Bär auf dem Försterball, Köln, Middelhauve 1989, S. 221.

Einen Brief schreiben

Bei dieser Aufgabenstellung schreibt entweder eine Person aus der Geschichte einen Brief an eine andere Person oder eine Person der Geschichte erhält einen Brief. Beim Verfassen des Briefes muss man sich in den Briefeschreiber, seine Situation hineinversetzen und aus dessen Sicht schreiben.

Einen Tagebucheintrag verfassen

Bei dieser Aufgabenstellung schreibt eine Person aus der Geschichte einen Eintrag in ihr Tagebuch. In einem Tagebuch schreibt man nicht für andere, sondern nur für sich selbst. Man muss auf niemanden Rücksicht nehmen, kann ungeschminkt formulieren, da man in der Regel davon ausgehen kann, dass niemand anderes das Tagebuch liest.

Sibylle Berg: Nora hat Hunger

Ich wiege mich jeden Morgen. Morgens ist es immer ein bisschen weniger. Seit einem halben Jahr esse ich nur noch Gurken, Äpfel und Salat. Alles ohne Zusätze, versteht sich.
Zuerst war mir übel.
Ich hatte Bauchkrämpfe. Aber jetzt geht alles einfach. Wenn ich Essen rieche, habe ich keinen Hunger mehr. Mir wird direkt schlecht, wenn ich Essen rieche. Gestern waren es 40 Kilo. Ich bin 1,75 groß. Vielleicht wachse ich noch. Dünner werde ich auf jeden Fall. Ich habe es mir geschworen. Seit ich nicht mehr esse, brauche ich niemanden mehr. Meine Eltern sind fremde Personen geworden. Es ist mir egal, ob sie mich beachten oder nicht. Ich bin sehr stark. Meine Mutter hat geweint, neulich. Ich habe zugesehen, wie das Wasser ihr Make-up verschmiert hat. Ich bin rausgegangen. Es sah hässlich aus. Ich habe auch gesehen, wie dick sie ist. Sie sollte etwas dagegen tun. Ich verstecke mich in der Schule nicht mehr. Als ich noch dick war, bin ich in der Pause immer aufs Klo gegangen, damit sie mich nicht ignorieren können. Jetzt stehe ich offen da und denke mal, dass sie mich beneiden. Ich sehe noch immer nicht ganz schön aus. Ich bin noch zu dick. Die Arme sind gut, da ist kaum noch Fleisch dran. Ich finde Fleisch hässlich. Und die Rippen sieht man auch schon gut. Aber die Beine sind zu dick. Als ich noch richtig dick war, hatte ich irgendwie keine Persönlichkeit. Jetzt ist das anders. Ich bin innen so wie außen. Ganz fest. Mit einem Ziel ist keiner alleine, weil ja dann neben dem Menschen immer noch das Ziel ist. Ich kann mich noch erinnern, wie es war, dick zu sein. Mal ging es mir gut und im nächsten Moment musste ich heulen und wusste nicht, warum. Ich meine, das kam mir alles so sinnlos vor. Dass ich bald mit der Schule fertig bin und dann irgendeinen Beruf lernen muss. Und dann würde ich heiraten und würde in einer kleinen Wohnung wohnen und so. Das ist doch zum Kotzen. Mit so einer kleinen Wohnung, meine ich. Das kann doch nicht Leben sein. Aber eben, wie das Leben sein soll, das weiß ich nicht. Ich denke mir, dass ich das weiß, wenn ich schön bin. Ich werde so schön wie Kate Moss[1] oder so jemand. Vielleicht werde ich Model. Meine Mutter war mit mir bei einem Psychologen. Ein dicker, alter Mann. Mutter ließ uns alleine, und er versuchte mich zu verarschen. Mich verarscht keiner so leicht. Ich hab so einiges gelesen, ich meine, ich kenne ihre blöden Tricks. Und der Typ war mal speziell blöd. „Bedrückt dich was?", hat er gefragt. Und so ein Scheiß halt, und ich habe ihn die ganze Zeit nur angesehen. Der Mann war echt fett und unter seinem Hemd waren so Schwitzränder. Ich habe nicht über seine Fragen nachgedacht. Ich meine, was soll ich einem fremden dicken Mann irgendwas erzählen. Einem Mann, der sich selbst nicht unter Kontrolle hat. Der frisst. Ich bin weggegangen und habe den Psychologen sofort vergessen. Ich habe ein Ziel. Ich habe vor nichts mehr Angst. Ich denke nicht mehr nach. Das ist das Beste.

Aus: Sibylle Berg: Ein paar Leute suchen das Glück und lachen sich tot, Leipzig, Reclam 2001, S. 9f.

5 a *Welches Bild hat Nora von sich selbst?*

b *Welches Bild hat Nora von anderen Menschen?*

c *Was für einen Charakter hat Nora?*

d *Die Mutter schreibt nach dem Besuch des Psychologen ihre Gedanken und Gefühle auf. Verfassen Sie diesen Tagebucheintrag der Mutter.*

e *Schreiben Sie aus der Sicht einer Klassenkameradin oder eines Klassenkameraden einen Brief an Nora. Gehen Sie in Ihrem Brief darauf ein, wie Nora auf Sie wirkt und welche Möglichkeiten der Problemlösung Sie sehen.*

[1] *Kate Moss: britisches Supermodel (*1974), das das Dürrsein zu Mode machte.*

6 Vergleichen Sie die Anforderungen, die an einen Brief gestellt werden, mit denen, die ein Tagebucheintrag verlangt. Tragen Sie diese in die Tabelle ein.

Kriterien beim Brief	Kriterien beim Tagebuch

6 Sach- und Gebrauchstexte

Impuls

Lisa liest einen Roman, Georg liest lieber die Zeitung.

Lisa: „Was gibt es Schöneres als einen guten Roman?"

Georg: „Na ja. Ich will immer gut informiert sein und lese deshalb jeden Tag die Zeitung – für Romane hätte ich gar keine Zeit!"

1 Diskutieren Sie die Frage, wodurch sich Romane von Zeitungsartikeln unterscheiden.

Definition

Was sind Gebrauchstexte?
Anders als literarische Texte sind Gebrauchstexte meist klarer und sachlicher formuliert und beziehen sich auf die Wirklichkeit.

Märchen

Gebrauchsanweisung

Fabel

Schulbuch

Leserbrief

Komödie

Gesetzestext

Beschreibung

Marktbericht

Werbeprospekt

Politische Rede

Tragödie

Kurzgeschichte

Verordnung

Reportage

Zeitungsnachricht

Gedicht

Roman

Vertrag

2 a *Ermitteln Sie in Einzelarbeit in der folgenden Liste all diejenigen Textsorten, die Sach- oder Gebrauchstexte sind und tragen Sie diese in die folgende Tabelle ein.*

b *Überprüfen Sie Ihre Ergebnisse in Partnerarbeit.*

c *Überlegen Sie sich in Partnerarbeit Beispiele für die von Ihnen ermittelten Textsorten.*

Textsorte	Beispiel
Verordnung	*FriseurAusbV*

3 Um sich über aktuelle Entwicklungen und Trends in Ihrem Beruf zu informieren, müssen Sie immer wieder auf eine Reihe wichtiger Gebrauchstexte zurückgreifen.
Erstellen Sie in Partnerarbeit eine Liste mit den fünf aus Ihrer Sicht wichtigsten Publikationen.

7 Textfunktionen und Textsorten

Anders als literarische Texte wollen Sach- und Gebrauchstexte nicht besonders schön sein. Sie wollen bestimmte andere Funktionen erfüllen.
Genauso wie man Sach- und Gebrauchstexte in unterschiedliche Textsorten unterteilen kann, gibt es auch unterschiedliche Textfunktionen. Solche Texte können zum Beispiel informieren[1], appellieren[2], regulieren[3] und instruieren[4].

1 Vergleichen Sie diese Textfunktionen nun mit den Textsorten auf S. 148 und ordnen Sie den jeweiligen Textsorten in der Tabelle die passende Funktion zu.

Textsorte	Textfunktion
Gesetzestext	*regulieren*

1 informieren = Auskunft geben, benachrichtigen
2 appellieren = sich mahnend, an jemanden wenden
3 regulieren = regeln, ordnen
4 instruieren = unterweisen, anleiten

2 Nun sind Sie an der Reihe: Verfassen Sie jeweils einen Text, der die folgende Wirkung hat:

a Informieren

b Appellieren

c Regulieren

d Instruieren

3 Erstellen Sie aus der folgenden Zeitleiste einen informierenden Text in ganzen Sätzen über die Geschichte des Friseurhandwerks.

Geschichte des Friseurhandwerks

Nicht immer war der Friseurberuf so spezialisiert wie heute – früher kümmerten sich Friseure nicht nur um die Haare ihrer Kunden, sondern halfen zum Beispiel auch bei Gesundheitsproblemen.

Seit dem 14. Jahrhundert waren Bader als Friseure tätig. Dieser Begriff geht darauf zurück, dass sie eine Badestube betrieben, in der nicht nur gebadet wurde, sondern in der die Kunden sich auch von ihnen medizinisch behandeln ließen. So waren viele Bader auch als Wundärzte und Masseure tätig. Sie halfen bei Verletzungen und Brüchen oder Geschwüren und Hautleiden. Obwohl der Beruf des Friseurs aus dem des Baders hervorgeht, ist es für uns heute doch schwer vorstellbar, dass Bader ihren Kunden sogar Zähne zogen.

Im Rahmen einer immer weitergehenden Spezialisierung der Berufe wurden aus den Badern Heilgehilfen und aus den Barbieren Perückenmacher. Durch den raschen medizinischen Fortschritt überließen Bader medizinische Eingriffe der sich entwickelnden Ärzteschaft.

Ab 5000 v. Chr.

Frühe Dokumente verweisen auf den Beruf des Kosmeten: Sklaven, die ihre Herrscher salbten und ölten und ihnen die Haare frisierten und färbten.

ca. 1400 v. Chr.

Als Zeichen ihrer Herrscherwürde tragen sowohl männliche als auch weibliche Pharaonen einen künstlichen Bart.

300 v. Chr.

Das Calamistrum, ein Lockenbrenneisen aus Metall oder Ton, wird in Griechenland und Rom verwendet.

1000

Minnesänger benutzen das Papillotiereisen, einen Lockenbrennstab.

11.–12. Jahrhundert

Das Handwerk der Bader und Barbiere entsteht in Deutschland. In Fulda wird 1150 eine Badestube erstmals urkundlich erwähnt.

13. Jahrhundert

Die Zünfte der Bader und Barbiere entstehen. Aus dieser Zeit liegen uns Berichte über medizinische Tätigkeiten der Bader und Barbiere vor.

1548

Augsburger Reichstagsbeschluss über die „Ehrlichkeit" der Bader und Barbiere. Der Friseurberuf wird für „ehrenhaft" erklärt.

Ab 1600

Perücken für Herren werden modern. Barbiere beginnen, sich auf das Handwerk des Perückenmachers zu spezialisieren.

1656

In Paris wird die erste Perückenmacherzunft gegründet.

1677

Ein Privileg gestattet Badern und Barbieren, medizinische Dienstleistungen zu erbringen.

1680

Der Franzose Ervais erfindet das Tressieren (frz. tresser = flechten). Durch dieses Verfahren werden bei der Herstellung von Haarteilen weniger Haare benötigt.

1818

Der französische Chemiker Thénard stellt erstmals das Wasserstoffperoxid her, womit Haare gebleicht werden können.

1845

Der Befähigungsnachweis für die Ausbildung von Lehrlingen wird eingeführt.

1870–1890

In Paris entwickelt der französische Friseur Marcel Grateau das Ondulationsverfahren.

1883

In Frankreich wird das erste Oxidations-Haarfärbemittel patentiert und kommt in den Handel.

Ende des 18. Jahrhunderts

Das Rasiermesser in seiner heutigen Form wird entwickelt.

Mitte des 19. Jahrhunderts

Das Friseurhandwerk, wie wir es heute kennen, entsteht. Die Friseure hatten damals noch keine eigenen Salons, sondern kamen in das Haus des Kunden.

1872

Gründung des Bundes Deutscher Friseure.

1881

Durch die Bismarcksche Innungsnovelle erhalten die Innungen mehr Rechte.

1900

AEG entwickelt den ersten elektrischen Haartrockner: den Foen®.

1901

King Champ Gillette erfindet den ersten Rasierer mit auswechselbarer Klinge und lässt ihn patentieren.

1906–1910

Karl Nessler erfindet 1906 die Dauerwelle und lässt diese 1910 patentieren.

1920

Der erste elektrische Rasierapparat wird in Deutschland hergestellt. Der Kurzhaarschnitt für Frauen wird modern. Der Franzose René Rambaud erfindet das Legen von Wasserwellen.

1924

Der Friseur Joseph Meyer aus Karlsbad stellt die ersten Flachwickler her.

1926

Der Berliner Friseur Müller erfindet die Trockenhaube „Windsbraut" und lässt sie patentieren.

1928

Die Effilierschere wird erfunden.

1929

Handwerksnovelle, Einführung der Handwerksrolle bei den Handwerkskammern

1970

Der Engländer Vidal Sasson erfindet den Systemformhaarschnitt, der bis heute die Basis der Arbeit vieler Friseure bildet (Sassoon-Bob).

Vgl.: http://schnittpunkthaare.de/schnitt/index.php?option=com_content&view=article&id=48&Itemid=46, Stand: 15.06.2011

Ein **appellierender** Text ist zum Beispiel ein Kommentar oder eine Rede, mit der man etwas bewegen möchte.

4 Appellieren: Schreiben Sie eine Rede, in der Sie die Forderung stellen, den Mehrwertsteuersatz auf Friseurdienstleistungen zu reduzieren. Als Argumentationshilfe dient Ihnen die folgende Nachricht:

Friseure fordern ermäßigte Mehrwertsteuer

Bilanz: Bei der Jahresversammlung der Innung Dieburg-Erbach spricht Obermeister Detlef Faust von einer „Kernforderung“

DIEBURG.

Erstmals konnte der Obermeister der Friseur-Innung Dieburg-Erbach, Detlef Faust (Dieburg), den Geschäftsführer der Kreishandwerkerschaft Darmstadt-Dieburg, Rainer Lamp, zur Jahresversammlung der Innung in der „Ludwigshall“ begrüßen. [...]

Aus dem Jahresbericht des Obermeisters ging hervor, dass das Friseurhandwerk zwar weniger von der Wirtschaftskrise betroffen ist, teilweise aber auch Zurückhaltung in der Kundschaft spürbar wurde. „Bislang ist unser Markt recht stabil“, meinte Faust. Damit dies so bleibe, müssten die richtigen Weichen gestellt werden. „Ökonomisch heißt das vor allem: Wir brauchen einen ermäßigten Mehrwertsteuersatz auf Friseurdienstleistungen. Nur so können Nachfrage belebt, Beschäftigung gesichert, Schwarzarbeit eingedämmt und der Wettbewerb mit mehrwertsteuerfreien Kleinstbetrieben fairer gestaltet werden“, betonte Faust, der von einer Kernforderung des Friseurhandwerks sprach.

[...]

Aus: Echo online vom 15.04.2010, http://www.echo-online.de/region/darmstadt-dieburg/dieburg/Friseure-fordern-ermaessigte-Mehrwertsteuer;art1283,810775, Stand: 20.06.2011

5 Regulieren: Ein Ausbildungsvertrag ist ein Musterbeispiel für einen Text, der etwas reguliert. Ihr Ausbildungsvertrag regelt Ihre Ausbildung. Sehen Sie einmal in Ihrem Ausbildungsvertrag nach, welche Dinge darin wie geregelt sind. Füllen Sie dann die folgende Tabelle aus.

Regelungsfeld	Konkrete Regelung
Urlaub	

Beispiele für **instruierende** Texte sind Gebrauchsanweisungen oder Handlungsanweisungen.

6 Instruieren: Erstellen Sie eine Handlungsanweisung mit fünf Tipps, wie man stumpfe Haare wieder glänzend bekommen kann.

8 Informationen gewinnen und verarbeiten

Impuls

Georg: „Wusstest du, dass es für die Zubereitung einer Tasse Tee eine ISO-Norm gibt?"
Lisa: „Unglaublich!"

1 a *Hat Georg recht? Diskutieren Sie.*

b *Wie könnten Sie Georgs Aussage überprüfen?*

c *Als Hausaufgabe: Überprüfen Sie zu Hause, ob Georg recht hat.*

2 *Lesen Sie in Einzelarbeit die folgenden Zitate.*

a *Entscheiden Sie sich für ein Zitat, das Ihnen besonders gut gefällt, und notieren Sie kurz die Gründe für Ihre Entscheidung.*

b *Stellen Sie sich in Partnerarbeit gegenseitig das von Ihnen ausgewählte Zitat vor und tauschen Sie sich über die Gründe für Ihre Auswahl aus.*

c *Tauschen Sie sich danach mit einer weiteren Zweiergruppe über Ihre ausgewählten Zitate und die Gründe für Ihre Auswahl aus. Wählen Sie am Ende aus vier Vorschlägen den Favoriten Ihrer Vierergruppe.*

Ein Mensch kann nicht alles wissen, aber etwas muss jeder haben, was er ordentlich versteht.
Gustav Freytag (1816–1895)

Eine Investition in Wissen bringt immer noch die besten Zinsen.
Benjamin Franklin (1706–1790)

Es gibt nur ein einziges Gut für den Menschen: die Wissenschaft. Und nur ein einziges Übel: die Unwissenheit.
Sokrates (449 v. Chr–399 v. Chr.)

Je weiter sich das Wissen ausbreitet, desto mehr Probleme kommen zum Vorschein.
Johann Wolfgang von Goethe (1749–1832)

Lieber eine einzige Ursache verstehen als König von Persien sein.
Demokrit (460 v. Chr–370 v. Chr.)

O glücklich, wer noch hoffen kann, aus diesem Meer des Irrtums aufzutauchen! Was man nicht weiß, das eben brauchte man, und was man weiß, kann man nicht brauchen. (Faust)
Johann Wolfgang von Goethe (1749–1832)

Tatsachen sind für den Geist, was die Nahrung für den Körper ist.
Edmund Burke (1729–1797)

Was wir wissen, ist ein Tropfen, was wir nicht wissen, ein Ozean.
Sir Isaac Newton (1643–1727)

Wer nichts weiß, muss alles glauben.
Marie Freifrau von Ebner-Eschenbach (1830–1916)

Wie die reichste Bibliothek, wenn ungeordnet, nicht so viel Nutzen schafft, wie eine kleine, aber wohlgeordnete, ebenso ist die größte Menge von Kenntnissen, wenn nicht eigenes Denken sie verarbeitet hat, weniger wert als eine geringere, die vielfältig durchdacht wurde.
Arthur Schopenhauer (1788–1860)

Wissen ist Macht.
Francis Bacon (1561–1626)

3 a Erstellen Sie eine Liste mit allen Informationsquellen, die Sie kennen.
b Beurteilen Sie anschließend, welche Informationsquellen Sie benutzen würden, wenn Sie …
… Ihre Gesellenprüfung vorbereiten?
… wissen wollen, wie viele Kundentermine Sie in einem bestimmten Zeitraum einplanen können?
… Ihren nächsten Urlaub planen wollen?

4 Bewerten Sie nun die folgenden Informationsquellen im Hinblick auf die folgenden Kriterien:
a Zugänglichkeit/Zeitaufwand?
b Wie viel Mühe/Geld kostet die Informationsbeschaffung?
c Wie groß sind die Chancen, die Information zu bekommen?
d Verlässlichkeit/Wahrheitsgehalt der Information?
e Verständlichkeit?

5 Informationsmedien sind nicht immer objektiv und können manchmal sehr einseitig sein. Überlegen Sie sich Fälle, in denen Sie einer Informationsquelle eher nicht glauben würden.

6 Bearbeiten Sie zunächst in Einzel- und dann in Partnerarbeit die folgende Aufgabe:
Eine Kosmetikfirma hat nach jahrelanger Forschung, bei der unter anderem auch Tierversuche durchgeführt wurden, eine neue Hautcreme entwickelt, die nachweislich zur Verringerung von Falten führt.

a Partner A: Formulieren Sie einen Werbetext für diese neue Hautcreme.
Partner B: Formulieren Sie einen kritischen Bericht aus der Sicht von Tierversuchsgegnern über diese neue Hautcreme.

b Vergleichen Sie nun in Partnerarbeit, auf welche Aspekte Sie in Ihren Darstellungen der neuen Hautcreme eingegangen sind und warum.

Wichtiger Hinweis

Sie wissen, dass man die Dinge immer von mehreren Seiten betrachten kann. Es hängt deshalb sehr davon ab, mit welchem Interesse jemand über eine bestimmte Sache berichtet. Versuchen Sie, dieses Interesse zu erkennen, wenn Sie einen Text lesen.

7 Finden Sie weitere Sachverhalte oder Ereignisse, über die Befürworter und Gegner unterschiedlich berichten würden.

9 Grafische Visualisierung eines Textes

Impuls

Georg: „Puh, ist das kompliziert – das verstehe ich nicht."
Lisa: „Keine Sorge, ich mal dir das auf, dann verstehst du es auch."

Was leisten Visualisierungen? Welchen Vorteil bieten sie? Stimmt das Sprichwort, dass „ein Bild mehr sagt als tausend Worte"?

Manchmal ist es nicht ganz einfach, einen Text zu verstehen. In solchen Fällen kann es hilfreich sein, den Text zu visualisieren, also bildlich darzustellen. Eine solche bildliche Darstellung nennt man Visualisierung oder Strukturbild.

So kann beispielsweise ein Text, der die Entwicklung von Kundenzahlen über mehrere Jahre hinweg beschreibt, relativ kompliziert erscheinen.

Stellt man dieselben Informationen nun nicht als Text, sondern beispielsweise als Kurvendiagramm dar, so kann man die Aussagen sehr viel schneller und klarer entnehmen als in einem komplizierten Text.

Kurvendiagramm

Schwankungen der menschlichen Leistung während des Tages

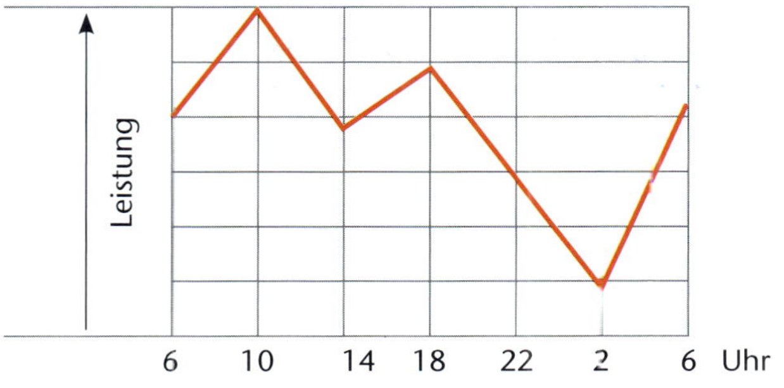

Geeignet für die Darstellung von Veränderungen in einem Zeitraum (z. B. Absatzschwankungen, Entwicklung der Arbeitslosenzahlen).

Erläutern Sie den Inhalt beispielsweise so:
In dem Zeitraum von ... bis .../Seit dem Jahr .../ in der zweiten Jahreshälfte/gegenüber dem Vormonat/sinkt/fällt ab/nimmt ab/schwankt/ stagniert/... bleibt konstant/steigt an/Höhepunkt/ Tiefpunkt ... o. Ä.

1 Benutzen Sie die Erklärungen „Schaubilder auswerten" auf S. 84 ff., um die folgende Aufgabe zu lösen.

a Lesen Sie den folgenden Text.

b Visualisieren Sie drei wichtige Aussagen des Textes.

Der Friseurmarkt 2009

Der Friseurmarkt in Deutschland ist im Wandel. Wirtschaftskrise, Finanzkrise und verändertes Konsumverhalten lassen die Umsätze drastisch sinken. In der Zeit von 2000 bis 2009 ist der Umsatz im deutschen Friseurhandwerk ständig und kontinuierlich zurückgegangen. In diesem Zeitraum (2000–2009) betrug der Umsatzrückgang insgesamt 19,5 Prozent.[1)]
Unter diesen Bedingungen waren viele Betriebe gezwungen Mitarbeiter zu entlassen. Selbst die gestiegenen Kosten konnten nicht in Form einer Preisangleichung an den Markt weitergegeben werden, sodass viele Unternehmen in bedrohliche Situationen gerieten.
22,6 Prozent der Beschäftigten im Friseurhandwerk verloren zwischen 2000 und 2009 ihren Arbeitsplatz.[1)] [...]
Interessant auch die Kundenreichweite: nur noch 65,4 Prozent der Frauen gehen zum Friseur, bei den Männern sind es 60,9 Prozent.[2)] Frauen gingen im Schnitt 6,5mal jährlich zum Friseur, Männer nur 5,5 Mal. Die Kundenzahl pro Tag blieb mit 5,5 im Damen- und 11,8 im Herrensalon stabil. Frauen gaben dabei im Schnitt 43,30 € aus, bei den Männern waren es 15.35 €.
Die erzielten Umsätze wurden zu 72,5 Prozent im Damensalon (einschl. Kosmetik) erreicht, der Herrensalon trug durchschnittlich 19,4 Prozent zum Ergebnis bei, der Verkauf belief sich durchschnittlich auf 8,1 Prozent.[3)]
Besonders durch Beratung und Verkauf könnte so manches negative Ergebnis aber verbessert werden. Hier gibt es Defizite im Beratungsbereich. Auf die Frage: „Wie oft wurde Ihnen beim Friseurbesuch ein für Sie passendes Produkt angeboten?“ antworteten die befragten Frauen mit „Nie.“ gleich 43,5 % – „Gelegentlich.“ 49,2% – „Häufig.“ 7,3 %. Bei den Männern war das Ergebnis noch drastischer: „Nie.“ gleich 75,8 % – „Gelegentlich.“ 22,4% – „Häufig.“ 1,8 %.[4)]
Gesteigert hat sich bei den Behandlungen der Anteil der Farbbehandlungen. Mit zuletzt 40,5 % Anteil an den erfolgten Behandlungen ist dieser Bereich ein wichtiger Umsatzträger geworden. Aufgegliedert sind das 15 % Strähnen, 16,4 % Farbe und Blondierung, 9,1 % Pflanzenfarbe.

[1)] Statistisches Bundesamt, Handwerksberichterstattung
[2)] GfK
[3)] Wella Betriebsvergleich

Friseur-News, Krombholz Ltd., www.friseur-news.de, Stand: 29.11.2011 (gekürzt)

Medien nutzen – Informations- und Unterhaltungsfunktion

Impuls

Sarah: „Also, wenn ich fernsehe, dann hauptsächlich, um mich zu informieren.“
Georg: „Oh, ist das aber langweilig. Ich schaue immer nur ‚Deutschland sucht den Superstar‘.“

2 ***Wie nutzen Sie Medien?***
Machen Sie eine Aufstellung, welche Medien Sie in der letzten Woche mit welchem Ziel genutzt haben. Benutzen Sie dabei die folgende Tabelle.

Medium	Häufigkeit der Nutzung/Ziel
Fernsehen	
Radio	
Tageszeitung	
Zeitschrift	
Buch	
PC/Internet	

Medium	Häufigkeit der Nutzung/Ziel
MP3-Player	
Video/DVD	
Kino	
Theater	

3 Ermitteln Sie die durchschnittliche Nutzungsdauer für jedes Medium in Ihrer Klasse.

4 Beschreiben Sie Inhalt und Form des nebenstehenden Schaubilds.

5 Erstellen Sie ein Schaubild über den Medienkonsum Ihrer Klasse.

6 Vergleichen Sie die Ergebnisse Ihrer Klasse mit den Daten des Schaubilds.

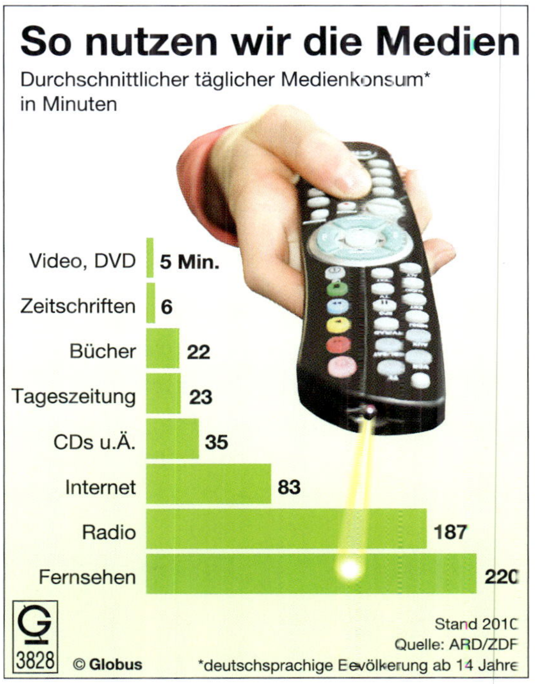

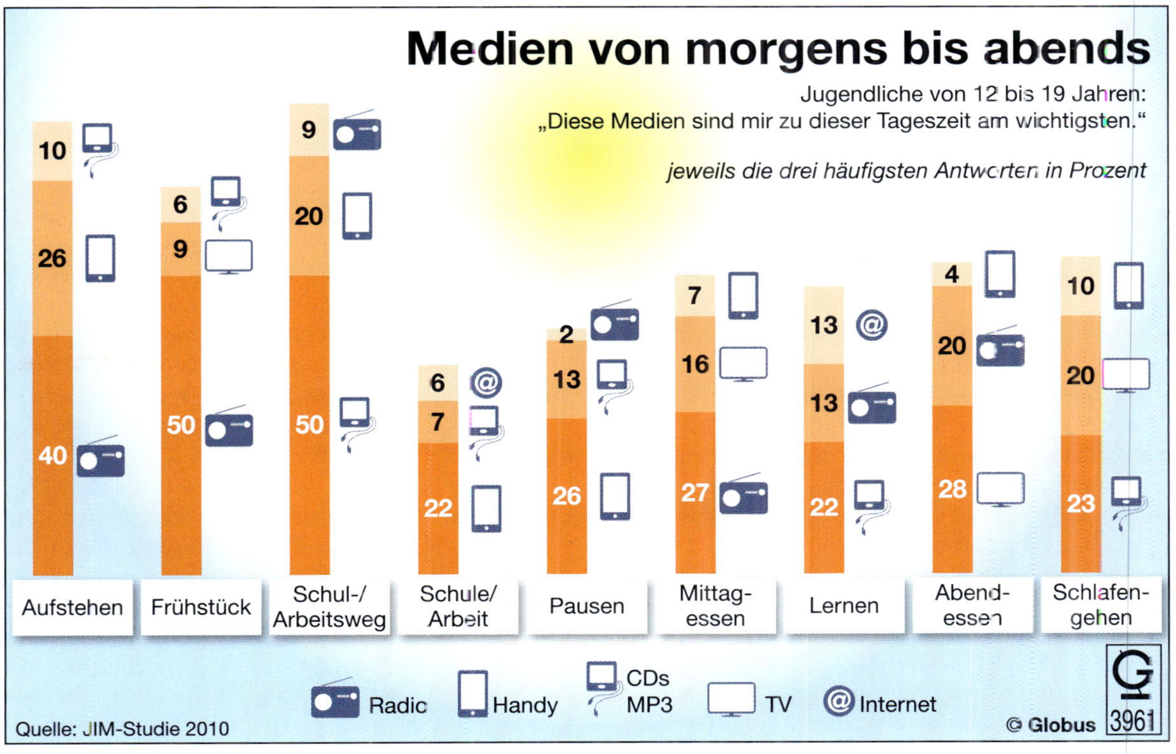

7 Beschreiben Sie Inhalt und Form dieses Schaubilds.

8 Überlegen Sie sich, welche Vor- und Nachteile die Mediennutzung mit sich bringen kann. Sammeln Sie die Vor- und Nachteile in einer Tabelle.

Vorteile	Nachteile

Neue Medien

9 Lesen Sie den folgenden Artikel von Umberto Eco.

a Verfassen Sie eine Inhaltsangabe.

b Stimmen Sie Umberto Ecos Sichtweise zu? Erstellen Sie eine Liste mit Gegenargumenten und schreiben Sie eine von Ecos Beitrag abweichende Stellungnahme.

„Das Buch hat Zukunft" von Umberto Eco

Wird das Buch verschwinden, weil das Internet auf den Plan getreten ist? Ich habe schon vor gut zwanzig Jahren über dieses Thema geschrieben, als die Frage zum ersten Mal aufkam und wirklich relevant schien. Seitdem kann ich, wenn man mich um Äußerungen dazu bittet, nur immer wieder dasselbe sagen. Niemand merkt das, vor allem, weil nichts weniger gegenwärtig ist als etwas bereits Publiziertes, aber auch, weil die öffentliche Meinung (oder zumindest die Journalisten) stets diese fixe Idee hat, dass das Buch verschwinden werde (oder die Journalisten meinen, ihre Leser hätten diese fixe Idee), und so stellen alle unablässig immer wieder dieselbe Frage.

Eigentlich gibt es zu dem Thema recht wenig zu sagen. Durch das Internet sind wir ins Zeitalter des Alphabets zurückgekehrt. Wenn wir je geglaubt hatten, wir seien in eine Kultur des Bildes eingetreten, so führt uns der Computer wieder zurück in die Ära Gutenberg, und heutzutage sieht sich jedermann gezwungen zu lesen. Zum Lesen braucht man einen Datenträger. Der Computer allein kann dieser Träger nicht sein. Setzen Sie sich zwei Stunden an den Computer und lesen Sie einen Roman, und Sie bekommen Augen wie Tennisbälle. Ich habe zu Hause eine Polaroid-Brille, um die Augen vor den schädlichen Folgen längerer Bildschirmlektüre zu schützen. Außerdem ist der Computer auf Stromversorgung angewiesen, man kann ihn also nicht in der Badewanne lesen und auch nicht im Bett auf der Seite liegend. Das Buch erweist sich da als weitaus flexibler.

Entweder – oder: Entweder bleibt das Buch materieller Träger des Lesens, oder es wird etwas geben, das dem gleicht, was das Buch seit jeher war, schon vor der Erfindung des Buchdrucks. Die Entwicklungen rund um den Gegenstand Buch haben seit über fünfhundert Jahren weder an seiner Funktion noch an den Arten seiner Verwendung etwas Grundlegendes verändern können. Das Buch ist wie der Löffel, der Hammer, das Rad oder die Schere: Sind diese Dinge erst einmal erfunden, lässt sich Besseres nicht mehr machen. An einem Löffel gibt es nichts zu verbessern.

Designer bemühen sich, zum Beispiel den Korkenzieher zu optimieren, mit recht bescheidenem Erfolg, und im Übrigen funktionieren die meisten dieser Dinger nicht. Philippe Starck hat bei der Zitronenpresse etwas Neues versucht, aber weil er die Reinheit der ästhetischen Form wahren wollte, hat sein Gerät keine Vorrichtung, um die Kerne zurückzuhalten. Das Buch hat sich vielfach bewährt, und es ist nicht abzusehen, wie man zum selben Zweck etwas Besseres schaffen könnte als eben das Buch. Vielleicht wird es sich in seinen Komponenten weiterentwickeln, vielleicht werden seine Seiten nicht mehr aus Papier sein. Aber es wird bleiben, was es ist.

Natürlich ist es für einen Staatsanwalt leichter, die 25.000 Schriftstücke eines laufenden Prozesses in einem E-Book gespeichert mit nach Hause zu nehmen. In vielen Bereichen wird das elektronische Buch für den Nutzer außerordentliche Vorteile mit sich bringen. Ich frage mich allerdings nach wie vor, ob es selbst bei einer allen Leseranforderungen optimal angepassten Technologie wirklich sinnvoll ist, „Krieg und Frieden“ auf einem E-Book zu lesen. Man wird ja sehen. Auf jeden Fall werden wir Tolstoi und all die anderen auf Papier gedruckten Bücher bald nicht mehr lesen können, ganz einfach weil sie in unseren Bibliotheken bereits begonnen haben, sich zu zersetzen.

Die Bücher von Gallimard oder Vrin aus den fünfziger Jahren sind bereits weitgehend zerfallen. Etienne Gilsons „Philosophie au Moyen Age“, die mir zu der Zeit, als ich meine Dissertation vorbereitete, so nützlich war, kann ich heute gar nicht mehr in die Hand nehmen. Die Seiten zerfallen buchstäblich. Ich könnte natürlich eine neuere Ausgabe kaufen, aber ich hänge nun einmal an der alten mit all ihren Randnotizen in verschiedenen Farben, die die Geschichte meiner verschiedenen Lektüren widerspiegeln.

Umberto Eco, in: Rheinische Post vom 05.10.2010, www.rp-online.de/kultur/mehr_kultur/Das-Buch-hat-Zukunft_aid_914738.html, Stand: 20.06.2011

Umberto Eco (1932–2016)

In Alessandria (Italien) geborener Schriftsteller, Philosoph und Semiotiker. Eco wurde durch seinen Roman „Der Name der Rose“ weltberühmt.

Das Netz im Netz

Von Marcel Rosenbach

Bislang war der Aufstieg von Facebook eine fulminante Erfolgsgeschichte. Eine Rebellion der Nutzer zwingt die Kalifornier nun zu Zugeständnissen. Doch das Grundproblem bleibt: Der Schutz der Privatsphäre passt schlecht zum Geschäftsmodell. […]

Keine Frage, Facebook kann faszinieren, es kann sogar süchtig machen. Doch die Zeiten der ungetrübten Begeisterung sind vorbei, spätestens seit Dezember vergangenen Jahres braut sich etwas zusammen. Immer mehr Nutzer haben den Eindruck, Facebook zeige zunehmend ein neues, ein böses Gesicht: nicht mehr das einer bunten fröhlichen Internetgemeinde, sondern eher das einer Art Datendiktatur.

Am Beispiel von Facebook stellt sich seither eine drängende Grundfrage des digitalen Datenschutzes im 21. Jahrhundert: Es geht darum, wer darüber entscheidet, was mit persönlichen Informationen geschieht. Und wer welche Teile davon einsehen, nutzen und sogar an Dritte weitergeben darf.

Die Facebook-Nutzer selbst, die ihre Informationen freiwillig preisgeben, um den vermeintlich kostenlosen Service nutzen zu können? Oder ein Privatunternehmen mit einem 26-Jährigen an der Spitze?

Ende Dezember gab Facebook darauf eine eigene Antwort. Ohne große Vorwarnung entschieden Zuckerberg und Co., Profilbild, Name und Geschlecht künftig automatisch öffentlich und damit zum Allgemeingut zu machen – bis dato konnte man Informationen wie diese Freunden vorbehalten.

Zuckerbergs erste Antwort auf den anschwellenden Proteststurm glich einer Verlautbarung aus dem Politbüro. Die Zeit der Privatheit sei vorbei, sagte er noch im Januar. Nicht Facebook müsse sich ändern, die Gesellschaft ändere sich. Mehr Offenheit auch in privaten Dingen sei heute die „soziale Norm“.

Seither hagelt es Austrittsdrohungen, es setzt eine Flucht per Löschtaste ein – obwohl das Unternehmen seinen Nutzern diese bislang nach Kräften erschwert. Der Schritt fällt ohnehin nicht leicht: Anders als bei einer Suchmaschine hüpft man nicht einfach einen Anbieter weiter, man hinterlässt immerhin eine digitale Existenz, eine Datenspur, eine Historie. Dennoch haben zwei kanadische Kritiker diesen Montag zum „Verlasst-Facebook-Tag“ ausgerufen, rund 23.000 Besucher haben bislang angekündigt, ihnen zu folgen.

Auch ohne den Massenexodus wird der Mai 2010 wohl als der düsterste Monat der sechsjährigen Unternehmensgeschichte in die Facebook-Annalen eingehen. Selbst Zuckerberg scheint bemerkt zu haben, dass er mit seiner ihm eigenen Idee von Privatsphäre womöglich viele seiner mehr als 534.000 persönlichen Facebook-Fans überfordert hat.

In der vergangenen Woche lenkte er ein, ein wenig zumindest. Die bislang absurd komplizierten Privatsphäre-Einstellungen würden künftig radikal vereinfacht, kündigte Zuckerberg an.

Anfang Mai war herausgekommen, dass Nutzer wegen einer Sicherheitslücke die privaten Chats anderer Mitglieder verfolgen konnten. Wenige Tage später deckte das „Wall Street Journal“ auf, dass Facebook und andere Dienste an ihre Anzeigenkunden Informationen weitergegeben haben, die es Werbetreibenden möglich machen, den Namen des Nutzers und weitere persönliche Informationen herauszufinden.

Entsprechend verhalten fielen die internationalen Reaktionen auf Zuckerbergs Zugeständnisse aus. Fast unisono sprachen Facebook-Kritiker wie der US-Senator Charles Schumer und die deutsche Verbraucherschutzministerin Ilse Aigner von einem „ersten Schritt“. Das Vorstandsmitglied der Grünen, Malte Spitz, der mit einer überparteilichen Facebook-Seite für mehr Datenschutz seit April über 74.000 Mitzeichner gewonnen hat, kritisiert die rein „kosmetischen Änderungen“.

Alles andere wäre allerdings auch eine Überraschung gewesen, denn es gibt keine Anzeichen dafür, dass Zuckerberg vorhat, von seinem Masterplan abzurücken. In einem kurzen Beitrag für die „Washington Post“ schrieb er am vergangenen Montag gleich dreimal, dass es ihm und Facebook darum gehe, „die Welt offener und vernetzter zu machen“. [...]

Was Zuckerberg und seine Kollegen darunter verstehen, das hatte er erst Ende April in San Francisco erklärt. Dort gab der junge Regent des größten sozialen Netzwerks der Welt bekannt, dass Facebook künftig seine Grenzen sprengen und sich bei anderen Internetanbietern breitmachen werde – mit deren Einverständnis, versteht sich.

Es geht um den „Gefällt mir“-Knopf und weitere „soziale Anwendungen“, die seither schon mehr als 100.000 Anbieter weltweit auf ihren eigenen Seiten installiert haben. Die Idee: Wenn Facebook-Nutzern bei einem Jeans-Hersteller ein Modell gefällt, wird das zurück in ihren Facebook-Datenstrom gemeldet. Wenn ihre „Freunde“ später der Seite einen Besuch abstatten, können sie in einem eigens eingerichteten „Facebook-Freunde-Laden“ sehen, welches Jeans-Modell ihre Kontakte gut fanden. Sogar die nächsten Geburtstage der eigenen Freunde werden eingeblendet.

Die Mitglieder können diese Funktionen ausschalten. Auf die Forderung von Kritikern, das „off“ zur generellen Standardeinstellung zu machen, ging Facebook wieder nicht ein.

Mit drei ausgewählten US-Unternehmen geht Facebook sogar noch weiter, es ist ein Vorgeschmack auf das, was dem Unternehmen wirklich vorschwebt: die „sofortige Personalisierung“. „Vertrauenswürdige Partner“ wie der Musikdienst Pandora bekommen von Facebook individuelle Profil-Informationen und können so schon ihre Startseite auf den jeweiligen Besucher maßschneidern, ohne dass der jemals vorher dort vorbeigeschaut hätte. Er wird dann nicht nur mit Namen begrüßt, sondern auch Musik von den Gruppen hören, bei denen er auf Facebook den „Like“-Knopf gedrückt hat.

„Ich glaube, Facebook hat gerade die Kontrolle über das Internet übernommen“, schrieb der renommierte Fachblog Techcrunch nach Zuckerbergs Vortrag.

Bislang gilt für das Web, zumindest für jeden, der einen Anonymisierungsdienst bedienen kann, die Aussage des legendären Cartoons, in dem ein Hund vor dem Bildschirm sagt: „Im Internet weiß niemand, dass du ein Hund bist.“

Die Facebook-Netzwelt aber ist nicht anonym, sie lebt davon, dass die Mitglieder nicht mit Phantasienamen unterwegs sind, sondern mit ihren realen Identitäten. Wenn alle „Püppchen1978“ hießen, würde kaum einer die Schulfreunde von einst, den Konferenz-Kontakt von neulich oder den Flirt vom Vorabend wiederfinden.

Hinter Zuckerbergs Vision einer „offeneren Welt“ steckt ökonomisches Kalkül. Zwar ist seine Strategie aufgegangen, so schnell und stark wie möglich zu wachsen. Doch die Einnahmen blieben vergleichsweise bescheiden.

Während bei Google die maßgeschneiderten, zu Suchanfragen passenden Anzeigen (AdWords) den ökonomischen Durchbruch brachten, setzt Facebook vor allem auf seine „Gefällt mir“-Empfehlungen. Wer also den „Like“-Knopf für eine Veranstaltung in London drückt, kann davon ausgehen, bald passende Hotelangebote zu bekommen.

Der „Freunde-Shop“ geht jetzt noch einen Schritt weiter: Die eigenen Kontakte werden zu Werbeträgern – ein bestechendes Konzept. Denn was könnte überzeugender sein, als die Kaufempfehlung oder der Hoteltipp von einem Facebook-Kumpel?

Schon deshalb sind alle Besserungsbeteuerungen von Facebook mit Vorsicht zu genießen – und die Frage nach der Zukunft der informationellen Selbstbestimmung wird noch drängender. Denn die Wahrheit ist schlicht: Allzu viel Privatsphäre ist nicht kompatibel mit Facebooks Geschäftsmodell. Anders gesagt: Datenschutz stört nur dabei, den eigenen Datenschatz möglichst gewinnbringend zu vermarkten.

Die Macher in Palo Alto wissen aber auch, wie vergänglich Marktmacht im Internet sein kann. Der Bedeutungsverlust des sozialen Netzwerks MySpace ist für Zuckerberg ein Menetekel. Schon bastelt eine Gruppe von Nerds an einer werbefreien, dezentralen Facebook-Alternative mit effektivem Datenschutz. Sie haben ihr Projekt „Diaspora“ genannt. Auf Facebook haben sich bereits die ersten Gruppen gebildet, die gemeinsam dorthin „emigrieren“ wollen.

Worterklärungen:
Menetekel = unheildrohendes Zeichen
Diaspora = Gebiet, in dem die Anhänger einer Konfession in der Minderheit sind; religiöse od. nationale Minderheit

Aus: Der Spiegel, 31.05.2010, http://www.spiegel.de/spiegel/print/d-70701757.html

10 ***Im Abschnitt 1.2 dieses Kapitels, S. 125 haben Sie die Strategie des Leseverstehens (5-Schritte-Lesemethode) kennengelernt.***

***a** Fassen Sie den Text „Das Netz im Netz“ nun im Sinne des fünften Schritts der 5-Schritte-Lesemethode stichwortartig zusammen, um dessen Inhalt in einem kurzen Vortrag zu präsentieren.*

***b** Überlegen Sie sich, welche Vor- und Nachteile soziale Netzwerke wie beispielsweise Facebook mit sich bringen können. Sammeln Sie die Vor- und Nachteile in einer Tabelle.*

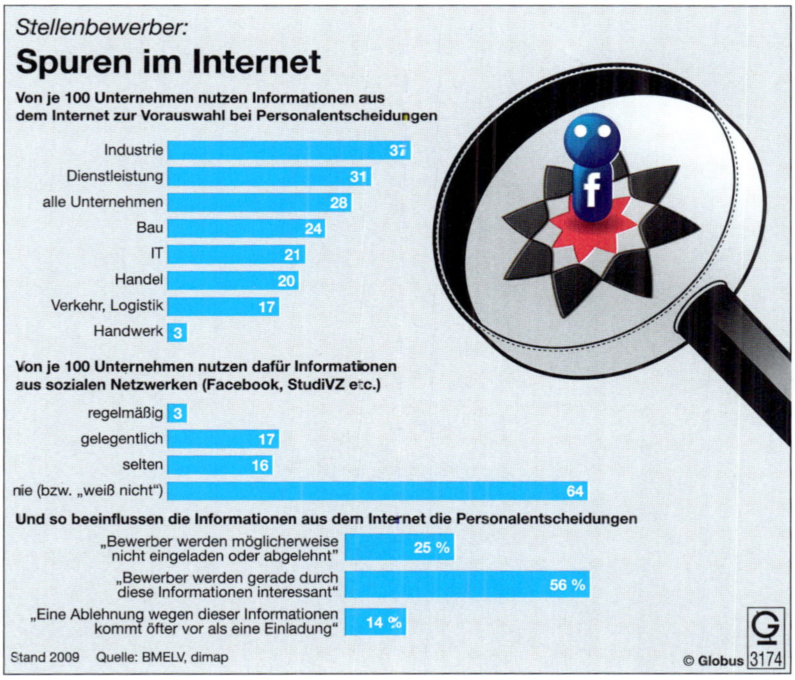

11 ***Beschreiben Sie Inhalt und Form des Schaubilds.***

12 ***Erstellen Sie eine Liste mit drei Tipps zur Nutzung von sozialen Netzwerken wie Facebook.***

Textsammlung

Literatur und Bücher haben eine wichtige Funktion in unserem Leben. Sie unterhalten nicht nur, sondern sie geben Anreize, regen zum Denken an und eröffnen neue Perspektiven für das weitere Leben und den Beruf.

Auch im Friseursalon wird viel gelesen. Fast alle Kunden lesen während des Schneidens. Das Gelesene bietet häufig Anknüpfungspunkte für ein Gespräch.

Auch in der Schule dienen Texte als Gesprächsanlass. In der Auseinandersetzung mit Texten lassen sich neue, ungewohnte Blicke auf scheinbare Selbstverständlichkeiten gewinnen.

Kompetenzen

In diesem Kapitel finden Sie literarische Texte, in denen das Thema Haar die Haupt- oder zumindest die Nebenrolle spielt. Die Texte sollen Spaß machen, die Fantasie und das Denken anregen oder einfach nur der Übung (z. B. von Inhaltsangaben) dienen.

1 Im Salon

1.1 Gefangen von Scherengeklapper, Geschwätz und Seifenschaum

In dem Roman „Momo" von Michael Ende besitzt der Friseur Fusi einen kleinen Laden, von dem er leben kann, aber nicht reich wird.

Michael Ende: Momo

Eines Tages stand Herr Fusi in der Tür seines Ladens und wartete auf Kundschaft. Der Lehrjunge hatte frei, und Herr Fusi war allein. Er sah zu, wie der Regen auf die Straße platschte, es war ein grauer Tag, und auch in Herrn Fusis Seele war trübes Wetter.

„Mein Leben geht so dahin", dachte er, „mit Scherengeklapper und Geschwätz und Seifenschaum. Was habe ich eigentlich von meinem Dasein? Und wenn ich einmal tot bin, wird es sein, als hätte es mich nie gegeben."

Es war nun durchaus nicht so, daß Herr Fusi etwas gegen ein Schwätzchen hatte. Er liebte es sogar sehr, den Kunden weitläufig seine Ansichten auseinanderzusetzen und von ihnen zu hören, was sie darüber dachten. Auch gegen Scherengeklapper und Seifenschaum hatte er nichts. Seine Arbeit bereitete ihm ausgesprochenes Vergnügen, und er wußte, daß er sie gut machte. Besonders beim Rasieren unter dem Kinn gegen den Strich war ihm so leicht keiner über. Aber es gibt eben manchmal Augenblicke, in denen das alles kein Gewicht hat. Das geht jedem so.

„Mein ganzes Leben ist verfehlt", dachte Herr Fusi. „Wer bin ich schon? Ein kleiner Friseur, das ist nun aus mir geworden. Wenn ich das richtige Leben führen könnte, dann wäre ich ein ganz anderer Mensch!" Wie dieses richtige Leben allerdings beschaffen sein sollte, war Herrn Fusi nicht klar. Er stellte sich nur irgend etwas Bedeutendes vor, etwas Luxuriöses, etwas, wie man es immer in den Illustrierten sah.

„Aber", dachte er mißmutig, „für so etwas läßt mir meine Arbeit keine Zeit. Denn für das richtige Leben muß man Zeit haben. Man muß frei sein. Ich aber bleibe mein Leben lang ein Gefangener von Scherengeklapper, Geschwätz und Seifenschaum."

Aus: Michael Ende: Momo oder die seltsame Geschichte von den Zeit-Dieben und von dem Kind, das den Menschen die gestohlene Zeit zurückbrachte. Ein Märchen-Roman. Stuttgart, Thienemann 1973, S. 58–59

1 Sammeln Sie sämtliche Aussagen Fusis über sich und seine Situation.

2 Spielen Sie ein Gespräch zwischen Herrn Fusi und seinem besten Freund (Rollenspiel) nach. Der Freund geht dabei ausführlich auf Fusis Wünsche und Befürchtungen ein.

In dieser Situation wird Herr Fusi von einem grauen Herrn besucht, einem sogenannten Agenten. Dieser erklärt dem Friseur, dass er sein Leben vergeude und er es nur zu etwas bringe, wenn er mehr Zeit hätte. Um diese zu erhalten, schlägt er ihm Folgendes vor:

Michael Ende: Momo

„Aber, mein Bester“, antwortete der Agent und zog die Augenbrauen hoch, „Sie werden doch wissen, wie man Zeit spart! Sie müssen zum Beispiel einfach schneller arbeiten und alles Überflüssige weglassen. Statt einer halben Stunde widmen Sie sich einem Kunden nur noch eine Viertelsunde. Sie vermeiden zeitraubende Unterhaltungen. Sie verkürzen die Stunde bei ihrer alten Mutter auf eine halbe. Am besten geben Sie sie überhaupt in ein gutes, billiges Altersheim, wo für sie gesorgt wird, dann haben Sie bereits eine ganze Stunde täglich gewonnen. Schaffen Sie den unnützen Wellensittich ab!

[...]

Und vor allem, vertun Sie Ihre kostbare Zeit nicht mehr so oft mit Singen, Lesen oder gar mit Ihren sogenannten Freunden. Ich empfehle Ihnen übrigens ganz nebenbei, eine große, gutgehende Uhr in Ihren Laden zu hängen, damit Sie die Arbeit Ihres Lehrjungen genau kontrollieren können.“

Aus: Michael Ende, Momo oder die seltsame Geschichte von den Zeit-Dieben und von dem Kind, das den Menschen die gestohlene Zeit zurückbrachte. Ein Märchen-Roman, Stuttgart, Thienemann 1973, S. 67

3 Welche Vorschläge macht der Agent?

4 Wie beurteilen Sie diese Vorschläge?

Das Treffen mit dem Agenten zeigt folgende Wirkung:

Michael Ende: Momo

Der Vorsatz, von nun an Zeit zu sparen, um irgendwann in der Zukunft ein anderes Leben beginnen zu können, saß in seiner Seele fest wie ein Stachel mit Widerhaken.

Und dann kam der erste Kunde an diesem Tag. Herr Fusi bediente ihn mürrisch, er ließ alles Überflüssige weg, schwieg und war tatsächlich statt in einer halben Stunde schon nach zwanzig Minuten fertig.

Und genauso hielt er es von nun an bei jedem Kunden. Seine Arbeit machte ihm auf diese Weise überhaupt keinen Spaß mehr, aber das war ja nun auch nicht mehr wichtig. Er stellte zusätzlich zu seinem Lehrjungen noch zwei weitere Gehilfen ein und gab scharf darauf acht, daß sie keine Sekunde verloren. Jeder Handgriff war nach einem genauen Zeitplan festgelegt. In Herrn Fusis Laden hing nun ein Schild mit der Aufschrift: Gesparte Zeit ist Doppelte Zeit!

[...]

Seinen Wellensittich verkaufte er einer Tierhandlung. Seine Mutter steckte er in ein gutes, aber billiges Altersheim und besuchte sie dort einmal im Monat. Und auch sonst befolgte er alle Ratschläge des grauen Herrn, die er ja nun für seine eigenen Beschlüsse hielt.

Er wurde immer nervöser und ruheloser, denn eines war seltsam: Von all der Zeit, die er einsparte, blieb ihm tatsächlich niemals etwas übrig. Sie verschwand einfach auf rätselhafte Weise und war nicht mehr da. Seine Tage wurden erst unmerklich, dann aber deutlich spürbar kürzer. Ehe er sich's versah, war schon wieder eine Woche, ein Monat, ein Jahr herum und noch ein Jahr und noch eines.

Da er sich ja an den Besuch des grauen Herrn nicht mehr erinnerte, hätte er sich wohl eigentlich ernstlich fragen müssen, wo all seine Zeit denn blieb.

[...]

Es war etwas wie eine blinde Besessenheit über ihn gekommen. Und wenn er manchmal mit Schrecken gewahr wurde, wie schnell und immer schneller seine Tage dahinrasten, dann sparte er nur um so verbissener.

Aus: Michael Ende, Momo, Stuttgart, Thienemann 1973, S. 69–70

Michael Ende (1929–1995)

Geboren in Garmisch, wurde vor allem durch seine Kinder- und Jugendbücher bekannt, die auch bei Erwachsenen großen Anklang fanden, z. B. „Jim Knopf", „Die unendliche Geschichte" oder „Das Traumfresserchen".

5 Welche Folgen ergeben sich aus dem Zeitsparen?

6 Welche alternativen Vorschläge hätten Sie für Herrn Fusi?

1.2 Gespräche im Salon

Kurt Tucholsky (1890–1935)

Geboren in Berlin, war einer der bedeutendsten Journalisten und Schriftsteller der Weimarer Republik, der für seine oft gewitzten, politisch engagierten und gesellschaftskritischen Texte bekannt wurde. Nach der Machtübernahme der Nationalsozialisten wurde er ausgebürgert. Im schwedischen Exil beging er schwer krank Selbstmord.

Mit der Figur des Herrn Wendriner hat Kurt Tucholsky eine typische Berliner Figur der Goldenen Zwanzigerjahre geschaffen. Herr Wendriner unterhält sich in diesem Text von 1925 in einem Friseursalon mit verschiedenen Gesprächspartnern. Der Leser nimmt das Gespräch in Form eines Monologs von Herrn Wendriner wahr.

Kurt Tucholsky: Herr Wendriner lässt sich die Haare schneiden

„Entschuldigen Sie mal – ich war zuerst dran! Allerdings warte ich länger wie Sie, Herr! Allerdings T-! Haare schneiden, hinten recht kurz wie gewöhnlich, was? Und nicht soviel Pomade wie voriges Mal. Sie haben mir das ganze Hutleder verdorben! Warten Sie mal – ich will mir erst'n Krahm abbinden ... So. Ja. Na, was Sie haben – Illustrierte oder irgend ne Zeitung – is egal. Ja – „Lokalanzeiger". Gehn Se her. Nee – hab ich nicht gelesen. Ach, das? Olle Kamellen, stand ja heute schon in der „B.Z." Nö – find ich gar nicht – mir können die Franzosen nicht imponieren. Falsche Bande. Paris ist nicht zu trauen. Ihre Maschine ziept. Meines Erachtens nach ist der Handelsvertrag gar nicht nötig mit den Leuten – immer rankommen lassen! Die Leute wern schon kommen, wenn sie uns brauchen. Autsch! Schlechtes Bild von Eckener[1]. So sieht er gahnich aus. Nee – ich habn nich gesehn. Kolossale Leistung von dem Mann – darauf können wir direkt stolz sein. Hier vorn auch noch'n bißchen, was? Der Mann hat was geleistet für das ganze deutsche Volk. Sehn Se sich vor da hinten, da hab ich immer meine Forunkeln. Nee, den Eckener macht uns kein Mensch nach. Passen sie auf, der wird noch mal nach dem Nordpol fliegen. Kolossaler Rekord. Gestatten Sie die „Lustigen", Herr? Danke sehr. Bitte sehr. Danke sehr. Ach – die Nummer kenn ich. Na, dann wer ich man'n „Lokalanzeiger" weiterlesen. Die „Lustigen" sind frei – ja. Das neue Rußland. Denkmalsenthüllung des Arbeiterdenkmals ... Faule Bande. Die Leute sind heute an der Macht – jetzt genießen die eben. Natürlich sollte man ein Bündnis mit Rußland schließen – sehn Se mal: wenn England gegen Rußland wegen Indien geht, dann muss Deutschland Rußland helfen. Dann kriegt Frankreich die Plätze. Das ist mal klar. Na und hinterher - da wern wer die Brüder schon einseifen. n' Abend. Herr Welsch! Na, Sie auch hier? Ja, Sie müssen noch warten – hier? Ja, Sie müssen noch warten – hier ist

[1] *Hugo Eckener: überquerte in einem Luftschiff als einer der ersten Menschen den Atlantik*

Hochbetrieb. Wozu zwei Handtücher? Ihr habts ja! Ach so, fürn Hals! Na, Herr Welsch, wie gehts denn? Danke, es geht. Was macht Ihre Frau Mutter? Noch immer krank? Gott, ne alte Frau ... Wir hatten mal ne Großtante bei uns, die lebte bei uns, bis sie starb, die sagte immer, wenn mal Krach war: „Wer weiß, wie lange ihr mich noch habt –!“ Na, wir hatten sie ziemlich lange ... Ich sage eben zu Lauch: Wir müßten 'n Bündnis mit Rußland schließen. Meinen Sie nicht auch? Nicht wahr? Selbstverständlich Ausgeschlossen. Na, ohne alle Frahre. Wieder Lohnerhöhung? Die Leute sind ja verrückt. Ham Sie ganz recht: man hat leider viel zu wenig an die Wand gestellt. Ich bin gewiß für sozial, ich meine, die Leute müssen ihren Lohn haben, aber sie können uns doch nicht erwürgen. Die Leute richten ja den gesamten Mittelstand zugrunde. Natürlich, die Industrie doch auch! Woher soll denn das alles kommen? Sie, daß mir das nicht auf die Stiebel trippt, Ihre Teerseife! Und nach dem Schampuhn mit was Scharfem. Buff ... Aaah – das tut wohl. Sehn Se mal, hübsches Mädchen, was? Schade, daß das Bild da schon aufhört. Hähähä ... Sie! aber ordentlich nachtrocknen, man holt sich ja den Tod mit dem nassen Kopf. Was? Wie? Direkt vor Ihre Haus? Ein ganzer Trupp Reichsbanner[1]? Nee – ich habe meinem nicht erlaubt, daß er dabei ist! Hat er nötig, sich auf der Straße rumzuschlagen! Bloß keine Extreme! Überhaupt: Politik gehört nicht auf die Straße. Sehr richtig – und die Jugend nicht in die Politik. Haben wir in unserer Jugend Politik getrieben? Und wir sind auch was Anständiges geworden. Sehr richtig. Was meinen Sie, was die Reklame hier kostet – eine ganze Seite! Mindestens achthundert Mark! Na, natürlich. Die Leute müssen verdienen ... So – jetzt ham Sie mir glücklich die Kappe verrutscht ... nein! noch nicht die Kappe! – ich hab Ihnen doch gesagt, mit was Scharfem! Nicht Ihr Zeug, das stinkt so. Nehm Sie doch von meinem Haarwasser ... schon wieder alle? Herrschaften, ich glaube, ihr trinkt das aus! Kucken Sie mal. Welsch, die Negri[2] ist wieder nach Amerika gefahren. Sehr pikante Person. Nee, leider nicht. kleiner Schäker. Ja, hab ich auch gesehn. Bei Reinhardt[3]. Wunderbare Aufführung. Wissen Sie, die Aufführungen bei Reinhardt sind immer wunderbar. Erstklassige Besetzung hat der Mann. Sicher 'n Geschäft. Haben Sie das auch gelesen? Ich bin dagegen. Wieso? Würden Sie sich mit der Politk das Geschäft verderben lassen? Na also. Politik gehört nichts in Geschäft. Nein, auf 'n Rennplatz auch nicht. Ich wer Ihnen sagen, wo sie hingehört: Da wo sie hingehört, gehört sie hin! Früher hat sich kein Mensch um den ganzen Klimbim gekümmert, und es ist auch gegangen. Ich geh heut abend noch aus ... Wo ist denn mein Schlips? Wo ist denn mein Schlips? Sie – wenn Sie mir den in Ihre Seifensuppe ... nein ach, da ist er ja. Na, dann lassen Sie sich man schön machen. Hier, das ist für Sie. Nichts zu danken.

Erhöhung der Eisenpreise? Nee, hab ich noch nicht gehört. Sie, lesen Sie mal da hinten, hier, nein, da, Herrgott, sind Sie ungeschickt! Hier! Lesen Sie mal den Artikel mit der Amerikanerin, die drei Männer auf einmal gehabt hat ... Sehr interessant. Vorhin habe ich eine junge Person gesehen, die hatte den Rock bis dahin hochgeschlagen gehabt; beim Sitzen, wenn ein Windstoß kam, sah man die ganze ... Herrgott! Dreiviertelsieben! Ich erzähl Ihnen ein andermal weiter! Ich hab heute abend noch was vor. Auf Wiedersehn, Herr Welsch! 'n Abend! 'n Abend! Das ist ne Tür, Herr! Die ist zum Rausgehn! 'n Abend! 'n Abend!

Aus: Kurt Tucholsky: Gesammelte Werke, Bd. 2, Reinbeck: Rowohlt 2005, S. 223–225

7 Lesen Sie Herrn Wendriners Monolog und gliedern Sie ihn nach Gesprächspartnern.

8 Entwerfen Sie selbst ein möglichst „echtes“ Gespräch in einem Salon, das in der heutigen Zeit stattfindet.

---

[1] *Reichsbanner: überparteilicher Kampfverband während der Weimarer Republik*
[2] *Pola Negri: polnische Schauspielerin, Star zur Zeit des Stummfilms*
[3] *Max Reinhardt: Regisseur und Intendant in Berlin*

1.3 Haarsträubender Kunde

Robert Walser (1878–1956)

Geboren in Biel (Schweiz), gilt als einer der rätselhaftesten Schriftsteller der Schweiz. Zeit seines Lebens blieb er erfolglos. Viele seiner Werke wurden erst nach seinem Tod veröffentlicht. Seine Miniaturschrift wurde fälschlicherweise lange für eine Geheimschrift gehalten. Nur unter größten Schwierigkeiten gelang die Entzifferung (die mit Bleistift geschriebenen Buchstaben waren kleiner als einen Millimeter) und dauerte fast 20 Jahre. Inzwischen gilt er als einer der wichtigsten Schriftsteller des 20. Jahrhunderts. Gegen seinen Willen kam er 1929 in die Psychiatrie. Dort lebte er anonym und vergessen bis zu seinem Lebensende. Er starb an Weihnachten 1956 bei einem Spaziergang im Schnee.

Robert Walser: Haarschneiden

Mit einem leichten Lächeln auf den Lippen, dafür aber schwerer Masse von Haar auf dem Kopf, ging ich heute früh zum Friseur, um den dichten Wald, der mich nachgerade belästigte, entfernen zu lassen. Mein Anblick war für jeden Friseur einfach haarsträubend: ich war von dieser Tatsache durchdrungen, und weil ich von dieser bedenklichen Tatsache vollkommen durchdrungen war, so öffnete ich mit einer gewissen Schüchternheit, welche stets ein schlechtes Gewissen begleitet, die Türe des Kunst- oder Haarsalons. Ein Mensch nahm mich in Empfang, dem ich bis heute noch nicht das geringste Böse zugefügt hatte. Jetzt aber, mit der schreckenerregenden Menge von Haar auf dem Kopf, die ich sehen ließ, und von welcher ich einmal ordentlich befreit zu sein wünschte, fügte ich ihm Böses zu. Eine prächtige Fülle von Arbeit stand dem Menschen bevor, der mir noch nie irgend etwas Böses zugefügt hatte, und dem auch ich daher nichts Böses zufügen sollte, dem ich aber nichtsdestoweniger jetzt etwas Leides und Böses antat und zufügte, indem ich ihm mit äußerst sanfter und gutmütiger Stimme sagte, daß ich mir gefällig den hohen und massiven Turm von Haar, den ich auf dem Kopf trug, fortschneiden und wegscheren lassen möche. Der Heuhaufen, den ich präsentiere, war beängstigend, ich wußte das und daher lächelte ich ja auch, wie ich mir bereits zu sagen erlaubt hatte, ziemlich spitzbübisch und spöttisch, wenn nicht sogar ein wenig boshaft. Dichter, Musiker und Maler sind hierin manchmal unverantwortlich. Auch das weiß ich wohl, und zwar nur zu genau. „Sind Sie wirklich fest entschlossen und haben die unerschütterliche Absicht, sich das Haar schneiden zu lassen?“ fragte mich mit einem Blick voll Entsetzen, der Mensch, der mir noch nie irgend etwas Böses zugefügt hatte und dem daher auch ich, wie bereits gesagt, nichts Böses zufügen wollte. Es war der Lehrling. Er klapperte vor Angst und Bestürzung mit den Zähnen, derart, daß ich ein Maschinengewehr knatern zu hören glaubte. Der Mensch, der mir nie ein Leid getan hatte, dem dagegen ich ein Leid antat, tat mir leid, und weil er mir leid tat, sagte ich: „Ja, ich bin fest entschlossen, und ich bin keinesfalls zu bewegen, auch nur haarbeit vom gefaßten felsenfesten Vorsatz abzuweichen.“ Er zitterte und seufzte tief auf. Wild fuchtelte er mit der Schere herum. Ich legte recht wenig Wert mehr auf meine Ohrläppchen. Die Augen kamen mir bereits so gut wie ausgestochen vor, aber ich blieb ruhig. Auf ein Stück Nase oder Ohr fing ich im Geiste schon an gutmütig zu verzichten. Wie ein Rasender, wie ein Verzweifelter, wie ein Besessener arbeitete der Wildempörte. Ich sah nie ein solches Ringen. Angst und zugleich Zorn durchstürmten ihn. Er bebte und fragte: „Machen Sie sich wirklich gar keinen Vorwurf? Ist keine Stimme in ihnen, die Ihnen sagt, daß Sie mich martern? Ist Ihr Gewissen tatsächlich vollkommen ruhig, und legen Sie sich keinerlei bange Frage vor? Beharren Sie wirklich nach wie vor auf dem hartherzigen und steinharten Entschluß, sich das Haar schneiden zu lassen? Fällt Ihnen nicht auf, daß Sie unbarmherzig sind? Regt sich denn in Ihrer Seele kein Mitleid mit mir? Sind Sie wirklich meilenweit entfernt von jedem feineren Bedenken? Läßt die Tatsache, daß ich mich wegen Ihnen und der unerhörten Menge von Haar auf Ihrem Kopf aufreibe, Sie gänzlich gleichgültig? Fühlen Sie sich durch den naheliegenden Gedanken, der Ihnen sagen muß, daß ich nahe daran bin, vor Überanstrengung den Atem und vielleicht damit das junge blühende Leben zu verlieren, in keiner Hinsicht beunruhigt? Können Sie noch lächeln?“

Ich blieb ruhig und schwieg. Jeder andere, ich weiß es bestimmt, wäre unruhig, ungeduldig und unwirsch geworden. Ich aber blieb geduldig, ließ mir alles mögliche keck ins Gesicht sagen und erwiderte kein Wort. Ich ließ mir den Kopf hin- und herwerfen und sagte kein Wort. Sanft und willig ließ ich mir vom Lehrling Püffe geben, ohne zu murren. Ich mußte nur immer über die Fülle von Haar auf dem Kopf und über die Menge von Arbeit lächeln, mit denen ein Mensch kämpfte, der mir nie etwas Böses getan hätte, und daher sagte ich kein Wort und verhielt mich hübsch still. Der Lehrling vermochte die Arbeit nicht zu bewältigen. Er kam zu keinem Ergebnis. Kein Fortschritt machte sich fühlbar. Nicht der geringste Erfolg wurde erzielt. Endlich kam der Gehilfe. Derselbe befreite mich vom Lehrling und den Lehrling von mir. Mit seinen geschulten Händen machte er der Arbeit rasch ein Ende.

Aus: Robert Walser: Das Gesamtwerk, Bd. 8, Frankfurt/Main, Suhrkamp 1978, S. 344–346

9 ***Verfassen Sie eine Inhaltsangabe zu Robert Walsers Erzählung (vgl. Kapitel 4.3, S. 128).***

10 ***Beschreiben Sie das Verhalten des Ich-Erzählers.***

11 ***Wie beurteilen Sie dieses Verhalten?***

12 ***Kennen Sie aus eigener Erfahrung/Anschauung Alltagssituationen, die kaum bewältigbar erscheinen?***

1.4 Endzeit – Damen bei der Schönheitspflege

Im Theaterstück „Porträt eines Planeten" entwickelt der Schweizer Schriftsteller Friedrich Dürrenmatt ein bedrohliches Szenario. Die Erde droht in Kürze durch die Explosion der Sonne (eine bevorstehende Supernova) vernichtet zu werden. In dieser Situation porträtiert er das Leben der Menschen auf der Erde, wo Krieg herrscht.

Auch im folgenden Textausschnitt wird ein Blick auf diese Erde geworfen; in einem Friseursalon geht das Leben scheinbar normal weiter:

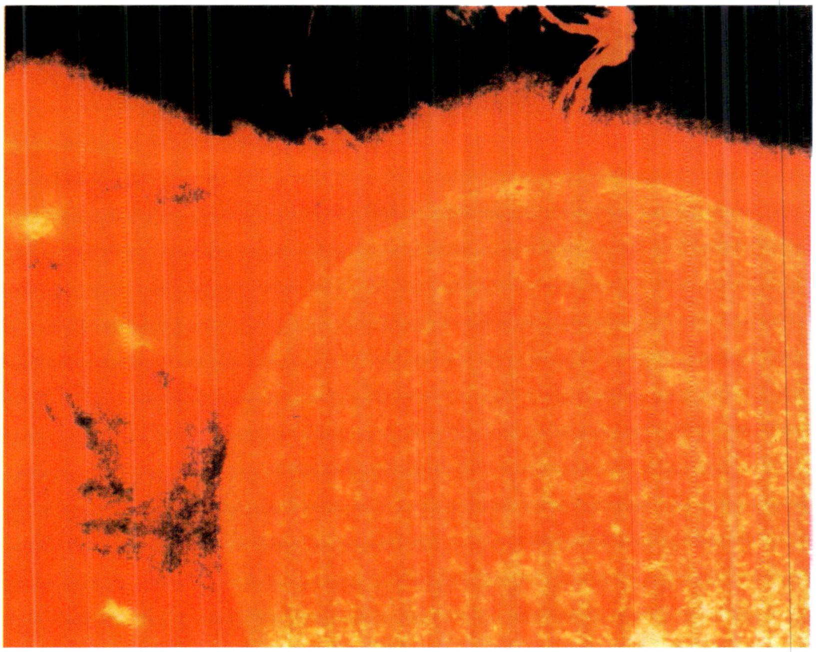

Fiedrich Dürrenmatt: Porträt eines Planeten

Von links hinten kommen die vier Frauen mit Trockenhauben auf dem Kopf, in den Händen Modejournale. Naema weint unter der Trockenhaube.

EVA Nicht weinen
ZILLA Wann ist er gefallen?
NAEMA Letzten Freitag.
ZILLA Meiner vor drei Wochen.
EVA Meiner vor einem Jahr.
ADA Meiner vor zwei Jahren.
EVA Schon?
Naema schluchzt.
Die drei anderen blättern in den Modejournalen.

ADA Wann fliegen sie den Sarg herüber?
NAEMA Er bleibt dort.
ADA Glückspils. Dann wirst du hinübergeflogen.

Naema schluchzt.

ZILLA Vor zwei Wochen wurde ich hinübergeflogen. Eine schöne Reise.

Naema schluchzt.

EVA Ich mußte meinen hier beerdigen.
ADA Ich auch.
EVA Das Vaterland benahm sich lumpig.

Naema schluchzt.

ADA Du hast inzwischen den Grundstücksmakler geheiratet.
EVA Du schläfst mit deinem Textilfabrikanten.
ADA Mit dem schlief ich schon immer.

Naema schluchzt.

EVA Die Kleine wird es auch vergessen.
NAEMA Nie

Naema hält ein Modejournal mit dem Kopf eines Mannequins vors Gesicht.

ADA Na, na!

Naema schluchzt.

ZILLA Wie lange warst du mit ihm verheiratet?
NAEMA Vier Monate.

Naema schluchzt.

ADA Schwanger?
MAEMA Ja.

Naema schluchzt.

EVA Pech!
ZILLA Das Leben geht weiter.

Zilla zeigt eine Seite ihres Modejournals.

ZILLA Wie findet ihr dieses Hosenkleid?
ADA Chic.
ZILLA Ich habe es gekauft.
ADA Dann hast du schon mit dem Holzhändler angebändelt.
ZILLA Du hast eine schmutzige Phantasie.
ADA Du bist schwach bei Kasse.

Naema schluchzt.

EVA Nicht weinen.
ADA Wann ist er gefallen?

Naema weinend nach dem Hintergund links ab.

ZILLA Das hat sie doch schon gesagt.
EVA Letzten Freitag.
ZILLA Dabei machten die Waffenstillstandsverhandlungen endlich Fortschritte.
ADA Sie haben sich über die Sitzordnung geeinigt.
EVA Fast.
ADA Die erste Macht schlägt einen viereckigen Tisch vor.
EVA Die zweite Macht schlägt einen runden Tisch vor.
ZILLA Die dritte Macht schlägt einen dreieckigen Tisch vor.
ADA Die vierte Macht schlägt einen hufeisenförmigen Tisch vor.

Die drei erheben sich, werfen die Modejournale auf den Boden.

ZILLA Ich freue mich, heute abend mein Hosenkleid anzuziehen.
ADA Ich muß zu meinem ewigen Textilfabrikanten.
EVA Ich lasse mich von meinem Grundstücksmakler scheiden.

Aus: Friedrich Dürrenmatt: Play Strindberg/Porträt eines Planeten. Übungsstücke für Schauspieler, Zürich, Diogenes Verlag 1998, S. 125–128

Friedrich Dürrenmatt (1921–1990)

In Konolfingen bei Bern (Schweiz), geborener Schriftsteller, gilt als einer der bedeutendsten deutschsprachigen Dramatiker der Nachkriegszeit. Seine grotesk wirkenden Stücke stellen die Welt verzerrt bzw. übersteigert dar.

***13** Stellen Sie die Szene in verteilten Rollen spielerisch dar.*

***14** Welches Bild von der Erde vermittelt die Szene?*

***15** Beurteilen Sie dieses Bild von der Erde.*

2 Haarige Angelegenheiten

2.1 Leben in der Parallelwelt

Hatice Akyün

1969 in einem kleinen anatolischen Dorf geboren, zog sie als Dreijährige mit ihren Eltern nach Duisburg. Die Tochter von Analphabeten lernte Deutsch mit „Grimms Märchen" und „Hanni und Nanni"-Büchern. Heute ist sie Journalistin und Schriftstellerin.

Hatice Akyün: Einmal Hans mit scharfer Soße

Mein Name ist Hatice. Ich bin Türkin mit deutschem Pass, für Politiker ein Paradebeispiel einer gelungenen Integration, für deutsche Männer die verbotene, exotische Frucht und für deutsche Frauen der Grund, ihre Haare zu hassen. In einer Kontaktanzeige könnte ich mich als „rassige Südländerin mit feurigem Temperament und einem äußerst gebärfreudigen Becken“ beschreiben. Und nein, mein Name bedeutet übersetzt nicht die „unter der Morgendämmerung aufgehende, mit Tau benetzte Sonnenblume von den Hügeln Anatoliens“. Mein Name hat keine Bedeutung. Oder er bedeutet zumindest auch nicht mehr als Helga oder Nicole.

Die erste Frau unseres Propheten Mohammed hieß Hatice, sie war die erste Muslimin. Ein Perser, der mich einmal in einer Berliner Bar rumkriegen wollte, erzählte mir, dass mein Name so viel bedeutet wie „die Frau, der man nicht widerstehen kann“. Zu Hause googelte ich das zur Sicherheit nach und fand heraus, dass „die Frau, der man nicht widerstehe kann“ ganz anders klingt und der Perser vielleicht gerne poetischen Blödsinn erzählt, aber mich damit noch lange nicht aufs Kreuz legen kann.

Ich bin Journalistin, das heißt, ich arbeite viel, habe wenig Geld und noch weniger Zeit. Ich trage kein Kopftuch und bin nicht zwangsverheiratet, weswegen ich noch immer keinen Ehemann habe. Ab und zu fahre ich in den Urlaub, meistens in die Türkei, wo meine Eltern ein Ferienhaus besitzen und meine Verwandtschaft mich mit den Worten zu begrüßen pflegt: „Hast du jetzt endlich einen Hans gefunden?“ Wenn meine Familie gerade nicht in der Türkei ist, besuche ich sie regelmäßig in Duisburg, wo sie auch ein Haus besitzt und mich alle jedes Mal mit genau denselben Worten empfangen: „Hast du endlich einen Hans gefunden?“

Hans und Helga heißen alle Deutschen bei uns Türken. Und es ist klar, dass Hans ein braver „Brötchenholer“ ist. Zu seinem ersten Date kommt er gerne auf dem Fahrrad, mit buntem Fahrradhelm und Hosenschutz. Mit seinem eierförmigen Helm, dem eingezogenen Kopf und den strampelnden Beinen sieht er ein wenig aus wie eine Kröte auf Wanderung. Die hochgebundene Hose, die käsigen Beine und die Druckstelle, die der Helm auf seiner Stirn hinterlassen hat, zerstören jegliche Lust auf ihn, und man bekommt unweigerlich panische Angst davor, Hans ohne Hose sehen zu müssen. Wenn der Kellner beim Zahlen fragt, zusammen oder getrennt, dann antwortet Hans höflich und korrekt – und allenfalls mit einem verschämten Seitenblick auf Helga – getrennt.

Helga wiederum würde niemals zum Friseur gehen, einfach nur um sich die Haare fönen zu lassen. Sie trägt keine Absätze, die höher sind als vier Zentimeter, und was der perfekte Bogen einer gezupften Augenbraue ist weiß sie auch nicht. Sie ist aber sehr interessiert daran, es zu erfahren. Und man kann den ganzen Abend beieinander sitzen und herrlich mit Hans und Helga diskutieren.

Hans, das wissen wir auch, führt seinen Hund Gassi und sammelt dessen Kothäufchen in einer Tüte zusammen. Seine Möbel baut er nach Aufbauanleitung zusammen und arbeitet dabei überlegt und aufmerksam. In seinem Werkzeugkoffer lagert immer das passende Gerät, und falls es ein Problem gibt, fährt er mit dem Möbelstück zurück zum Verkäufer, beschwert sich über die mangelhafte Anleitung und verlangt eine Lösung für das Ärgernis.

Fatma, eine meiner Schwestern, die seit ihrer Hochzeit in der Türkei lebt, versteht überhaupt nicht, warum ich auf deutsche Männer stehe. „Warum tust du dir das bloß an?“, ruft sie ins Telefon, während sie auf ihrem Balkon in Izmir sitzt und Tee trinkt. Es gibt so vieles, worüber Fatma nur den Kopf schüttelt. Zum Beispiel, wenn ich ihr von meiner täglichen Ration Vollkornbrot erzähle oder von meinen deutschen Freunden und ihren Familien, die sich nur an Weihnachten sehen. Oder davon, dass jeder sein eigenes Leben lebt und alle unsere eigene Wohnung haben. „Fühlst du dich nicht einsam?“, fragt sie mich dann besorgt. Ich erkläre ihr, dass ich viel arbeite und froh bin, wenn ich abends einmal niemanden sehen muss. „Du machst etwas falsch“, sagt sie, wenn sie meine müde Stimme hört.

Natürlich mache ich etwas falsch. Ich versuche, in zwei Welten gleich gut zurechtzukommen, die sich einfach nicht unter einen Hut bringen lassen.

Aus: Hatice Akyün: Einmal Hans mit scharfer Soße. Leben in zwei Welten, München, Goldmann Verlag 2007, S. 7–9

1 ***Charakterisieren Sie die Ich-Erzählerin, Hans und Helga.***

2 ***Beurteilen Sie diese Charakterisierungen.***

3 ***Sammeln Sie weitere Klischees über Deutsche bzw. Türken (siehe Tabelle). Beurteilen Sie deren Realitätsgehalt.***

Deutsche		Türken	
Klischee	Realitätsgehalt	Klischee	Realitätsgehalt
...			

4 *Nehmen Sie zur Aussage des letzten Absatzes Stellung.*

5 *Welche Vorteile bietet ein Leben in zwei Welten?*

6 *Schreiben Sie als „typischer Hans bzw. Helga" einen Brief an die Autorin und legen Sie Ihre Sicht der Dinge dar.*

2.2 Die Bewegung des Kopfes

Peter Bichsel: Eine Frau

Die dreijährige Nora hat sich was angeschaut, nämlich jene Bewegung des Kopfes, mit der sich jene Frau die Haare aus dem Gesicht wirft. Nun tut sie das auch – für ihr ganzes Leben – und ist auch eine Frau.

Aus: Peter Bichsel Zur Stadt Paris. Geschichten. Frankfurt am Main, Suhrkamp 1993, S. 13

Peter Bichsel

1935 in Luzern (Schweiz) geborener Schriftsteller, bekannt für seine Kolumnen und Kurzgeschichten, in denen er häufig in seinen kurzen Erzählungen alltägliche Situationen thematisiert.

7 *Lesen und interpretieren Sie Peter Bichsels kurze Geschichte.*

8 *Erläutern Sie die Bedeutung von Vorbildern für Kinder und Jugendliche.*

9 *Berichten Sie über eigene Beobachtungen oder Erfahrungen im Zusammenhang mit Vorbildern.*

10 *Bewerten Sie die Rolle von Vorbildern. Welche Chancen und Risiken sind damit verbunden?*

2.3 Einmal hin und zurück

Robert Gernhardt: Einmal hin und zurück

Kopf, Kopf, Kopf
so hart und rund
war nicht irgendwo ein Mund?
Na, vielleicht auf dem Rückweg

Hals, Hals, Hals
so weiß und weich
wie hieß das darunter gleich?
Schlüsselbein, wenn ich nicht irre

Brust, Brust, Brust
so fest und klein
das kann doch nicht alles sein –
Richtig! Da geht's weiter

Bauch, Bauch, Bauch
so weich und weiß
wärmer, wärmer, wärmer, heiß –
Na, wer sagt's denn

Bein, Bein, Bein
o soviel Bein
wird es je zuende sein?
Schau, da hat's ja noch Füße

Fuß, Fuß, Fuß
darfst weiter ruhn
ich hab oben noch zu tun:
Hallo, Haare.

Aus: Robert Gernhardt: Wörtersee, Zürich, Haffmans 1989, S. 200

Robert Gernhardt (1937–2006)

Geboren in Tallin (Estland), deutscher Schriftsteller, Zeichner und Maler gilt als einer der bedeutendsten zeitgenössischen Dichter, war Mitbegründer der satirischen Zeitschrift „Titanic" und hatte großen Einfluss auf die neuere humoristische Literatur.

11 Lesen und interpretieren Sie Gernhardts Gedicht (vgl. Kapitel 4.4, S. 135).

12 Mit welchen Mitteln entsteht der humorvolle Ton?

13 Vergleichen Sie das Gedicht mit Goethes Gedicht „Versunken" (vgl. S. 141).

14 Verfassen Sie selbst ein humorvolles bzw. ironisches Gedicht.

2.4 Die Welt im Haar

Charles Baudelaire: Eine Welt in deinem Haar

Laß mich lange, lange den Duft deines Haares einatmen, mein ganzes Gesicht hineintauchen, wie ein Dürstender ins Wasser einer Quelle, und es in meiner Hand schwenken, wie ein duftendes Taschentuch, um Erinnerungen in die Luft zu schütteln.

Wenn du wissen könntest, was alles ich sehe! Was alles ich errieche! Was alles ich in deinen Haaren höre! Meine Seele wandert auf dem Duft, wie die Seele der anderen Menschen auf der Musik.

Deine Haare bergen einen ganzen Traum, voll von Segeln und Masten, sie bergen große Meere in sich, deren Monsune mich zu entzückenden Küsten tragen, wo der Himmel blauer und tiefer ist, wo die Luft von den Früchten, von den Blättern und von der Haut der Menschen duftet.

Im Ozean deines Haares ahne ich einen Hafen, wimmelnd von schwermütigen Gesängen, von starken Männern aus allen Völkern und von Schiffen jeder Gestalt, die sich mit ihren feinen und ineinander geschlungenen Formen gegen einen unermeßlichen Himmel abheben, an dem die ewige Glut sich prahlend spreizt.

In den Liebkosungen deines Haares finde ich die Mattigkeiten der langen Stunden wieder, die ich auf dem Divan in der Kajüte eines schönen Schiffes erlebte, Stunden, gewiegt von dem unmerklichen Wellenschlag des Hafens, zwischen den Blumentöpfen und den Krügen mit erfrischenden Säften. In dem glühenden Herd deines Haares atme ich den Duft des Tabaks, mit Opium und Zucker vermischt: in der Nacht deines Haares sehe ich die Unendlichkeit der tropischen Himmelsbläue glänzen: auf den flaumigen Ufern deines Haares berausche ich mich an den durcheinander wehenden Düften von Teer, Moschus und Kokosnußöl. Laß mich deine schweren, schwarzen Flechten lange beißen. Wenn ich an deinen geschmeidigen und widerspenstigen Haaren knabbere, ist es mir, als ob ich Erinnerungen äße.

Aus: Charles Baudelaire: Prosadichtungen, übertragen von Walther Küchler, Heidelberg, Lambert Schneider 1974

Charles Baudelaire (1821–1867)

In Paris (Frankreich) geborene Schriftsteller reiste als junger Mensch für mehrere Monate in die Tropen. In Paris zurückgekehrt verschleuderte er durch seinen ausschweifenden Lebensstil mit Alkohol, Drogen und Frauen das väterliche Vermögen und lebte ab 1844 in ständiger Geldnot, starb verarmt.

15 Welche Funktion haben Haare in dieser Geschichte?

16 Über den Text hinausgehend: Welche Sinne werden durch Haare gereizt?

2.5 So ist das Leben

Kurt Tucholsky: …

In stiller Nacht und monogamen[1] Betten
denkst du dir aus, was dir am Leben fehlt.
Die Nerven knistern. Wenn wir das doch hätten,
was uns, weil es nicht da ist, leise quält.
Du präparierst dir im Gedankengange
das, was du willst – und nachher kriegst dus nie …
Man möchte immer eine große Lange,
und dann bekommt man eine kleine Dicke –
C'est la vie –!

Sie muß sich wie in einem Kugellager
in ihren Hüften biegen, groß und blond.
Ein Pfund zu wenig – und sie wäre mager,
wer je in diesen Haaren sich gesennt …
Nachher erliegst du dem verfluchten Hange,
der Eile und Phantasie.
Man möchte immer eine große Lange,
und dann bekommt man eine Dicke –
Ssälawih –!

Man möchte eine helle Pfeife kaufen
und kauft die dunkle – andere sind nicht da.
Man möchte jeden Morgen dauerlaufen
und tut es nicht. Beinah … beinah …
Wir dachten unter kaiserlichen Zwange
an eine Republik … und nun ists die!
Man möchte immer eine große Lange,
und bekommt man eine kleine Dicke –
Ssälawih –!

Aus: Kurt Tucholsky: Gesammelte Werke, Bd. 3, Reinbek, Rowohlt 2005, S. 238–239

17 Geben Sie dem Gedicht einen passenden Titel.

18 Vergleichen Sie Ihren Titel mit dem des Autors. Was will Tucholsky damit zum Ausdruck bringen?

2.6 Auseinandersetzung mit dem Körper

Robert Gernhardt: Siebenmal mein Körper

Mein Körper ist ein schutzlos Ding,
ein Glück, daß er mich hat.
Ich hülle ihn in Tuch und Garn
und mach' ihn täglich satt.

Mein Körper hat es gut bei mir,
ich geb' ihm Brot und Wein.
Er kriegt von beidem nie genug,
und nachher muß er spein.

Mein Körper hält sich nicht an mich,
er tut, was ich nicht darf.
Ich wärme mich an Bild, Wort, Klang,
ihn machen Körper scharf.

Mein Körper macht nur, was er will,
macht Schmerz, Schweiß, Haar und Horn.
Ich wasche und beschneide ihn,
von hinten und von vorn.

Mein Körper ist voll Unvernunft,
ist gierig, faul und geil,
Tagtäglich geht er mehr kaputt,
ich mach' ihn wieder heil.

Mein Körper kennt nicht Maß noch Dank,
er tut mir manchmal weh.
Ich bring ihn trotzdem übern Berg
und fahr' ihn an die See …

Aus: Robert Gernhardt: Gedichte 1954–1994, Zürich, Hattmans Verlag 1998, S. 232–233

---

[1] *monogam: mit nur einem Partner lebend*

19 Vervollständigen Sie das Gedicht. Orientieren Sie sich dabei an den ersten sechs Strophen.

20 Vergleichen und besprechen Sie Ihre Lösungen.

2.7 Keine Zeit für langes Haar

Ernesto Cardenal

1925 in Nicaragua geboren. Schriftsteller, sozialistischer Politiker, katholischer Priester. Wurde wegen seiner politischen Tätigkeiten 1985 von Papst Johannes Paul II. von seinem Priesteramt suspendiert.

Ernesto Cardenal: Lied

Mein langes Haar! Mein langes Haar!
Du wolltest mich sehen mit langem Haar.
Ich trage es schon über die Schultern,
und du hast nicht gewartet auf mein langes Haar.

Aus: Ernesto Cardenal: Gebet für Marilyn Monroe , Hrsg. und übertr. von Stefan Baciu, Wuppertal, Peter Hammer Verlag 1972, S. 88

20 Fassen Sie den Inhalt des Liedes zusammen.

21 Welche Lehre ziehen Sie aus dem Lied?

Musterlösung Aufgabe S. 49/50

Utensilien	Muster-Lösung	Begründung
Haarschneideschere	2	Das Haar muss für die gewünschte Frisur deutlich gekürzt werden.
Kamm	1	Ohne Kamm kann das Haar nicht sauber geschnitten werden.
Wickler zum Einlegen	9	Für die gewünschte Frisur müssen die Haare eingelegt werden.
Föhn	16	Nicht erforderlich, Haare werden eingelegt und luft-getrocknet.
Blondierpulver	3	Bei einer so deutlichen Aufhellung ist eine Blondierung erforderlich, eine Hellerfärbung reicht nicht aus.
½ Liter Wasser	7	Zum Verdünnen des Shampookonzentrats
5 Liter Shampookonzentrat	6	Zum Auswaschen der Blondierung
Handtuch	11	Nicht unbedingt erforderlich bei sauberer Arbeit, nach dem Waschen könnten die Haare damit vorgetrocknet werden, lässt sich aber auch durch die Luft erreichen.
Rundbürste	14	Nicht erforderlich, Haare werden eingelegt
Haarspray	10	Für eine bessere Haltbarkeit der Frisur
Schaumfestiger	8	Für eine längere Haltbarkeit der Frisur
Dauerwellwickler	15	Nicht erforderlich, keine dauerhafte Umformung
Wasserstoffperoxid 12%	4	Wasserstoffperoxid ist notwendig für die Blondierung.
Rasiermesser	12	Nicht erforderlich
Schaumtönung	13	Nicht erforderlich, da keine Ton-in-Ton-Nuancierung gewünscht wird.
Climazon	17	Nicht erforderlich, Lufttrocknung reicht, außerdem kein Strom auf der Insel
Umhang	18	Nicht erforderlich bei sauberer Arbeit
Watte	20	Nicht erforderlich bei sauberer Arbeit
Haarfarbe	19	Nicht erforderlich, da Hellerfärbung nicht ausreicht
Auftragepinsel	5	Wird benötigt, um die Blondierung auftragen zu können

Sachwortverzeichnis

Bildquellenverzeichnis

Bayerisches Landesamt für Gesundheit und Lebensmittelsicherheit (LGL): S. 86
Philipp Jakob Becker: S. 135
Berufsgenossenschaft für Gesundheitsdienst und Wohlfahrtspflege (BGW): S. 88
Angelika Brauner/ BV Eins: S. 35
Björn Hänssler- bopicture/ Bildungsverlag Eins: S. 7 (2 x)
Bulls Press: S. 18 u.
Thomas Deutschmann/ Bildungsverlag EINS: S. 17 (3 x)
dpa Infografik GmbH, Hamburg: S. 87, 157, 161
dpa picture alliance: S. 89, 132, 141, 159, 166 (2 x), 168, 171, 173, 174
Duden, Bibliographisches Institut Mannheim, 25. Auflage, 2010: S. 72, 73
Ecosia GmbH, Wittenberg: S. 24
ESA/NASA: S. 169
EVA-Dienstleistungscheck, WELLA AG 2009: S. 85
Fotolia.com: S. 21 (fritz langmann), 22 (Werner Heiber), 25 (Kirsty Pargeter), 26 (toolklickit), 31 (by-studio), 32 (3x emaria), 37 (Lisa F. Young), 40 (Kzenon), 57 (Gina Sanders), 71 re. (lightpoet), 71 li. (Stefan Thiermayer), 115 li. (Robert Kneschke), 115 re. (Uwe Annas), 117 (Uwe Annas), 140 (Jennifer Stone), 163 re. (WavebreakMediaMicro)
Friseurwelt 6/2011, Terra Verlag GmbH, Konstanz: S. 149
Peter Hacks/Illustrationen von Peter Gut: Der Bär auf dem Försterball © 2006 Kein & Aber AG Zürich, Berlin: S. 145
MEV Verlag GmbH, Augsburg: S. 163 re., 164
Thomas Plaßmannn: S. 23
Verlagsgruppe Random House GmbH: S. 171
Vital Zentrum, Verden: S. 87
Wikimedia Deutschland e.V: S. 117, 118, 119
TOP HAIR International: S. 149
Zentralverband des deutschen Handwerks, Berlin: S. 84

Alle Illustrationen von Raimo Bergt/ Bildungsverlag EINS

Umschlag: lindemannFotodesign, Köln

Frank Franke

Himmel ohne Grenzen

Frank Franke

Himmel ohne Grenzen

Segelflug – der schönste Traum vom Fliegen

Vorwort von Ulf Merbold

Mit 96 Abbildungen

Herbig

Bildnachweis
Alle Abbildungen aus dem Archiv des Verfassers außer:
S. 98/99: H. Reichmann, S. 102/103: E. Supersberger

Mit Texten des dreifachen Weltmeisters im Segelfliegen Helmut Reichmann, der 1993 bei einem tragischen Flugzeugabsturz ums Leben kam.

Besuchen Sie uns im Internet unter
http://www.herbig.net

Umschlaggestaltung: Wolfgang Heinzel, München
Layout und Herstellung: Andrea Cobré
Gesetzt aus: 12/16' Evo
Lithographie: Findl+Partners, Icking
Druck und Binden: Printer Trento
Printed in Italy
ISBN 3-7766-2208-9

Inhalt

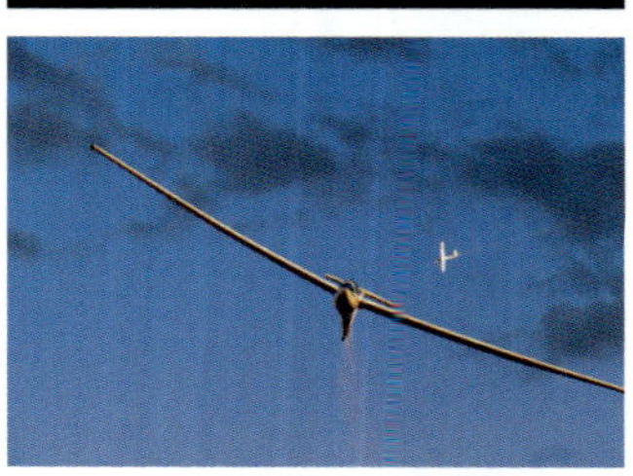

Vorwort

Ulf Merbold

Wie ein Vogel zu fliegen, davon haben Menschen zu allen Zeiten geträumt. Unsere Legenden und Sagen handeln von Gestalten, die sich Flügel bauen und anschnallen, von Hexen, die auf Besenstielen umherdüsen, vom Lügenbaron, der auf Kanonenkugeln reitet, von guten und bösen Geistern, die sich im Luftraum bewegen. »Wenn ich ein Vöglein wär' und auch zwei Flügel hätt' ...«, so oder so ähnlich klingt es in vielen unserer Lieder.

Inzwischen ist der Traum vom Fliegen zur Realität geworden, und es ist keine Frage, am meisten vollendet hat sich diese Sehnsucht, es den Vögeln gleichzutun, mit dem Segelflug. Wer sich motorlos, nur mit den Kräften der Natur spielend, in der Luft voranbewegt, fliegt wahrhaftig wie ein Vogel. Die Flugversuche der Pioniere liegen nicht lange zurück. Bedenkt man, dass die Dauer ihrer Hüpfer in Sekunden bemessen wurde, wird angesichts heutiger Flüge über Strecken von mehr als eintausend Kilometern ersichtlich, wie stürmisch die Entwicklung verlaufen ist. Für mich ist es bemerkenswert, dass erst die Gesetze der Aerodynamik erforscht, die Methoden der Strukturanalyse geschaffen und für die Luftfahrt geeignete Materialien entwickelt werden mussten, ehe der alte Menschheitstraum wahr werden konnte. Erst mit einer hoch entwickelten Technologie ist es uns gelungen, zu den Wolken aufzusteigen. Es ließe sich sagen: Der Segelflug verbindet auf verblüffende Weise rationales, analytisches Denken mit dem emotionalen Erleben der Landschaft, der Wolkenbilder, der Sonne und des Himmels. Seine Pole markieren die Spannweite des menschlichen Geistes.

Als ein Segelflieger, der sein Leben hindurch der Faszination des motorlosen Fluges erlegen ist, habe ich viele Regionen unseres Planeten fliegend erkundet. Ich habe keine andere gefunden, die mit der M-Ranch des großen Fliegerfreundes Barron Hilton verglichen werden könnte. Die Wüste des amerikanischen Westens, die schneebedeckten Berge der Sierra Nevada, die spiegelnden Wasser des Mono- und des Walker-Lakes, der gestirnte Nachthimmel über Nevada, die von Menschenhand geschaffene grüne Oase um die M-Ranch formen eine zauberhafte Welt, die einem jeden das Herz aufgehen lässt. Hinzu kommen die Menschen. Alle, die auf der Ranch leben und arbeiten, sind von größter Herzlichkeit und Liebenswürdigkeit und, so scheint es mir, mit dem Virus der Flugleidenschaft infiziert. Was das Wetter des amerikanischen Westens betrifft, so handelt es sich um El Dorado. Es ist das Wetter einer anderen Welt. Mit der meohanischen Präzision eines Uhrwerkes setzt die Thermik auf der M-Ranch am Vormittag ein. Sie pfeffert die Flugzeuge in die Höhe des Himmels, schneller als wären diese mit Hochleistungstriebwerken ausgerüstet. In der Regel dauert es weniger als eine halbe Stunde, bis der Pilot dort angekommen ist, wo er gut daran tut, an zusätzlichen Sauerstoff zu denken und seine Vorratsflasche zu öffnen. Normal ist es, für die kommenden Stunden des Tages mit der Maske über Mund und Nase oder mit dem Leben spendenden Schlauch in den Nasenlöchern zu fliegen.

Allen, die sich bisher ausschließlich am Himmel über Deutschland bewegt haben, sei gesagt, dass die aufschießenden Winde in den Flanken der White Mountains das Flugzeug oft genug wie ein wild gewordener Mustang seinen Reiter hin- und herwerfen. Es ist deshalb nicht nur ratsam, sondern unverzichtbar, sich zum Flug über Nevada gut anzuschnallen und allen Krempel im Cockpit sicher zu verstauen. Mag der Griff um den Steuerknüppel sich beim Einflug in die brüllende Thermik über der Wüste auch fester schließen, so kommt man in engen Kreisen kurbelnd umso schneller nach oben. Bei Dichtehöhen von sechstausend Metern und mehr wird es wichtig, den Fahrtmesser sorgfältig zu beobachten und seine Anzeigefehler zu berücksichtigen. Anderenfalls könnte die zulässige Höchstgeschwindigkeit des Flugzeuges schnell erreicht oder gar überschritten werden. Für die eigene Sicherheit ist es wichtig, sich beständig daran zu erinnern, dass ein Flug in Höhen, in denen bei uns Jets unterwegs sind, und bei Geschwindigkeiten

oberhalb von 200 km/h in der Nähe der Belastungsgrenzen von Mensch und Maschine erfolgt. Beruhigend ist es zu wissen, dass die Gewinner des Barron Hilton Cup die besten, die erfahrendsten Segelflieger der Welt sind. Wenn es ihnen nicht gelingt, die Kräfte der Natur zu meistern und das traumhafte Wetter optimal zu nutzen, wer könnte es sonst leisten?

Es ist eine großartige Sache, dass Barron Hilton, Helmut Reichmann, Frank Franke und andere den Barron Hilton Cup gestiftet haben, und dass Barron Hilton jedes zweite Jahr die Gewinner des Wettbewerbes auf seine Ranch einlädt, um ihnen ein unvergessliches Flugerlebnis zu bereiten. Es bleibt zu hoffen, dass es den Barron Hilton Cup noch lange geben möge. Es ist derjenige Wettbewerb, der weltweit ausgetragen wird und an dem jeder ohne vorherige Qualifikation teilnehmen kann. Es ist ein gutes Zeichen, dass sich heute neben Barron Hilton die Weltfirma EADS an der Ausrichtung und Durchführung beteiligt. Im alten Europa gibt es auf dem Feld der Fliegerei wohl kein anderes Unternehmen mit vergleichbarer technologischer Kompetenz. Dass EADS nicht nur moderne Verkehrsflugzeuge baut, sondern mitwirkt, den Traum vom motorlosen Flug Realität werden zu lassen, ist bemerkenswert.

Ulf Merbold: Im Dezember 1983 nahm er als erstes nichtamerikanisches Mitglied an einer Spacelab-Mission teil, außerdem war er vom 3. Oktober bis 4. November 1994 als Wissenschaftskosmonaut an Bord der russischen Raumstation MIR.

Im März 2001

Lautlos mit dem Wind

Barron Hilton

Seit Jahrtausenden träumte der Mensch davon, in die Lüfte aufzusteigen und wie ein Adler zu fliegen, mit dem Wind mühelos dahinzugleiten. Erst gegen Ende des 19. Jahrhunderts sollte es ihm jedoch gelingen, eine Maschine zu konstruieren, mit der er schließlich fliegen konnte.

Trotz der schnellen Entwicklung des Flugzeugbaus im vergangenen Jahrhundert bleibt für mich das Schweben in großer Höhe die natürlichste Art des Fliegens. Aufgrund einer ausgewogenen Mischung aus ausgereiften Flugzeugkonstruktionen und instinktiver Geschicklichkeit des Piloten, ist der Mensch in der Lage, das Erlebnis des freien Fluges zu erfahren, das nur den Vögeln vorbehalten war. Unsichtbare Aufwinde werden genutzt, um Flughöhe zu gewinnen und mit großer Geschwindigkeit über hunderte von Kilometern im Sinkflug dahinzusegeln. Alles in einem Flugzeug ohne Motor, angetrieben durch das Können des Piloten.

Das Fliegen in großer Höhe als Wettkampf ist eine noch größere Herausforderung für den Segelflieger. Eine vorher festgelegte Flugroute zu befliegen erfordert ein hohes Maß an Planung, fliegerischem Können und Mut. Trotz außerordentlicher Luftwirbel und wunderbarem Gelände kann sich die Erde für den erfahrensten Piloten als erbarmungslos und hart erweisen.

»Segelfliegen, der ursprünglichste Einstieg in das Loslösen von den Fesseln der Erde – eine Art Grundsatzprüfung, das Messen mit den Kräften der Natur.«

Rainer Hertrich

Bei den Männern und Frauen, die das Fliegen in großer Höhe lieben, handelt es sich um einen besonderen Menschenschlag. Sie behandeln ihr Segelflugzeug mit äußerster Sorgfalt und bemühen sich ständig, ihr Wissen und Können weiterzuentwickeln.
Aufgrund meiner besonderen Freundschaft mit Helmut Reichmann und Frank Franke, hatte ich die Möglichkeit, dutzende der besten Segelfliegerpiloten der Welt kennenzulernen – eine multinationale Fliegergruppe aus allen Lebensbereichen.

Obgleich in vieler Hinsicht so verschieden, empfinden wir Freundschaft, ein gemeinsames Interesse für unseren Sport und eine Verbundenheit bei unserem unablässigen Wunsch, wie ein Adler lautlos mit dem Wind emporzusteigen.

Im März 2001

Himmel ohne Grenzen

Der Himmel über Nevada ist tiefblau. Die Luft über der Runway der Flying-M-Ranch beginnt in der morgendlichen Hitze zu flimmern. Vor dem Hangar steht die Stearman von Barron Hilton und glänzt in der Sonne, als sei sie erst gestern aus der Fabrik gekommen. Vorsichtig streicht Manfred Bischoff über die Außenbespannung, als könne er die antiquarische Schönheit mit seiner Hand verletzen. Bewundernd wandert sein Blick über den schönen Doppeldecker aus dem Jahr 1931. Dann zieht er die Lederhaube über den Kopf und steigt vorsichtig über die Tragfläche auf den hinteren Sitz. Brummend beginnt sich der Propeller zu drehen. Dann rollt das Flugzeug über die Runway, hebt nach kurzer Rollstrecke ab und steigt in den Himmel über der Ranch. Das vorsichtige Annähern an einen der historischen Meilensteine der Luftfahrt lässt fast vergessen, dass sein Leben als Aufsichtsratvorsitzender der EADS jeden Tag von der Luftfahrt in all ihren Formen bestimmt wird.

Es wird ein Flug in die fast unendliche Weite des Himmels über Nevada. Unten die mondähnliche Landschaft – nur unterbrochen von sanft geschwungenen Hügeln. Das grüne Band des East Walker Rivers schlängelt sich durch die unwirkliche Szene in rot und braun. Nachdem das kleine Flugzeug wieder auf der Runway der Flying-M-Ranch aufgesetzt hat, spricht Manfred Bischoff über den Barron Hilton Cup, der ihn in die Wüste Nevadas geführt hat. Über die Zukunft des Wettbewerbs meint er: »Vor allem wollen wir wenig am Ablauf dieses außerordentlichen Luftfahrtereignisses ändern. Seit über 20 Jahren zeigt Barron Hilton hier seine Gastfreundschaft, über die sich Segelflieger aus der ganzen Welt freuen. Die Ranch ist das El Dorado für die besten Segelflieger der Welt. Das gilt vor allem für Piloten, die nicht die Möglichkeit und nicht die Zeit haben, an Landes- oder Weltmeisterschaften teilzunehmen, aber dennoch außerordentliche Leistungen mit ihren Flugzeugen vollbringen. Wir möchten, dass diese Piloten auch weiterhin die Möglichkeit bekommen, die einmaligen Flugbedingungen hier auf der Ranch kennenzulernen.«

Die Manager der EADS waren von dem persönlichen Einsatz, mit dem Barron Hilton diesen Segelflugwettbewerb fast 15 Jahre lang allein durchführte, begeistert. Besonders angetan waren die Männer, die die Geschicke der europäischen Luft- und Raumfahrtindustrie steuern, von dem bahnbrechenden Wertungssystem, das auch Piloten mit älteren Segelflugzeugen eine faire Chance gibt, gegen Wettbewerber mit High-Tech-Modellen anzutreten. In fünf geografischen Weltregionen können die Piloten mit den längsten Dreiecksflügen einen der exklusivsten Preise der Sportwelt, die Teilnahme am alle zwei Jahre stattfindenden Segelflugcamp auf der Flying-M-Ranch in der Wüste östlich der amerikanischen Sierra Nevada, gewinnen. Die extrem günstigen Witterungsverhältnisse mit ihren enormen thermischen Aufwinden bieten, inmitten der Gastfreundschaft Barron Hiltons, die besten Segelflugbedingungen der Welt.

Daimler-Benz wurde 1996 Partner des Barron Hilton Cup. Einer der ersten Schritte war die Einbeziehung des afrikanischen Kontinents in den Wettbewerb. Damit wurde einer der letzten weißen Flecken auf der Erde geschlossen. Der Barron Hilton Cup wurde endgültig ein weltweiter Wettbewerb und rangiert bei der Fédération Aéronautic Internationale neben den alle zwei Jahre stattfindenden Weltmeisterschaften auf dem Segelflugkalender als Klasse-1-Wettbewerb ganz oben. Den Ausschlag zur Zusammenarbeit mit der EADS gaben die Parallelen zwischen den technisch hochentwickelten Segelflugzeugen und den Entwicklungen des Technologiekonzerns. In der von der Aerodynamik bestimmten Schönheit der Segelflugzeuge liegen viele Antworten der Entwicklung heutiger Superflugzeuge. Viele neue Verbesserungen im Flugzeugbau, besonders bei der Verarbeitung von Kunststoffen und in der Aerodynamik stammen aus dem Segelflugzeug

BARRON HILTON CUP

EADS

European Aeronautic Defence and Space Company

und wurden von Segelflugpiloten und jungen Ingenieuren entwickelt. Die Partnerschaft der EADS mit dem Barron Hilton Cup wird zu weiteren Spitzenleistungen im Segelflug führen. »Außerdem«, so Manfred Bischoff, »verbindet der Barron Hilton Cup auf vorbildliche Weise Eigenschaften und Ziele, mit denen wir uns bei der EADS identifizieren können. Damit meine ich den Ehrgeiz, sich einem harten internationalen Wettbewerb erfolgreich zu stellen, durch persönliche Leistung die vermeintlichen Grenzen des Machbaren immer wieder ein Stück zu verschieben.« Barron Hilton, der inzwischen von den Segelflugzeug-Hangars herübergekommen ist, nickt zustimmend. Er betont die völkerverbindende Komponente des Sports. »Piloten aus der ganzen Welt treffen sich hier bei mir auf der Ranch. Und ich empfinde das nicht als Belastung – ganz im Gegenteil: Ich freue mich darüber. Besonders stolz«, so der Hotelmagnat, »bin ich auf die internationalen Freundschaften, die wir mit dem Barron Hilton Cup geschaffen haben und die wir auch weiterhin – zusammen mit der EADS – schaffen werden.«

Die Landung von Tom Enders, bei der European Aeronautic and Space Company verantwortlich für Verteidigungssysteme, und Christian Poppe, Communications Direktor der EADS, war für Freitag nachmittag 14 Uhr in San Francisco vorgesehen. Barron Hilton hatte beschlossen, seine Citation V in die Stadt an der Westküste zu schicken. Sein Chefpilot Art Goodwin war noch auf der Suche nach einem Co-Piloten für den eleganten Business-Jet. »Es macht sich einfach besser, mit zwei Piloten auf dem chronisch überlasteten International Airport von San Francisco zu landen«, meinte der frühere Airline-Pilot. Wenig später hatte er seinen Mann für den rechten Sitz gefunden: Ulf Merbold, Space-Shuttle- und MIR-erfahren, nahm den Platz an Arts rechter Seite ein. Die beiden zogen sogar die gleichen Hemden an – »wegen der Corporate Identity«, lachten sie.

Als der Jet um 12 Uhr mittags auf der Runway der Ranch beschleunigte, herrschten schon fast 40 Grad Celsius im Schatten. Dann breitete sich der Lake Tahoe, auch das Juwel der Sierra Nevada genannt, unter uns aus. Mit 520 Quadratkilometern ist dieser auf rund 2000 Metern Höhe gelegene See etwas kleiner als der Bodensee und gilt als der größte Bergsee Nordamerikas. Er liegt in einer kesselförmigen Senke mitten in der Sierra Nevada – an allen Seiten von den Höhenzügen des Gebirges umgeben. Schon im vergangenen Jahrhundert stand hier Mark Twain am Ufer und begeisterte sich über die unvergleichliche Transparenz des Wassers.

Das Flugzeug ließ die Berge der High Sierras hinter sich und erreichte nach weniger als 40 Minuten die 50 Kilometer lange und 10 Kilometer breite Landzunge zwischen dem Pazifik und der San Francisco Bay, auf der die wohl schönste Stadt der Westküste liegt. Unter uns glitt die Golden Gate Brücke hindurch. Sie verbindet San Francisco mit den gegenüberliegenden Städten Auckland und Berkeley. Dann legte sich die Citation V in eine Rechtskurve und setzte auf der Runway des Flughafens auf.

Wir treffen Tom Enders und Christian Poppe, die wenige Minuten zuvor mit einem Linienflug aus München gekommen waren. Trotz der langen Reise zeigen sie keine Müdigkeit. Tom Enders, der begeisterter Fallschirmspringer ist, will noch am gleichen Tag nicht nur die Ranch, sondern auch ihre einzigartigen Flugbedingungen kennenlernen. Den Stress seines Jobs als Luftfahrtmanager hat er hinter sich gelassen. Fliegen gehört zu seinem täglichen Leben. Jetzt freut er sich darauf, die wahre Freiheit des Fliegens – losgelöst von den Fesseln der Erde – zu erleben.

Innerhalb von 100 Jahren hat sich die Fliegerei zu einem festen Bestandteil unseres mobilen Lebens entwickelt und hat doch nichts von ihrer Faszination verloren. Fliegen wird in die Planung des beruflichen Lebens sowie des Freizeitdaseins eingebunden, als wären die Menschen nie mit zerbrechlichen Kutschen, Eisenbahnen der Dampffrühzeit oder wackligen Segelschiffen gereist. Die Flugindustrie hat sich zu einem gewaltigen Wirtschaftsfaktor entwickelt; der Reisende plant das Durchmessen von Weltstrecken nicht mehr in Wochen oder Tagesreisen, sondern in Flugstunden. An den Schaltstellen der Wirtschaft sitzen kühl rechnende Strategen, denen nur wenig Zeit für romantisches Denken bleibt.

Wer mit dem Fliegen zu tun hat, wird die Besonderheit des Sich-dreidimensional-im-Raum-Bewegens nicht vergessen. Das trifft auch auf Rainer Hertrich zu, den Chief Executive Officer des Luft- und Raumfahrtriesen EADS. Der Mann, der beruflich drei Turn-Arounds geschafft hat und jetzt vor der größten Herausforderung seines beruflichen Lebens steht. Neben der enormen Verantwortung über eine Konzernzentrale mit 71 Standorten in sechs Ländern, einem Umsatz von 21 Milliarden Euro und 96 000 Mitarbeitern hat sich Rainer Hertrich seine Liebe zur Natur, aber auch zu den Opern längst vergangener Meister erhalten. In einem Moment begeistert er sich über den neuen Megaliner A380, das Superflugzeug für mehr als 500 Passagiere, im

Himmelsgefährten: Neben zahlreichen Flugzeugen besitzt Hotelmagnat Barron Hilton auch einen Hubschrauber und mehrere Heißluftballone.

nächsten steht er fasziniert am Rande eines Segelflugplatzes und sieht den grazilen, weißen Superlibellen bei ihrem eleganten Flug zu. Beim Wandern in den Bergen klettert Rainer Hertrich gerne steile Wände hoch – eine Art Training für jemanden, der schwierige Ziele erreichen möchte. Als eine solche Herausforderung empfindet er auch das Fliegen ohne Motor. »Segelfliegen ist für mich der ursprünglichste Einstieg in das Loslösen von den Fesseln der Erde. Eine Art Grundsatzprüfung, das Messen mit den Kräften der Natur.«

Es ist wohl kein Zufall, dass viele erfolgreiche Verkehrspiloten neben ihrer beruflichen Karriere auch Segelflieger sind. Trotz des Stress' fliegen viele Airline-Piloten auch zur Entspannung mit den eleganten, weißen Flugzeugen. Was das für ihr Verständnis der Fliegerei bedeuten kann, hat Charly Breuer, einer der besten Segelflieger Österreichs, Barron Hilton Cup-Gewinner und früher Flugkapitän bei Austrian Airlines wie folgt beschrieben. »Das Hobby Segelfliegen wirkt sich für die berufliche Qualifikation als Verkehrspilot sicher positiv aus, denn zwischen beiden Flugarten ergeben sich eine Reihe von Gemeinsamkeiten. Die meisten der heutigen jungen Piloten werden vorwiegend am Simulator »synthetisch« ausgebildet. Die zunehmende Rationalisierung führt inzwischen zu immer weniger praktischem Flugtraining. Während der Basis-Ausbildung erleben sie nie die »Erde oben und den Himmel unten«, nie dürfen sie einen Looping drehen, nie einen Stall erleben, bis das Flugzeug wirklich wegschmiert. Der Erfolg ist, dass für diese jungen Piloten bei etwas mehr als 30 Grad Schräglage bereits die Steilkurve beginnt und alles über 45 Grad Unbehagen bereitet.«

In Europa wird die Mehrzahl der jungen Verkehrspiloten meist auf Automatik-Fliegern, auf »computerized flying« gedrillt, was zu Lasten des visuellen Fliegens geht. Bei einem inzwischen immer seltener gewordenen Notfall aber ist der Ausweg letztlich nur das »basic flying«, und das meist noch unter erschwerten Umständen. Charly Breuer meint dazu: »Viele dieser Piloten können dieses Manko der Ausbildung durch persönlichen Einsatz, durch aufmerksames Beobachten und durch viel manuelles Fliegen bei Start und Landung wettmachen und entwickeln sich während ihres Co-Piloten-Daseins zu erstklassigen Piloten. Manch einer allerdings wird das Fehlen einer grundsoliden Basis-Ausbildung nie ganz kompensieren können.«

Es ist vorgekommen, dass Verkehrsflugzeuge wegen eines simplen Fehlers am Fahrtenmesser ins Meer stürzten, obwohl der zweite Fahrtenmesser voll funktionierte. Daran ist unschwer zu erkennen, dass es von Zeit zu Zeit doch essentielle Mängel im »basic flying« gibt, dass Zusammenhänge zwischen Fluggeschwindigkeit und Anstellwinkel einfach nicht erkannt wurden.

Segelfliegern wird sehr früh beigebracht, in erster Linie nach dem natürlichen Horizont zu fliegen. Stimmt die Lage zum Horizont, dann stimmt auch in etwa die Fluggeschwindigkeit. Dies alles soll nicht die Behauptung sein, dass segelfliegende Verkehrspiloten auch die besseren Airline-Piloten sind. Unzweifelhaft aber bedeutet jede in einer anderen Luftfahrtsparte gewonnene Erfahrung auch die Erweiterung des Horizonts des Verkehrspiloten.

Ein klassisches Beispiel für die gekonnte Anwendung segelfliegerischer Erfahrung lieferten die beiden Air Canada-Piloten, die mit einer brandneuen Boeing 767 von Montreal nach Edmonton fliegen sollten. Nach der firmeninternen Umstellung der Treibstoffsysteme vom angelsächsischen Pfund-Maß auf das metrische Kilogramm-System, waren statt 20 000 Kilogramm nur 20 000 Pfund getankt worden. Auf halbem Weg nach Edmonton ging die sogenannte »Fuel-Low-Level«-Warnung an. Die beiden Piloten planten eine Notlandung in Winnipeg. Auf dem Weg dorthin stellten beide Triebwerke mangels Treibstoff den Betrieb ein. Zum Glück hatte der Kapitän Segelflugerfahrung und damit einem »Nur-Motorflieger« einiges voraus. Er landete seinen Riesenvogel wie ein Segelflugzeug – ohne jede Hilfe der Triebwerke – mehr oder weniger wohlbehalten auf einem alten Militär-Flugplatz, auf dem gerade ein Autorennen stattfand. Niemand wurde verletzt. Den beiden Piloten war eine Meisterleistung gelungen.

Wir stehen wieder am Rande der Runway. Die Stille des Morgens, die aufgehende Sonne, der Geruch der Wüste und der Pflanzen werden zum morgendlichen Erlebnis. Über dem feuchten Gras liegt ein feiner weißer Schleier, vom nahegelegenen kleinen See steigt Dunst auf. Für diesen Tag ist eine frühe, starke Thermik-Entwicklung mit sehr guten Steigwerten vorhergesagt. Über den Bergen zeigen sich die ersten kleinen Wolken, die rasch weiter anwachsen. Auf dem Flugplatz wird es hektisch. Jeder will so schnell wie möglich in die Luft. Dann hebt der erste Schleppzug mit tiefem Brummen ab. Auf dem hinteren Platz des Doppelsitzers sitzt Manfred Bischoff – ganz entspannt auf dem Weg zu einer neuen Dimension der Freiheit

SE

Der Traum vom Fliegen

Ohne Flügel wäre es mir am liebsten. Wenn ich vom Fliegen träume, ist da kein Flugzeug. Ohne jedes Hilfsmittel, manchmal körperlos, schwebe ich durch den Raum, ganz sanft, ganz frei. Dann wiederum geht es in wilder Jagd an dunklen Wolken steil hinab. Schroffe Felsspitzen rasen nur knapp unter meinem Bauch hindurch, bevor ich mich in kraftvollem Schwung wieder nach oben wende. Die zerklüftete dunkle Erde fällt unter mir zurück. Steil steige ich immer höher, die Farben werden heller, zarte, durchsichtig-feine Wolken umgeben mich. Das Glück ist absolut.

Die reale Fliegerei kann solche Träume nicht unmittelbar wahr werden lassen. Zuviel an Technik, an Hilfsmitteln ist nötig. Wir sind weit davon entfernt, Wesen der Luft zu sein. Vielleicht werden wir es nie schaffen, mühelos wie der Bussard zu segeln, wild wie der Mauersegler zu jagen, flink und präzise wie die Libelle zu steuern, oder spielerisch wie die Mücken umeinanderzuwirbeln. Die Natur hat uns zu körperlich zwar geschickten, aber doch recht schwerfälligen und langsamen Wesen werden lassen, deren unmittelbarer Lebensraum doch eben nur die Oberfläche der Erde ist. Allein unser Denkvermögen gestattet uns, diese Fesseln zu lösen. Künstliche Flügel erreichen zwar bei weitem nicht die mechanische Perfektion natürlicher Flügel, sind aber perfekte Hilfsmittel, die uns überhaupt die Möglichkeit geben zu fliegen – obwohl wir von Natur aus viel zu schwer, zu kraftlos und zu plump sind.

Unsere Hilfsmittel, die Flugzeuge, mögen ihrem Sinn nach wirkliche Krücken sein. Je konsequenter sie aber den Erkenntnissen der Naturgesetze genügen, je ausgefeilter ihre aerodynamische Form ist, je besser sich Notwendigkeiten wie Piloten- und Passagiersitze, Motoren, Fahrwerke und sonstige vielleicht notwendige Einbauten in die Kontur einpassen, um so deutlicher empfinden wir ihre Form als harmonisch und schön. Ob die Naturgesetze hier nur zufällig plastische Formen herausbilden, die unserem ästhetischen Empfinden entsprechen, oder ob unser ästhetisches Empfinden diese Formen bevorzugt, weil wir selbst ein Stück Natur sind, kann wohl niemand entscheiden.

Segelflugzeuge müssen einen oder zwei Menschen tragen. Nur in bescheidenem Maße wird Gepäckraum benötigt. Zum Starten und Landen ist ein einziges Hauptrad erforderlich, welches man so auslegen kann, dass es im Fluge einziehbar ist. Es gibt weder Motor noch Luftschraube, weder Frachtraum noch Passagierkabine. Weil kein Antrieb vorhanden ist, muss alles vermieden werden, was unnötigen Energieverbrauch verursachen könnte. Bei keinem anderen Fahrzeug ist die aerodynamische Formgebung in einer solchen Konsequenz der fast einzige Entwurfsparameter.

Moderne Hochleistungsflugzeuge sind heute fast ausnahmslos aus Verbundwerkstoffen aufgebaut. In Kunstharz eingebettete Glas-, Aramitbeziehungsweise Karbonfasern führen zu einer Festigkeit, die mit Stahl nicht zu erreichen ist. Die Oberfläche kann in ihrer Form frei gestaltet werden und ist im allgemeinen von reinweißer Farbe, die nur durch das Cockpit und die notwendige Erkennungsmarkierung unterbrochen wird. Die Plexiglashaube fügt sich knickfrei in die Rumpfkontur.

Häufig sind selbst Oberflächensprünge von weniger als einem zehntel Millimeter, wie sie sich beim Aufbringen der Kennzeichen bilden, noch glatt verschliffen und poliert. Die Flügel sind lang, sehr schlank und bei manchen Flugzeugen so elastisch, dass sie sich unter hoher Belastung, wie sie sich in steilen Kurven oder beim Hochziehen ergibt, atemberaubend durchbiegen. In sanfter Ausrundung gehen die Flügel in die Kontur des Rumpfes über, welcher wiederum schlank nach hinten zum Leitwerk ausläuft. Um Widerstand zu sparen, wird das waagerechte Höhenleitwerk auf das Seitenleitwerk montiert. Ein solches T-Leitwerk hat zwei Übergangswinkel weniger als ein konventionelles Kreuzleitwerk.

Die Perfektion der Aerodynamik moderner Segelflugzeuge lässt Sportwagen oder auch Rennfahrzeuge in ihren Leistungswerten wie energiefressende Widerstandsklumpen erscheinen. Die Flugleistungen sind entsprechend beeindruckend. Aus nur einem Meter Höhe gleiten sie bereits über 50 Meter weit, das ergibt bei 2000 Meter Höhe einen Reichweitenradius von 100 Kilometern ohne jeden Aufwind. Der Pilot kann die Fluggeschwindigkeit zwischen 70 und fast 300 Stundenkilometern variieren. Fliegt er im Aufwind langsam, im Abwind schnell, so ergibt sich ein statistischer Vorteil: Er ist deutlich länger im günstigen Bereich, als in ungünstigen Gebieten der Luftmasse.

Künstliche Flügel erreichen zwar bei weitem nicht die mechanische Perfektion natürlicher Flügel, sind aber perfekte Hilfsmittel, die uns überhaupt die Möglichkeit geben zu fliegen.

So fing alles an

Das Telefon klingelt. Ein Journalist meldet sich, erzählt etwas vom Segelfliegen in den USA und fragt einigermaßen unvermittelt, ob ich mich mit Herrn Barron Hilton einmal unterhalten wolle. Mit wem? Hat der etwas mit der Hotelkette zu tun? Ja? Herr Hilton fliegt auch. So, ja, interessant. Und in Nevada gibt es eine Ranch mit Fluggelände. Schön! Ist Herr Hilton zufällig in Deutschland? Nein. Wie soll denn dann die Unterhaltung stattfinden? Ach ja, kein Problem also, Ticket nach Las Vegas? Gut. Man wird mich zusammen mit Dr. Ehrhard Baer, Segelflieger aus Frankfurt, in Las Vegas vom Flugplatz abholen. Alles etwas seltsam.

In Las Vegas dann die Nachricht, dass Barron Hilton überhaupt nicht mehr da ist. (Unser Flugzeug hat fast einen halben Tag Verspätung.) Er ist inzwischen nach Los Angeles geflogen und erwartet uns in seinem Haus in Beverly Hills. Nun ja, so aufwendig kann diese Zusatzstrecke nun auch wieder nicht sein. Aber es läuft anders, stilgerecht. Schließlich sind wir Gäste des berühmtesten Hotelbosses der Welt. Eine überlange, dunkelrote Limousine bringt uns zum Firmenjet, der mit laufenden Triebwerken auf uns wartet. In Los Angeles steht selbstverständlich wieder eine Limousine bereit. Schwarz diesmal. Nach 30 Minuten Fahrt sind wir am Privathaus Barron Hiltons angelangt.

Barron Hilton kommt freundlich auf uns zu, bereitet uns Drinks und erzählt, wie er zum Segelfliegen kam. Anlässlich eines Treffens von Testpiloten saß er, der selbst alle möglichen Motorflugzeuge gesteuert hat, neben Hanna Reitsch. Es gab eine sehr angeregte Unterhaltung, in deren Verlauf Barron Hilton von seiner Ranch in Nevada und seinem Flugplatz am East Walker River berichtete. Hanna Reitsch wurde hellhörig: Wie, in Nevada? Nördlich des Mono Lake? Ob Barron Hilton denn wisse, dass dies eine der besten Gegenden der Welt für den Segelflug sei? Segelfliegen sei ohnehin tausendmal schöner als jede andere Art zu fliegen, Testpilot hin oder her! Hanna konnte großartig in ihrer Begeisterung sein, und es ist kaum ein Wunder, dass Barron Hilton bald angesteckt war, sich Segelflugzeuge kaufte und auf seiner Ranch die reine, motorlose Fliegerei erlernte.

Barron – er hat uns sofort die Anrede per Vornamen vorgeschlagen, wie das unter Segelfliegern so üblich ist –, Hardy und ich überlegen nun gemeinsam, wie man die hervorragenden Segelflugmöglichkeiten auf der Ranch zu einem internationalen Treffen mit höchstem Niveau nutzen könnte, denn dies ist offensichtlich Barrons Anliegen. Wie wäre es mit einem Wettbewerb, international organisiert und einer Einladung an die Sieger? O.K., ausgezeichnet. »Would you please work out the details in Las Vegas?« Barron entschuldigt sich, er habe leider kaum Zeit, da sein Flugzeug bereits mit zahlreichen Persönlichkeiten aus Los Angeles auf ihn warte; er müsse zur Amtseinführung des amerikanischen Präsidenten nach Washington fliegen.

In nur knapp eineinhalb Stunden hat dieser Mann einen Segelflugwettbewerb ins Leben gerufen, der rasch weltweit bekannt werden und sich mit seiner ständig steigenden Teilnehmerzahl bald zum größten Segelflugwettbewerb der Welt entwickeln sollte. So schnell geht das.

Der Barron Hilton Cup

Segelflugwettbewerbe sind Luftrennen. Zu zentralen Meisterschaften wie Landeswettbewerben und Weltmeisterschaften treffen sich 60 bis 80 Piloten mit ihren Flugzeugen am Austragungsort. Solche Wettbewerbe dauern zwei Wochen. An jedem Tag, an dem das Wetter es erlaubt, legt die Wettbewerbsleitung eine Streckenflugaufgabe fest. Je nach den Bedingungen werden 200 bis 700 Kilometer Flugstrecke ausgeschrieben. Der Kurs führt meist über einen oder mehrere Wendepunkte zum Flugplatz zurück. Für den Piloten kommt es darauf an, diese Aufgabe in möglichst kurzer Zeit zu fliegen. Den Abflugzeitpunkt kann er dabei meist selbst wählen. Die Wendepunkte muss er zum Nachweis, dass er die vorgeschriebene Strecke wirklich geflogen ist, aus der Luft fotografieren.

Ähnlich wie beim Segeln auf dem Wasser, gibt es verschiedene Flugzeugklassen. Jeweils 30 bis 40 Piloten fliegen in einer Klasse in direkter Konkurrenz. Täglich werden entsprechend den Ergebnissen Punkte vergeben. Je schneller man fliegt, beziehungsweise falls die Aufgabe nicht erfüllt werden kann, je größer die Strecke bis zur Außenlandung ist, desto höher ist die erreichte Punktzahl. Sieger ist zu Ende des Wettbewerbs, nach üblicherweise sechs bis zwölf Wertungstagen, der Pilot mit der höchsten Gesamtpunktzahl. Solche Wettbewerbe bieten spannende – vom Boden aber leider kaum

Folgende Doppelseite: Im Segelflugzeug über dem grünen Band der Flying-M-Ranch inmitten der ungastlichen Wüste Nevadas.

Das Los entscheidet über die Wahl der Flugzeuge und die Startreihenfolge. Gleich mehrere Schleppflugzeuge sorgen dann für einen zügigen »lift«.

zu verfolgende – Luftrennen und sind sehr gut geeignet, die Pilotenleistung im Vergleich zu messen, denn sowohl die Aufgabe, die Flugroute als auch die Wetterbedingungen sind innerhalb der Konkurrenz gleich.
Andererseits sind zentrale Wettbewerbe recht aufwendig. Hochmoderne, sehr leistungsfähige Flugzeuge sind Voraussetzung für eine chancenreiche Teilnahme. Aus organisatorischen Gründen sowie wegen der Sicherheit im Fluge muss die Teilnehmerzahl begrenzt bleiben. Die Fähigkeit von Piloten, je nach Wetterlage ein Maximum an Flugstrecke zu erfliegen, bleibt bei solchen Wettbewerben durch die Festlegung der Aufgaben seitens der Wettbewerbsleitung leider unberücksichtigt.

Mit der Entscheidung Barron Hiltons, einen neuen Wettbewerb ins Leben zu rufen, ergab sich die Chance, ein Reglement zu erarbeiten, welches ein Gegengewicht zu den Regeln der zentralen Wettbewerbe bildet. Der Barron Hilton Cup (BHC) ist kein Wettbewerb in Konkurrenz zum Wettbewerbssystem, wie es im Code Sportif der Fédération Aéronautique Internationale (FAI) festgelegt ist, sondern eine Ergänzung. Seine Gewichtung liegt anders. Hier können bestimmte Nachteile des FAI-Systems, wie die Beschränkung der Teilnehmerzahl und der hohe finanzielle Aufwand der Teilnehmer vermieden werden. Dies ist aber nur möglich, indem wiederum Kompromisse bezüglich anderer Gesichtspunkte eingegangen werden. So findet der Pilotenvergleich nicht exakt, aber doch unter möglichst gleichen orografischen und meteorologischen Bedingungen statt.

Ideengrundlage für den BHC waren die in einigen Ländern neben dem System der FAI-Wettbewerbe durchgeführten dezentralen Wettbewerbe nach unabhängigen, landeseigenen Regeln. Hierauf basierend wurde ein Wettbewerb mit internationaler Teilnahmemöglichkeit entwickelt. Da gut zwei Drittel der Segelflieger der Welt in Europa leben, erschien es sinnvoll, den Schwerpunkt des Wettbewerbes auf diesen Kontinent zu legen. Auf diese Weise sollen unterschiedliche Segelflugbedingungen von Extremen freigehalten werden. In Australien, Amerika und Afrika können die Verhältnisse nämlich so viel besser sein, dass ein Leistungsvergleich mit Flügen in Europa von vornherein verzerrt wäre.

Um die Verbindung des Wettbewerbes mit Amerika zu beleben, wurde eine zusätzliche, vom europäischen Teil unabhängige Ausschreibung entwickelt, die wiederum auf die speziellen amerikanischen Verhältnisse abgestimmt werden musste. So wurde beispielsweise dafür gesorgt, dass Piloten aus dem Westen der USA, aus Mexiko oder aus Südamerika ähnliche Erfolgsaussichten haben, wie diejenigen, die im Gebiet der Appalachen im Osten des Landes oder in Kanada starten. Dies alles ist ein recht kompliziertes Unter-

Zwei Veteranen auf dem Gruppenfoto: Der 1929er Spritzenwagen und Barron Hiltons 1934er Stearman.

»Wer seinen Wagen liebt ...«: Der alte Spritzenwagen leistet noch heute gute Dienste beim Füllen der Balasttanks der Wettkampfflugzeuge.

fangen. Die Regeln für Europa und Amerika wurden in den vergangenen Jahren deshalb auch mehrfach weiterentwickelt und, wie wir hoffen, verbessert.

Die Grundidee des Barron Hilton Cup ist Ausgangspunkt für einige wesentliche Ziele, die in den Reglements für Amerika und Europa teilweise unterschiedlich eingearbeitet wurden:

- Jeder Pilot, unabhängig von der Nationalität, soll teilnahmeberechtigt sein.
- Alle Segelflugzeuge, auch solche älterer Bauart und schwächerer Leistung, sollen eine echte Siegchance haben.
- Innerhalb eines einigermaßen homogenen Wetterraumes (Europa beziehungsweise Amerika oder Australien) soll jedes Fluggelände, also auch der Heimatplatz des Piloten als Startplatz zulässig sein.
- Der Pilot selbst legt Form und Größe der Flugstrecke fest. Je weiter der Flug, desto höher die erreichte Punktzahl.
- Es kann innerhalb des fast zweijährigen Wettbewerbzeitraumes an jedem beliebigen Tag gestartet werden. Jeder Pilot kann dies tun, so oft er will. Innerhalb der Klassen zählt nur ein einziger, der beste Flug. Der Pilot wird damit angespornt, bei gegebenem Flugzeug die Wetterbedingungen maximal auszunutzen.
- Ein ganz außerordentlicher Anreiz soll das Interesse der Piloten an diesem Wettbewerb beflügeln, damit möglichst viele Piloten teilnehmen und die Streckenflugaktivität an den Flugplätzen wesentliche Impulse erhält. Dieser Anreiz ist die Einladung Barron Hiltons an die Sieger.

In Europa wird der Wettbewerb in fünf Klassen ausgetragen. Die Nationalität der Piloten spielt keine Rolle. Es können also auch Piloten aus anderen Kontinenten in Europa starten. Die fünf Wettbewerbsklassen unterscheiden sich nach technischen Kriterien. Die Clubklasse umfasst Segelflugzeuge meist älterer Bauart, deren Flugleistungen im allgemeinen unter dem Niveau der FAI-Standardklasse liegen. Flugzeuge der Standardklasse wiederum bilden die zweite BHC-Klasse. Entsprechend der Definition sind dies Einsitzer mit maximal 15 Meter Spannweite und festem Flügelprofil.

Flugzeuge der 15 Meter (-Renn-) Klasse, der dritten BHC-Klasse, dürfen über profilverändernde Wölbklappen verfügen. In der Doppelsitzerklasse werden zweisitzige Segelflugzeuge bis zu einem bestimmten Leistungsniveau zusammengefasst. Die sogenannte Offene Klasse unterliegt keinen technischen Beschränkungen. Hier fliegen die besten, größten und leider auch teu-

Im Briefing des Segelflugcamps muss alles besprochen werden, was für den Ablauf und die Sicherheit des Flugbetriebes wesentlich ist. Natürlich sind die Teilnehmer hervorragende Piloten, aber nicht jeder kennt die Besonderheiten der Fliegerei in der Wüste.

Discus

ersten Segelflugzeuge, unabhängig davon, ob es sich um Einsitzer oder Doppelsitzer handelt. Die Leistungsunterschiede, die es unter den Flugzeugen innerhalb der einzelnen Klassen gibt, werden wiederum durch Korrekturfaktoren bei der Berechnung der Flugleistung des Piloten ausgeglichen. Auf diese Weise hat man eigentlich mit jedem Flugzeug eine echte Gewinnchance.

Barron Hilton lädt die Sieger mit je einer Begleitperson zu einem zehntägigen Segelflugcamp auf seine Flying-M-Ranch ein. Dieses Segelflugcamp selbst ist kein Wettbewerb. Während beim BHC-Wettbewerb knallhart versucht wird, das Maximum dessen zu erfliegen, was Flugzeug und Wetterbedingungen möglich erscheinen lassen, treffen sich ein Jahr später die Sieger mit den amtierenden Segelflugweltmeistern zum Segelflugcamp in gemütlicher, fast familiärer Atmosphäre mit Barron Hilton und weiteren Gästen, die er auf die Ranch lädt. Hier stehen sehr gute Flugzeuge in ausreichender Zahl zur Verfügung. Es fehlt weder an Helfern, noch an Material für den doch recht aufwendigen Flugbetrieb. Segelfliegen ist aber nur eine der Möglichkeiten, die die Ranch bietet.
Man kann auch reiten, schwimmen, Tennis spielen, fischen, Tontauben schießen, Ballon fahren und vieles andere mehr. Sehr rasch bildet sich zu Beginn eines jeden Camps auf der Ranch eine freundschaftliche, internationale Atmosphäre, wie sie seit Beginn der Fliegerei für Piloten eigentlich selbstverständlich ist. Unabhängig von Nationalitäten und politischen Systemen entsteht eine Kameradschaft, die auch nach der Zeit des Camps weiterlebt.

Damit der von Barron Hilton angestrebte internationale Charakter des Camps nicht über Jahre hinweg das Erlebnis einiger herausragender BHC-Spezialisten bleibt, wurden zwei spezielle Klauseln für die Vergabe der Einladungen in die Regeln eingebaut. So kann jeder Pilot nur einmal über den BHC-Wettbewerb eine Einladung auf die Ranch erhalten. Gewinnt ein Pilot ein zweites Mal, so geht die Einladung an den Nächstplatzierten. Die zweite Klausel legt fest, dass maximal drei Einladungen eines BHC-Wettbewerbes an Piloten gleicher Nationalität gehen. Im Falle des Falles muss derjenige Pilot zurückstehen, dessen Sieg am knappsten war – zugunsten eines Piloten anderer Nationalität, der dann die heiß umkämpfte Einladung zum Segelflugcamp auf der Flying-M-Ranch erhält.

Einer der Höhepunkte des Segelflug-Camps auf der Flying-M-Ranch: Die Siegerehrung der weltbesten Piloten – ein einmaliger Augenblick für jeden der Piloten.

ASW 20 BL

Barron Hilton

Wir treffen Barron Hilton 1979 in Las Vegas. Er stellt uns eine seiner riesigen Limousinen zur Verfügung. Langsam gleitet das große, rote Auto über den Strip. Durch die abgedunkelten Scheiben versuchen immer wieder Leute, einen Blick auf die Insassen zu erhaschen. 104 Grad Fahrenheit, das sind annähernd 40 Grad Celsius, lassen die Luft über der Stadt des 24-Stunden-Spiels flimmern. Wir sind auf dem Weg zum McCarran Airport. Dort wartet eine Hawker Siddeley mit laufenden Triebwerken, deren Farben und das große »H« am Rumpf auf den Präsidenten des Hotelkonzerns hinweisen: Barron Hilton, dessen Name weltweit bekannt ist. Jährlich ist er der Gastgeber von weit über 25 Millionen Menschen.

Die Limousine, einst Lieblingsfahrzeug von Elvis Presley, hält neben dem wartenden Flugzeug und wenige Minuten später liegt Las Vegas mit seinen grellen Neonlichtern, den Showrooms und Heiratskapellen, den einarmigen Banditen und den Menschen, die sie mit unbeweglichen Gesichtern bedienen, hinter uns. Wir überfliegen hunderte von Meilen einsames Land, kein Haus, keine Stadt, nur von Zeit zu Zeit eine Straße, wie mit einem Lineal in die Wüstenlandschaft gezogen. Unter uns Nevada – »The Last Frontier«. Hier muss sich der Mensch bis heute mit den Gewalten

der Natur messen, hier wird er von der gnadenlosen Härte des Landes geformt.

Oben: Frank Franke und Ulf Merbold (r).

Unten: Eine Citation X auf der Runway der Flying-M-Ranch.

Wir setzen zur Landung auf der Runway der Flying-M-Ranch an und sitzen wenige Minuten später im Wohnzimmer der Ranch. Aus dem Hotel-König im dunkelgrauen Anzug ist ein sportlicher Raucher geworden. Jeans, ein weißer, verbeulter Hut und Tennisschuhe zeigen dies auch nach außen. Jagen, Fischen, Fotografie und viele Sportarten, vor allem aber Segelfliegen, sind seine Hobbys. Der fliegende Hotelboss empfindet das schwerelose Gleiten als eine Art von Meditation. Er bewundert die Leistungsfähigkeit der deutschen Segelflugpiloten, ist aber auch von der Segelflugindustrie beeindruckt. Drei Segelfahrzeuge aus deutscher Produktion in seinem Besitz sind ein sichtbarer Beweis dafür.

Als er wenig später in seiner ASW 20 sitzt und auf die Schleppmaschine wartet, hat er, nun ganz entspannt, beide Beine auf das Rumpfvorderteil gelegt. Dann startet er und zieht seine Kreise weit über den Berggipfeln im tiefblauen Himmel. Am nahegelegenen Hang schwebt ein großer Vogel, findet Thermik, steigt höher und gleitet zu Barron Hilton hinüber. Zusammen gewinnen sie immer mehr an Höhe.

Die Flying-M-Ranch umfasst ein Gebiet, das 25 Meilen südlich von Yerington, Nevada, beginnt und bis an die Ufer des Mono Lake in Kalifornien reicht. Das Gelände ist etwa so groß wie das Saarland im Südwesten Deutschlands.

Einige Stunden später steht Barron im Garten und zeigt eine sehr menschliche Seite. Er möchte die Namen seiner internationalen Gäste richtig aussprechen, fragt uns, wie es denn korrekt sei, und lernt sie auswendig. Jetzt ist er ganz Privatmann, hat das Hotelgeschäft, Renditedenken, die Spielkasinos weit hinter sich gelassen. Ein Hotel-Imperium, das nie zur Ruhe kommt, das vom berühmten Walldorf Astoria in New York, vom Strand von Waikiki Beach auf Hawaii bis zur Goldküste Australiens reicht.

Ein grünes Band in der Wüste

Die Flying-M-Ranch

Die beiden Motoren des Flugzeuges brummen in einem gleichmäßigen, sonoren, beruhigenden Ton. Die Landschaft unter uns ist in tiefes Rotbraun getaucht. Wir umfliegen riesige, hoch in den Himmel quellende Wolkengebilde, deren Ränder ins unendliche Blau des Himmels vorzustoßen scheinen. Ihre gewaltige Größe lässt unser Flugzeug winzig erscheinen.

Dann fliegen wir durch eine schmale Lücke, die sich zwischen zwei der Wolkentürme gebildet hat. Als die Wolken hinter uns liegen, wird der Blick auf ein grünes Band freigegeben, das sich durch die Mondlandschaft schlängelt. Der Walker River hat sich seinen Weg in die vertrocknete Steinwüste gegraben, ein Band des Lebens in der erstarrten Landschaft. Rechts taucht der Mount Grant auf, der mit seinen fast 12 000 Fuß Höhe die Landschaft überragt. In einem weiten, flachen Bogen ziehen sich seine Hänge bis zu den Ufern des Walker Lake, an seinem südlichen Ufer liegt Hawthorne, Nevada.

Unser Flugzeug zieht in einem weiten Bogen nach links, taucht in ein weites Tal ein und beginnt, der roten Erde entgegenzusinken. Dort, wo der Walker River sich in einem starken Bogen nach Osten schlängelt, liegt plötzlich

das schmale Band der Runway der Flying-M-Ranch vor uns. Rechts davon stehen die weißen Gebäude der Ranch. Wir überfliegen die Häuser, machen einen weiten Bogen um das Flugplatzgebäude und setzen zur Landung an. Nun wissen die dort unten, dass wir da sind, denn eine Flugleitung, bei der man sich zur Landung anmelden könnte, gibt es hier nicht.

Unser Flugzeug rollt aus und kommt zum Stehen. Es nähern sich einige Fahrzeuge, die eine lange weiße Staubfahne hinter sich herziehen. Wir steigen um und fahren los. »Flying-M-Ranch – Owner: Barron Hilton« steht am Tor. Wir kommen durch eine lange Pappelallee, deren Kronen hoch am Himmel ein Dach über der staubigen Straße bilden. Sand wird hochgewirbelt, dringt durch die Ritzen und schlägt sich auf den Atem. Die Natur drückt ihre Kraft, ihre Gefahren und ihre Härte auch in intensiven Gerüchen aus. Dann biegt die Fahrzeugkolonne nach rechts ab und hält vor dem Green House, einem der ältesten Gebäude Nevadas. George Green, der 1853 auf der Suche

Barron Hiltons Hubschrauber, ein Hughes 500, ist als Transportmittel auf der Ranch kaum noch wegzudenken. Um beispielsweise das Startportal auf dem 3300 Meter hohen Mount Grant einzurichten, müssen kurzfristig eine große Menge Material und auch Menschen auf den Berg gebracht werden.

nach Gold hier die ersten Steine für ein Haus aufeinandersetzte, hätte sich in seinen Träumen wohl nicht vorstellen können, dass dieses Haus einst der Grundstock für eine Ranch von gewaltigen Ausmaßen sein würde. Heute erstreckt sich die Flying-M-Ranch über 2200 Quadratkilometer.

Sie umfasst ein Gebiet, das 25 Meilen südlich von Yerington, Nevada, beginnt und bis an die Ufer des Mono Lake in Kalifornien reicht. Die Wassuk Mountains begrenzen die Ranch im Osten, die Masonic Mountains im Westen. Damit ist das Gelände etwa so groß wie das gesamte Saarland im Südwesten Deutschlands oder etwa der Staat Rhode Island an der Ostküste der USA. Der East Walker River führt das Wasser aus dem Yosemite National Park heran und lässt mitten in der trockenen Wüstenlandschaft ein grünes, fruchtbares Band entstehen. Rund 4000 Rinder finden Futter in der Wildnis und manchmal jagen auch wilde Pferde über den steppenartigen Boden. Fast 150 Jahre reicht die Geschichte der Ranch zurück, zahlreiche Menschen haben hier gewohnt, Gold gesucht, Vieh gezüchtet oder versucht, den kargen Boden mühevoll zu bepflanzen und hier zu ernten. Einige sind glücklich und reich geworden, andere haben weniger Erfolg gehabt. Einer der letzteren hat versucht, das Vieh der Erfolgreicheren zu stehlen. Dafür sollte er an einem Baum aufgehängt werden. George Green hatte Mitleid mit ihm und seiner Familie und gab ihm Geld, damit er das Land verlassen konnte.

Linke Seite:
»Airport« Flying-M-Ranch: Eine zwei Kilometer lange Start- und Landebahn inmitten der Wüste als Stützpunkt für Segelflugzeuge, Heißluftballone und Motorflugzeuge aller Art – bis hin zu Barron Hiltons Privatjet.

Die, die das Land seit Jahrhunderten bewohnt hatten, Indianer vom Stamm der Paiutes, sind längst vom Wind der Zeit verweht worden. Ihr Kampf gegen den »No Goodee Cow Man«, der sein Vieh auf ihr Land trieb und ihnen damit die Lebensgrundlage raubte, hat ihnen Trauer, Krankheit und Tod gebracht. Und doch finden sich ihre Spuren, geheimnisvolle Indianerzeichnungen, bis heute ganz in der Nähe der Ranch, auf einem kleinen Berg, von dem aus sie das ganze Tal überblicken konnten. Bis heute kennt man die Bedeutung der Zeichnungen nur zum Teil. Zeugen einer vergangenen, hohen Kultur und Aussage, wie diese stolzen Menschen gelebt haben.

Splash´n Dash ist die hohe Kunst des Ballonfahrens: Es gilt, nur mit der Bodenplatte des Ballonkorbes ins Wasser des East Walker Rivers zu tauchen.

Dass der Weiße Mann meist sein Glück hier nicht fand, dass schneller Reichtum ebenso schnell wieder verging, menschliche Schicksale wie aufgewir-

Folgende Doppelseite:
Ein Flug über die unwirkliche, fast mondähnliche Landschaft um die Flying-M-Ranch: Außenlandungen sind hier fast unmöglich – die Wüste verzeiht keine Fehler.

belter Staub in der Wüste vom Wind verweht wurden, darauf weisen sieben Geisterstädte in der näheren Umgebung der Ranch hin. Darunter sind so berühmte Städte wie Bodie, Aurora und Masonie. Erinnerungen an den Wilden Westen sind allgegenwärtig. Die Ranch hatte nicht nur viele Namen, sondern auch zahlreiche Besitzer. Ende der fünfziger Jahre kauften fünf Millionäre die Ranch: unter anderem Don Douglas jr. von Douglas Aircraft, Bill Shay von der Walt Disney Company und Barron Hilton von der Hilton Hotels Corporation. 1968 zahlte Barron seine Partner aus und übernahm die Ranch alleine.

Neben den wilden Pferden gibt es Rotwild, Antilopen, Vögel, Kojoten und Hasen, die in großer Zahl auf den Hügeln um die Ranch herumstreifen. Auch die Begegnung mit einer Klapperschlange ist besonders in der Nähe des Flusses durchaus möglich.

»All«-gegenwärtig: Der amerikanische Astronaut Eugene Cernan und sein deutscher Kollege Ulf Merbold.

02Z

Von der Luft und vom Wetter

Je konkreter etwas ist, desto fester ist es – und umgekehrt. Das kann man auch ganz wörtlich und auf Dinge bezogen verstehen. Ein fester Körper, wie beispielsweise ein Stein, hat eine feste, konkrete Form. Diese lässt sich nur mit Gewalt verändern. Seine Stärke, aber auch seine Schwäche liegt darin, dass er so fest ist. Zwar können ihm nur sehr große Kräfte etwas anhaben, aber er ist andererseits auch derart festgelegt, dass er auf Einflüsse seiner Umgebung nicht reagieren kann, ohne seine Haupteigenschaft, seine Form, zu verlieren. Er ist starr, unflexibel, stur, despotisch. Wenn wir Menschen uns auf festem Boden bewegen, fühlen wir uns sicher. Nichts gibt nach, wir glauben, uns auf den Halt des Materials, das uns trägt, verlassen zu können. Die meiste Zeit unseres Lebens stehen, gehen oder fahren wir auf festem Grund. Von Natur aus sind wir für eine solche Lebensweise geschaffen. Unsere Denkweise bedingt unser Verständnis für feste Dinge. Sie erscheinen uns kalkulierbar, beruhigend und weitgehend frei von unberechenbaren Überraschungen.

Unser Einfühlungsvermögen ins flüssige Medium ist weit geringer. Während jeder gesunde Mensch ohne fremde Hilfe lernt, sich auf dem Boden zu bewegen, ist dies im Wasser durchaus keine naturgegebene Selbstverständlichkeit. Wie ängstlich und unsicher bewegt sich doch ein Mensch in

diesem Medium, solange er noch nicht von anderen Menschen an die besonderen Verhaltensweisen gewöhnt wurde, mit denen es ihm möglich ist, auch dann zu überleben, wenn er keinen festen Grund mehr unter den Füßen hat. Er strampelt ins Leere, findet keinen Halt, versinkt, ertrinkt. Flüssigkeiten geben nach. Sie stoßen nicht hart gegen Hindernisse, sondern umfließen sie. Sie weichen aus, sind geschmeidig. Doch auch Flüssigkeiten sind in ihrer Bewegung noch nicht ganz frei. Eine bestimmte Menge Wasser ist, in geringen Toleranzen, an ihr Volumen gebunden. Auch unter Druck kommt es kaum zu Veränderungen.

Für das Gasgemisch »Luft« scheint uns das angeborene Verständnis fast völlig zu fehlen. Wir können Luft nicht greifen. Wir fühlen ihre Masse nicht. Wenn wir uns in ihr natürlich, das heißt ohne Hilfsmittel bewegen, ist unsere Geschwindigkeit zu gering, als dass die Luft uns merklich bremsen könn-

Linke Seite:
Immer wieder lässt sich ein solcher »Dust Devil«, ein Thermikschlauch, ähnlich einem kleinen, begrenzten Tornado beobachten.

Fliegende Untertassen? Lenticularis! Diese Wolken entstehen oft an der Vorderseite einer Gebirgsbarriere. Die Luft gerät in Schwingung und es bilden sich Wolkenformationen mit glatten Rändern und linsenförmigem Aussehen.

te. Wenn wir nicht ständig Luft atmen müssten, um zu überleben, könnten wir ihre Existenz zeitweilig ganz vergessen. Luft ist wie alle Gase in höchstem Maße mobil, leicht und überaus beweglich. Das gilt auch für den mikrokosmischen Bereich. Die Moleküle fliegen frei durch den Raum. Ihr Abstand ist nicht festgelegt, so wie er dies bei flüssigen Stoffen ist. Auf Druck reagiert Luft anders als Wasser. Luft setzt äußerem Druck zwar auch Widerstand entgegen, aber sie gibt nach, lässt sich kleiner machen. Sobald der Druck von außen nachlässt, dehnt sie sich wieder aus. Luft braucht bei hoher Belastung nicht zu zerspringen, wie der feste, scheinbar so sichere Stein. Ihre Stärke liegt gerade in ihrer Formlosigkeit. Sie ist in der Freiheit ihrer Form nicht nur geschmeidig wie das Wasser, sondern überdies fähig, auf Druck elastisch zu reagieren. Wirft man einen Menschen ins Wasser, so kann er sich nur dann retten, wenn er darauf vorbereitet wurde, also wenn er Schwimmen gelernt hat. Würde man einen Menschen in der freien Luft unvorbereitet aussetzen, so hätte er überhaupt keine Chance. Ohne jeglichen Halt fiele er, bis er auf dem unerbittlich harten, festen Boden zerschmettern würde. In der Luft kann man sich nicht festhalten, Luft scheint nicht greifbar zu sein. Wasser kann man spürbar zwischen den Fingern zerrinnen lassen, Luft spürt man nicht einmal auf diese Weise. Wer sich vom festen Boden aufs Wasser begibt, verlässt seine natürliche Umgebung. Wer in die Luft will, geht einen entscheidenden Schritt weiter. Die extremste Möglichkeit realisiert der Astronaut, der in der Leere des Raumes strebt. Er stößt am weitesten in eine Welt vor, die unserer natürlichen Umgebung fremd ist.

Aus astronomischer Sicht ist die Lufthülle der Erde eine besondere Erscheinung. Unsere Nachbarplaneten Mars und Venus haben zwar auch eine Gashülle, aber Leben ist hier nur schwer vorstellbar. Die Venus ist ständig von dichten Wolken umhüllt und viel zu heiß. Auf dem Mars weht eine unsäglich dünne Luft mit Windgeschwindigkeiten von mehreren hundert Stundenkilometern über eine trostlose Steinwüste. Über der Erde verursacht die Lufthülle einen Druck von mehr als einem Kilopond pro Quadratzentimeter. Wir spüren dies nicht, weil der Luftdruck von allen Seiten gleich stark wirkt. Ohne diesen Luftdruck würden wir regelrecht platzen, weil unsere Körperflüssigkeiten, vor allem das Blut, sofort kochen würden. Die Kraft flexibler, mobiler und elastischer Dinge wird meistens unterschätzt. Dies gilt im übrigen auch in übertragenem Sinne für menschliche Charakterzüge und Verhaltensweisen, im persönlichem Bereich ebenso wie im Beruf, in der Wirtschaft und nicht zuletzt auch in der Politik. Was die uns umgebende Luft angeht, so ahnen nur relativ wenige Menschen die Größenordnung dessen, was sich an Kraftentfaltung täglich über uns abspielt.

Vielleicht zunächst ein klein wenig Physik: Entgegen allgemeiner Auffassung erwärmt die Sonne die Luft so gut wie überhaupt nicht. Die Sonneneinstrahlung ist hierfür viel zu kurzwellig. Dies wiederum ist so, weil die Sonnenoberfläche mit ihren 5800 Grad Celsius recht heiß ist. Erst der Erdboden fängt die Strahlungsenergie auf und setzt sie unmittelbar an seiner Oberfläche in Wärme um. Wie jeder Körper, so strahlt auch die Erde ihrerseits Energie ab. Entsprechend der viel geringeren Temperatur ist diese Strahlung erheblich schwächer und so langwellig, dass wir sie nicht sehen können. Auf die Luft aber wirkt sie sich entscheidend aus. Vor allem feuchte Luft wird unmittelbar erwärmt. Wesentlich ist, dass die Luft hierbei von unten her

Rechte Seite:
Eine »Welle«: Das Relief der Sierra Nevada ist ideal für die Ausbildung von Wellenströmungen. Bei ausreichend starkem Westwind fällt die Luft auf der Ostflanke der Sierra mit großer Geschwindigkeit ins Tal. Sie gerät dadurch großräumig in Schwingung.

So atemberaubend wie die Landschaft rund um die Ranch zeigt sich auch der Himmel.

aufgeheizt wird und nicht etwa von oben, wie es der Fall wäre, wenn die Sonne die Luft direkt aufheizen könnte. Ähnlich dem Kochtopf auf der Herdplatte, wo die Aufheizung von unten das Wasser in Wallung bringt, steuert die Erwärmung der Erdoberfläche das Wettergeschehen in der Lufthülle. Kleinräumige Temperaturdifferenzen entstehen. Bei der Erwärmung dehnt sich die Luft aus, wird leicht und steigt als Thermik auf. Großräumig bilden sich Druckdifferenzen: die Hoch- und Tiefdruckgebiete mit ihren Windsystemen. Durch die Drehung der Erde werden die Winde so gesteuert, dass sie im Uhrzeigersinn um Hochdruckgebiete wehen, während sie Tiefdruckgebiete gegenläufig umströmen. Dies gilt für die Nordhalbkugel der Erde, auf der Südhalbkugel ist es umgekehrt.

Auch das kleinräumige Wettergeschehen hat beeindruckende Dimensionen. Wenn über einer Bodenfläche von ein mal einem Kilometer die Luft als Thermik aufsteigt und in vielleicht zwei Kilometern Höhe eine nochmals einen Kilometer dicke Quellwolke bildet, so ist das eigentlich eher ein kleiner thermischer Aufwind. Geht man davon aus, dass ein Kubikmeter Luft auf Mee-

Rechte Seite:
Die Dämmerung in der kargen Wüste kommt schnell und unvermittelt.

resniveau eine Masse von etwa einem Kilogramm besitzt, so lässt sich leicht ausrechnen, dass in unserem kleinen Aufwind eine Gesamtmasse von drei Milliarden Kilogramm, entsprechend drei Millionen Tonnen in Bewegung ist. Wen kann da noch wundern, dass Flugzeuge problemlos wie Federn mit nach oben getragen werden.

In Wüstengebieten, wie im Südwesten der USA, heizt die Sonne den kargen Wüstengrund im Sommer bis auf über 50 Grad Celsius auf. Die trockene Bodenluft wird dadurch außerordentlich heiß. Aufwinde, die hier entstehen, sind weit größer und kräftiger als im gemäßigten Klima und erreichen auch viel größere Höhen. Oft begrenzen erst in über 6000 Meter Höhe Kumuluswolken den Steigflug der Segelflugzeuge. Mit vier oder fünf Metern pro Sekunde, manchmal auch noch deutlich schneller, spült die Luft die Flugzeuge nach oben.

Zusätzlich zu diesen spektakulären Aufwinden gibt es im weiten Bereich um die Flying-M-Ranch häufig noch eine ganz andere Art von Aufwind. Die Gebirgskette der Sierra Nevada erstreckt sich sehr markant in Nord-Süd-Richtung. Auf der Ostseite fällt das Gebirge steil auf einen breiten Talboden ab. Noch weiter östlich gibt es dann weitere Gebirgsketten, die teilweise

mit über 3000 Metern wieder beachtliche Höhen erreichen. Ein solches Relief ist ideal für die Ausbildung von Wellenströmungen. Die Mechanik ist eigentlich sehr simpel: Bei ausreichend starkem Westwind fällt die Luft auf der Ostflanke der Sierra mit großer Geschwindigkeit ins Tal. Sie gerät dadurch großräumig in Schwingung. Wenn die Wellenlänge mit der Talbreite harmoniert, kann die Schwingung an der nächsten Bergkette einen erneuten Anstoß erhalten und wird dann entsprechend verstärkt. Solche Wellen können sich nach oben in sehr große Höhen, bis zur Tropopause, ja in seltenen Fällen auch noch in die Stratosphäre fortsetzen. Segelflieger nutzen Wellenaufwinde, indem sie mit ihrem Flugzeug in dem Bereich der Strömung fliegen, wo sich die Luft nach oben bewegt. Man fliegt mehr oder weniger gegen den Wind jedoch fast ortsfest in Bezug zum Erdboden und steigt in gleichmäßiger, laminarer Strömung höher und höher. Es ist sicher kein Zufall, dass Bob Harris seinen Höhenweltrekord bei solchen Wetterbedingungen und genau in diesem Gebiet erflogen hat.

Wolkenlandschaften formen den Himmel.

Die Wüste vergibt keine Fehler

Im ersten Briefing des Segelflugcamps auf der Flying-M-Ranch muss alles besprochen werden, was für den Ablauf und die Sicherheit des Flugbetriebes wesentlich ist. Und das ist eine ganze Menge. Natürlich sind die Sieger und die als Gäste geladenen Weltmeister hervorragende Piloten, denen niemand mehr zu erklären braucht, wie man ein Flugzeug richtig steuert. Wer wollte das schon bewerkstelligen? Es gibt keine besseren Piloten, sie selbst sind die besten. Aber nicht notwendigerweise kennt jeder die Besonderheiten der Fliegerei in der Wüste. Hannes Linke, der die amerikanische Seite des Barron Hilton Cup organisiert, kennt sich da bestens aus und gibt kurze, drastische Informationen über die »Do's« und »Don't's«.

Wer hier fliegt muss wissen, dass er – von den wenigen Orten und Straßen einmal abgesehen – über einer lebensfeindlichen Landschaft fliegt. Trockenheit und Hitze können so extrem sein, dass man ohne Wasser nicht einen einzigen Tag überlebt. Es gibt Beispiele, dass Menschen, die sich in Panik falsch verhielten, nicht einmal einige Stunden überlebt haben. Trinken, trinken, trinken empfiehlt Hannes, auch dann trinken, wenn kein besonderes Durstgefühl dazu anregt. An heißen Tagen ist ein Verbrauch von gut acht bis zehn Litern Flüssigkeit durchaus normal. Genügend Trinkwasser für die Zeit nach einer Außenlandung muss ebenso mitgenommen werden, wie das

Wasser für die Zeit während des Fluges. In großer Flughöhe vermindert sich das Problem des Wassermangels. Statt dessen kann die Kälte dann unangenehm werden, wenn auch nicht unbedingt gefährlich.

Gestrandet in der Wüste: Wer hier fliegt, muss wissen, dass er sich – von den wenigen Orten und Straßen einmal abgesehen – über einer lebensfeindlichen Landschaft bewegt. Trockenheit und Hitze können so extrem sein, dass man ohne Wasser nicht einen einzigen Tag überlebt.

Und wie ist das mit dem Außenlanden? Das Allerwichtigste in einer solch einsamen Gegend ist klare Information. Regelmäßige Meldungen über Funk halten den Kontakt zur Bodenmannschaft. Mindestens einmal pro Stunde meldet der Pilot Flugzeugkennzeichen, Position, Höhe, allgemeine Lage und sein nächstes Ziel. Der Empfang muss von Flying-M-Ground bestätigt werden. Wenn dies, zum Beispiel wegen zu großer Entfernung, nicht direkt möglich ist, wird die Meldung über eines der anderen Segelflugzeuge abgesetzt. Auf der Flying-M-Ranch wird eine Liste geführt, in der alle derartigen Meldungen mit Uhrzeit notiert werden. Unabhängig von diesen regelmäßigen Informationen meldet sich jeder Pilot, wenn er glaubt, dass er in Schwierigkeiten geraten könnte. Er muss dies rechtzeitig tun, denn mit schwindender Flughöhe vermindert sich auch sehr rasch die Reichweite des Funkgerätes. Möglichst noch bevor er landet, gibt er – so genau wie irgend möglich – an, wo er landen will und lässt sich von Flying-M-Ground oder einem Relaisflugzeug durch Wiederholen zweifelsfrei bestätigen, dass seine Meldung verstanden wurde. Dieses Verfahren ist nicht nur wesentlich für die Sicherheit, dass der gelandete Pilot auch gefunden wird, es erspart ihm auch quälende Zweifel und mögliches Fehlverhalten nach der Landung, wenn er eventuell viele Stunden bei seinem Flugzeug auf Rückholer warten muss.

Es gibt in dieser Gegend zahlreiche sanft geschwungene, weite Ebenen, die aus großer Höhe recht glatt aussehen und fast zur Außenlandung einladen. Aus niedriger Höhe entpuppen sie sich dann jedoch meist als steinig. Felsbrocken liegen unregelmäßig verteilt herum, und dazwischen wachsen einzelne, außerordentlich harte, kleine Büsche. Auf solchem Grund kann man mit Glück vielleicht verletzungsfrei, aber nur selten bruchfrei außenlanden. Da selbst bebautes Ackerland, das es nur in wenigen Tälern gibt, meist wegen der Bewässerungsrohre, den Sprinklern und tiefen Gräben sehr problematisch ist, bleibt dem verantwortungsvoll fliegenden Piloten nur die Landung auf Flugplätzen – oder Orte, die er selbst oder ein anderer qualifizierter Segelflieger zuvor vom Boden aus überprüft hat.

Karl Herold ist da der lokale Spezialist. Wir übertragen aus seiner Karte die vielen farbigen Flecken, die mehr oder weniger gut landbare Stellen markieren. Zu jeder einzelnen gibt er Erklärungen und Anweisungen für einen eventuellen Landeanflug. Manchmal sind es Straßenabschnitte, an denen einmal keine Markierungsstöcke für die schneereiche Winterzeit stehen und die keine hohe Böschung links und rechts haben. Manchmal sind es Teilstücke von Staubstraßen – Vorsicht, da gibt es solche, die vielleicht nur einmal pro Monat von einem Rancher befahren werden – manchmal sind es aber auch Ränder von Salzseen, die geprüftermaßen fest genug sind, so dass das Flugzeug nicht versackt, oder aber Sandflächen und andere Gebiete, die für Segelflieger aus gemäßigten Breiten einigermaßen abenteuerlich anmuten. Hannes hat da noch eine interessante Variante. Er zeigt auf eine Stelle bei Dayton: »Hier ist ein wunderschönes Landefeld, aber es wäre besser, wenn ihr hier nicht landen würdet. Da gibt es einen etwas seltsamen Eigentümer, der sich über Besuch von Segelflugzeugen auf seinem höchst eigenen Grund und Boden überhaupt nicht freut. Der kommt schimpfend mit rotem Kopf und schussbereitem Gewehr auf euch zu ...«

Nehmen wir einmal an, unser Segelflugzeug sei glatt gelandet, zur nächsten belebten Überlandstraße seien es aber noch einige Meilen. Was tun? Erste Regel: Unbedingt am Flugzeug bleiben. Es ist schon schwierig genug, ein gelandetes Flugzeug aus der Luft ausfindig zu machen, wenn man den genauen Landeort nicht exakt kennt. Einen einzelnen Menschen zu suchen, ist nahezu aussichtslos. Also besser körperliche Kräfte sparen, tagsüber im Schatten unter dem Tragflügel ruhen und möglichst wenig Aktivität entfalten. Man sollte geduldig warten und nur dann das Funkgerät einsetzen, wenn auch Aussicht auf Funkkontakt besteht. Batterieladung nicht nutzlos verbrauchen. Wasser in dem Maße trinken, wie es vom Körper benötigt wird. Zu sehr an Wasser sparen, kann unmerklich zu Symptomen führen, die das Denkvermögen und die Psyche beeinträchtigen. Es sind schon Leute verdurstet, obwohl noch Wasser da war. Nachts ist die Kälte das Problem. Nächtliche Temperaturen bis unter den Gefrierpunkt sind in der Wüste selbst in den Sommermonaten keine Seltenheit.

Jedes Segelflugzeug, das von der Flying-M-Ranch überland fliegt, hat ein »Survival Kit« an Bord. Diese Überlebensausrüstung enthält unter anderem eine Isolierfolie gegen die nächtliche Kälte. Wichtig ist auch die Taschenlampe. In der Dunkelheit kann sich ein gelandeter Pilot durch Blinkzeichen

Außenlandung am Ufer des Mono Lake: Das Problem mangelnden Trinkwassers wurde elegant gelöst. Die Bergung war schwierig und dauerte zwei Tage.

Zurück vom Rekordflug: Im späten Abendlicht wird der Wasserballast abgelassen.

erheblich besser bemerkbar machen als während des Tages. Doch auch bei Tag hat er eine solche Chance, vorausgesetzt, es scheint die Sonne. Er benutzt dann den Signalspiegel, mit dessen Hilfe man das Sonnenlicht gezielt auf das Suchflugzeug reflektieren kann. Dann ist da noch das »Snake Bite Kit«. Es gibt Schlangen in diesem Gebiet, unter anderem auch Klapperschlangen sowie die besonders giftige Sidewinder. Diese Tiere sind aber normalerweise nicht aggressiv. Wesentlich ist, dass wir uns so verhalten, dass die scheuen Tiere uns rechtzeitig bemerken und fliehen können. Man muss also beim Gehen genügend Geräusche machen, beispielsweise schlurfen, mit einem Stock rascheln oder auch pfeifen. Vorsicht besonders nachts. Schlangen lieben Wärme. Es wäre nicht das erste Mal, wenn sich eine Schlange neben oder in einen Schlafsack schleicht. Der sicherste Schlafplatz ist ohnehin das Cockpit. Hier dürfte man auch vor Skorpionen und Taranteln

sicher sein. Ihr Stich beziehungsweise Biss ist sehr schmerzhaft, aber zumindest für erwachsene und gesunde Menschen nicht lebensgefährlich. Auch für diese Tiere gilt, dass sie Menschen niemals angreifen, wenn sie sich nicht bedroht fühlen. Ansonsten gibt es noch Kojoten, Wüstenspringmäuse und anderes nachtaktives Getier.

Ausgefallene Spielzeuge: Neben mehreren Segel- und Motorflugzeugen besitzt Barron Hilton auch diesen alten Stearman-Doppeldecker.

Bei den Segelflugcamps auf der Flying-M-Ranch hat es schon etliche Außenlandungen auf freiem Feld gegeben. Das ist bei Streckenfliegern nichts Ungewöhnliches. Einige Piloten haben auch lange auf ihre Rückholer warten müssen. Auch das ist normal. Völlig unnormal und geradezu traumhaft ist jedoch die Art, wie Barron Hilton seine Gäste nach einer Außenlandung üblicherweise abholen lässt. Dem holländischen Segelflugweltmeister Kees Musters wäre es beinahe als erstem der Gäste gelungen, ein Dreieck über eintausend Kilometer zu vollenden. Überentwicklungen und Schauer hatten ihn jedoch zu Umwegen gezwungen. Als er im letzten Streckenteil von Osten kommend versuchte, noch ausreichend hoch zu steigen, um den Gebirgsriegel des Mount Grant überfliegen zu können, war es bereits Abend und er konnte die nötige Höhe in der nachlassenden Thermik nicht mehr erreichen. In einem langen Gleitflug setzte er seine Höhe noch in Strecke um und landete auf einem Feld bei Schurz. Flying-M-Ground war über Funk informiert.

Da es schon anfing zu dämmern, stellte sich Kees auf eine lange, ungemütliche Nacht im Cockpit des Nimbus 3 ein. Aber beim »Soaring Camp« ist das anders: Der Helikopter startete und war zwanzig Minuten später bei dem Segelflugzeug. Kees stieg in den Hubschrauber und kam auf diese Weise zwar bei Dunkelheit, aber doch noch gerade rechtzeitig zum Rehbratenessen auf die Ranch. Und das Flugzeug? Nachts hätte das sowieso niemand gefunden. Während Kees am nächsten Morgen gegen halb neun nach einem Mexican Omelette noch mit einer ordentlichen Portion Erdbeeren beschäftigt war, zischte es über dem Ranchhaus. Der Nimbus 3 kam gerade zurück. Tom Stowers und seine Leute hatten ihn aus der Wüste mit dem Motorflugzeug zurückgeschleppt. Na, wenn das kein Service ist!

Die Boeing Stearman war eines der amerikanischen Standard-Schulflugzeuge in den 30er Jahren. Heute sind nur noch wenige dieser Oldtimer erhalten und flugfähig.

Ein Tag auf der Ranch

Ein Tag wie kein anderer

Vier Uhr morgens. Die Ranch liegt ruhig in der Stille der Wüste. Nur das monotone Surren der Klimaanlage durchdringt die frühe Stunde. Ich liege in tiefem Schlaf und träume von der unglaublichen Landschaft, die uns umgibt. Plötzlich wird die Tür zu meinem Zimmer aufgestoßen, ein Mann stürzt herein, läuft auf mein Bett zu, holt aus und schlägt mir auf die Brust. Ich fahre aus meinen tiefen, friedlichen Träumen hoch und bin zu Tode erschrocken. In der Dunkelheit erkenne ich Helmut. »Mensch, steh auf Frank, die Kojoten sind da!«, ruft er. »Wer ist da?«, murmele ich und höre ein unheimliches Heulen. Draußen auf der Ranch sind inzwischen alle Tiere wachgeworden. Die Pferde beginnen aufgeschreckt zu wiehern, die Hunde jaulen, die Vögel kreischen. Die angstvollen Schreie der Tiere werden vom durchdringenden Heulen der Kojoten übertönt.

Dann wird es plötzlich minutenlang ganz still, aber nur, um mit gesteigerter Lautstärke erneut zu beginnen. Noch bedrohlicher, noch unheimlicher. Neben dem markerschütternden Heulen der Kojoten und den angstvollen Schreien der Tiere auf der Ranch ist ein Geräusch zu hören, das wie ein lachendes Meckern klingt – gefolgt von einer neuen angstmachenden Ruhe. Offensichtlich haben die Kojoten ein Tier, vielleicht einen Hasen, bis zur Ranch verfolgt. Vor Jahren haben sie ein Reh bis auf die Wiese vor der Ranch gejagt und dann getötet. Wieder schwillt das Heulen an, wird immer lauter, lässt fast das Blut in den Adern gefrieren und verstummt. Dann bleibt es still. Der Spuk ist vorbei. Helmut und ich sind fasziniert. Wir haben das Heulen der Kojoten in den letzten Jahren immer wieder gehört. Es hat nichts von seiner Unheimlichkeit verloren. An diesem Morgen schlafen wir nicht mehr, sondern bereiten uns auf einen langen Tag vor.

Tom Enders in der Stearman.

Um sieben Uhr fünfzehn sieht unser Tagesablauf den Programmpunkt »Frühjogging« vor. Meist laufe ich alleine. Von den vielen Piloten, die mit uns auf der Flying-M-Ranch sind, zeigte sich nur Hans Werner Grosse, der erfolgreichste Rekordpilot aller Zeiten, als ein verlässlicher Laufpartner. Pünktlich ist er jeden Morgen da und läuft mit erstaunlicher Kondition vor mir her. Der Weg führt von der Ranch über eine staubige Straße nach Süden, vorbei an der Landepiste des Flughafens und durch die schöne Pappelallee zurück zu den Hauptgebäuden der Ranch. Dieser Morgenlauf ist für mich in den letzten Jahren zu einem wichtigen Bestandteil unseres Segelflugcamps geworden. Die Stille des Morgens, die aufgehende Sonne, der Geruch der Wüste und der Pflanzen sind ein großes Erlebnis. Nach der Rückkehr unter die Dusche und dann zum Frühstück. Aus der Küche strömt der Duft von frisch gebratenen Eiern und Zwiebeln. Eier mexikanisch, Eggs Benedict, Omelette mit Pilzen oder Schinken, eine frische Forelle aus dem East Walker River, was darf's sein?

Tom Enders und Ralph Cosby (r) an einer verlassenen Tankstelle in der Geisterstadt Bodie.

Inzwischen hat sich der Raum neben der Küche gefüllt. Dampfender Kaffee steht auf dem Tisch, Gespräche schwirren durch den Raum. Es geht natürlich wie immer um die großartigen fliegerischen Möglichkeiten über der Flying-M-Ranch: Bist du die Whites entlanggeflogen oder über die High Sierras? Auf der Höhe von Bishop hatte ich drei Kreise lang über acht Meter Steigen! So etwas habe ich noch nie erlebt! Kaffeetassen klappern, die Sonne scheint in langen Strahlen quer in den Raum, nichts scheint die Ruhe des frühen Morgens stören zu können, bis Hannes eintritt. Er hat die Wetterinformationen bei Doug Armstrong in Reno eingeholt. Wir sollten uns beeilen, meint er. Frühe starke Thermikentwicklung sei vorhergesagt, mit guten bis sehr guten Steigwerten. Wolkenbildung, beginnend über den Bergen, mit zunächst kleinen Quellwolken, die rasch anwachsen. Wolkenbasis gegen 11.30 Uhr in 3200 Metern, ansteigend auf 5800 Meter gegen 15.00 Uhr. Schwache Inversion in 6200 Metern Höhe, mit möglicher Gewitterbildung

William B. Anders (l) flog am 21. Dezember 1968 mit Frank Bormann und Jim Lovell in Apollo 8 zum Mond – an Heiligabend umkreisten sie den Mond.

Steve Fossett, ein amerikanischer Abenteuerer, der dreimal versuchte die Erde nonstop mit einem Ballon zu umrunden. Er hält zahlreiche Weltrekorde zu Wasser, zu Lande und in der Luft.

über hohem Relief. Am Nachmittag verbreitet Abschirmungen und stellenweise heftiger Regen. Wind im Tal zunächst schwach aus Süden, dann drehend auf Nordost. In Gewitternähe stark böig bis stürmisch. Vorsicht: Möglichkeit von Hagelschlag. Es ist keine Zeit zu verlieren. Nach einem kurzen

Cliff Robertson, Flug-Enthusiast, Hollywood-Star und Oscar-Preisträger. Er spielte unter anderem in »Zu spät für Helden«, und stellte John F. Kennedy im Film »PT 109« dar.

Christian Poppe, Senior Vice-President Corporate Communications der EADS.

Neben den Gewinnern der Länderwertungen werden auch die amtierenden Weltmeister auf die Ranch eingeladen: Giorgio Galletto, Segelflugweltmeister 1999.

Briefing fahren wir auf dem schnellsten Weg zum Flugplatz. Jeder fasst mit an. Wo sind die Survival Kits? Hast du einen Fallschirm? Kann jemand den Barografen rußen? Ist das Funkgerät geladen?

Worte schwirren durch die Luft. Dann zieht die Schleppmaschine das erste Flugzeug an. Der Platz leert sich. Ein Flugzeug nach dem anderen rollt an uns vorüber, hebt ab, taucht über der Hügelkette wieder auf, wird ausgeklinkt und beginnt, sich in die Höhe zu schrauben. Helmut hat an diesem besonderen Wettertag Pech. Er hatte als letzter ein Flugzeug wählen dürfen und dabei die Schweizer 2-32 zugeteilt bekommen. Er bietet Gästeflüge an und fliegt einen Start nach dem anderen. Barron sitzt am Funkgerät und koordiniert den Sprechverkehr. »Flying-M-Ranch-Ground, can you read?«, versucht er mit einem der Piloten Kontakt aufzunehmen. Der ist aber schon zu weit weg, vielleicht längst über den White Mountains und kann uns nicht mehr aufnehmen.

Einer kommt zurück, bei ihm hat es auf Anhieb nicht geklappt. Es dauert nicht lange, und schon ist er wieder in der Luft. Wir packen zusammen. Auch der Food-Truck, der gegen Mittag immer den Lunch zur Runway bringt, hat heute wenig Glück. Seine Sandwiches bleiben fast unberührt, unsere Piloten haben das Essen längst vergessen, sind überwältigt von den fliegerischen Möglichkeiten, lassen sich von der Begeisterung und der unglaublichen Thermik hochtragen. Endlich kehrt Ruhe auf der Flying-M-Ranch ein. Wir legen uns an den Pool.

Manchmal ist das feine Pfeifen eines unserer Segelflugzeuge zu hören, das versucht, Höhe zu gewinnen, oder keine Thermik gefunden hat und zurückkehrt, um so schnell wie möglich wieder in die Höhe geschleppt zu werden. Dann hört man in der Ferne das Aufheulen des Schleppflugzeugmotors, sieht zwischen den Bäumen den Schleppzug vorübergleiten. Die Wolken am Himmel sind größer geworden. Im Süden hat sich eine riesige weiße Wolke aufgebaut. Man kann sehen, wie sie immer weiter wächst. Dann kündigt ein fernes Grollen an, dass ein Gewitter auf uns zu zieht. Auch unsere Freunde, die irgendwo am Himmel ihre Kreise ziehen, haben die Entwicklung beobachtet und sich auf einen schnellen Heimweg gemacht.

Einer nach dem anderen landet und wir beginnen, so schnell wie möglich die Flugzeuge an ihre Abstellplätze zu schieben und festzuzurren. Das Grol-

Barron Hilton, Tom Enders und Ralph Cosby jun.: Corporate Design für die Besten der Besten – Siegerehrung beim Barron Hilton Cup.

len ist lauter geworden und aus dem gewaltigen Wolkenturm beginnt es zu regnen. Die der Erde entgegenfallenden Regentropfen wirken wie ein schwarzer Vorhang, der die Bühne nur bis zur halben Höhe bedeckt, da das Wasser durch die große Trockenheit schon auf der Hälfte seines Weges verdunstet. Über dem Platz liegt eine unwirkliche Ruhe. Dann beginnt sich auf dem kleinen See neben der Ranch das Wasser zu kräuseln und urplötzlich ist die Windwalze da. Sie treibt eine Staubwolke vor sich her, die in wenigen Augenblicken die Sicht auf ein Minimum beschränkt. Noch immer taucht die Sonne die gespenstische Szene in ein gleißendes Licht. Wir beobachten aus dem Schutz des Hauses, wie die Gewalt der Natur die Landschaft verändert hat. Die friedliche Ruhe hat sich in ein Tosen verwandelt, das nur vom Pfeifen des Sturmes übertönt wird.

So schnell alles gekommen ist, ist es auch wieder vorbei. Der Sturm hört auf, die Regentropfen verdunsten wieder auf halbem Weg zwischen Wolken und Boden, die Erde dampft. Ein grell leuchtender Regenbogen zieht sich über das Haus. Kurz bevor die Natur zeigte, wieviele Gesichter sie hat, wie sehr sie den Ablauf der Tage für uns hier bestimmt, sind Ingo Andersen und Edwin Sommer mit den ersten Regentropfen gelandet. Sie hatten mit ihrem

Janus C versucht, einen neuen Geschwindigkeitsweltrekord für ein 100-Kilometer-Dreieck aufzustellen. Jetzt, nach ihrer Landung wird fieberhaft gerechnet. Dann steht es fest: Sie haben Weltrekord geflogen.

Im Nu hat sich der neue Beweis dafür, welche Leistungen auf der Flying-M-Ranch möglich sind, herumgesprochen. Barron Hilton hat recht, wenn er die Gegend um die Ranch als Supergebiet für den Leistungssegelflug bezeichnet. Sektkorken knallen und die Rekordler werden mit der prickelnden Flüssigkeit begossen. Als die Gefeierten zum Haupthaus der Ranch zurückkehren, kleben die Haare in dicken Strähnen auf der Stirn. Alle freuen sich über den Erfolg der beiden. Später beim Abendessen setzt sich die frohe Stimmung fort. Alle reden über die tolle Leistung. Barron lächelt verschmitzt vor sich hin. »Die beiden müssen in den Pool, der Weltrekord muss »getauft« werden«, weiht er uns beim Essen in seine Pläne ein. »Aber wie bekommen wir die Rekordler in den Garten, ohne dass sie Verdacht schöpfen?«, werfen wir ein.

Die letzten Erdbeeren sind gerade verspeist, als Barron Hilton plötzlich aufsteht. Das Rot am Horizont ist hinter der letzten Hügelkette verschwunden, über dem Tal der Ranch hängt der riesige volle Mond – zum Anfassen nah. »Let's see the moon tonight«, schlägt der fliegende Hotelboss unvermittelt vor und geht zur Tür, die zum Garten führt. Alle stehen auf und folgen ihm. Erwin und Ingo haben keine Ahnung, was ihnen bevorsteht. Kaum sind sie jedoch im Garten, packen wir die beiden Rekordflieger, und Sekunden später liegen sie mit allen Kleidern im grünen Wasser des Swimmingpools. Da noch einige Landesrekorde der letzten Tage zu feiern sind, landen auch andere Segelflieger im Wasser. Zum Schluss fallen auch wir hinein – nicht wegen eines Rekordes, nur einfach so.

Die Stimmung schäumt über, der Pool ebenfalls. Auch Barron Hilton, John Denver und unsere Männer vom Mond liegen später im warmen Nass. »Let's see the moon tonight« – lasst uns heute Nacht den Mond anschauen ist inzwischen zum geflügelten Wort auf der Flying-M-Ranch geworden. Jeder weiß dann, was ihm bevorsteht.

Hannes Linke, Wettkampf-Direktor des Barron Hilton Cup und Manfred Bischoff, Co-Chairman der EADS (r).

»No goodee cow-men«

Al Thompson stand an einen der knorrigen alten, längst abgestorbenen Bäume gelehnt und blinzelte in die heiße Wüstensonne. Er sah den Indianer, der eines der Longhorns von der Herde trennte, erst, als der versuchte, das Tier in die Büsche zu treiben. Al riss sein Gewehr hoch und schoss ohne Vorwarnung. Der Indianer fiel tödlich getroffen zur Erde. So etwa könnte sich die Szene abgespielt haben, die als die erste gewalttätige Auseinandersetzung zwischen den Indianern und dem Weißen Mann in dieser Gegend gilt. Es dauerte nur wenige Tage, bis die Paiutes sich rächten. »Yank« Crossen, ein Mann aus Aurora, wurde gefangengenommen und getötet. Alles, was man später von ihm fand, war sein Skalp.

Der Goldgräberboom, der überall neue Ansiedlungen und Städte aus dem Boden schießen ließ, führte auch zu einer großen Nachfrage nach den täglichen Dingen des Lebens. Die Kaufleute an der Westküste reagierten schnell und schon im Frühjahr 1861 wurden die ersten Rinderherden über den Walker Pass durch das Owens Valley nach Aurora getrieben. Sie durchquerten Indianerland, denn hier im Mono und im Owens Valley lebten verschiedene Stämme der Paiutes, deren Nachbarn die Washo-Indianer im Norden und die Panamint-Shoshonen im Süden waren.

Bevor der Weiße Mann seine Herden in diese Gegend trieb, ernährten sich die Paiutes von gesammelten Nüssen, Beeren, Fliegenlarven und Wurzeln. Während die Frauen sich um die Landwirtschaft kümmerten, gingen die Männer auf die Jagd nach Antilopen, Rehen, dem Bighorn-Schaf oder Hasen. Aus dem klaren Wasser des East Walker River fischten sie Forellen. Dem trockenen Land trotzten sie Früchte ab, indem sie es mit Hilfe eigener Bewässerungssysteme feuchthielten. Der Bishop Creek spendete Wasser für eine der größten Bewässerungsanlagen. Sie war bei den Indianern unter dem Namen Pitana Patü bekannt. Das trockene Land konnte nur eine begrenzte Zahl von Menschen ernähren. Das Auftauchen der Weißen hatte deshalb katastrophale Folgen für die Indianer, die hier seit Jahrhunderten lebten.

Sehr bald flammten erbitterte Kämpfe zwischen den Eindringlingen und den Indianern auf, wobei diese feine Unterschiede zwischen den Goldgräbern und den Ranchern machten. Während sie die Menschen in ihren Minen weitgehend ungeschoren ließen, bekämpften sie die Herdenbesitzer und deren Cowboys mit allen Mitteln. Sie gaben ihnen den Namen »No Goodee Cow Men«. Die meisten Indianer hatten keine Feuerwaffen, da die Beschaffung von Pulver oder Blei für die Kugeln sehr schwierig war. Ohnehin verfügten ihre Pfeile über mehr Kraft und Zielgenauigkeit. Paiutes gingen nur dann

Stumme Zeugen längst vergangener Zeiten: Die Indianerzeichnungen in der Nähe der Ranch.

Die Ureinwohner des Ranch-Gebietes, Indianer vom Stamm der Paiutes, sind längst vom Wind der Zeit verweht worden. Ihr Kampf gegen den »No Goodee Cow Man« hat ihnen Trauer, Krankheit und Tod gebracht.

zum Angriff über, wenn sie eine Chance für einen Sieg sahen. Dabei waren einzelne Weiße oder kleinere Gruppen das bevorzugte Ziel. Es galt, den Feind zu töten, vor allem dann, wenn die Gefahr, selbst zu Schaden zu kommen, gering war. Paiutes glaubten nicht daran, dass es besonders ehrenvoll sei, im Kampf zu sterben. Sie kämpften, um ihre angestammten Rechte zu verteidigen. Die Weißen aber fanden sehr schnell heraus, dass das Zerstören der Vorratslager der erfolgreichste Weg war, sie zu bekämpfen.

Die Indianer versuchten nie, gezielt Gefangene zu machen. Dennoch war jeder Weiße, den sie gefangennahmen, ein willkommener Anlass zum Martern. Ironischerweise war ihr bekanntestes Opfer kein Weißer, sondern ein Schwarzer. Charley Tyler hieß der Bedauernswerte, der zunächst drei Tage gemartert und anschließend zu Tode geröstet wurde.

Ein anderes Beispiel für die Grausamkeit der Indianer und die Rache der Weißen war der Mord an Mary McGuire und ihrem kleinen Sohn. Am 31. Dezember 1864 erwachten Mary, ihr Sohn und zwei Männer, die im Haus anwesend waren, vom Lärm und einem Feuer, das auf dem Dach ihrer Hütte loderte. Die beiden Männer traten vor die Tür, wurden jedoch von einem Pfeilhagel empfangen. Die in dem brennenden Haus Eingeschlossenen versuchten vergeblich, das Feuer von innen zu löschen. Als es fast gelungen war, warfen die Indianer erneut brennendes Holz auf das Dach. Die Hitze wurde immer größer, und die beiden Männer beschlossen, die Flucht zu wagen. Sie versuchten, Mary McGuire zu überreden, mit ihnen zu kommen. »Es ist zu spät, niemand kann uns mehr retten«, antwortete die verzweifelte Frau. Daraufhin liefen die Männer allein aus der Hütte, die an der Straße von Aurora nach Visalia stand. Die beiden rannten um ihr Leben und konnten sich retten. Nach Stunden erreichten sie völlig erschöpft Little Lake, das etwa 18 Meilen südlich liegt.

Der bekannte amerikanische Astronaut Eugene Cernan auf der Ranch. Er war unter anderem an den Weltraummissionen Gemini 9, Apollo 10 und Apollo 17 beteiligt.

In der Zwischenzeit hatten zwei Reiter, die auf dem Weg von Visalia nach Aurora waren, den Rauch, der von der McGuire-Hütte aufstieg, entdeckt und eilten zu der Stelle. Sie fanden Mary McGuire, von 14 Pfeilen tödlich getroffen. Neben ihr lag der fünf Jahre alte Sohn, den sechs Pfeile getötet hatten. Seine Vorderzähne fehlten. Auf diese Weise glaubten die Indianer verhindern zu können, dass er eines Tages als wildes Tier wiederkehrt. Das Kind hielt einen Stein fest in der Hand und hatte wohl bis zum letzten Moment mutig gekämpft. Der Mord löste bei den Weißen großes Entsetzen aus. Die McGuires hatten sich immer für die Indianer eingesetzt und sie häufig mit Lebensmitteln versorgt. Man rüstete eine militärische Strafexpedition aus, die die Spur der Indianer bis zum Ostufer des Owens Lake verfolgte. Der Angriff erfolgte für die Indianer völlig überraschend. Er kostete 35 Paiutes, darunter Frauen und Kinder, das Leben. Nur zwei kleine Mädchen und ein Junge überlebten das Massaker. John McGuire, der unglückliche Vater, tötete zwei Indianer.

Das Blatt wendete sich dramatisch gegen die Indianer, als Captain Moses A. McLaughlin, ein ebenso fähiger wie aggressiver Kommandeur, mit der festen Absicht, die Bedrohung durch die Indianer zu beseitigen, in der Gegend auftauchte. Innerhalb weniger Monate hatte er sein Ziel erreicht, die Übergriffe der Indianer beschränkten sich auf wenige Vorfälle, der Krieg war vorüber. Die Hauptverantwortung für den Konflikt lag jedoch bei den Weißen. Sie besiedelten ein aus ihrer Sicht leeres Land. Die Paiutes besaßen keine Farmen, keine Minen, keine Straßen, keine Brücken und keine Industrie. Sie wohnten nicht in festen Siedlungen und man sah sie nur zufällig. Die Weißen begriffen nicht, dass die Indianer alles, was sie zum Leben brauchten, auf ihre Weise dem Land entzogen. Sie verstanden auch nicht, dass ihr Vieh, das das karge Gras abfraß, dem Wild und damit den Indianern die Nahrungsgrundlage nahm. Die Indianer wurden dadurch gezwungen, entweder das Land zu verlassen oder gegen die weißen Eindringlinge zu kämpfen. Die meisten Indianer entschlossen sich zum Kampf.

Bodie

Vom Lachen der Kinder zwischen den Häusern, dem Stimmengewirr auf den Straßen, den Schüssen in den Saloons, dem Stampfen der Mühlen und dem Klirren der Goldsucherpickel ist nichts geblieben. Der Wind rüttelt an den Gebäuden, die die Blüte dieser einst so lebendigen Stadt überdauert haben. Auf dem Friedhof über der Stadt wiegen sich Blumen im Wind, der an den schiefen Holzbalken der Gräber zerrt. Der Blick geht hinunter in die Stadt, zwischen deren Häusern Menschen auftauchen und wieder verschwinden. Die Besucher erwecken den Eindruck, als wären sie jene, die einmal hier lebten und längst vergangen sind. Als wären die zurückgekommen, die lange vergessen schienen. Im Turm der kleinen Kirche wiegt sich die Glocke im Luftzug, schlägt leise an und verstummt wieder.

An der Grenze von Kalifornien und Nevada, in fast 3000 Metern Höhe, liegt Bodie, oder besser gesagt, die Reste einer der verrufensten Western-Städte, deren Boom zwischen 1877 und 1881 nur vier Jahre andauerte, deren Mythos und Legenden aber mehr als 100 Jahre überdauert haben. 1879 hatte Bodie mehr als 10 000 Einwohner, 10 000 Weiße, denn Indianer, Chinesen, Schwarze und andere Rassen wurden damals nicht mitgezählt, durften noch nicht einmal auf dem Friedhof der Weißen beerdigt werden. Bodie war berüchtigt wegen seiner Schießereien in den Saloons und auf den Straßen, gefürchtet wegen der Krankheiten, aber auch des schlimmen Klimas wegen. Der Ausruf: »Good bye God, I'm going to Bodie«, wurde weit über die Grenzen bekannt. Der Satz, den ein kleines Mädchen in ihr Buch geschrieben hat, drückt die Verzweiflung und die Ängste aus, die die Menschen erfasste, deren Ziel die Stadt auf dem Berg über dem Mono Lake war.

Mord und Totschlag waren hier an der Tagesordnung. Wenn wieder einmal eines der Opfer von Krankheit oder Verbrechen beerdigt wurde – und das war mindestens einmal pro Tag der Fall – ertönte die Feuerglocke. Es war Brauch in Bodie, die Glocke so oft läuten zu lassen, wie der- oder diejenige an Jahren gezählt hatte. So läutete die Glocke oft den ganzen Tag. Die Schießereien in den Straßen, die Raubüberfälle, die Prügeleien in den Saloons waren nicht mehr als Abwechslung im öden Tagesablauf. Auf diese Weise suchte man nach einem harten Arbeitstag in den Gold- und Silberminen Entspannung. So war es auch am frühen Morgen des 13. Juni 1878. Patrick Gallaghers »Shamrock Saloon« war überfüllt mit Männern. Einige standen an der Bar und tranken irischen Whiskey, andere aßen am Fleischschalter Steaks, der Großteil hatte sich um den Spieltisch versammelt. Plötzlich begannen zwei der Männer laut zu schreien: Alex Nixon, der mächtige und populäre Präsident der Miners Union, und Tom McDonald, der meinte, er sei der bessere Mann. Nixon holte aus und traf McDonald am Auge, der taumelte und zu Boden fiel. Andere Männer versuchten, die beiden zu beruhigen, aber McDonald zog eine Pistole, feuerte und traf Nixon in die Seite. Dieser zog, während er zur Erde stürzte, ebenfalls seinen Revolver, schoss, verfehlte aber seinen Kontrahenten. Zwei Stunden später starb Nixon an den Folgen des Schusses.

Die McDonalds und Nixons waren in Bodie allgegenwärtig, machten die Stadt zu einem Ort der Gewalt und Ungesetzlichkeit. Der Begriff des »Bad man of Bodie« war damals in ganz Amerika geläufig. Einige Historiker meinen, es habe ihn unter dem Namen »Washo Pet« oder »Tom Adams« wirklich gegeben, diesen Bösewicht von Bodie. Es scheint aber, als wäre der Begriff mehr eine allgemeine Beschreibung für einen schlechten Menschen, schlechten Whiskey oder das schlechte Klima dieser Gegend.

Bodie gehört heute zum riesigen Gelände der Hilton Ranch. Immer, wenn das Wetter keine guten fliegerischen Möglichkeiten bietet, was ziemlich selten der Fall ist, ist Bodie eines der begehrten Ausflugsziele. Der Weg von der

Rechte Seite:
Der weiße Engel auf dem Friedhof von Bodie: Hinter vielen der Grabmäler steckt eine bewegende Geschichte.

EVELYN,
BELOVED
DAUGHTER OF
FANNIE O.
& ALBERT K.
MYERS,
BORN MAY 1, 1894,
DIED APRIL 5, 1897.

Ranch führt über eine holprige Straße, die diesen Namen eigentlich gar nicht verdient. Ein Fahrzeug mit Allradantrieb ist Voraussetzung, die Fahrt unbeschadet zu überstehen und überhaupt dort anzukommen. Wenn die Straße einmal mehr durch einen der heftigen Gewitterregen und die gefürchteten Flutwellen weggeschwemmt wird, besteht nur die Möglichkeit, Bodie über Bridgeport oberhalb des Mono Lake zu erreichen. Wer sich von Los Angeles oder vom Mammoth Lake aus auf den staubigen Weg nach Bodie machen will, muss den Highway 395 bis nördlich von Lee Vining nehmen und dann auf dem California Highway weiterfahren. Die Straße ist als Pole Line Road bekannt. Weder in Bodie noch der nahegelegenen Geisterstadt Aurora gibt es eine Tankstelle oder die Möglichkeit, etwas zu essen oder zu trinken zu kaufen.

Blecherne Zeugen längst vergangener Blüte: Die alte Tankstelle an der ehemaligen Hauptstraße von Bodie.

Immer wieder haben sich in dieser harten Wüstenlandschaft Tragödien abgespielt. Um nicht in ernste Gefahren zu kommen, müssen daher Wasserreserven (mindestens vier Liter pro Person) mitgeführt werden. Der Tank des Fahrzeuges sollte vorher komplett gefüllt werden und ein Reservekanister aus Metall ebenfalls dabeisein. Einen wesentlichen Gewinn an Sicherheit bedeuten außerdem extra Wasser und Kühlmittel für die Klimaanlage, natürlich etwas zu essen sowie ein zweites Fahrzeug, falls eines einen Defekt bekommt. Sehr wichtig ist es außerdem, zu hinterlassen, wo man hinfährt und welchen Weg man dabei vorgesehen hat. Die Wüste vergibt keine Fehler. Vielleicht haben Sie Glück und treffen Jack Shipply in Bodie. Er hat in München Geschichte studiert, ist sehr gut über Bodie informiert und sieht aus, als käme er gerade aus den Aufnahmen zu einem Westernfilm. Wir stehen mit ihm zwischen einigen noch gut erhaltenen Häusern in der Green Street und Jack erzählt etwas aus der Geschichte der Stadt.

Bodie war sicher eine der wildesten Städte im Wilden Westen. Die Stadt hat sich bis zu den 70er Jahren des 19. Jahrhunderts nur langsam entwickelt, dann wurde Gold gefunden und es begann ein sehr stürmischer Aufstieg. 1880 war Bodie vielleicht zehnmal so groß wie heute, es gab etwa 1500 Gebäude. Heute sind noch etwa 150 Häuser gut erhalten. Immer wieder wurden in Bodie Teile der Stadt durch große Feuer zerstört. Bei dem größten Brand wurden 1932 fast 250 Gebäude eingeäschert. Ausgelöst hatte das gewaltige Feuer ein kleiner Junge namens Bodie Bill. Es ist die alte Geschichte des Kindes, das mit Streichhölzern spielt. Bei dem kleinen Bodie Bill war es die Enttäuschung an seinem Geburtstag. Er hatte sich Kuchen gewünscht und einen Pudding bekommen. Das ärgerte ihn so, dass er das Fest verließ und das Haus ansteckte. Das Feuer griff in Windeseile auf weitere Gebäude über und große Teile der Stadt wurden zerstört.

Eines der wichtigsten Häuser in Bodie war die Begräbnisanstalt. Als wir eintreten sieht alles so aus, als wäre noch gestern die letzte Trauergesellschaft hier gewesen. Überall stehen kleine weiße Kindersärge herum. Ein Hinweis darauf, dass Kinder durch Krankheiten, fehlende Medikamente und das entsetzliche Klima besonders gefährdet waren. Die üblen Sitten dieser Stadt, in der das Verbrechen vor nichts Halt machte, sind auch hier gegenwärtig: Der Begräbnisunternehmer beispielsweise praktizierte damals eine sehr gruselige Form des Recyclings. Er verkaufte seine Särge, begrub die Verstorbenen und buddelte sie in der kommenden Nacht wieder aus. Dann reinigte er die

Särge und verkaufte sie erneut – bis alles aufflog und er Kunde der eigenen Firma wurde ...

Viele Menschen haben versucht, in Bodie ihr Glück zu finden. Die, die Glück hatten, wurden reich, die meisten verloren aber ihr Gold und Geld ebenso schnell wieder. Und doch findet man in Bodies Museum viele Gegenstände,

Die letzte Fahrt: Die harten Lebensbedingungen in über 3000 Metern Höhe, die langen, harten Winter und die mangelhafte medizinische Versorgung forderten ihren Tribut.

die auf Wohlstand hinweisen. Große Feste in vornehmen Kleidern wurden gefeiert, edelste Speisen dabei gereicht. Wer Geld hatte, zeigte dies auch. Aber es gab auch viele Arme und Arbeitslose. Armut war in Bodie besonders bitter. Da alles über große Entfernungen herangebracht werden musste, waren die Preise besonders hoch. Zum Luxus gehörten alle frischen Lebensmittel, vor allem Gemüse und Salat, da die Fahrt nach Carson City über die holprigen Wege vier bis fünf Tage dauerte.

Diese Erfahrung machte auch einer der bekanntesten Männer, die in dieser Gegend auftauchten, Mark Twain. Er wohnte in Aurora, der nächstgelegenen Stadt. Häufig kam er nach Bodie und hat in seinem ersten berühmten Werk »Roughing It« darüber geschrieben. Es wird erzählt, dass der später weltberühmte Schriftsteller hier seine schriftstellerischen Fähigkeiten erlernte. Er kam als Goldsucher, arbeitete im Bergwerk, verdiente viel Geld und

Der Bestattungsunternehmer von Bodie legte eine ganz besondere Form des Recyclings an den Tag.

Das umgrenzte Grab von Lotti Johl.

verlor alles wieder. Er begann daraufhin, für Zeitungen zu schreiben und wurde später mit seinen Büchern berühmt. Auch technisch machte Bodie damals Schlagzeilen. Eine Oberleitung für Wechselstrom, der aus einem Wasserkraftwerk kam, wurde über eine Entfernung von 13 Meilen zur Stromversorgung nach Bodie geführt. Westinghouse und Edison sollen verblüfft gewesen sein, als sie davon hörten.

Es gab viele schlimme Typen in Bodie. Einer der hartgesottensten war unter dem Spitznamen »Buffalo Bill« bekannt. Den hatte man ihm wegen seines langen weißen Bartes verliehen. Bill war der aalglatteste Dieb, den es hier wohl je gegeben hat. Er hatte sogar seinen Hund zum Stehlen abgerichtet. Wenn etwas unbeaufsichtigt auf dem Ladentisch lag, schleppte es der Vierbeiner nach Hause. Eines Tages erwischte er dabei ein liebevoll eingewickeltes Päckchen. Doch als der Hund nach Hause lief, löste sich die Schnur und die Verpackung des Päckchens. Als Bill nach Hause kam, saß sein vierbeiniger Freund bereits vor der Tür. Zwischen den Zähnen hatte er spitzenverzierte Damenunterwäsche, die im Wind wie eine Waffenstillstandsflagge wehte. Wenn Bill das Haus verließ, verbarrikadierte er die Tür mit drei Balken. Es gab ja so viele zwielichtige Elemente in der Stadt ...

Im bitterkalten Winter war in Bodie ein Stapel Feuerholz mehr Wert als Geld und Gold. Holz brauchte man außerdem zum Bau der Häuser, vor allem aber zum Abstützen der Minenstollen. Der reichste Mann der Stadt war daher kein Goldgräber, sondern der Holzhändler. Natürlich wurde Holz auch gestohlen. Immer wieder wiesen verräterische Spuren im Schnee rund um die Holzstöße auf Diebe hin. Also beschloss man, dem Dieb eine Falle zu stellen, bohrte ein Loch in ein Holzscheit und füllte es mit Schwarzpulver. Eines Tages, als Bill sich gemütlich die Hände am Feuer rieb, gab es plötzlich eine gewaltige Explosion. Die ganze Vorderfront von Bills Hütte stürzte zusammen wie ein Kartenhaus. Bill fand sich vor seiner Hütte im Schnee wieder. Er war so schwarz, dass ihn kaum sein Hund erkannte!

In Bodie gab es auch einen berühmten Geistlichen, Vater Cassin. Er kam vermutlich um 1878 nach Bodie und blieb fünf Jahre dort. Der Mann, dessen richtiger Name John B. Cassin war, wurde oft gebeten, Sterbenden Trost zu spenden, wenn wieder einmal eine der Schießereien stattgefunden hatte, am Bett oder auch am Tresen. Bei einer solchen Gelegenheit fand er einen Schwerverwundeten in einer Blutlache auf dem Fußboden eines Saloons. Als Vater Cassin sich über ihn beugte, glaubte der Sterbende, der Geistliche sei sein Duellgegner. Er zog seinen Revolver und verfehlte Vater Cassins Kopf nur um Haaresbreite.

Als wir das nächste Gebäude betreten, machen wir eine überraschende Entdeckung. Wir stehen in einer Art Fitness-Center des vergangenen Jahrhunderts. Bodie, fast 3000 Meter hoch gelegen, war berüchtigt wegen seiner kalten Winter, in denen sich der Schnee oft meterhoch türmte. Da während der Winter keine Aktivitäten im Freien möglich waren, wurden sie nach innen verlegt. So entstand schon damals eine Sporthalle, deren Geräte wohl heute noch benutzbar wären.

Etwa die Hälfte der Frauen, die in der Westernstadt lebten, waren Prostituierte. Einige davon erlangten auch über die Grenzen der Stadt hinaus

Der General Store: Hier ist alles noch so, wie es vor über 60 Jahren verlassen wurde.

Berühmtheit. Zu denen, die unvergessen sind, zählt Rosa May, die bis heute als eine Dirne mit goldenem Herzen gilt. Sie stammte aus Frankreich und hatte zuvor in Virginia City und Carson City gelebt. In kurzer Zeit wurde sie das Idol der meist einsamen Männer, die Königin von Bodies Unterwelt. Rosa May wurde reich und beschloss, eine Reise nach Europa zu machen. Sie besuchte ihre Verwandten in Paris, eilte nach Brüssel und Berlin und landete schließlich in Monte Carlo. Dort verspielte sie viele tausend Dollar, die die Goldgräber zuvor an den grünen Spieltischen des Laurel Palace Saloons von Bodie verloren hatten. Schließlich kehrte sie in die Goldgräberstadt zurück, begleitet von fünfzehn Koffern und Kisten – gefüllt mit feinsten Kleidern und Juwelen. Wieder kam einer der schrecklichen Winter mit niedrigen Temperaturen und hohem Schnee. Viele der Goldgräber erkrankten an Lungenentzündung. Rosa May eilte von Hütte zu Hütte, pflegte die kranken Männer, schrieb Briefe für sie nach Hause und erkrank-

te selbst an der Krankheit, die schon so viele dahingerafft hatte. Wenige Tage später war auch sie tot.

Auch die Prostituierte Lottie Johl beschäftigt die Menschen bis zum heutigen Tag. Sie war mit dem deutschen Metzger Eli Johl verheiratet. Nach ihrer Eheschließung wurde aus dem leichten Mädchen Lottie die solide Ehefrau Johl, die um die Anerkennung der feinen Gesellschaft von Bodie kämpfte. Eines Tages war Maskenball in Bodie und Lottie erschien in einem wunderschönen weißen Kleid, das mit Juwelen verziert war. Niemand erkannte die elegante Frau mit der Maske vor dem Gesicht. Bis zur Demaskierung war sie eine vielumworbene Frau, und das Preisrichterkomitee verlieh ihr den ersten Preis für das schönste Kleid des Abends. Sie war ganz Dame, bis zur Demaskierung. Entsetzt merkte die Gesellschaft, dass sie Lottie Johl, der ehemaligen Dirne, den ersten Preis verliehen hatte. Sie musste den Preis zurückgeben und wurde aus dem Saal gejagt.

Die, die hier einkauften, sind vergangen. Ihre Sorgen, genügend Essen zu haben, abends etwas Holz für eine warme, gemütliche Stube zu finden, Medikamente für die vielen Krankheiten zu bekommen, hat die Zeit verweht.

Lottie und Eli Johl lebten danach viele Jahre zurückgezogen in Bodie. Als Lottie eines Tages erkrankte, rief Eli den Doktor. Der schrieb ein Medikament auf, das Eli in der nahegelegenen Apotheke holte. In der folgenden Nacht ging es Lottie immer schlechter und der Arzt wurde erneut gerufen. Der konnte sich jedoch die dramatische Verschlechterung überhaupt nicht erklären. Am nächsten Morgen war Lottie tot. In der Stadt munkelte man, sie habe Selbstmord begangen. Die Autopsie brachte eine erstaunliche Erklärung. Das Medikament war in der Apotheke falsch zusammengestellt worden und man hatte Lottie eine tödliche Mischung verabreicht. Doch nicht einmal im Tod fand Lottie Johl Ruhe: Man wollte ihrem Mann nicht gestatten, sie auf dem Friedhof zu begraben. Eli Johl kämpfte lange für sie und erreichte schließlich, dass sie in einer Ecke des Friedhofs beigesetzt werden durfte, mit einem hohen eisernen Zaun um ihr Grab.

Einer der vielen Saloons von Bodie.

Als wir den General Store betreten, herrscht dort eine fast unheimliche Stimmung. Alles steht so da, als seien die Menschen hier gestern noch ein- und ausgegangen. Hier konnte man alles kaufen: Lebensmittel, Möbel, Dynamit, Teller, Kochgeschirr, aber auch die Geräte für den Bergbau. Über der Kasse hängt ein Schild: »Let's be friends – Don't ask for credit!« Eine alte Kaffeemühle lässt sich noch drehen, die Vorhänge wehen im Wind. Die Fenster sind blind geworden, verhindern den Blick nach draußen. Wird gleich die Tür aufgehen und eine Mutter mit ihren lachenden Kindern eintreten, um Lebensmittel für das Abendessen zu kaufen? Werden die Kinder sich Spielsachen aussuchen? Die Tür wird geschlossen bleiben. Die, die hier einkauften, sind vergangen. Ihre Sorgen, genügend Essen zu haben, abends etwas Holz für eine warme, gemütliche Stube zu finden, Medikamente für die vielen Krankheiten zu bekommen, hat die Zeit verweht. In Bodie ist nur der Wind geblieben und das furchtbare Klima. Immer wieder taucht die Stadt in der Liste der Rekordtiefsttemperaturen als kältester Punkt der USA auf.

Gibt es Geister in Bodie? Es gibt bis heute viele Menschen, die behaupten, dass es in Bodie spukt, selbst die Ranger sind oft nicht frei von diesem Aberglauben. Als wir mit Jack Shipply in einem der Häuser stehen, ist plötzlich ein lautes Knarren zu hören. Jack hat eine simple Erklärung dafür: »Wahrscheinlich handelt es sich nur um einen Temperaturwechsel und das Holz hat gearbeitet. Aber es stimmt schon, viele Menschen sind davon überzeugt, dass es hier spukt. Im vergangenen Jahr hat eine Reihe von Fotografen das Fenster eines Hauses aufgenommen, in dem es nicht mit rechten Dingen zugehen soll. Alle Aufnahmen waren schwarz, völlig unbelichtet.« Im Caine-Haus, so erzählt man sich, gehe immer nach Mitternacht eine Frau mit schwerem Schritt langsam auf und ab.

Die häufigen Prügeleien in den Saloons waren nicht mehr als eine willkommene Abwechslung im öden Tagesablauf.

Leise wehen Glockenschläge zu uns herüber. Wir verlassen die Stadt und steigen einen Hügel hinauf. Oben angekommen, stehen wir auf dem schöns-

ten Aussichtspunkt von Bodie. Jack Shipply meint, das sei wohl auch der Grund, warum der Friedhof hier angelegt wurde. Wir wandern an den Grabsteinen vorbei, die sich wie eine Chronik des Verbrechens und des Grauens lesen: James D. Rush, nach einem Mord gelyncht; David Benner, nach einem Saloonstreit erschossen; Neva Pine, an einer Überdosis Opium gestorben; Henry Chatterton, in betrunkenem Zustand erfroren.

Immer wieder gehen wir an Kindergräbern vorbei. Warum sind diese Kinder so früh gestorben? Jack Shipply ist ernst geworden. »Zum großen Teil waren es Krankheiten, die heute nicht mehr zum Tode führen, aber damals, ohne wirksame Medikamente, vielen Kindern zum Verhängnis wurden.« Wir treten an eines der Kindergräber. Ein Engel aus Marmor breitet seine Flügel über das kleine Grab. Jack erzählt uns die Geschichte: »Das war der sogenannte Engel von Bodie. Als sie starb, war sie etwa fünf Jahre alt. Sie lief hinter einem Bergmann her, der als sehr kinderlieb galt und es wohl auch war. Er bemerkte nicht, dass die Kleine ihm gefolgt war. Als er seinen Pickel schwang, hat er sie dabei unabsichtlich getötet. Nun liegt sie hier unter diesem schönen weißen Stein.«

William Bodey hatte an einem heißen Tag im Juli 1859 auf der Suche nach Gold den Platz, an dem später Bodie entstehen sollte, gefunden. Zusammen mit seinem Partner Black Taylor baute er sich eine Hütte. Der Winter 1859 kam schnell mit grimmigen Temperaturen. Bald stellten sie fest, dass ihre Nahrungsmittel nicht ausreichen würden. Sie machten sich zu Fuß auf den Weg nach Monoville. Auf dem Heimweg überraschte sie ein Schneesturm. Die beiden Goldgräber verliefen sich. Nach stundenlangem Herumirren fiel Bodey kraftlos in den Schnee. Taylor stolperte alleine weiter, fand die Hütte und versuchte, mit Decken ausgerüstet, zu seinem Partner zurückzukehren. Der Wind war aber so stark, dass er nach einigen hundert Metern aufgeben musste. Nachdem der Sturm nachgelassen hatte, versuchte er vergeblich, die Stelle, an der er Bodey abgelegt und ihn mit einer Decke umwickelt hatte, wiederzufinden. Den ganzen furchtbaren Winter über saß er allein in der Holzhütte, glaubte immer wieder die Stimme William Bodeys zu hören und wurde halb verrückt dabei. Erst im Frühjahr wurde das, was die Kojoten von Bodey übriggelassen hatten, gefunden.

Viele Jahre später beschloss man, ihm auf dem Hügel ein Denkmal zu setzen. Als der Granitstein gerade fertig war, wurde der amerikanische Präsident James A. Garfield ermordet. Die Entscheidung, nun dem erschossenen Präsidenten das Denkmal zu widmen, war rasch gefallen. Man schraubte die Platte mit dem Namen Bodeys wieder ab und setzte dafür eine Inschrift für den toten Präsidenten ein. Ein anderes Denkmal auf dem Hügel hatte einen ungewöhnlichen Verwendungszweck: Nachts kamen Schwarzbrenner auf den Friedhof, entfernten die Gedächtnistafel zu Ehren des Verstorbenen, eines Mr. Padgens, und deponierten illegalen Whiskey in der Aushöhlung.

Auf dem chinesischen Friedhof fanden die Beerdigungen mit großem Pomp und Zeremoniell statt. Tausende kleiner Papierschnitzel wurden auf dem

Weg des Beerdigungszuges verstreut, denn der Teufel musste sie alle aufsammeln, bevor er von der Seele des Verstorbenen Besitz nehmen konnte. Zu der Begräbniszeremonie gehörte es, Unmengen an Nahrungsmitteln, vor allem geröstetes Schweinefleisch als Wegzehrung für den Toten auf das Grab zu legen. Den Indianern der Gegend, die meist Hunger litten, blieb dieser Brauch nicht verborgen. Nach chinesischen Begräbnissen wurden auffällig häufig große Feste in den Indianerlagern gefeiert. Die Spezialität war geröstetes Schweinefleisch!

Die vielen Legenden haben sich über die Jahre mit der Wahrheit vermischt, sicher aber ist, dass Bodie die Stadt ist, wo der Westen am wildesten war. In wenigen Jahren wurde in der Stadt, weit oberhalb der Baumgrenze, viel Gold gefunden. Um 1880 gab es in Bodie drei Zeitungen, zwei Banken, ein dutzend Hotels, drei Brauereien und etwa 60 Saloons. Mitten hinein in die stürmische Entwicklung der Stadt brach das plötzliche Ende. Der rasche Verfall des Goldpreises machte den teuren Abbau des Edelmetalls unrentabel. Gold wurde hier nicht geschürft, sondern in Stollen gewonnen, die tief in die Berge getrieben werden mussten. Reichhaltige Gold- und Silberadern, die an anderen Plätzen gefunden wurden, lockten die Goldsucher zusätzlich weg aus der unwirtlichen Gegend. Mehrfach wurden große Teile der Stadt durch Feuer zerstört. Die Aussicht auf einen der grimmig kalten Winter in Bodie, ohne Holz oder anderes Baumaterial für neue Hütten, veranlasste die Männer, die hier ihr Glück gesucht hatten, die Stadt zu verlassen. Viele ihrer Hütten stehen heute noch so, als wären ihre Bewohner erst gestern fortgezogen. Trotz des beschwerlichen Weges zieht Bodie in jedem Jahr mehrere tausend Besucher an. Sie drücken sich die Nasen an den blinden Fenstern platt und suchen im Staub der Virgin Lane oder der Maiden Alley nach Goldnuggets. Aber sie finden kein Gold, sondern Geschichten aus einer Zeit, die den Ruf des Wilden Westens begründet hat – viele Stunden entfernt von der Zivilisation, mitten in den Bergen der Flying-M-Ranch.

Linke Seite:
Der Verfall des Goldpreises ließ die aufstrebende Goldgräberstadt Bodie jäh zerfallen. Heute beschäftigt sich nur noch der Rost mit den Überresten damaliger Technik.

Max ist glücklich

Bei den Flugzeughallen der Flying-M-Ranch fällt uns ein netter älterer Herr auf. Er ist eigentlich schon immer da und lächelt stets. Hier und da hilft er, so gut es geht. Mit sehnsüchtigem, halb verklärtem Blick sieht er jedem startenden Flugzeug nach. Wir einigen uns darauf, dass er wohl als Mitarbeiter auf der Ranch alt geworden sein müsse und nun hier seinen Lebensabend verbringe.

Noch waren die Cup-Gewinner mit der Vorbereitung ihrer Flugzeuge beschäftigt. Ich habe also etwas Zeit und komme auf die Idee, diesen freundlichen Menschen zu einem Flug einzuladen. Ob er nicht Lust hätte, einmal mit mir zu fliegen? – »Oh yes, that would be marvelous!« Er strahlt über das ganze Gesicht. Wir ziehen die Schweizer 2-32 auf die Piste und sind bald in der Luft. Nur ja vorsichtig, denke ich, ganz sanft steuern, dass dem netten Herren nicht schlecht wird.

Nach dem Ausklinken spüren wir einen kräftigen Aufwind. Zart lege ich das Flugzeug in die Kurve, erkläre meinem Passagier, wie die Steuerung funktioniert und lasse ihn am Knüppel die Ruderbewegungen mitfühlen. Nein, es gibt kein Problem. Es gehe ihm sehr gut, alles sei sehr schön. Gut. Wir steigen weiter. Immer wieder erkundige ich mich nach seinem Befinden. »No problem.« – »O.K.« – »I'm fine.« – »It's wonderful.« Inzwischen haben wir die Höhe des Mount Grant erreicht. Mit erhöhter Fahrt fliegen wir jetzt die Hochfläche entlang. Je flotter ich steuere, desto begeisterter äußert sich mein Passagier. Noch näher über die Felsen, noch schneller, noch steiler ziehen wir hoch, und alles ist offensichtlich noch schöner!

Seltsam, denke ich und freue mich mit ihm. Dann kommt mir in den Sinn, dass die 2-32 für einfachen Kunstflug zugelassen ist. Das kleine Schild »No aerobatics« dürfe man wohl nicht ganz so ernst nehmen, erkläre ich ihm. Ob er einmal einen Looping fliegen will? »Oh yes!« Der alte Mann strahlt und lacht. Aus einem Looping werden mehrere, dann zischen wir die Hangflanke entlang zurück zur Ranch. Dort ist man inzwischen mit den Vorbereitungen fertiggeworden und wartet auf mich. Ich soll mit einem anderen Flugzeug eine Gruppe zu einem längeren Streckenflug führen.

Über der Ranch dann noch ein paar Loopings. Warum sollte nicht jeder unten sehen, was dieser tolle Herr alles noch mitmacht. Jetzt noch ein Turn. Leider reicht die Fahrt nicht ganz, wir rutschen in einer ausgesprochen unangenehmen Bewegung einige Meter rückwärts durch die Luft, bevor das Flugzeug endlich nach vorne umschlägt und wieder in die normale Fluglage abgefangen werden kann. Noch immer strahlt der nette Mann. Wir holen etwas aus, Überflug, Landeflug, Landung.

Barron kommt auf uns zu und fragt meinen Passagier, wie es ihm gefallen habe. »Oh, incredible, really Barron, I never had such a beautiful flight in my glider!« Wie? Habe ich richtig gehört? »... in my glider ...«? »Entschuldigung, was haben Sie da eben gesagt? Wem gehört dieses Flugzeug?« Barron lacht. »Ja, wusstest du das denn nicht? Das ist Max, und die 2-32 ist sein Flugzeug. Max hat es bei mir abgestellt. Er fliegt es hin und wieder, wenn wir uns hier treffen.«

Max und Barron sind seit langem gute Freunde. Etwas sprachlos lasse ich mir berichten, dass der Lear-Jet am Platzende Max gehört, dass seine große Yacht gerade vor Alaska ankert und seine Firmengruppe an der New Yorker Börse gehandelt wird.

Extreme in der Wüstenluft

Peter Fischer und ich haben mit unseren Seglern einen herrlichen Flug nach Norden. Das Sperrgebiet bei Fallon ist großräumig umflogen, weiter geht's in die immer unwirtlicheren Gegenden westlich und nördlich der Carson-Senke. Dort unten muss es unerträglich heiß sein. Man sieht trockenes Gestein, weite Sandflächen und kaum noch Anzeichen, dass hier irgendwo einmal ein Mensch gewesen sein könnte. Vor uns lockt herrliches Flugwetter mit regelmäßigen Quellwolken, aber hinter uns wächst der Himmel zu, sieht es nach Wetteränderung, nach Schauern aus.

Wir kehren um, fliegen noch ein wenig nach Westen und finden unter einer Wolkenabschirmung immer wieder schwache Aufwinde. Der Weg führt vorbei an Minden und bald nähern wir uns dem Bergmassiv von Sweetwater, dem Toiyabe National Forest, zehn Kilometer nördlich der Ranch. Hier scheint wieder die Sonne, aber eine riesige Wolke türmt sich vor uns auf. Noch sind wir zu tief, können die Wolke nicht direkt anfliegen. Peter findet einen Aufwind, legt den Nimbus 3 steil in die Kurve und steigt nach oben weg. Ich komme mit der Pegase nach und fädle mich unter ihm ein. Wir steigen rasch und können schon bald die Ranch sehen. Da wird die schwarze Basis der Wolke vor uns unscharf.

Folgende Doppelseite: Das einzigartige Panorama über der Ranch: Die Wassuk Mountains begrenzen die Ranch im Osten, die Masonic Mountains im Westen.

Z

Ein wahrer Vorhang von Regen und Hagel ergießt sich nach unten. Die letzte Lücke schließt sich. Wenn wir die Ranch noch erreichen wollen, müssen wir da durch. Um nicht im Abwind des Schauers heruntergewaschen zu werden, erkurbeln wir in unserem Aufwind noch einige hundert Meter Sicherheitshöhe. Peter fliegt ab und verschwindet bald darauf im Schauer. Noch ist alles ruhig, dann zuckt der erste Blitz auf. In dichter Folge weitere Blitze – in voller Länge kann ich sie von der Wolke bis in den Wüstenboden einschlagen sehen. »Etwas laut«, meint Peter, »aber kein Problem, ich bin schon durch. Du kannst kommen.«

Mit gemischten Gefühlen steuere ich in die Schauerwand. Schneegestöber, Hagel und Regen umgeben mich, Blitze links und rechts, es kracht ohrenbetäubend, und plötzlich fühlt sich der Steuerknüppel so seltsam an. Es bitzelt in meiner Hand. Das ganze Flugzeug ist offenbar statisch aufgeladen. Nicht unbedingt gefährlich, denn die Flugzeugoberfläche sollte doch als Faradayscher Käfig mögliche Entladungen an der Außenhaut ableiten. Dennoch ein merkwürdiges Gefühl. Hoffentlich weiß die Natur auch, dass sie ihre elektrische Energie um mich herum und nicht durch mich hindurch leiten soll. Das Bitzeln wird stärker, fängt an, weh zu tun. Da wird es hell um mich, ein Blitz geht direkt neben dem Flugzeug krachend herunter, danach ist wieder alles in Ordnung. Der Steuerknüppel fühlt sich an wie immer. Noch einige Sekunden Angst, dann bin ich heraus.

Die Ranch liegt unmittelbar vor mir. Peter und ich kreisen noch ein wenig über den Hallen und landen ohne Probleme in ruhiger Luft bei fast totaler Windstille. So dicht nebeneinander können hier friedliche Ruhe und wilde Gewitterthermik liegen. Die Wüstenluft fällt von einem Extrem ins andere. Wir, mit unseren motorlosen Vögeln, müssen auf der Hut sein, um nicht zwischen die Mahlsteine dieser Gewalten zu geraten.

John Denvers Dreieck

Downwind downhill

John Denver, wer kannte ihn nicht, den populären Sänger gefühlvoller Countrysongs. Mehr als eine Gitarre brauchte er nicht – zum Singen, sonst allerdings schon. Berühmte und bekannte Persönlichkeiten sind die Würze beim Segelflugcamp auf der Flying-M-Ranch. Barron Hilton hatte den Neuzeit-Troubadour eingeladen, und dieser kam stilgerecht. Woody Woods hatte Johns ersehntes Spielzeug – einen herrlich restaurierten Waco-Doppeldecker aus den dreißiger Jahren – aus Phönix mitgebracht. John hatte sich dieses Flugzeug von ihm herrichten lassen. Er flog alle seine Flugzeuge selbst. Den Lear-Jet als Reiseflugzeug, die Waco morgens und abends – vor und nach dem Segelflugbetrieb der Cup-Gewinner.

Unser Segelflugfieber hatte John sofort neugierig gemacht. Noch nie war er ohne Motor geflogen. In den USA geht die Umschulung im Handumdrehen. Nach ein paar Starts mit Fluglehrer Hugh Williams flog John »solo«. Starts und Landungen sahen zwar recht abenteuerlich aus, aber mit der Thermik klappte es auf Anhieb sehr gut. Er zentrierte die Aufwinde geschickt, flog gleich mehrere Stunden und genoss es offensichtlich in vollen Zügen.

Am nächsten Tag will John es genau wissen. Er hat sich eine Dreieckstrecke über 300 Kilometer in die Karte gezeichnet und ist entschlossen, mit der ersten Thermik in die High Sierra zu fliegen. Vor dem Start können Ingo Renner und ich ihn gerade noch überzeugen, dass es vielleicht günstiger ist, die Flugroute etwas anders zu legen, denn in der Sierra gibt es zwar schroffe, hohe Berge und wilde Böen, aber so gut wie keine Landemöglichkeiten. Unsere Bedenken, ob es denn überhaupt klug sei, bei einem der ersten Segelflüge sofort weit vom Flugplatz weg in die Wüste hineinzusteuern, findet er eher kleinmütig. Nein, er weiß, was er will, und passt schon auf sich auf. Was können wir da tun?

Hannes Linke und ich beschließen, ihn zu begleiten. John fliegt die Libelle, Hannes seine LS 6, wir steigen in den Twin-Astir. John macht seine Sache wirklich gut. Bei hervorragender Thermik kommen wir recht problemlos voran. An der zweiten Wende, östlich des Walker Lake, ist der Himmel dann blau und die Thermik schwach. Die stolze Flughöhe schwindet dahin und der Rückweg wird wohl nicht so einfach werden. John hält sich gut und kämpft um jeden Höhenmeter. Ein letzter Aufwind bei Schurz und es geht über die Flanke des Mount Grant zurück zur Ranch.

John Denver hat es damals tatsächlich geschafft. Während wir beschließen, noch ein wenig oben zu bleiben, landen Hannes und John. Sofort sind sie von Fernseh- und Fotoleuten umringt. Barron Hilton gießt Champagner über Johns blondes Haupt: Es war wieder einmal hervorragend.

Frank und ich genießen inzwischen die immer stärker werdenden Aufwinde am Mount Grant. Dunkle Wolken haben sich hier gebildet und es ist abzusehen, dass es bald Schauer und Gewitter gibt. Vielleicht ist es doch besser zu landen, bevor unten die Hektik beginnt. Mit ausgefahrenen Luftbremsen steuern wir steil nach unten. Frage über Funk: »Was ist mit dem Wind, steht er noch in Richtung der Hauptbahn oder ist es besser, auf die unbefestigte Querbahn auszuweichen?« Starker Seitenwind. Man empfiehlt uns die Staub-Piste. Wir gehen in steiler Spirale – noch immer mit ausgefahrenen Bremsklappen – sofort in den Landeanflug, ohne einen Kreis und ohne Queranflug – leider. Von Ost nach West fällt die Piste zwar stark ab, aber wenn der Wind von unten kommt, wird's schon richtig sein ...

Erst nach der Landekurve, knapp über dem Boden, merke ich, dass etwas nicht stimmt. Wir rasen mit Rückenwind über den Wüstenboden, überfliegen die Pistenschwelle. Der Twin will die letzten zwei Meter Höhe über der

John Denver, der berühmte Mann mit der Gitarre, war auch begeisterter Flieger. Er flog auf der Ranch das erste Mal mit einem Segelflugzeug.

Piste nicht hergeben. Es bleibt keine Zeit zu überlegen, ob ich die Funkmeldung falsch verstanden habe, ob ich Windrichtung und Landerichtung verwechselt habe, oder ob die Meldung nicht eindeutig war. Wir müssen sofort aufsetzen. Das Bahnende kommt bedrohlich näher und, was das Schlimmste ist, genau dort, wo wir ausrollen werden, stehen ein Auto und ein Schleppflugzeug. Links und rechts neben der Piste liegen große Felsbrocken. Nur noch 200 Meter. Der Crash scheint unvermeidlich.

Nachdem John Denver genügend fotografiert worden war – strahlend, im Flugzeug, aussteigend, am Flugzeug, vor dem Flugzeug, mit blauen Augen in den Himmel schauend, mit und ohne Champagner im Haar – ist es am Boden ruhiger geworden. Woody und Barron stehen an der Piste und unterhalten sich. Plötzlich und unvermittelt meint Barron dann, am anderen Platzende würden die Flugzeuge so unordentlich herumstehen, man könne doch mal den Bereich freiräumen, in dem sich die Pisten kreuzen. Nur so, man wüsste ja nie, es wäre eben etwas sicherer. Woody möchte doch mit ihm hochfahren, dann könne man das in Ordnung bringen.

Während die beiden gerade beginnen, im Auto die einen Kilometer weite Strecke entlangzufahren, beobachten sie, wie wir mit dem Twin steil herunterkommen. »Verdammt, der fliegt ja verkehrt herum an!«, stellen sie erschreckt fest. Woody fährt, was das Auto hergibt. Vollbremsung am Bahnende. Barron springt in den Wagen, der die Kreuzung der Piste blockiert. Woody ist so schnell wie nie zuvor auf dem Pilotensitz der Cessna. Die Räder des Chevrolet quietschen, die Cessna wirbelt unter Vollgas Staub auf.

John Denver in seinem Waco-Doppeldecker aus den 30er Jahren. Bei einem Flugzeugabsturz mit seinem privaten Motorflugzeug kam er am 12. Oktober 1997 ums Leben.

Der Twin rast über die Piste und ich sage noch: »Halt dich fest, ich glaube gleich kracht's!« Im Sand der Piste scheint es keinen Halt zu geben, die Radbremse des Twin zeigt kaum Wirkung. Ich ziele zwischen Cessna und Chevrolet, aber die Spannweite des Twin wird wohl zu groß sein. Dann wirbelt plötzlich hinter der Cessna, kaum einhundert Meter vor uns, eine lange Staubfahne. Wie von Geisterhand gesteuert, bewegen sich Cessna und Chevrolet zu verschiedenen Seiten, die Lücke zwischen ihnen vergrößert sich. Wir preschen hindurch, überqueren die Hauptpiste und kommen fünfzig Meter dahinter zum Stehen. Nichts, gar nichts ist passiert.

Es ist vorbei, wir haben unbeschreibliches Glück gehabt. Wir steigen aus, Woody und Barron kommen uns entgegen. Wir umarmen unsere Retter und können noch nicht fassen, dass Barron auf die Sekunde genau, gerade noch rechtzeitig, die Idee hatte, da oben mal eben aufzuräumen.

Am Abend sitzen wir im großen Salon des Haupthauses und lassen die knapp abgewendete Katastrophe nochmals Revue passieren. John Denver verschwindet kurz, um wenig später mit seiner Gitarre wiederzukehren. Zur Feier des Tages singt er, nur für uns, Lieder von tiefblauem grenzenlosem Himmel, der Freiheit über den Wolken und der Macht der Natur. Erst Jahre später wird mir schmerzlich bewusst, wie sehr mich dieser Abend mit John beeindruckt hat. Ich sitze im Büro als mein Freund Dennis aus den USA anruft: John, der das Fliegen über alles liebte, der es wie kaum ein anderer verstand, sich von den Fesseln der Erde loszulösen, ist mit seiner Speed Canard ins Meer gestürzt. John ist tot.

Zwei Männer vom Mond

Die Hitze liegt flimmernd über der Landepiste des Flugplatzes inmitten der Wüste. Der kleine blaue Doppeldecker setzt zuerst mit dem linken Rad auf, zieht mit einem bedenklichen Bogen nach rechts, dann wieder nach links. Fast sieht es so aus, als tanze die Maschine. Dann fängt sich das historische Flugzeug, rollt aus, und der Pilot, mit lederner Fliegerjacke, Fliegerbrille und entschlossenem Blick, stemmt sich aus dem engen Sitz. Alan Shepard, der erste Amerikaner im All, der mit seinem Flug um die Erde den Schock der Amerikaner über den Russen Juri Gagarin, den ersten Menschen im All, wettmachte, springt mit einem Satz auf die Erde. »Hallo, Alan, zurück vom Mond?«, frage ich ihn. Er lacht. »Weißt du, Frank«, sagt er zu mir, »diese alten Flugzeuge zu fliegen, ist fast so schön, wie auf dem Mond gewesen zu sein.«

Alan Shepard hat die Stearman bereits 1946 geflogen. Ich spreche ihn auf die etwas missglückte Landung an. »Oh ja«, meint er schmunzelnd, »kritisch vor allem zu landen, weil sie soviel Auftrieb hat. Man muss ganz schön aufpassen, aber das Tollste an dieser alten Kiste ist ihre Kunstflugtauglichkeit.« Alan Shepard ist nach seinem waghalsigen Flug mit der Redstone-Rakete der berühmteste amerikanische Astronaut. Außer einem Besenstiel hat er alles, was fliegen kann, geflogen. Was fliegen für ihn bedeutet, will ich von ihm wissen. Er blickt nachdenklich. »Fliegen, das ist das Wichtigste in meinem Leben. Ob man dazu geboren wurde oder nicht – es nimmt Besitz von einem, es geht tief ins Blut. Obwohl ich nun fast ein Jahr nicht in der Luft war, hat es mich sofort wieder gepackt und ich habe festgestellt, wie sehr ich es vermisst habe.«

Am 18. November 1923 wurde Alan B. Shepard in East Derry, New Hampshire, geboren. Er kam erst nach dem Zweiten Weltkrieg zur Luftwaffe und erwarb 1947 seinen Pilotenschein. Nachdem er 1950 Testpilot wurde, erprobte er neue Flugzeugtypen und erhielt dafür zahlreiche Auszeichnungen. 1959 wurde er von der NASA in die engere Wahl der Kandidaten für kommende Weltraumflüge gezogen. Am 15. Mai 1961 startete er zum ersten bemannten Raumflug der USA in der »Mercury«-Weltraumkapsel »Freedom 7« in den Weltraum.

Mit der vom Team Wernher von Brauns entwickelten »Redstone III«-Rakete wurde er auf die ballistische Flugbahn geschickt und erreicht eine Höhe von 184 Kilometern bei einer Geschwindigkeit von 8106 Stundenkilometern. Am 31. Januar 1971 führte er als Kommandant das Raumschiff Apollo 14 »Kitty Hawk« zum vierten Mondflugunternehmen der USA. Trotz Schwierigkeiten bei der Kopplung von Mutterschiff und Mondfähre landete er am 5. Februar 1971 gemeinsam mit dem Mondfährenpiloten Edgar Mitchell als drittes amerikanisches Team auf dem Mond. Nach seiner Landung am 9. Februar 1971 südlich der Insel Samoa im Pazifik wurde er zum Konteradmiral befördert.

Welche Empfindungen hatte Alan Shepard, als er an der Spitze der Redstone-Rakete saß, die nach heutigen Vorstellungen geradezu winzig ist? (Sie ist viel kleiner als eine der Hilfsraketen des Space Shuttle.) Betrachtet er den Ritt auf der Rakete ins All überhaupt noch als Fliegen, will ich von ihm wissen. »Da gibt es viele Gefühle. Der erste kurze Flug war schon ziemlich aufregend, und die Gefühle dabei lassen sich kaum beschreiben. Die Mondflüge waren dann viel länger, sie brachten mir persönlich auch eine stärkere Befriedigung.«

Etwas vermisste Alan Shepard an Bord des Redstone-Raketenwinzlings: Eine Toilette. Trotz siegreicher Technik ging beim ersten Flug eines Amerikaners ins All im wahrsten Sinne des Wortes etwas in die Hose. Alan Shepard lacht. »Das kann man wohl sagen, ich hatte einfach zuviel Kaffee getrunken und

Ulf Merbold, Astronaut und Kosmonaut »umkreist« den Mond. Neben der Weltraumausbildung hat der Deutsche auch einen Berufspilotenschein mit Instrumentenflugberechtigung und einen Kunstflugschein.

dann verzögerte sich der Start um einige Stunden. Meine Verzweiflung wuchs.« Astronaut und Bodenkontrollstation gerieten in Panik. Was konnte passieren, wenn es passierte? Welche elektrischen Leitungen konnten beschädigt werden? Die Techniker waren sich über die möglichen Folgen nicht einig. Irgendwann setzte Alan Shepard der Diskussion ein Ende. »Unangenehm war dabei nur, dass ich mit den Füßen nach oben und dem Kopf nach unten in der Rakete lag. Aber es blieb kein anderer Weg«, meint er, »auf mich kamen ja beim Start gewaltige Vibrationen zu, außerdem 12 G Belastung beim Wiedereintritt in die Erdatmosphäre. Übrigens, als ich dann wirklich gestartet bin, war alles wieder okay. Die Luft, die durch meinen Raumanzug geblasen wurde, hatte alles getrocknet.«

Als ich von ihm wissen will, mit was er denn am liebsten fliegt, lacht er und sagt: »Eigentlich ist mir das egal. Ich fliege alles, was mich in die Luft bringt und vor allem sicher wieder auf den Boden.« Von den wenigen Menschen, die auf dem Mond waren, haben uns zwei immer wieder auf die Flying-M-Ranch begleitet. Eugene A. Cernan, Kommandant von Apollo 17, war sogar zweimal am Mond. Das erste Mal, mit Apollo 10, hat er sich mit der Mondlandefähre »Snoopy« der Oberfläche bis auf wenige Kilometer genähert. Aufgrund der dabei gesammelten Erfahrungen konnten dann mit Apollo 11 erstmals zwei Astronauten auf dem Mond landen. Bei seinem zweiten Flug hat er den Mond selbst betreten.

Jetzt waren die beiden Männer vom Mond mit uns in der Stille der Wüste Nevadas und segelten lautlos, nur von den Kräften der Natur getragen, über den High Sierras. Abends, wenn der Wind eingeschlafen war und die Thermik mit ihrer Kraft nachgelassen hatte, saßen wir zusammen unter dem unglaublich klaren Sternenhimmel der Wüste, und beide begannen sich zu erinnern. Alan Shepard meinte zu den Anfängen der Raumfahrt und ihren Gefahren: »Das war zu einer Zeit, als man noch daran zweifelte, dass ein Mensch unter schwerelosen Bedingungen für längere Zeit ein Raumfahrzeug manövrieren könnte. Inzwischen ist ja bewiesen, dass der Mensch sich sehr schnell an diesen schwerelosen Zustand anpassen und auch gut unter diesen Bedingungen leben kann. Besonders die Mediziner fragten sich damals, wie der menschliche Körper reagieren würde.«

Es wurde auch die Frage aufgeworfen, ob sich das Denken und der Geisteszustand in der Schwerelosigkeit ändern würde. Überall wurden Zweifel

Alan Shepard, der erste Amerikaner im Weltraum, flog am 5. Mai 1961 mit seiner Raumkapsel Freedom 7 für 14 Minuten durchs All. Am 5. Februar 1971 landete er schließlich mit Apollo 14 auf dem Mond.

laut, es gab eine Menge Zyniker. Die Menschen heute denken anders über die Raumfahrt.« Hatte Alan Shepard Angst vor dieser neuen, nie gekannten Art des Fliegens? »Aus meiner Sicht waren wir alle sehr nervös, die wir die Maschine kontrollieren sollten. Angst, dass wir nicht reagieren, dass wir Fehler machen würden. Die Tatsache, dass dies ja alles auch gefährlich war, haben wir verdrängt. Das muss man auch, wenn man ein guter Testpilot sein will. Auf die eigene Ausbildung vertrauen, die Ingenieure und all die anderen Dinge. Wenn man da oben zitternd vor Angst in der Kapsel säße, täte man niemandem einen Gefallen, am wenigsten sich selbst.«

Wer die Mondlandungen im Fernsehen verfolgt hat, konnte den Eindruck gewinnen, das Ganze sei eher ein leichtes Unternehmen. Es hatte aber viele kritische Momente. »Was war denn die kritischste Phase«, frage ich ihn. Alan Shepard überlegt nicht lange. »Der schwierigste Teil war natürlich die Mondlandung. Wir hatten mehr Möglichkeiten, vom Mond wegzukommen,

Eugene Cernan (r) ist bislang der einzige Mensch, der jemals einen »Autounfall« abseits unseres Planeten hatte: Bei seiner letzten Mondmission mit Apollo 17 im Dezember 1972 büßte das Mondfahrzeug »Lunar Rover« aufgrund einer Unachtsamkeit einen Kotflügel ein. Sein Kommentar: »Fliegen kann ich besser!«

als auf ihm zu landen. Der wirklich kritische Punkt war das Aufsetzen auf dem Mond. Der Spielraum des Landeplatzes war äußerst gering, er lag nur etwa bei fünfzig Metern. Wichtig war vor allem, eine möglichst ebene Fläche zu finden, und dann mussten wir auch noch selbst darauf zusteuern.«

Wir stehen im Garten der Ranch und schauen zum Himmel. Alan Shepard und Eugene Cernan zeigen uns die Stelle auf dem Mond, auf der sie gelandet sind. Wir blicken auf unzählige Sterne, die Milchstraße, die hier wirklich wie eine Straße wirkt. Ein Stern leuchtet besonders hell. Als ich ihn eine Weile beobachte, stelle ich fest, dass er sich bewegt, immer schneller wird. Es ist einer der vielen Satelliten, deren Existenz erst durch die Raumfahrt möglich wurde. Eugene Cernan war der erste Mensch, der ein Auto auf dem Mond fuhr. Jetzt, wo wir hier stehen, weit weg von der nächsten menschlichen Ansiedlung, mitten in der Wüste, wird diese Vorstellung noch unwirklicher. Ich frage ihn, ob er denn gerne noch einmal mit einer Rakete fliegen würde. »Natürlich würde ich gerne und jederzeit wieder mitfliegen, aber diese Flüge sind so selten. Trotzdem bin ich schon sehr froh, dass ich einmal eine Rakete geflogen habe, dank Alan Shepards Pioniertaten. Man darf nie vergessen, dass es eine ganze Menge Mut kostete, auf so ein Pulverfass wie die Red Rocket zu steigen, noch dazu, wenn man bedenkt, dass es damals keine Erfahrungswerte gab. Und auf einmal der zu sein, auf den die Wahl gefallen ist; der Mensch in der ersten Rakete zu sein, die die Erde verlässt. Alan Shephard ist zu bescheiden. Wir stehen in seiner Schuld dafür, dass er uns Vorbild war, dass wir nach ihm den Mut aufbrachten, um zum Beispiel zum Mond zu fliegen.«

Eugene Cernan, von seinen Freunden Gene genannt, war der Astronaut, der am längsten auf dem Mond verweilte. Er ist auch der einzige Mensch, der je außerhalb der Erde mit dem Auto fuhr, dem teuersten, das je gebaut wurde. Er lacht. »Da fuhren wir nun über 300 000 Kilometer von der Erde entfernt Auto. Ich beanspruche das große Privileg für mich, nicht nur der einzige Mensch zu sein, der auf dem Mond Auto gefahren ist, sondern auch der, der dort einen Unfall gebaut hat. Mir ist nämlich ein Kotflügel abhanden gekommen. Das wird mir nun dauernd nachgetragen.«

Wir stehen seit Stunden auf der Wiese vor der Ranch, begreifen immer mehr die Unendlichkeit, sind so faziniert, dass wir nicht einmal merken, welche Freude die Mücken mittlerweile an uns haben. Alan Shepard und Eugene Cernan sind nur zwei der Männer, die auf dem Mond waren. Werden andere Menschen in Zukunft in ihre Fußstapfen treten? Alan Shepard antwortet sofort. »Auf jeden Fall, da gibt es überhaupt keine Frage. Wir haben zwar auf dem Mond keine wertvollen Mineralien gefunden, aber dafür wichtige Erkenntnisse zu Problemen, über die sich die Wissenschaft in der Vergangenheit lange den Kopf zerbrochen hatte. Wir haben beispielsweise auf dem Mond Gesteine gefunden, wie es sie auch auf der Erde gibt, was die Theorie stützt, dass Erde und Erdtrabant zur gleichen Zeit entstanden sind.« Eugene Cernan nickt und stimmt zu. Dann meint er: »Wir werden auf den Mond zurückkehren und sogar zum Mars und noch weiter fliegen. Anlässe dafür gibt es sicher genug.«

Zu den wenigen Menschen zu zählen, die den Mond betreten haben, was bedeutet das? Hat sich das Leben der Astronauten verändert? Sehen Alan Shepard und Eugene Cernan die Dinge des Lebens jetzt anders? »Das ist eine sehr schwere Frage«, meint Alan Shepard nachdenklich. »Ich glaube, dass es meine Lebenseinstellung und Philosophie nicht verändert hat. Ich muss dennoch zugeben, dass der Blick zurück auf die Erde, das Bild unseres wunderschönen Planeten bei mir ganz spontane Gefühlsregungen ausgelöst hat. Das ist unser Zuhause, habe ich zu mir selbst gesagt – wie still, friedlich und zerbrechlich die Erde aussieht. Und doch wusste ich, dass dort gerade in diesem Moment viele Konflikte ausgetragen werden, zwischen Nationen, Staaten und Menschen. Und dann dachte ich, wie schade es ist, dass man nicht jeden Erdbewohner mit auf den Mond nehmen kann, um ihm zu zeigen, wie kostbar dieser Planet ist. Wir müssen lernen, miteinander auszukommen.« Um uns ist es stiller geworden, als Eugene Cernan fortsetzt: »Es ist eine so einmalige und seltene Erfahrung. Es war ein bemerkenswerter Moment, zurück zur Erde zu schauen, von Pol zu Pol blicken zu können, von Kontinent zu Kontinent. Das war noch wichtiger, als den Mond zu betreten.«

Am nächsten Tag stehen wir auf der Landebahn des Flugplatzes der Ranch. Eugene Cernan sitzt in einem Segelflugzeug, entspannt und gut gelaunt. »Wie kam der Mann vom Mond zum Segelfliegen?«, frage ich ihn. »Oh, Barron hat mich dazu gebracht. Er hat mir erklärt, für die Europäer sei dies die beste Art des Fliegens und da wollte ich wissen, ob das wirklich stimmt. Ich glaube, sie haben recht. Segelfliegen, das ist Fliegen in seiner einfachsten, wohl auch ursprünglichsten Form. Du bist alleine mit der Natur und spürst, was Fliegen wirklich bedeutet. Es ist der einzige Weg, zu empfinden, was uns die Natur gestattet, mit Flügeln, die wir uns selbst gebaut haben. Es ist aber auch ein Test, die Grenzen der eigenen Möglichkeiten und Fähigkeiten zu finden!«

»Was ist der große Unterschied zwischen dem Flug zum Mond und dem Fliegen nur mit den Kräften der Natur? Ist es der Mangel an eigenen fliegerischen Möglichkeiten beim Ritt auf dem Feuerstrahl?«, will ich von ihm wissen. »Oh, wir konnten auch mit diesen Raketen eine ganze Menge fliegerisch tun. Apollo konnte 25 000 Meilen in der Stunde fliegen, wir konnten Rollen machen und Flips. Wir konnten uns sogar wie ein Segelflugzeug bewegen, das haben wir auf dem Mond bewiesen. Auch die Space Shuttle landen im Segelflug auf der Erde. Hier gibt es viele Ähnlichkeiten. Du fliegst, suchst Thermik, steigst, kämpfst mit der Natur und versuchst, eine gute Landung zu machen. Fliegen hier in dieser Landschaft erinnert oft auch an die Zeit auf dem Mond. Dort landeten wir zwischen Bergen, die höher waren als der Grand Canyon tief ist. Das gibt eine Vorstellung davon, wie spektakulär die Landschaft auf dem Mond ist, wie grandios aber auch hier um die Ranch die Berge und Täler sind.« Eugene Cernan schließt das Cockpit, der Motor des Schleppflugzeuges beschleunigt mit tiefen Brummen, dann strafft sich das Schleppseil. Der Mann vom Mond hebt ab, bleibt viele Stunden in der Luft, nur von den Kräften der Natur getragen, wird zu einem Teil dieser Natur, ihren Gewalten, ihrer Schönheit, aber auch ihrer Gefahren und Tücken.

Wo ist Federico?

Es ist einer der heißen, trockenen Tage auf der Ranch, an dem auch nachmittags die Hitze kaum nachlässt. Die Ruhe wird nur von Zeit zu Zeit vom Aufheulen des Schleppflugzeugmotors unterbrochen, wenn wieder eines der Segelflugzeuge hochgeschleppt wird. Die Sonne nähert sich der Bergkette, die die Ranch im Westen begrenzt. Der Himmel wechselt seine Färbung zu einem blassen Rosa und lange Schatten beginnen, über die Landschaft zu wandern. Aus dem Funkgerät ist manchmal einer unserer Freunde zu hören, der weit von der Ranch entfernt am blauen Himmel schwebt. Ich liege im Schatten der Bäume neben dem Pool und genieße die Ruhe.

Irgendwann beginnt das Telefon zu klingeln, aber niemand nimmt ab. Dann beruhigt es sich, um dann um so eindringlicher weiter zu läuten. Endlich nimmt jemand ab. Kurze Zeit darauf kommt Barron aus dem Haus und auf mich zu gelaufen. »Federico Blatter ist mit dem Twin-Astir außengelandet. Komm, wir suchen ihn«, ruft er. Jetzt kommt auch der Hubschrauberpilot und macht den Helikopter, der vor dem Haus im Garten parkt, startklar. Es gelingt mir noch, eine Hose und ein Hemd überzustreifen, dann beginnt sich der Rotor des Hubschraubers zu drehen.

Um einem amerikanischen Fernsehteam die Dreharbeiten zu erleichtern, sind die beiden hinteren Türen der Hughes 500 ausgehängt und die Sitze entfernt worden. Ich setze mich quer in den offenen Raum, und wenige Augenblicke später sind wir in der Luft. Ich frage nach dem Ziel unseres Fluges. »Keine Ahnung, irgendwo hinter der nächsten Hügelkette«, krächzt es aus dem Kopfhörer. Der Hubschrauber gewinnt immer mehr an Höhe, und es wird merklich kälter. Der Wind pfeift kräftig durch die beiden offenen Türluken. Mir wird kalt. Wir fliegen inzwischen fast tausend Meter über dem trockenen Wüstenboden, ich blicke durch die Türöffnung in die Tiefe und halte mich krampfhaft fest. Ob der Sitzgurt wohl hält, frage ich mich besorgt und überprüfe die Verschlussschnalle.

Schattenträume: Auf der Ranch des Hotelmagnaten trifft man fast jedes Gerät, das irgendwie fliegen kann. Vom Heißluftballon über Ultraleicht- und Segelflugzeuge bis hin zu den Business-Jets von Barron Hilton und seinen Gästen.

Der Hubschrauber überquert die erste Bergkette, die etwa 3000 Meter hoch aufragt. Die Sonne beginnt am Horizont zu versinken und es wird jetzt empfindlich kalt. Wir überqueren die zweite Bergkette – von Federico Blatter nichts zu sehen. Über Funk versuchen wir, die Ranch zu erreichen, keine Antwort. Wir sind schon zu weit weg. Kreuz und quer eilt die Hughes 500 über der Wüstenlandschaft hin und her. Keine Spur von Federico. Wir beschließen, in Carson City zu landen. In einem der Büros am Rande des Flugplatzes erfahren wir per Telefon nun eine genauere Beschreibung des Landeplatzes.

Der Mann, in dessen Büro wir hineingeeilt sind, schaut Barron Hilton prüfend an. »Kenne ich Sie nicht?«, fragt er und überlegt. »Wo habe ich Sie nur schon einmal gesehen?« Barron kramt in seiner Hosentasche. Wir brauchen Sprit für den Hubschrauber. Aber wir haben nicht genug Geld dabei. Unser Aufbruch war so überraschend gekommen, dass wir beide die Brieftaschen vergessen haben. Ich finde dreißig Dollar in meiner Tasche. Barron hat ungefähr die gleiche Summe bei sich. »Haben wir Kredit bei Ihnen?«, fragt der Mann, dem ein ganzes Hotelimperium gehört. »Mein Name ist Barron Hilton«, setzt er hinzu. Der Mann hinter dem Schreibtisch ist verblüfft und versichert sofort, dass wir jeden Kredit bei ihm hätten. »Sind Sie der Mann mit den Hotels?«, meint er dann. »Oh ja«, antwortet Barron, »die Dinger gehören mir.« Nach dem Auftanken sieht der Mann uns noch lange nach. Sein Glaube an Millionäre hat wohl ernsthaft gelitten.

Nach wenigen Minuten haben wir dann den Landeplatz gefunden. Es stellt sich heraus, dass wir zu weit im Süden gesucht haben. Als wir ankommen, ist Ted Schirtzinger, unser großartiger Schleppilot und Freund, schon mitten auf einem weiten Feld mit zum Teil hüfthohem Wüstengestrüpp gelandet. Er überlegt nicht lange und beschließt, den Twin-Astir von hier herauszuschleppen. Unmöglich, geht es mir durch den Kopf. Für Ted ist es jedoch eine leichte Übung. Er beschleunigt das Schleppflugzeug und beginnt, den Twin hinter sich herzuziehen. Beide machen heftige Sprünge und heben plötzlich ab.

Das schönste Bild der Flying-M-Ranch

Das schönste Bild der Flying-M-Ranch

Vielleicht ist es nicht ganz unser Tag. In sengender Hitze sind Fritz und ich mit dem Twin-Astir in den wolkenlosen Himmel gestartet. Schon während des Schlepps verdächtige Ruhe. Nach dem Ausklinken in 800 Metern Höhe tut sich nichts. Keine Böe, kein Aufwind. Erst in 250 Metern Höhe, schon fast in Vorbereitung einer Landung, gibt es leichte Turbulenzen. Ein vorsichtiger Suchkreis links. Noch immer leichtes Fallen. Dann ein paar Sekunden lang null und zeitweise ganz wenig Steigen. Wir versuchen, den ersten, zaghaften Aufwind zu zentrieren, so gut es geht. Die Sonne brennt durch die Plexiglashaube. Kleine Schweißperlen bilden sich auf der Stirn, wachsen zu größeren Tropfen zusammen und bald rinnt der Schweiß in dünnen Bahnen über Gesicht und Hals. Hemd und Hose kleben auf der Haut. Noch immer haben wir, wenn auch ganz langsam, Höhe verloren. Wir sind wohl etwas zu früh gestartet.

Von den Vortagen wissen wir, dass es jetzt darauf ankommt, sich noch ein klein wenig länger in der Luft zu halten, dann wird sich die Thermik bestimmt kraftvoll durchsetzen. Nur noch 200 Meter Höhe. Dann, endlich, zwar sehr schwaches aber immerhin gleichmäßiges Steigen. Mühselig und zäh arbeiten wir uns ganz langsam nach oben. Drei-, vier-, fünfhundert Meter Höhe. Endlich in 800 Metern, über der ersten Bergkante des Rabbit

Mountain, steigt das Flugzeug konstant mit einem Meter pro Sekunde. Geschafft! Jetzt erst fällt mir auf, dass Fritz längere Zeit nichts gesagt hat. Nun aber meldet er sich zu Wort. Sein kurzer Satz: »Mir ist schlecht, ich glaube, wir müssen runter.«

Da hilft nichts, Luftbremsen ausfahren, Geradeausflug. Ruhig, aber doch in merklichem Winkel, geht es steil nach unten. In kaum zwei Minuten ist die ganze Höhe wieder weg, die wir in einer Dreiviertelstunde schweißtreibend gewonnen hatten. Platzrunde, Gegenanflug zur Landung. Da lässt sich Fritz wieder hören: »Du, jetzt geht's mir wieder gut, können wir obenbleiben?« Es klappt wirklich. Aber der zweite Aufstieg bis über die Hangkante dauert fast ebenso lange wie das erste Mal. Dann aber geht's wie verrückt. Drei, vier, fünf Meter pro Sekunde Steigen. Über uns bilden sich wie aus dem Nichts Quellwolken, werden dick und rund. In 3000 Metern Höhe ist die Temperatur angenehm frisch, wir fühlen uns frei und glücklich, springen von Wolke zu Wolke und finden unter fast jeder problemlos herrliches Steigen. Um uns herum entstehen jetzt auch größere Wolkentürme, die mächtig nach oben schießen.

Zu schnell geht alles. Kaum eine Stunde später sehen wir den ersten Schauer. Der Regen fällt in dichten Bändern, erreicht den Boden aber nicht. Die heiße Wüstenlandschaft lässt noch auf halber Fallstrecke alles verdunsten. Die Wolkenbasen sind unterschiedlich hoch. Wenn wir es geschickt anfangen, können wir die niedrigen Wolken übersteigen. Herrlich, wie im Rausch, leicht und spielerisch genießen wir, Fritz geht es blendend, was die Natur uns schenkt. Übermütig stürzen wir uns über niedrige Wolken, ziehen neben ihnen wieder hoch und kurbeln im nächsten Aufwind mit ein paar Kreisen wieder auf die Ausgangshöhe.

Ein größerer Schauer neben uns bildet einen wunderschönen Regenbogen. Wir fliegen den Schauer entlang. Der Regenbogen begleitet uns auf der rechten Seite. Er scheint über die Landschaft zu wandern. Über dem Tal des East Walker River spannt er sich vor dem Hintergrund des gut zwanzig Kilometer entfernten Mount Grant. Der Bogen wird deutlicher vor dem dunklen Abhang des großen Berges. Er wird aber nicht nur klarer, sondern wächst auch an seinen unteren Enden, wird immer größer, ragt mehr und mehr ins Tal hinein und schließt sich endlich unmittelbar über der Flying-M-Ranch zu einem riesigen, herrlichen Kreis.

Feuer frei: Tom Enders und Ralph Cosby im Ballonkorb. Wegen der besonderen Thermikbedingungen auf dem Gebiet der Ranch, können die aufwindempfndlichen Himmelsgefährten nur ganz früh morgens, nach der Morgendämmerung starten.

Wie schön, wie gewaltig und großartig kann die Natur in dieser wilden Landschaft sein! Wir brauchen eine Weile, um uns zu fassen. Dann beinahe ein Freudentaumel, dass es so etwas überhaupt gibt. Welches Glück, dass wir gerade rechtzeitig an diese Stelle geflogen sind. Wie lange wird man dieses Wunder wohl sehen können? Sicher nur kurze Zeit, wenn die Wolken sich nur ein klein wenig verschieben, kommt die Sonne nicht mehr durch. Wenn der Schauer nachlässt, ist's ebenfalls mit dem Bogen vorbei. Sobald es aus der Wolke über uns zu regnen beginnt, können wir unsere Position nicht mehr halten. Über Funk geben wir den anderen Piloten Bescheid und versuchen, die inzwischen gestarteten Segelflieger zu uns zu dirigieren.

Wo ist der Fotoapparat? Eigentlich habe ich bei den Flügen von der Ranch immer eine Kamera mit Weitwinkelobjektiv dabei. Nicht so heute. Sie ist am Start geblieben. Fritz hat seinen Apparat im Haus ... Und die anderen? Ja, zwei Piloten haben ihre Kameras dabei. Es gibt einen Kauderwelsch im Funk: »Wo genau ist das?« – »Seht ihr uns?« – »Ihr müsst über uns sein.« – »Da ist ein kurzer Bogen südlich der Ranch, hattet ihr den gemeint?« Erklärungen folgen, unter anderem, dass ein Regenbogen nicht ortsfest ist und dass jeder Beobachter einen eigenen Bogen sieht. Auf die Flugzeugposition kommt es an. »Ja, wir sehen euch, aber ihr seid zu tief! Sucht erst Thermik.« »Wo ist Ted? Wo der Hubschrauber? Kann Hannes nicht mit der Schleppmaschine einige Fotografen hochfliegen?«, frage ich. Der Hubschrauber ist beim Forellenfischen, das Schleppflugzeug hat momentan gerade zu wenig Flugbenzin und muss erst betankt werden.

Noch immer steht der Bogen in voller Pracht. Zwei, drei Segelflieger haben es geschafft und genießen mit uns den phantastischen Anblick. Der eine Fotoapparat aber klemmt, im anderen ist kein Film. Inzwischen ist der Hubschrauber zurück, Hannes mit dem Tanken des Schleppflugzeuges fertig, Kameraleute steigen in aller Eile ein, und bald sind beide Flugzeuge in der Luft. Der Hubschrauber steigt schneller. Er sucht an der falschen Stelle. Wir fliegen zu ihm hin und empfehlen ihm, uns zu folgen. Tatsächlich, der Regenbogen ist noch da, wenn auch schon etwas verblasst. Doch, wo ist der Hubschrauber? Warum, weiß ich auch heute noch nicht, aber er hat uns aus den Augen verloren. Unsere Fotografen fliegen – mit perfektester Fotoausrüstung – am Ziel vorbei. Hannes ist noch im Steigflug. Er fliegt genau die richtige Stelle an, hat uns in Sicht und – kommt knapp eine Minute zu spät.

Himmelsspiele: Ist das Wetter einmal nicht ideal zum Streckenflug – was auf der Ranch allerdings nur selten vorkommt – dann nutzen manche der Piloten die Zeit, um mit ihren Flugzeugen Figuren in den Himmel zu malen.

Ein Aufwind, der sich südwestlich von uns gebildet hat, ließ eine Quellwolke entstehen, die sich nun wachsend vor die Sonne schiebt und das ganze Schauspiel abrupt beendet. Ein herrliches Erlebnis für die, die es gesehen haben, aber leider durch kein einziges Foto dokumentiert. Ein prachtvolleres hätte es von der Ranch nicht geben können, hätten wir Barron nicht schenken können. Es bleibt in unserer Erinnerung. Nur dort.

Gestrandet in 3300 Metern Höhe

Vieles auf der Flying-M-Ranch ist ungewöhnlich. Kojoten streichen nachts um das Gelände, mitten durch die braune Wüste schlängelt sich das grüne Band des Walker River, in dem die Fische außerordentlich groß und fett werden. Abends taucht die Sonne den Himmel immer wieder in ein unglaubliches, rotes Inferno. Auch beim Segelfliegen ist alles anders. Schon der Start zu den Luftrennen findet in großer Höhe statt. Helmut Reichmann kam auf die Idee, das Starttor nicht wie üblich am Flugplatz aufzubauen, sondern in über 3000 Metern Höhe am Mount Grant, der fast 4000 Meter hoch neben der Ranch emporragt.

Sollte ein Bergwanderer mühsam versuchen, den Gipfel zu erreichen, könnte er einige Überraschungen erleben. Er fände ein an den Rändern mit Steinen beschwertes Bettlaken, durch Steinbrocken gesicherte Stühle und vielleicht sogar eine Flasche echten Champagner. Wir haben sie 1988 dort deponiert. Auf den Mount Grant führt keine Straße. Um dort ein Starttor aufzubauen, müssen kurzfristig eine Menge Material und auch Menschen auf den Berg gebracht werden. Barron Hilton stellte dafür seinen Hubschrauber zur Verfügung. Dass die Technik aber auch ihre Tücken haben kann, erlebten wir am 24. Juli 1988. Das Wetter war an diesem Tag für Rekordflüge sehr vielversprechend. Die Wettervorhersage prophezeite »Hammerwetter«.

Wir beschlossen, das Startgate zu aktivieren. Der Hubschrauberpilot, der Menschen und Material dorthin bringen sollte, war David Kitchings, ein Flying Sheriff der Aero Police in Los Angeles. David ist sicher der Mann, der die Stimmung und das Miteinander auf der Flying-M-Ranch am treffendsten beschrieben hat. Er war für einen erkrankten Hubschrauberpiloten von einem Tag auf den anderen eingesprungen und hatte vorher nur erfahren, er würde auf der Ranch des Hotelkönigs Hilton gebraucht. Nach seiner Ankunft fühlte er sich unter all den weltmeisterlichen Piloten, den Astronauten und Filmschauspielern ziemlich unwohl und deplatziert.

Wer ist schon David Kitchings? – ging es ihm durch den Kopf, wie er mir später erzählte. Dann setzte er sich abends mitten in die bunt gewürfelte Gesellschaft. Was dann passierte, hat mir David später nicht ohne Begeisterung erzählt. Sein unnötigerweise gestörtes Selbstwertgefühl wurde dabei sofort wieder aufgerichtet. »Mann«, sagte er zu mir, »keiner wollte wissen, wer ich war oder woher ich kam. Das einzige, was interessierte, war: Was fliegst du denn?« Damit war David in die Gemeinschaft der Flug-Enthusiasten aufgenommen.

Vom großen fliegerischen Können David Kitchings auch während seiner polizeilichen Flüge hat er mich 1989 zweimal überzeugt, als er mich auf Flügen quer durch die Wolkenkratzerschluchten von Los Angeles mitgenommen hat. Auf der Flying-M-Ranch waren die Flüge ganz anders, aber nicht minder spektakulär. Mit zwei Flügen hatte David fünf Personen auf den Mount Grant geflogen, die nun vom Campingstuhl aus den blauen Himmel beobachteten. Leider wurden die Erwartungen nicht erfüllt. Die Überentwicklung der Wolkengebilde setzte schon früh ein. Viel eher als erwartet kamen die Flugzeuge nach Hause.

Der Himmel begann in einem der kaum zu beschreibenden Sonnenuntergänge zu glühen. Die Farben wechselten von Gelb zu Orange, der ganze Himmel wirkte, als sei er in Brand geraten. David startete den Hubschrauber und flog in Richtung Mount Grant. Etwa zwei Meilen nach dem Start, über dem ersten Höhenzug, zeigte ihm eine Warnlampe einen ernsten technischen Defekt am Hubschrauber an. Die Batterie unter dem Pilotensitz war zu heiß geworden und drohte zu explodieren. David setzte zur Notlandung an. Bevor er sicher im unwegsamen Gelände aufsetzte, gab er rasch noch einen Funkspruch in Richtung Ranch ab, der natürlich auch am

Startgate aufgefangen wurde und Beunruhigung auslöste. Jack Hedger, unser nimmermüder Ranger, startete eine Hilfsaktion für den in der Wüste Notgelandeten. Wir vertrösteten inzwischen die in über 3000 Metern Höhe Gestrandeten.

Es war klar, dass etwas geschehen musste, denn in dieser Höhe war nachts mit Temperaturen von null Grad und darunter zu rechnen. Wir beschlossen, einen Hilfsflug zu organisieren und warme Kleidung und Decken zum Mount Grant zu transportieren. Hugh Williams, ehemaliger Flugkapitän mit 20 000 Flugstunden, war der richtige Mann für das luftige Unternehmen. In der Zwischenzeit hatte sich David auf den langen Fußweg durch das schwer begehbare Gelände in Richtung Ranch gemacht. Als er am Walker River angelangt war, beschloss er, seine Kleidung auszuziehen und nackt durch den eiskalten Gebirgsfluss zu waten. Da ihm das Wasser beim Durchqueren des Flusses bis an den Hals ging, band er sich sein Kleiderbündel auf den Kopf und hielt seine 400-Dollar-Boots mit hochgestreckten Armen über sich. Der Weg durch das kalte, stark strömende Wasser war schwierig, und David war sehr erleichtert, als er am anderen Ufer ankam. Um so größer war sein Schock, als er feststellen musste, dass sein Retter im selben Moment auch am Ufer ankam, leider aber auf der anderen Seite. Es gab keine andere Möglichkeit. David musste den Weg durch den Fluss noch einmal machen, nackt und mit seinen Stiefeln über dem Kopf.

Auf dem Gipfel des Mount Grant waren inzwischen nicht nur die Temperaturen, sondern auch die Stimmung in der Nähe des Gefrierpunktes angelangt. Hugh Williams überflog die Stelle unterhalb des Gipfels, drehte eine weite Kurve und nahm erneut Kurs auf die winkenden Leute in luftiger Höhe. Hannes Linke, der den amerikanischen Teil des Barron Hilton Cup organisiert, saß hinten bei den Hilfsgütern und wartete auf das Kommando: »Güter raus!« Dann flog das erste Paket und landete zielgenau. Leider überlebten die eingepackten Apfelsinen und Äpfel den Sturz nicht unbeschadet. Sie waren nicht mehr eßbar, dafür dufteten aber die Decken, in die sie gewickelt waren, intensiv nach zerquetschten Früchten. Im Laufe der Nacht haben wir dann alle zwei Stunden mit den Freunden auf dem Berg Funkkontakt aufgenommen. Es wurde zwar empfindlich kalt, aber unsere unfreiwilligen Einsiedler überstanden alles unbeschadet.

Der große Tag

Meine Schwester Susanne »Sus« hat schon vielen Segelfliegern selbstlos geholfen und ist doch selbst keine Fliegerin. Es geht nicht. Ihr wird nach kurzer Zeit schlecht. Da hilft auch nicht, dass sie das Fliegen ansonsten wunderschön findet. 1986 konnte ich mich für ihre viele Hilfe revanchieren und sie als Begleitperson zum Soaring-Camp mitnehmen. Die Begeisterung war vollkommen: Die grandiose Landschaft, Reiten durch die Wüste, die freundschaftliche Atmosphäre in erlesener Gesellschaft, die herrliche Natur. Ja, und einmal aus dem Segelflugzeug die Umgebung zu erleben – wenn auch wohl nur kurz – war auch vorgesehen. Meist aber flog ich mit einzelnen Gruppen relativ weite Strecken, oft auch im Einsitzer, so dass ich Sus nicht mitnehmen konnte. Ein Tag schien jedoch für den geplanten gemeinsamen Flug zu passen. In unserem Flugzeug-Wahl-System hatte ich die letzte Losnummer gezogen. Das bedeutete, dass die besonders guten Flugzeuge längst vergeben sein würden, wenn die Reihe an mir wäre. Dann bliebe sicher nur noch ein Übungsdoppelsitzer, mit welchem schnelle, gemeinsame Flüge in Gruppen ohnehin kaum möglich sind. An diesem Tag also könnte Sus es noch einmal mit einem kurzen Segelflug probieren.

Am Morgen große Aufregung. Hannes hat von Doug Armstrong, dem erfahrenen Wettermann aus Reno, eine sehr gute Wettervorhersage erhalten. Im vorgezogenen Briefing gegen acht Uhr ist von gemütlicher Frühstücksidylle nichts mehr zu spüren. Das Streckenfieber hat die Segelflieger gepackt. Wird es gehen? Kann man versuchen, große, sehr große Streckenflüge anzusetzen? Wer würde versuchen wollen, die Traumstrecke 1000 Kilometer anzugehen? Rasch werden Entscheidungen getroffen, Flugzeuge entsprechend der Los-Reihenfolge vergeben, Flugkarten, Lineale und Winkelmesser bedecken den großen Tisch. Hektik überall. Für Sus und mich verbleibt der Twin-Astir, ein Übungsflugzeug der ersten Kunststoff-Doppelsitzergeneration, immerhin aber mit Wassertanks und Einziehrad. Diesen Twin will wohl auch deshalb niemand auswählen, weil die Steuerung sehr schwergängig ist, und das Flugzeug aus irgendwelchen Gründen nach rechts zieht, so dass man ständig mit merklicher Kraft den Knüppel nach links drücken muss.

Nachdem ich mich bemüht habe, möglichst viele Piloten der Gruppe zu überzeugen, dass dies der Tag für 1000 Kilometer ist und man es einfach probieren muss, ernte ich freundliche Anteilnahme für die Tatsache, dass ich selbst wohl leider nicht mit kann. Natürlich nagt so etwas an der Seele eines Wettbewerbspiloten. Eine orografisch geradezu ideale Streckenführung bietet sich von der Ranch aus an: Flug zum Parkplatz des Passes östlich von Keeler am Owens Lake, gut 250 Kilometer entfernt, Rückflug nach Norden zum Mount Grant Gate, unmittelbar neben der Flying-M-Ranch, dann erneut nach Keeler zu einer Straßenkreuzung und zurück zur Ranch. Die Strecke ist längst zu Hause vorbereitet worden. Sechs Piloten wollen jetzt versuchen, diese Idee zu verwirklichen. Eine der besten Segelflug-Rennstrecken der Welt, die Kette der White Mountains und der Inyo-Berge östlich des Owens Valley würde man viermal entlangjagen müssen oder vielmehr dürfen – die anderen – nicht ich.

Nein, das kameradschaftliche Angebot, ein besseres Flugzeug zu fliegen, will ich nicht annehmen. Schließlich bin ich hier, um das Camp für die Sieger des Cups so erfolgreich wie möglich zu organisieren. Jeder soll dann auch das Flugzeug fliegen, welches er gewählt hat. Und Sus habe ich einen gemeinsamen Flug versprochen. Aber was bringt eigentlich so ein älterer Twin-Astir? Mit ausreichendem Wasserballast sollte er doch recht ordentlich gleiten. Das Steigen müsste dann wohl eher ziemlich mäßig sein. Aber wenn das Wetter wirklich so gut wäre? Unsinn, noch nie hat jemand mit einem Flugzeug dieser Kategorie eine solche Strecke auch nur angesetzt. Und trotzdem, vielleicht sollte man es einfach probieren, auch wenn es so gut

Die Piloten auf der Ranch wachsen bereits nach kurzer Zeit zu einer großen Gemeinschaft zusammen, egal ob Segelflieger, Schleppflugzeug- oder Helikopter-Pilot.

wie sicher ist, dass man die Aufgabe nicht erfüllt und irgendwo abbricht oder außenlandet. Was wird Sus meinen? Ich könnte ja auch noch morgen mit ihr fliegen. Sus aber hat ihre Entscheidung rasch und fest gefällt: »Wenn du die 1000 Kilometer probieren willst, versuch's. Ich komme mit. Irgendwie wird es schon gehen. Ich habe sehr gute Reisetabletten und werde auch genügend Tüten mitnehmen. Für alle Fälle. Ja, auch wenn's zehn Stunden dauert, auch wenn wir in der Wüste landen müssen.«

Eigentlich gibt es für mich jetzt keinen Grund mehr, es nicht zu versuchen. Ob ich das gut finden soll, weiß ich selber nicht. Eilig packen wir alles zusammen, was man für einen solchen Flug braucht. Für Sus jede Menge warmes Polstermaterial, damit sie es auf dem wenig ergonomisch geformten zweiten Sitz aushalten kann. Die Sauerstoffflaschen sind schon gefüllt. Karten rasch vorbereitet. Bill Ivans gibt uns die Koordinaten für die Wendepunkte. Karl Herold hilft beim Ausfüllen der Declaration-Form. Bald steht unser Twin startbereit am Rand der Piste. Nur, was ist mit dem Wetter? Es geht auf halb elf und noch immer kein Wölkchen am Himmel und keine Bö am Boden, die den Beginn der Thermik anzeigen würde. Niemand will in die Luft. Kurz nach elf starten wir als erste. Wenn es wirklich noch keine Thermik gibt, ist es ohnehin zu spät, falls es doch geht, wird es auch für die anderen höchste Zeit.

Es gibt zwar schwachen Aufwind, aber Ted hat uns weit nach Norden geschleppt und wir haben Mühe, die Ranch als Abflugpunkt in ausreichender Höhe zu erreichen. Sehr mühselig und langwierig steigen wir an den Flanken des Mount Grant auf. Die hohe Flächenbelastung stört doch sehr, aber das Wasser jetzt aus den Tanks abzulassen, hieße, gleich aufzugeben. Sus findet alles sehr spannend. Die Weite der Wüstenlandschaft, durch die sich wie ein schmales, grünes Band der East Walker River schlängelt, begeistert ihr Geografenherz. Im Gesicht aber sieht sie etwas bleich aus. »Das macht nichts«, meint sie, »das vergeht wieder, es ist so schön hier!« Nun, so ohne weiteres geht es dann doch nicht. Die erste Tüte bleibt am Mount Grant. Inzwischen sind unter anderem Klaus Wedekind mit dem Standardklasse-Einsitzer Pegase und Peter Fischer mit dem Flaggschiff, einem Nimbus 3, gestartet. Sie haben bessere Aufwinde gefunden und fliegen bereits vor uns auf Strecke. Gut eine Stunde nach unserem Start sind wir endlich oben. In 3500 Metern Höhe haben sich Wolken gebildet, und es geht zügig fünfzehn Kilometer östlich des Mono Lake vorbei. Weitere Aufwinde nehmen wir zunächst nicht an. Mit verminderter Fahrt werden sie geradeaus durchflogen.

Wir wollen direkt, ohne Zeitverlust, zu den White Mountains. In halber Berghöhe kommen wir dort an. Es kostet zwar Nerven, aber wenn wir überhaupt noch eine Chance haben wollen, müssen wir einen sehr hohen Schnitt fliegen. Das Kreisen bei »nur« zwei oder drei Metern pro Sekunde Steigen hält zu lange auf. Wir fliegen die Bergflanke entlang und hoffen, in der Hangthermik auch ohne Kreise hochzukommen. Diese Flugtechnik kommt auch Sus sehr entgegen. An ihrem Gesicht lässt sich jeweils ablesen, ob die letzte halbe Stunde geradeaus geflogen wurde – fast normale Gesichtsfarbe, leichtes Lächeln, glückliche Augen, frohe Kommentare – oder ob gekreist wurde ... Nach fast fünfzig Kilometern Geradeausflug und 1000 Meter Höhengewinn reißt uns ein harter thermischer Aufwind mit über fünf Metern pro Sekunde Steigen nach oben. Arme Sus, den können wir uns nicht entgehen lassen, hier müssen wir kurbeln.

Vom Langstreckenflug zurück, ist das Flugzeug auf die Ranch zurückgekehrt.

Das zur Verbesserung der Gleiteigenschaften in die Ballasttanks eingefüllte Wasser muss vor der Landung abgelassen werden.

Folgende Seite: Der Heißluftballon des Schweizers Erich Nebel über der Ranch: Dieses farbenprächtige Himmelsgefährt ist ein Nachbau des ersten Ballons der Brüder Montgolfier aus dem Jahre 1783.

Oberhalb 4000 Meter Höhe ziehen wir die Sauerstoffmasken aufs Gesicht. Alles geht so schnell, dass Sus gar keine Zeit hat, luftkrank zu werden. Unter herrlichen Wolken fliegen wir mit hoher Geschwindigkeit der ersten Wende entgegen. Von Sus höre ich längere Zeit nichts. Hoffentlich gibt es kein Problem mit der Sauerstoffversorgung. Ich frage sie laut, wie es ihr geht. Gut, meint sie, sie habe nur etwas geschlafen. »Weißt du, die Reisetabletten. Bin sehr müde und es ist kalt.« Die Kälte spüre ich auch immer unangenehmer. Die Temperatur muss hier oben deutlich unter dem Gefrierpunkt liegen, und es bläst eisig durch die Ritzen des Cockpits. Außerdem zieht der Twin bei hohen Geschwindigkeiten noch stärker nach rechts, so dass ich ständig den Steuerknüppel nach links drücken muss. Mein rechter Arm wird steif. Zur Erholung steuere ich linkshändig, dann mit beiden Händen, immer im Wechsel. Die Fliegerei aber ist so phantastisch, dass die körperlichen Unpässlichkeiten zur Nebensache werden. Peter und Klaus haben längst gewendet, wir sehen uns von weitem und begrüßen uns über Funk. Jeder fliegt über 200 Stundenkilometer schnell, so dass wir kurz darauf mit fast 500 Kilometern pro Stunde Relativgeschwindigkeit übereinander hinwegrasen.

Das Umrunden der Wenden scheint für Sus besonders problematisch zu sein. Je Wende eine Tüte. Die zweite Wende am Mount Grant ist die schlimm-

ste. Wie schon zuvor bei Keeler kommt erst mein »Weckruf«, denn Sus bedient von hinten die zweite Kamera zur Dokumentation des Fluges. Vielleicht habe ich zu knapp hochgezogen, das Flugzeug dreht steil über den Flügel, fast wie im Turn und Sus verpasst den richtigen Sekundenbruchteil für das Auslösen. Also nochmal das Ganze. Sus leistet Großartiges: erst das Wendefoto, dann eine Sekunde darauf die Tüte (nicht umgekehrt und noch eben rechtzeitig). Vielleicht aber ist es eine noch größere Leistung, dass sie anschließend meint, ich solle auf jeden Fall weiterfliegen, falls noch eine Chance bestünde. Also, nach über 500 Kilometern Strecke wieder weg von der Ranch, ein zweites Mal nach Keeler. Und das, obwohl ich angeboten hatte, die Bremsklappen zu ziehen, um zehn Minuten später mit ihr unten auf warmem und vor allem festem Boden zu stehen, auszuruhen und sich verwöhnen zu lassen.

Peter ist inzwischen mit dem Nimbus weit voraus. Unser Abstand zu Klaus aber bleibt konstant. Klaus steigt offensichtlich viel besser, aber mit dem Twin sind wir bei langen Gleitflügen offenbar gar nicht so schlecht. Doch die Zeit läuft uns davon. Es wird 17 Uhr, wir sind weit vor der letzten Wende und haben noch gut 350 Kilometer zu fliegen. Eigentlich unmöglich. Im
Funk melde ich, dass wir wohl abbrechen werden. Peter, der längst auf dem letzten Schenkel fliegt und absehen kann, dass er die Strecke wohl schaffen wird, hat einen umwerfenden Optimismus und meint: »Wie? Aufgeben wollt ihr? Mensch, wie konntest du mit dieser Einstellung eigentlich Weltmeister werden?« Das sitzt. Gut, denke ich, eine Außenlandung ist ja auch mal ganz interessant. Okay, wir fliegen weiter! Um 18.15 Uhr endlich umrunden wir Keeler. Noch 250 Kilometer zu fliegen. Die Thermik wird schwächer. Bis zum Flugplatz Bishop wird es wohl reichen. Sus erlebt diesen Flugteil recht unterschiedlich. Teils unbewusst, weil schlafend, teils begeistert wegen der glasklaren Abendluft mit unendlicher Fernsicht über die Sierra Nevada im Westen, das Owens-Valley links neben uns, die menschenleeren Berge unter uns (leider auch bald neben uns) und die unwirtliche Trockenwüste weit im Osten. Ja, und dann die dritte Art des Erlebens. Immer, wenn ich froh bin, einen Aufwind gefunden zu haben, beginnt für Sus der unangenehme Teil. Auch Reisetabletten in Mengen wirken eben nicht hundertprozentig.

Konventioneller Streckenflug. Wir kreisen in Aufwinden und setzen die gewonnene Höhe abwärts gleitend in Flugstrecke um. Links von uns jetzt die Stadt Bishop mit ihrer einladenden Asphaltpiste. Immerhin ist es 19 Uhr. Aber man kann ja mit der verbleibenden Flughöhe noch etwas weiter nach Norden fliegen. Vielleicht bis Benton Station. Unterhalb des White Mountain Peak dann die Überraschung. Trotz der späten Tageszeit finden wir noch gutes Steigen. Die Sonne steht schon tief am Horizont. Dies ist ganz bestimmt der letzte Aufwind. Über uns lösen sich bereits die Reste der letzten Quellwolke auf. Wir versuchen so hoch zu kommen, wie nur irgend möglich. Gut einhundert Kilometer ist die Flying-M-Ranch von hier entfernt. Können wir soweit über die Wüste, über teilweise absolut unlandbares Gelände gleiten? Jetzt im Endanflug habe ich meine schwerste Zeit. Alternativüberlegungen, Endanflugberechnungen, ständige Kontrolle der Resthöhe, Versuche, über straßenloser Wüstenlandschaft die Position genau zu bestimmen. Wird es reichen? Wo können wir noch landen, wenn Abwind die Höhenreserve aufzehrt? Welches ist das allerletzte Notlandefeld? Wird es nicht zu dunkel?

Sus geht es jetzt blendend. Endlich ist der Flug ganz ruhig. Sie ist bester Laune und genießt Sonnenuntergang und Dämmerung. Je tiefer wir kommen, desto wärmer wird es ihr auch wieder. Mir aber ist schon seit längerem ziemlich warm. Nach Peter hat es jetzt auch Klaus geschafft. Er ist kurz vor der Ranch und gibt noch wertvolle Tips, wo großräumig im Endanflug die Luft noch etwas trägt und wo mit verstärktem Fallen zu rechnen ist. Hannes kommt uns mit dem Motorflugzeug entgegen. Er hat die Landescheinwerfer eingeschaltet. Dies ist das einzige künstliche Licht, das wir sehen können. Die Wüste ist wirklich sehr einsam. Wir verspüren es hautnah in unserem motorlosen Flugzeug, das unweigerlich ständig sinkt.

Die Berge scheinen langsam, aber stetig neben uns zu wachsen. Wir tauchen in die Talluft ein, unter uns wird es zunehmend dunkler. Sterne beginnen am Himmel zu leuchten. Hoffentlich haben wir die Natur nicht zu sehr herausgefordert. Wir überfliegen das letzte Landefeld, einen runden, bewässerten Fleck, 27 Kilometer vor der Ranch. Jetzt gibt es absolut keine Landemöglichkeiten mehr, bis auf einige kaum empfehlenswerte Stücke unmittelbar vor der Piste. Der Berechnung nach müsste die Höhe eigentlich reichen. Die Ranch bleibt außer Sichtweite. Hannes begleitet uns, bestätigt, dass der Flugkurs richtig ist. Ziemlich niedrig überfliegen wir rauh-zerklüftete Erosionslandschaft, gleiten weiter und tiefer. Hinter den übernächsten Hügeln liegt die Ranch.

Aus großer Höhe laden die sanft geschwungenen, weiten Ebenen fast zur Außenlandung mit dem Segelflugzeug ein, aus niedriger Höhe entpuppen sie sich jedoch meist als steinig. Auf solchem Grund kann man mit Glück vielleicht verletzungsfrei, aber nur selten bruchfrei landen. Es sei denn, man benutzt den Hubschrauber ...

Die Flughöhe sollte ausreichen, diese fehlende Strecke noch zu fliegen. Es scheint genug zu sein. Ja, jetzt hinter den nächsten Hügeln: die Lichter der Ranch. Es reicht ganz sicher. Wir haben es geschafft! Noch in der Luft beglückwünschen wir uns, Sus und ich. Um 20.31 Uhr, nach neun Stunden und fünfzehn Minuten Flugzeit landen wir – und werden mit Sekt übergossen. Barron ist nicht minder glücklich als wir: All the gliders are home, dreimal tausend Kilometer!

Eigentlich ist es unwesentlich, aber einen ironischen Pfiff hat es doch: Unser Flug konnte nicht offiziell als 1000-Kilometer-Leistung anerkannt werden. Einfacher Grund, nur einsitzige Flüge werden gewertet. Wenn ich noch einmal die Gelegenheit hätte – ich würde im Doppelsitzer wieder doppelsitzig fliegen. Das Erlebnis des Fluges ist wichtiger als die sichtbare Auszeichnung.

Ein Fisch fliegt nach New York

Roger Schuster ist groß, blond und dynamisch. Er hat einen Gang wie John Wayne, fliegt Hubschrauber mit spielerischer Routine und angelt mit Leidenschaft und Erfolg. Jetzt stand er bis zu den Knien im Wasser und zog mit aller Kraft und Verzweiflung an seiner Angel. Hier kämpfte wohl ein gewaltiger Fisch um sein Überleben. Roger wurde nach vorne gezogen, wäre fast ins Wasser gestürzt, zog die Angel wieder an sich heran, die Kräfte des Fisches ließen nach. Der Kampf begann erneut, aber der Fisch hatte verloren. Roger Schuster hatte ein außergewöhnliches Exemplar einer East-Walker-River-Forelle am Haken, sicher eine der größten, die hier je gefangen wurde. Alle bewunderten seinen Fang, aber nein, für die Pfanne wollte er ihn nicht freigeben. Er hatte Größeres mit ihm vor.

Am nächsten Morgen sitzen wir mit Roger in der Turbo Commander Barron Hiltons und sind auf dem Weg nach Los Angeles. Roger hat ein kleines mobiles Telefon in der Hand und telefoniert. »Hey Jimmy, hast du heute abend Zeit? Es gibt ein tolles Essen bei mir, ich habe den größten Fisch des Jahres auf der Barron Hilton Ranch gefangen. Unbelievable«, hören wir ihn ins Telefon sagen. Roger lächelt zufrieden. Das ist schon die zehnte Zusage zu seiner Fisch-Party. Dann hält er das Telefon wieder ans Ohr. »Hi, Susan, was treibst du heute abend? Hast du Zeit. Kannst du kommen? Es gibt köstlichen Fisch aus dem East Walker River, ich habe den größten Fisch aller Zeiten aus dem Wasser gezogen!« Roger zeigt mit beiden Händen die Größe seines Fisches. Der ist von Telefonat zu Telefonat größer geworden – und er wächst weiter. »Du hast Zeit? Prima! Bring Hunger mit!«

Unser Flugzeug schwebt inzwischen über der gewaltigen Häuseransammlung, die Los Angeles heißt. Besonders Nachtanflüge sind hier sehr eindrucksvoll. Ein Lichtermeer breitet sich aus, die Straßen sind wie mit dem Lineal gezogene Lichtreihen, viele Häuser haben grün angestrahlte Swimming-Pools. Dann legt sich die Turbo Commander in eine scharfe Rechtskurve und Hugh Williams, langjähriger Pilot Barron Hiltons, drückt die Maschine sanft, aber bestimmt nach unten. Wir setzen auf der Runway des Flughafens von Santa Monica auf und rollen aus. Hugh öffnet den Laderaum, und wir ziehen unser Gepäck heraus. Plötzlich hören wir einen erschreckten Ausruf. Roger Schuster steht nervös vor der Laderaumluke. »Wo ist mein Fisch?«, hören wir ihn murmeln. Alle Koffer stehen inzwischen vor dem Flugzeug, der Laderaum ist leer, kein Fisch ist zu sehen.

Roger schaut beschwörend in den dunklen, leeren Raum. Als könnte er den Fisch damit hineinzaubern. Aber kein Wunder geschieht. Der Fisch bleibt verschwunden. Der stolze Angler greift zum mobilen Telefon und wählt die Nummer der Ranch. Hektisch fragt er nach Barron Hilton. »Barron, hast du eine Ahnung, wo mein Fisch ist?« Auch aus der Entfernung ist das Lachen von Barron zu hören. »Du hast deinen Fisch verloren?«, hören wir seine Stimme. »Unglaublich, er hat seinen Fisch verloren«, hören wir dann. Das gilt wohl den Umstehenden auf der Ranch. Dort wird in der Zwischenzeit der verlorengegangene Wunderfisch gesucht. Er bleibt verschwunden.

Dann stellt sich heraus, was passiert ist. Beim Beladen des Flugzeuges hat man aus Versehen den Behälter mit dem in Eis verpackten Fisch in ein anderes Flugzeug geladen. Das ist allerdings inzwischen längst auf dem Weg nach New York mit dem Fisch, auf den in Los Angeles unser Freund Roger und rund fünfzehn Gäste voller Appetit warten. Wohl vergeblich, wie Roger nun voller Schrecken feststellen muss. Der Fisch ist auf dem Weg nach New York. Mit 800 Kilometern in der Stunde, unaufhaltsam. Roger nimmt sein mobiles Telefon und beginnt hastig zu wählen. »Hi Susan«, hören wir ihn murmeln, »es geht um die Einladung heute abend, wie es scheint ...« Er

Petri Heil: Der Astronaut Eugene Cernan (l) hat sein Abendessen im East Walker River »gefunden«. Neben dem Fliegen in jedweder Form, gehört das Angeln und die Jagd zu den vielfältigen Freizeitmöglichkeiten auf der Ranch.

wählt noch eine ganze Weile und beginnt, seine Gäste in ein Fischlokal in Beverly Hills umzudirigieren.

Etwa drei Wochen später hat Roger seinen Superfisch wiedergesehen. Da war er in der Zwischenzeit von New York über Las Vegas nach Los Angeles gereist. Seine Schönheit und Größe hatten dabei sehr gelitten. Er war zu einem unansehnlichen Fischlein geschrumpft und taugte weder zum Essen noch als Trophäe. Aber er war weit gereist, quer über den amerikanischen Kontinent. Und er ist sicher der einzige fliegende Fisch, der je auf der Flying-M-Ranch gefangen wurde.

Günter Kozeny

Eins mit dem Wind

Sehnsucht nach Weite ...

Ein uralter Menschheitstraum wird hier geträumt: der Traum vom Fliegen. Dieser atemberaubend schöne Bildband lässt sie mit im Ballonkorb stehen. Sie spüren die Wärme des Feuerstrahls, der in die Ballonhülle schießt und für Auftrieb sorgt, und fühlen das Kribbeln im Bauch, wenn der Ballon endlich abhebt – und eins wird mit dem Wind.

Herbig

160 Seiten mit 150 Farbabb., ISBN 3-7766-2114-1

Friedrich Schmidt

Ultraleicht fliegen

Das Standardlehrbuch für Ultraleichtpiloten

192 Seiten mit 148 Abb., ISBN 3-485-00790-0

Als das Ultraleichtfliegen 1982 in Deutschland erlaubt wurde, war es ein exotischer Nischensport. Seitdem hat die Entwicklung rasante Fortschritte gemacht. Auch die Pilotenausbildung musste sich den gesteigerten Anforderungen anpassen. Dieses Buch basiert auf dem offiziellen Lehrplan, der vom Deutschen Ultraleicht Verband (DULV) und vom Deutschen Aeroclub(DaeC) für die Prüfungen zugrundegelegt wird.

nymphenburger